Britta Sievers/Severine Thomas/Maren Zeller

Jugendhilfe – und dann?

Zur Gestaltung der Übergänge junger Erwachsener aus stationären Erziehungshilfen

Ein Arbeitsbuch

IGFH

Internationale Gesellschaft für erzieherische Hilfen

IGFH-Sektion Bundesrepublik Deutschland der Fédération Internationale des Communautés Educatives (FICE) e.V.

Internationale Gesellschaft für erzieherische Hilfen (IGfH)
Galvanistr. 30, 60486 Frankfurt am Main, Germany
Telefon: (069) 63 39 86-0; Telefax: (069) 63 39 86-25
E-Mail: verlag@igfh.de, Internet: http://www.igfh.de

Satz: Walhalla Fachverlag, Regensburg
Herstellung und Vertrieb: Walhalla Fachverlag, Regensburg

ISBN 978-3-925146-86-2
Preis: 19,90 EUR

Inhaltsverzeichnis

VORWORT

Jugendhilfe – und dann?

Junge Erwachsene in stationären Erziehungshilfen und deren Übergänge ins Erwachsenenleben ist eine Thematik, die zwar in der Vergangenheit durchaus in Fachdiskursen behandelt wurde. So wurde bereits in den 1980er-Jahren mit der Studie von Bieback-Diel und anderen der Blick auf die Ablösung junger Volljähriger aus Erziehungshilfe-Heimen untersucht (Bieback-Diel u. a. 1983). Selten aber hat der Personenkreis eine so große Aufmerksamkeit erzielt, wie es mit den aktuellen Forschungsarbeiten zum Übergang aus stationären Erziehungshilfen in ein selbstständiges Leben erfolgt ist. Gleichzeitig hat die daraus hervorgegangene Einführung des Begriffs „Care Leaver" dazu beigetragen, dass der Übergang als ein wichtiger zu begleitender Prozess sowie die Bedürfnisse der jungen Menschen in dieser Lebensphase genauer in den Blick genommen wurden. Mittlerweile taucht die Bezeichnung Care Leaver erstaunlich häufig in Fachgesprächen, Vortragsankündigungen und in sozialpolitischen Erklärungen auf (vgl. u.a. Care Leaver Netzwerk 2014; Arbeitsgemeinschaft für Kinder- und Jugendhilfe 2014).

Dass die Übergangsbegleitung junger Erwachsener insbesondere im Hinblick auf Ausbildung und Arbeit eine besonders wichtige gesellschaftliche Aufgabe ist, ist gemeinhin anerkannt. Dass aber einzelne Gruppen darüber hinaus besonderer Unterstützungsangebote bedürfen, muss in vielen Zusammenhängen immer wieder besonders herausgestellt werden. So sind an Care Leaver mit ihrem Aufwachsen in öffentlicher Erziehung und einem häufig ambivalenten Verhältnis zu ihrem Herkunftsmilieu in der Phase des Übergangs in die Selbstständigkeit große Herausforderungen gestellt. Mit dem Hilfeende entsteht ad hoc eine Verantwortung für das eigene Leben, die sich für die meisten Gleichaltrigen sukzessive und viel subtiler entwickelt.

Somit beschreibt der Begriff „Care Leaver" auch etwas Irritierendes: Junge Menschen verlassen ein Setting der Fürsorge und lassen Menschen hinter sich, die sie in diesem Rahmen durch das Leben begleitet haben. Sofern die Hilfe positiv und der Weg in ein eigenständiges Leben einvernehmlich verlaufen, ist dieser Übergang vielleicht unauffällig, alltäglich und zieht keine besondere Aufmerksamkeit auf sich. Hinsichtlich der Vorgeschichten der Kinder und Jugendlichen, die in stationären Erziehungshilfen aufwachsen, ist das aber vermutlich nicht die Regel. Somit bringt der Begriff Care Leaver bzw. der Prozess des Leaving Care weiterhin zum Ausdruck, dass jemand ein Umfeld sozialer Fürsorge und Unterstützung verlässt oder aus ihm herausgelöst wird, ohne dass offensichtlich ist, wer danach die Rolle eines Begleiters oder Begleiterin übernimmt und an den weiteren Entwicklungsschritten auf dem Weg ins Erwachsenwerden teilhat. Vor dem Hintergrund dieser unsicheren Perspektiven sind auch die öffentlichen Hilfen gefragt, diesen Übergang nicht nur „abzuwickeln", sondern an den Bedürfnissen der jungen Menschen orientiert auszugestalten.

Die Einführung des Begriffs „Care Leaver" in den deutschen Fachdiskurs und die mittlerweile auch in Deutschland rezipierten Forschungsarbeiten machen deutlich, dass die biografische Tragweite dieses institutionell eingebetteten Abschieds und Übergangs besonderer Aufmerksamkeit bedarf. Schließlich ist bekannt, dass Care Leaver hohen Armutsrisiken unterliegen. Sie kommen meistens bereits aus prekären Lebensverhältnissen, die sich im Übergang ins Erwachsenenleben fortsetzen oder gar verschärfen; sie weisen deutlich mehr gesundheitliche Einschränkungen auf, fühlen sich weniger wohl als ihre Peers. Es fällt auf, dass Care Leaver deutlich schlechtere Bildungszugänge erhalten und folglich auch größere Hürden auf dem Weg in den Arbeitsmarkt überwinden müssen.

Somit wird offenkundig, dass das „Leaving Care" – der Übergang aus stationären Erziehungshilfen ins Erwachsenenleben – einen pädagogischen Auftrag beinhaltet, der insbesondere mit sozial- und bildungspolitischen Fragen verwoben ist und auch im Hinblick auf die Idee einer inklusiven Gesellschaft die Frage aufwirft, wie junge Menschen, die in ihren Herkunftsmilieus nicht ausreichend unterstützt werden können, Bedingungen und Ressourcen des Aufwachsens vorfinden, die ihnen eine gleichberechtigte und eigenständige Teilhabe am gesellschaftlichen Leben ermöglichen.

Der 14. Kinder- und Jugendbericht (Bundesministerium für Familie, Senioren, Frauen und Jugend 2013) konstatierte, letztlich fehle eine die „spezifisch die Entwicklungsaufgaben dieser Altersgruppe berücksichtigende[n] fachlich-konzeptionelle[n] Rahmung" und die methodischen Ansätze in der Volljährigenhilfen stellen häufig eine bloße Verlängerung der auf „Erziehung", „Fürsorge", „Schutz" und „Betreuung" fokussierten Handlungsansätze bei Jüngeren dar. Was fehlt sei „(zurückhaltende) Begleitung, Beratung und Brückenbauen in die Selbstständigkeit" und „ein erweitertes Verständnis von Selbstständigkeit ..., welches neben Arbeit und Wohnen auch Identitätsthemen auf einer nichtfunktionalen Ebene mit einschließt" (ebd., S. 351).

Das vorliegende Arbeitsbuch mit dem Titel „Jugendhilfe – und dann? Zur Gestaltung der Übergänge junger Erwachsener aus stationären Erziehungshilfen" wirft auch vor diesem Hintergrund einen praxisnahen Blick auf die komplexe Thematik. Es liefert einen Überblick über die Rahmenbedingungen des Übergangs aus stationären Erziehungshilfen ins Erwachsenenleben und verbindet diese Analyse mit zahlreichen Praxisbeispielen für eine gelingende Übergangsbegleitung. Die internationale Perspektive auf die Situation von Care Leaver zeigt vielfältige Anregungen auf, auch über unkonventionelle Lösungen nachzudenken.

Es wird aber darüber hinaus notwendig sein, auch strukturelle Überlegungen anzustellen, wie der Übergang von Care Leavern ins Erwachsenenleben begleitet werden kann, damit sie ähnliche Bedingungen vorfinden wie ihre Peers und somit auch längerfristig auf ein eigenständiges Leben vorbereitet werden.

Dr. Heike Schmid-Obkirchner

Bundesministerium für Familie, Senioren, Frauen und Jugend

Berlin, Januar 2015

EINLEITUNG

Als Care Leaver werden junge Menschen bezeichnet, die sich in öffentlicher stationärer Erziehungshilfe (Wohngruppen, Erziehungsstellen, Pflegefamilien oder anderen Betreuungsformen) befinden und deren Übergang in ein eigenständiges Leben unmittelbar bevorsteht. Der Begriff umfasst auch Jugendliche oder junge Erwachsene, die diese Hilfesettings bereits verlassen haben und ohne Unterstützung der Kinder- und Jugendhilfe leben. Care Leaver sind benachteiligt gegenüber Gleichaltrigen, die in ihren Familien aufwachsen. Insbesondere können sie, um diesen Übergang zu bewältigen, auf vergleichsweise wenige materielle wie immaterielle Unterstützungsressourcen zurückgreifen. Eine zusätzliche, besonders kritische Herausforderung für Care Leaver in Deutschland besteht darin, dass sie den Übergang in ein selbstständiges Erwachsenenleben im Durchschnitt deutlich früher als ihre Peers bewältigen müssen. Diese Anforderungen an Care Leaver stehen im Widerspruch zum Leben von anderen jungen Erwachsenen in unserer Gesellschaft. Der Übergang ins Erwachsenenalter gestaltet sich heute als ein Prozess von mehreren Jahren, der weit in das dritte Lebensjahrzehnt hineinreichen kann. Junge Menschen, die in stationären Erziehungshilfen aufwachsen, verlassen diese hingegen meist mit Erreichen der Volljährigkeit bzw. kurz danach – ungeachtet ihrer biografischen Voraussetzungen und in der Regel ohne Rückkehroptionen in die stationäre Erziehungshilfe. Es zeigt sich also, dass der Übergang ins Erwachsenenleben für Care Leaver – anders als bei ihren Peers – dadurch charakterisiert ist, dass diese jungen Menschen in sehr kurzer Zeit und häufig mit geringen Unterstützungsressourcen ihr Leben selbstständig bewältigen müssen.

info

Zum Begriff „Care Leaver"

Der Begriff Care Leaver wird aus den angelsächsischen (v.a. britischen bzw. irischen) Fachdiskussionen übernommen, da es im deutschen Sprachgebrauch keine prägnante Bezeichnung dieser Zielgruppe gibt. Auch wenn mit der expliziten Nennung der Gruppe der Care Leaver Stigmatisierungsprozesse einhergehen können, hat die Verwendung des Begriffs einen Vorteil, denn sie kann dazu beitragen, die besonderen Herausforderungen für Care Leaver in Deutschland besser sichtbar zu machen. In den deutschen Fachdiskussionen rund um das Thema des Übergangs aus stationären Hilfen etabliert sich dieser Begriff zunehmend.

Alle Care Leaver teilen die Erfahrung, dass sie aufgrund belastender Ereignisse einen Teil ihres Lebens nicht in ihrer Herkunftsfamilie aufgewachsen sind. Care Leaver kehren in der Regel nach der Erziehungshilfe nicht in ihre Herkunftsfamilie zurück, sondern beginnen ein sog. selbstständiges Leben als junge Erwachsene meistens ohne hinreichende private soziale Netzwerke. Damit stellt der Übergang aus der Erziehungshilfe in die darauffolgende Lebenssituation eine besonders schwierige biografische Herausforderung dar.

1. Das Projekt „Was kommt nach der stationären Erziehungshilfe?"

In dem vorliegenden Arbeitsbuch werden geeignete Formen der Übergangsbegleitung in den Mittelpunkt gestellt. Es bündelt die Ergebnisse des Projekts „Was kommt nach der stationären Erziehungshilfe – Gelungene Unterstützungsmodelle für Care Leaver", das von Januar 2012 bis März 2014 von der Internationalen Gesellschaft für erzieherische Hilfen e.V. und dem Institut für Sozial- und Organisationspädagogik an der Universität Hildesheim durchgeführt wurde. Das Projekt zielte auf eine systematische Erfassung von Praxen der Übergangsbegleitung in und nach den stationären Erziehungshilfen in Deutschland ab. Darüber hinaus war es ein Anliegen des Projekts, mit einer solchen Analyse auch erstmals die Situation von jungen Care Leaver in Deutschland aus der Perspektive der Fachpraxis näher zu beleuchten und die Fachdiskussion der Übergangsgestaltung hinsichtlich der besonderen Anforderungen an diese Gruppe junger Erwachsener anzuregen.[1]

Das Projekt „Was kommt nach der stationären Erziehungshilfe?"

Auftraggeber	Stiftung Deutsche Jugendmarke e.V.
Durchführung	Institut für Sozial- und Organisationspädagogik, Universität Hildesheim ▪ Internationale Gesellschaft für erzieherische Hilfen e.V. (IGfH)
Anlage	Praxisforschungs- und Transferprojekt mit den Bestandteilen: ▪ Recherche zu Rahmenbedingungen und Praxen der Übergangsbegleitung in Deutschland, Erstellung von Expertisen ▪ Recherche zu Rahmenbedingungen und Praxen der Übergangsbegleitung international ▪ Erhebung von Formen der Übergangsbegleitung in Deutschland (Expert_inneninterviews), Auswahl beispielhafter Modelle (Beispiele guter Praxis) ▪ Ausloten von Transfermöglichkeiten einzelner guter Übergangspraxen (Expert_innenworkshops) ▪ Transfer der Projektergebnisse, Formulierung von Forderungen
Laufzeit	2 Jahre, 3 Monate (Januar 2012 bis März 2014)

Abb. 1: Das Projekt „Was kommt nach der stationären Erziehungshilfe?"

1 Informationen zum Projekt sowie zahlreiche Materialien zum Download finden sich unter: www.igfh.de unter Projekte sowie unter www.uni-hildesheim.de/careleaver, letzter Zugriff 12.12.2014.

Nationale und internationale Datenrecherche

Zu Projektbeginn lagen nur wenig deutsche Studien und Praxisberichte zum Thema Übergangsbegleitung von jungen Menschen aus den stationären Erziehungshilfen ins Erwachsenenleben vor, was darauf hindeutete, dass das Thema weder in der Forschung noch in der Praxis bisher breiter aufgegriffen wurde. Vor diesem Hintergrund wurden zusätzlich zu den eigenen Recherchen drei Expertisen eingeholt: Darunter die Darlegung der statistisch beschreibbaren Ausgangslage für Care Leaver in Deutschland (vgl. Nüsken 2014); die Frage nach der rechtlichen Ausgangssituation für Care Leaver, z.B. im Hinblick auf die Rechtsprechung zum § 41 SGB VIII, sowie auch Verweisungspraktiken z.B. auf das Rechtsinstitut der gesetzlichen Betreuung im Anschluss an Erziehungshilfen (vgl. Wiesner 2014) sowie in einer dritten Expertise der Blick auf das Spektrum nachgehender Übergangshilfen für andere junge Erwachsene nach stationären Erziehungshilfen, z.B. innerhalb der Justiz, der Behindertenhilfe oder der psychiatrischen Versorgung (vgl. Bellermann 2013).[2]

Um die Situation von Care Leaver in anderen (v.a. europäischen) Ländern zu erfassen, wurden außerdem wissenschaftliche Studien, politische Leitlinien sowie praktische Übergangsmodelle recherchiert. Dabei zeigte sich, dass im internationalen Vergleich die Übergangsbegleitung von Care Leaver in einigen Ländern programmatisch und sozialpolitisch in dem bestehenden Sozialleistungssystem verankert ist und die Gruppe der Care Leaver somit als eigenständige Gruppe mit einem gesonderten Unterstützungsbedarf wahrgenommen wird. Außerdem wurden leitfadengestützte Interviews mit internationalen Expert_innen aus Forschung und Praxis geführt. Insgesamt entstanden in diesem Rahmen Kontakte zu Expert_innen in 19 Ländern: Dänemark, Finnland, Großbritannien, Irland, Israel, Kanada, Kroatien, Montenegro, Niederlande, Norwegen, Rumänien, Russland, Schweden, Slowenien, Spanien, Südafrika, Ukraine, Ungarn und den USA.

Erhebung zur Übergangsbegleitung in der pädagogischen Praxis

Zur Erhebung unterschiedlicher Übergangspraxen aus stationären Erziehungshilfen in das Erwachsenenleben in Deutschland wurden Einrichtungen und Fachdienste ausgewählt, die über viel Erfahrung in der Begleitung von Care Leaver in Selbstständigkeit verfügten und/oder besondere Angebotsformen für diese Zielgruppe entwickelt haben. Auf der Grundlage dieser Auswahl wurden 47 Telefoninterviews mit Fachkräften aus Wohngruppen und Betreuten Wohnformen, aber auch mit Mitarbeiter_innen aus Erziehungsstellen, Kinderdorffamilien und Pflegekinderdiensten in ganz Deutschland geführt. Darunter waren sowohl pädagogische Mitarbeiter_innen als auch Leitungskräfte. Die Auswahl der Befragten erfolgte unter Rückgriff auf bereits bestehende Praxiskontakte, ein Schneeballverfahren sowie einen Aufruf in der Fachzeitschrift Forum Erziehungshilfen. Darüber hinaus wurde eine Internetrecherche zu

2 Die Expertisen von Prof. Dr. Reinhardt Wiesner und Prof. Dr. Dirk Nüsken sind auf den Projekthomepages abrufbar (siehe vorherige Fußnote). Die Expertise von Prof. Dr. Martin Bellermann liegt bisher nur als unveröffentlichtes Manuskript vor.

Angeboten der Übergangsbegleitung durchgeführt und versucht, eine bundesweit gestreute Auswahl abzubilden. Die Auswahl der Interviewpartner_innen erfolgte somit nicht systematisch und ohne Anspruch auf ein vollständiges Bild praktizierter Übergangsbegleitung in Deutschland. Die Idee hinter der Zusammenstellung des Samples bestand in der Berücksichtigung unterschiedlicher Einrichtungstypen und -träger, unterschiedlicher Zielgruppen sowie eines Spektrums verschiedener regionaler Rahmenbedingungen (Ballungszentren, ländlicher Raum, Großeinrichtungen/kleinere Anbieter, spezialisierte Angebote für einzelne Zielgruppen wie Mutter-Kind-Angebote etc.).[3]

Die Befragung sollte einen Überblick über einzelne Formen der Übergangsbegleitung, Beispiele gelungener Übergangspraxis und ihre Transferfähigkeit sowie Einschätzungen der Fachpraxis zu Anforderungen und Barrieren des Übergangs aus stationären Erziehungshilfen in Selbstständigkeit eröffnen. Die Interviewpartner_innen wurden nach ihren Konzepten, Methoden und Erfahrungen „gelebter Praxis" der Übergangsbegleitung wie auch nach Kooperationserfahrungen/-strukturen verschiedener Hilfeinstanzen/-systeme befragt. Darüber hinaus wurden sie um eine Einschätzung gebeten bezüglich kritischer und gelingender Aspekte der Begleitung des Übergangs sowie zu Verbesserungsmöglichkeiten der Übergangsbegleitung.

Für die Durchführung der Interviews wurde ein Leitfaden[4] entwickelt, der Fragen zu wesentlichen Aspekten der Übergangsbegleitung aus stationären Erziehungshilfen in Selbstständigkeit enthält. Die mit einem Aufnahmegerät aufgezeichneten Gespräche mit den Interviewpartner_innen wurden in Auszügen verschriftlicht und darüber hinaus themenbezogen in Textform zusammengefasst. Dabei wurden Gesprächsinhalte in Anlehnung an die zentralen Themen des Leitfadens gebündelt. In einem weiteren Auswertungsschritt wurden die 47 Praxisbeschreibungen zu den einzelnen Kategorien vergleichend analysiert (vgl. Meuser/Nagel 2013; Bogner/Menz 2009). Dabei war sowohl von Interesse, was als typisch für die Übergangsbegleitung aus stationären Erziehungshilfen in ein selbstständiges Leben beschrieben wurde (Verläufe, pädagogische Arbeitsaufträge, Merkmale der Zielgruppe, Barrieren in der Übergangsbegleitung etc.) als auch außergewöhnliche Gestaltungsformen und Konzepte der Übergangspraxen, die teilweise besonders von den regionalen Rahmenbedingungen geprägt waren.

Die Ergebnisse der Befragung bilden eine wesentliche Grundlage für die Darstellung deutscher Übergangspraxen in dem vorliegenden Buch. In Kapitel II und III werden anhand des vorliegenden Interviewmaterials zentrale Themen aus der Perspektive der sozialpädagogischen Praxis aufgegriffen und auf der Grundlage eigener Analysen und Interpretationen ausgeführt. Zur Illustration grundsätzlicher Aspekte, methodischer Ansätze oder Dilemmata in der Arbeit mit Care Leaver wurden für beide Kapitel aus den geführten Interviews eine Reihe von Zitaten ausgewählt; diese wurden mit dem Ziel einer besseren Lesbarkeit sprachlich etwas geglättet.

---

3 Im Anhang findet sich eine anonymisierte Liste der Interviewparter_innen.

4 Dieser ist im Anhang abgedruckt und kann gern für die eigene Praxis genutzt werden. Bei Veröffentlichungen bitte die Quelle angeben.

Ziel des Projekts war eine Bestandsaufnahme im Hinblick auf zentrale Aspekte der aktuellen Praxis der Begleitung Jugendlicher und junger Erwachsener in stationären Hilfen in Deutschland. Spezifische Anforderungen an die Übergangsbegleitung z.B. für junge Mütter, Straffällige, unbegleitete minderjährige Flüchtlinge oder Kinder und Jugendliche mit Behinderungen konnten im Rahmen dieses Projekts nur in Ansätzen betrachtet werden, bedürfen allerdings einer Vertiefung in der Zukunft, um diese Gruppen bedarfsgerechter unterstützen zu können.

Transfer der Projektergebnisse in die Fachdiskussion und Fachpraxis

Im Anschluss an die Auswertungen der Datenerhebung fanden zwei Expert_innenworkshops statt, in denen die herausgearbeiteten Erkenntnisse und Beispiele guter Praxis mit Vertreter_innen aus der Fachpraxis und Fachpolitik im Hinblick auf Transfermöglichkeiten diskutiert wurden. An einem internationalen Expert_innenworkshop nahmen Fachkräfte aus zwölf verschiedenen (v.a. europäischen) Ländern teil und stellten Praxisprojekte zur Gestaltung des Übergangs ins Erwachsenenleben für Care Leaver vor, die als besonders innovativ, interessant oder richtungsweisend für den deutschen Kontext erschienen.[5] Weiterhin wurden in einem zweitägigen Werkstattgespräch die Projektergebnisse im Hinblick auf Transfermöglichkeiten in die pädagogische Praxis diskutiert und Möglichkeiten der Verstetigung der Fachdiskussion zu Übergangsfragen, z.B. im Rahmen von Arbeitskreisen, erörtert. Somit gab es innerhalb des Projekts breit angelegte Aktivitäten, um die Erhebungen und Recherchetätigkeiten mit den Praxiserfahrungen der unterschiedlichen am Übergang von Care Leaver mitwirkenden Akteure zu verzahnen. Aus diesen vielfältigen Prozessen ist das vorliegende Arbeitsbuch hervorgegangen.

2. Aufbau des Arbeitsbuches

Das Arbeitsbuch „Jugendhilfe – und dann? Zur Gestaltung der Übergänge junger Erwachsener aus stationären Erziehungshilfen" soll Impulse für die Fachdiskussion über Care Leaver in Deutschland geben. Auf der Grundlage der im Rahmen des Projekts geführten Interviews und Recherchen wurden eine Reihe von Kernelementen einer guten Praxis im Bereich der Übergangsbegleitung extrahiert, die zahlreiche Anknüpfungspunkte für die Reflexion und Weiterentwicklung der eigenen Praxis bilden können.

Kapitel I versteht sich als eine Einführung in die Situation von Care Leaver in Deutschland. Um dabei ein möglichst präzises Bild zeichnen zu können, wird hier insbesondere auf aktuelle Forschungsergebnisse und statistische Daten zurückgegriffen. Der erste Abschnitt zeichnet die wissenschaftliche Begründung für die Entstehung des jungen Erwachsenenalters nach und referiert

[5] Ein Reader mit den Präsentationen und Materialien des internationalen Workshops finden sich auf den Projekthomepages, vgl. FN 1.

wesentliche Merkmale dieser „neuen" Lebensphase (Kap. I.1). Darauf aufbauend wird nach den Konsequenzen dieser Erkenntnisse für die Situation der Care Leaver in Deutschland gefragt und diese unter dem Schlagwort „Statuspassage Leaving Care" gebündelt (Kap. I.2). Es folgt eine systematische Zusammenstellung aller relevanten bisher in Deutschland durchgeführten Studien, die Hinweise auf die biografische Bedeutung des Aufwachsens in stationären Erziehungshilfen geben und Aussagen zu der späteren sozialen Situation der Care Leaver liefern (Kap. I.3). Das Kapitel endet, indem anhand statistischer Befunde die aktuelle Situation von Care Leaver in Deutschland veranschaulicht werden (Kap. I.4).

In **Kapitel II** werden anhand der Datenerhebung im Rahmen des Projekts unterschiedliche Perspektiven auf den Übergang aus stationären Erziehungshilfen beleuchtet, um die Vielschichtigkeit, in der sich die institutionalisierte Begleitung ins Erwachsenenleben sowie die individuelle Ablösung aus dem System der Kinder- und Jugendhilfe vollzieht, kenntlich zu machen. Dabei werden in Kapitel II.1 verschiedene Aspekte von Selbstständigkeit herausgearbeitet, wie sie durch die Fachpraxis für die alltägliche Begleitung in stationären Erziehungshilfen und im Übergang beschrieben werden. Es zeichnen sich dabei in Bezug auf alltägliche Selbstständigkeitsvorstellungen bzw. Selbstständigkeitserwartungen erkennbare Unterschiede ab zwischen Kindern, die in familiären Kontexten leben, gegenüber denjenigen, die in stationären Erziehungshilfen aufwachsen.

Kapitel II.2 greift das Verhältnis von Bildung und Biografie als eine Schlüsselfigur auf, die auch im Übergang ins Erwachsenenleben in besonderer Weise zum Tragen kommt. Der Abschnitt skizziert zunächst die Bedeutung von biografischen sowie formalen Bildungsprozessen und wie diese in den Erziehungshilfen thematisiert und unterstützt werden. Daran anknüpfend wird das ganz konkrete Verhältnis von Erziehungshilfen und Schule in den Blick genommen und die Frage bearbeitet, wie gute Schulleistungen und das Erreichen von Bildungsabschlüssen in den Erziehungshilfen gefördert werden können. Abschließend wird diskutiert, wie belastende biografische Ereignisse und Bildungsprozesse zueinander stehen: Wie können Bildungserfolge trotz familiärer Konflikte, die zu einer Aufnahme in die stationäre Erziehungshilfe geführt haben, erreicht werden und wie kann Bildung auch ein Vehikel sein, um biografische Krisen zu bearbeiten und Selbstwirksamkeit z.B. durch schulische Erfolge zu erleben?

Kapitel II.3 betrachtet den Übergang aus stationären Erziehungshilfen im Licht regionaler Disparitäten. Aufgrund unterschiedlicher örtlicher Gewährungspraxen erfahren Care Leaver uneinheitliche institutionelle und materielle Voraussetzungen für die Gestaltung ihres Übergangs in ein eigenständiges Leben. Die Dauer des Verbleibs in stationären Hilfen variiert z.B. regional erheblich, ebenso die Ausgestaltung von nachgehenden Hilfen. Diese regionalen Unterschiede stellen die Übergangsbegleitung vor besondere Herausforderungen. Anhand zweier Praxisbeispiele wird aber in diesem Abschnitt auch illustriert, wie sich einzelne Jugendämter dieser Herausforderung stellen.

Die Anforderungen eines gelingenden Übergangs sind jedoch nicht nur vonseiten der Kinder- und Jugendhilfe zu erfüllen. Es gibt verschiedenste Schnittstellen zu anderen Hilfesystemen, die bereits während einer Erziehungshilfe relevant sein können, aber bei Hilfeende sehr viel nachdrücklicher zum Tragen kommen, wenn es um Anschlusshilfen oder die Sicherstellung des Lebensunterhalts geht. Mit diesen teilweise problematischen Verschränkungen unterschiedlicher Sozialgesetze und Hilfeleistungen und deren Folgen für Care Leaver befasst sich Kapitel II.4.

Nach dem Einblick in grundlegende Perspektiven auf den Übergang aus stationären Erziehungshilfen ins Erwachsenenleben werden in **Kapitel III** auf der Grundlage des Interviewmaterials und eigener Recherchen konkrete Formen der Übergangsbegleitung zusammengetragen und einzelne Beispiele gelungener Übergangspraxis vorgestellt und diskutiert. In den Expert_inneninterviews mit Vertreter_innen aus der Fachpraxis in Deutschland zeigt sich eine Vielfalt von Angebotsformen im Hinblick auf die Gestaltung des Übergangs aus stationären Erziehungshilfen ins Erwachsenenleben. Es werden aber auch Kernaufgaben und -themen angesprochen, die das Leben in den stationären Hilfen und die Vorbereitung auf ein eigenständiges Leben insgesamt rahmen. Entlang dieser Kernthemen werden in dem Kapitel Beispiele einer gelingenden Übergangsbegleitung in Deutschland beschrieben. Sie beziehen sich u.a. auf die Vorbereitung des Übergangs in eigenen Wohnraum (Kap. III.1). Die Balance zwischen begleiteter und eigenständiger Haushaltsführung und der Verantwortungsübernahme für eine eigene Wohnung markiert einen alltagspraktischen Teil der Vorbereitung auf das Erwachsenenleben, der in vielfältigen Wohnformen und Betreuungsstufen vorzufinden ist. Hierzu werden einige Modelle vorgestellt.

Darüber hinaus ist es für ein eigenständiges Leben jedoch von großer Bedeutung, eine gewisse emotionale Stabilität erreicht zu haben. Zudem sind weitere Schlüsselfähigkeiten erforderlich, um die vielfältigen Anforderungen des Erwachsenenlebens zu bewältigen. Hier setzen Beispiele von Kompetenztrainings und individueller Entwicklungsförderung an, die in der Übergangsbegleitung ebenfalls einen wesentlichen Anteil ausmachen (Kap. III.2).

Schließlich werden gute Übergangspraxen beschrieben, die sich auf die Pflege sozialer Beziehungen und den Aufbau sozialer Netzwerke beziehen (Kap. III.3). Hierzu gibt es in der Praxis Beispiele, wie Beziehungen in der Phase des Übergangs thematisiert werden, und in welcher Form wichtige Menschen in den Übergang aus den stationären Erziehungshilfen eingebunden werden können.

Ein weiteres zentrales Thema im Übergang ins Erwachsenenleben bildet der Übergang in Arbeit und Ausbildung (Kap. III.4), der in den stationären Erziehungshilfen sehr unterschiedlich begleitet wird. Viele Träger verfügen über gute Kontakte zu Schulen, der Berufsberatung und den Jobcentern oder wirken in Netzwerken zum Thema Schule-Beruf mit. Die Schul- und Ausbildungslandschaft, so wird in den Gesprächen mit vielen Interviewparter_innen deutlich, ist komplex, so dass Einrichtungen der Erziehungshilfe gesonderter Expertise bedürfen, um eine bedarfsgerechte Bildungsförderung für ihre Adressat_innen zu erreichen. In diesem Kapitel werden somit u.a. Praxisbeispiele einer spezifischen Begleitung des Übergangs in Ausbildung und Arbeit vorgestellt.

Abschließend wird in Kapitel III.5 das Augenmerk auf das Thema Nachbetreuung und Ehemaligenarbeit gerichtet. Vor allem nach dem formalen Ende der Hilfe zu Erziehung zeigt sich, dass Care Leaver weiterhin Bezugspersonen brauchen, die ihnen Unterstützung und Orientierung bieten. Es werden vor diesem Hintergrund Modelle nachgehender Unterstützung ebenso wie Beispiele institutionell verankerter Ehemaligenarbeit vorgestellt.

Das **Kapitel IV** widmet sich einer internationalen Perspektive auf die Übergangsbegleitung von Care Leaver (Kap. IV.1). Es werden Forschungsergebnisse vorgestellt sowie unterschiedliche Formen der institutionellen Verankerung einer verbindlichen Übergangsbegleitung für Care Leaver beschrieben (Kap. IV.2). Diese kennzeichnen sich z.B. durch gesetzliche Regulierungen des Anspruchs auf Erziehungshilfe bis in das dritte Lebensjahrzehnt wie z.B. in Norwegen oder durch spezifische Übergangs- und Bildungsprogramme für Care Leaver, wie sie u.a. in Großbritannien zu finden sind. Auf der Grundlage dieser verschiedenen Verfahrensweisen der Übergangsgestaltung etablieren sich unterschiedliche Hilfekulturen und Infrastrukturen zur Unterstützung von Care Leaver in anderen Ländern, die für die deutsche Diskussion wertvolle Anregungen bieten können. Schließlich werden in Kap. IV.3 konkrete Beispiele guter Übergangspraxis vorgestellt, die sich überwiegend auf die Erkenntnisse aus den geführten Interviews und den mit internationalen Expert_innen durchgeführten Workshops beziehen.

Das Arbeitsbuch endet unter der Überschrift „Infrastrukturen für Care Leaver schaffen – Bildungs- und Teilhabechancen ermöglichen!" mit einem **Ausblick** auf die aktuellen Herausforderungen in Bezug auf einen gelingenden Übergang von Care Leaver ins Erwachsenenleben. Zudem werden konkrete Forderungen vorgestellt, die im Projektkontext entwickelt wurden und sich an die Fachpraxis sowie Fachpolitik wenden.

Dank

Das Projekt „Was kommt nach der stationären Erziehungshilfe" und dieses Arbeitsbuch sind ein Gemeinschaftsprodukt der Projektgruppe, der neben uns Autorinnen des Buches (Britta Sievers, Severine Thomas und Maren Zeller) noch Diana Düring, Dirk Nüsken, Josef Koch und Wolfgang Schröer sowie unsere studentischen Hilfskräfte Carolin Ehlke, Jessica Günzel und Esther Pappert angehörten. Alle haben das Projekt engagiert unterstützt. Dafür danken wir ihnen sehr herzlich!

Unser besonderer Dank gilt den nationalen und internationalen Expert_innen, die im Rahmen der Interviews, aber auch der Expert_innenworkshops und der Abschlusstagung ihre Erfahrungen mit uns geteilt haben.

Zur erfolgreichen Realisierung des Projektes trug die finanzielle Unterstützung der Stiftung Deutsche Jugendmarke e.V. maßgeblich bei, wofür wir hier stellvertretend für die gesamte Projektgruppe öffentlich danken möchten.

Britta Sievers / Severine Thomas / Maren Zeller

Frankfurt am Main / Hildesheim, im Dezember 2014

I ERWACHSENWERDEN IN STATIONÄREN ERZIEHUNGSHILFEN – AUSGANGSSITUATION FÜR CARE LEAVER IN DEUTSCHLAND

1. Das junge Erwachsenenalter

Die Übergänge junger Erwachsener aus stationären Erziehungshilfen in ein eigenständiges Leben können nicht losgelöst von gesellschaftlichen Entwicklungen betrachtet werden. Dementsprechend gilt es zu überlegen, wie sich das relativ neue Phänomen des *jungen Erwachsenenalters als eigenständige Lebensphase* auf die Situation der Care Leaver in Deutschland auswirkt. Dabei zeichnet sich ab, dass sich der Übergang ins Erwachsenenleben für Care Leaver deutlich von den Erfahrungen ihrer Peers, die in ihren Herkunftsfamilien aufwachsen, unterscheidet. Auf Dauer angelegte familiäre Beziehungen und Unterstützungsstrukturen sind normalerweise wesentliche Grundlagen für die Ausgestaltung des Übergangs in ein eigenständiges Leben, die aber für Care Leaver nicht in vergleichbarer Weise zur Verfügung stehen.

In der sozial- und erziehungswissenschaftlichen Forschung ist in den vergangenen Jahren verstärkt darauf hingewiesen worden, dass sich grundlegende Veränderungen für den Übergang ins Erwachsenenalter und insbesondere ins Erwerbsleben ergeben haben (vgl. Kreher/Lempp 2013; Schröer 2013). Es wird von einer „neuen Form des Übergangs" ins Erwachsenenleben ausgegangen, „deren bestimmende Merkmale ihre *Offenheit* und *Ungewissheit* sind" (Walther 2000, S. 59). Der Übergang gestaltet sich demnach als ein Prozess von mehreren Jahren, der weit in das dritte Lebensjahrzehnt hineinreichen kann, und in dem junge Menschen ihre Kompetenzen in Bezug auf die gegenwärtigen gesellschaftlichen Herausforderungen entwickeln (vgl. Arnett 2000).

Diese Lebensspanne des Übergangs wird in der sozial- und erziehungswissenschaftlichen Forschung als „junges Erwachsenenalter" (vgl. Walther/Stauber 2002; Rietzke/Galuske 2008) oder „emerging adulthood"[6] (vgl. Arnett 2000) beschrieben. In dieser Zeit muss der junge Mensch demnach einen Erwachsenenstatus aufbauen und entsprechend seinen Übergangspfad individuell gestalten. Dabei wird das junge Erwachsenenalter zunehmend durch den Besuch von Bildungsinstitutionen und einen „positionalen Wettbewerb" (vgl. Brown 2004) um Bildungszertifikate charakterisiert. Während z.B. vor dreißig Jahren nur für eine kleine Gruppe junger Menschen das dritte Lebensjahrzehnt – in erster Linie Studierende – durch den Besuch von Bildungsinstitutionen bestimmt war, befinden sich heute dagegen mindestens die Hälfte der jungen Erwachsenen entweder immer noch oder bereits wieder in ganz unterschiedlichen Bildungs- oder Lernarrangements (vgl. Brandel/Gottwald/Oehme 2010).

---

[6] Auf Deutsch: sich entwickelndes Erwachsensein

info

Jugendphase und junges Erwachsenenalter

Die bisherige Aufgabe der Lebensphase Jugend war darauf ausgerichtet, sich auf ein eigenverantwortliches Leben vorzubereiten – ein Moratorium zwischen Kindheit und Erwachsenenleben. Dieses Erwachsenwerden fußte im Wesentlichen auf dem Erreichen einer Berufsausbildung, die Einmündung in ein Normalarbeitsverhältnis, das Leben in einem eigenen Haushalt und die Gründung einer Familie. Seit sich jedoch die sozialen Lebensformen in den letzten 40 Jahren erheblich verändert, Ausbildungswege beispielsweise deutlich vervielfältigt und sich die Übergänge in Erwerbsarbeitsverhältnisse in der wissensbasierten Dienstleistungsgesellschaft insgesamt verlängert haben, unterliegt auch die Jugendphase einer diversifizierten und zeitlich entgrenzten Perspektive (vgl. Lenz/Schefold/Schröer 2004), an die sich das junge Erwachsenenalter als eigenständige Lebensspanne anschließt. Junge Erwachsene sind formal eigenverantwortlich, in vielen Lebensbereichen (Ausbildung, Wahl des Lebensortes, Familiengründung etc.) aber in einem komplexen biografischen Gestaltungsprozess mit vielen sozialen Verwiesenheiten und Abhängigkeiten. Es stellt eine große Herausforderung dar, diesen Anforderungen der Jugendphase und des jungen Erwachsenenalters in der Ausgestaltung öffentlicher Sorge, Erziehung und Bildung zu entsprechen.

Die deutsche Sozialpolitik hat die Lebensphase des jungen Erwachsenenalters lange übergangen (vgl. Müller 1996). Mit dem 14. Kinder- und Jugendbericht (vgl. Bundesministerium für Familie, Senioren, Frauen und Jugend 2013) scheint sich jedoch eine Wende abzuzeichnen. Hier wird ausdrücklich auf die Existenz einer „Zwischenzeit" (ebd., S. 44) hingewiesen, deren Anfangspunkt ungefähr mit dem Verlassen des allgemeinbildenden Schulsystems gleichgesetzt wird, und deren Endpunkt ungefähr bei der Einmündung in eine Erwerbstätigkeit und der Gründung einer eigenen Familie liege. Sowohl der Beginn als auch das Ende dieser Lebensphase können je nach biografischen Verläufen, aber insbesondere auch abhängig von den besuchten Bildungsinstitutionen und Wegen der beruflichen Ausbildung stark variieren. Ein Ausbildungsabschluss kann mit 19 Jahren erreicht sein, ein Studium ist aber mitunter erst mit 25 Jahren abgeschlossen. Dabei ist nicht gewährleistet, dass der Übergang in das Arbeitsleben nahtlos an den Erwerb einer beruflichen Ausbildung anschließt. Somit ist der Übergang aus dem jungen Erwachsenenalter in eine auch wirtschaftliche Eigenständigkeit durchaus fragil. Auch die kulturelle, soziale und wirtschaftliche Diversität bringt vielfältige Anforderungen und Merkmale des jungen Erwachsenenalters hervor, so dass es durch „Ungleichzeitigkeiten der Entwicklung bei unterschiedlichen Gruppen junger Menschen" (ebd., S. 186) geprägt ist.

Die Europäische Forschungsgruppe EGRIS, der aus Deutschland u.a. Lothar Böhnisch, Barbara Stauber und Andreas Walther angehörten, prägten für dieses Phänomen der Ungleichzeitigkeiten den Begriff der Yoyo-Übergänge (vgl. Stauber/Pohl/Walther 2007). Konkret gehen sie von einer Entstandardisierung des Lebenslaufs aus und stellen fest, dass sich der Übergang ins Erwachsenenalter in mehreren Teilübergängen (Arbeit, Wohnen, Partnerschaft, Lebensstile, Familie etc.) vollzieht. Diese Teilübergänge sind reversibel, d.h. eine Rückkehr in frühere Lebensformen ist möglich. Darüber hinaus können die Teilübergänge auch Ungleichzeitigkeiten aufweisen, d.h. eine jugendliche Lebensform in einem Teilbereich sowie eine erwachsene Lebensform in einem anderen Teilbereich können nebeneinander stehen. Zum Beispiel kann jemand bereits eine eigene Familie gegründet haben und der Übergang in Erwerbsarbeit gleichzeitig noch anstehen.

Im 14. Kinder- und Jugendbericht wird zudem die hohe Bedeutung der Herkunftsfamilie für Jugendliche und junge Erwachsene herausgearbeitet, die trotz der Veränderungen des Familienbildes und der heutzutage existenten heterogenen Familienkonstellationen in den letzten Jahren sogar anstieg. Dementsprechend erweist sich die Familie zum einen „als Ort der emotionalen Unterstützung und persönlichen Beratung" (vgl. Bundesministerium für Familie, Senioren, Frauen und Jugend 2013, S. 43), zum anderen unterstützt sie in vielen Fällen die jungen Menschen mit finanziellen Ressourcen.

Bisher fällt auf, dass sich gerade Bildungsinstitutionen grundsätzlich an einem Modell der Statuspassagen und altersbezogenen Entwicklungsaufgaben orientieren (vgl. Böhnisch/Schröer 2001). Die Herausforderung der Übergänge besteht darin, verschiedene zu bewältigende Übergänge in ein Passungsverhältnis zu bringen. Dabei gilt es insbesondere, sich den Anforderungen institutioneller Arrangements, z.B. Schulen und Ausbildungsstätten, anzupassen. Es zeigt sich eine Diskrepanz zwischen dem aktuell veränderten Übergangsprozess vom Jugend- ins Erwachsenenalter und den Annahmen, mit denen Institutionen Bildungs- und Unterstützungsprozesse in dieser Phase anbieten. Dabei ist das Phänomen des jungen Erwachsenenalters inzwischen auch in der öffentlichen Wahrnehmung angekommen. Zumindest stellte bereits die Süddeutsche Zeitung fest, dass „25 das neue 18" sei und diagnostiziert, dass Volljährigkeit und Unreife Hand in Hand gingen (vgl. Simon 2013). Für die Gruppe der Care Leaver ergibt sich analog die Frage, wie die Organisation der Erziehunghilfe diese Statuspassage formiert und wie die strukturellen Bedingungen den Bedürfnissen junger Erwachsener im Übergang in ein eigenständiges Leben entsprechend ausgestaltet werden können.

2. Die Statuspassage Leaving Care

In Deutschland wird in der Kinder- und Jugendhilfe und der Gewährung von Hilfen für junge Volljährige im Vergleich zu internationalen Übergangspraxen kaum die sozialisatorische Bedeutung des jungen Erwachsenenalters berücksichtigt, obwohl Studien im Bereich Übergänge ins Erwachsenenalter und Erwerbsleben seit den 1990er-Jahren auf eine Entgrenzung dieser Lebensphase verweisen (vgl. Müller 1990). Das bedeutet, dass auch die Zeit nach dem Verlassen einer Einrichtung der Erziehungshilfe vor diesem Hintergrund als eine länger währende Statuspassage im Lebenslauf zu verstehen ist. Sie lässt sich als Lebensphase des Leaving Care bezeichnen. Sie geht mit dem Erreichen des Erwachsenenstatus einher, gleichzeitig aber auch mit dem Heraustreten aus der öffentlichen Erziehung und Unterstützung im Rahmen der Kinder- und Jugendhilfe.

Hingegen wurde in der internationalen Forschung zu stationären Erziehungshilfen (Heimerziehung, Pflegefamilien) von Kindern und Jugendlichen in den vergangenen Jahren die Aufmerksamkeit stärker auf die Gruppe der im angelsächsischen Kontext als „Care Leaver" bezeichneten jungen Menschen gerichtet (vgl. Stein 2006). Infolge der internationalen empirischen Befunde werden die Care Leaver in aller Regel als eine aufgrund ihrer psychosozialen Belastung vulnerable bzw. sozial benachteiligte und daher unterstützungsbedürftige Zielgruppe thematisiert (vgl. Kap. IV.1). Im Anschluss an diese Forschungsergebnisse wird häufig die Forderung formuliert, den Übergang aus stationären Erziehungshilfen fließender zu gestalten und nachgehende (ambulante) Unterstützungsangebote zu institutionalisieren, die an die stationäre Erziehungshilfe anschließen. Tatsächlich wurden und werden in etlichen europäischen Ländern, aber beispielsweise auch in der kanadischen Provinz Ontario, von der öffentlichen Hand Programme und Projekte aufgelegt, die den Care Leaver im Übergang v.a. im Hinblick auf Bildung, Ausbildung und Beschäftigung eine weitere Unterstützung bieten (vgl. z.B. Jackson/Ajayi/Quigley 2005; Flynn/Tessier 2011) (vgl. Kap. IV.2–4).

Auf der Basis internationaler empirischer Daten kann festgestellt werden, dass diese Statuspassage durch eine starke Altersnormierung gebunden ist, obwohl sich ganz unterschiedliche biografische Konstellationen der Care Leaver auch auf den Übergang ins Erwachsenenleben auswirken, und bislang kaum die Voraussetzungen der entgrenzten Lebensphase des jungen Erwachsenenalters widerspiegelt. So wird z.B. mit der Ausgestaltung der Übergangsbegleitung aus stationären Erziehungshilfen kaum dem Merkmal der weiter oben beschriebenen Yoyo-Übergänge Rechnung getragen. Internationale Studien weisen darauf hin, dass Adressat_innen der Heimerziehung diese Einrichtungen meist mit bereits 16 bis 18 Jahren verlassen (müssen), während ihre Peers als Folge der verlängerten Übergangsphase im Schnitt deutlich länger zu Hause wohnen bleiben (vgl. Stein 2006).

Eine ähnliche Diskrepanz zeigt sich in Deutschland. Das Durchschnittsalter des Auszugs aus dem Elternhaus liegt hier deutlich höher als das Durchschnittsalter des Auszugs der Care Leaver aus Einrichtungen der Kinder- und Jugendhilfe: Im Vergleich ziehen junge Menschen in Deutschland im Durchschnitt erst mit 23,9 Jahren (Frauen) bzw. 25,1 Jahren (Männer) aus dem elterlichen Haushalt aus (vgl. Eurostat 2009).[7] Hingegen zieht etwa die Hälfte der jungen Menschen, die zwischen dem 18. und 21. Lebensjahr eine stationäre Erziehungshilfe nach § 34 SGB VIII verlassen, schon in eine eigene Wohnung. Gleichzeitig fällt auf, dass ein hoher Anteil stationärer Erziehungshilfen unmittelbar beendet wird. Das heißt etwa 50% bei den über 18-Jährigen und 45% in der Altersgruppe 15 bis 18 Jahren werden aus einer stationären Maßnahme entlassen, ohne dass es eine nachgehende Unterstützung gibt.[8]

Dies kann als „Verselbstständigungstrend" interpretiert werden, der frühzeitig in den Erziehungshilfen angelegt ist, mitunter bereits vor dem 18. Geburtstag. Die Inanspruchnahmequoten – das ist ein weiterer Hinweis auf eine gegenüber

---

[7] Vgl. auch Bundesministerium für Familie, Senioren, Frauen und Jugend (2012): Familienreport. Leistungen, Wirkungen, Trends. Berlin. S. 38.

[8] Vgl. Statistisches Bundesamt 2013

der Durchschnittsbevölkerung frühzeitigen Ablösung aus familienergänzenden bzw. -ersetzenden Hilfen – gehen mit Erreichen der Volljährigkeit deutlich zurück. Zwischen dem 17. und 18. Lebensjahr und schließlich auch noch zwischen dem 18. und 19. Lebensjahr reduzieren sich die Inanspruchnahmequoten bei den Hilfen zur Erziehung deutlich. Unter den 17-Jährigen wurden zum 31.12.2012 327 Hilfen zur Erziehung pro 10.000 der altersgleichen Bevölkerung gezählt, bei den 18-Jährigen hingegen nur noch 202 Hilfen pro 10.000 und bei den 19-Jährigen 116 Hilfen pro 10.000. Unter den 20-Jährigen lagen zu dem entsprechenden Zeitpunkt nur 69 Hilfen zur Erziehung pro 10.000 der altersgleichen Bevölkerung vor (vgl. Fendrich/Pothmann/Tabel 2014, S. 16, vgl. auch Kap. I.4). Damit sind im Vergleich der Übergangspfade ins Erwachsenenleben deutliche Unterschiede zwischen jungen Menschen, die in ihren Familien und denjenigen, die in öffentlicher Erziehung aufwachsen, markiert. Leaving Care kann vor diesem Hintergrund als eine Statuspassage im Lebenslauf gesehen werden, in der im öffentlichen Hilfesystem beschleunigte Übergänge ins Erwachsenenleben institutionalisiert und damit (Zeit-)Räume für individuelle Übergänge und Entwicklungsprozesse eingeengt werden.

Diese zeitliche Verdichtung im Übergang ins Erwachsenenleben hat in vielen Fällen auch Auswirkungen auf die Bildungsbiografien von Care Leaver. Die institutionelle Rahmung der Jugendbiografie ist gegenwärtig stark durch das „Bildungsmilieu der Familie" (vgl. Krüger/Reißig 2011) geprägt. Das bedeutet für junge Menschen aus Elternhäusern mit einem geringen Bildungsniveau und auch für viele Care Leaver, dass sie im Gegensatz zu Jugendlichen aus Elternhäusern mit hohen Bildungsniveau, die sich einen verzögerten und entschleunigten Weg mit Stationen in verschiedenen Bildungsinstitutionen oder auch außerhalb formaler Bildungsprozesse, z.B. im Rahmen von Auslandsaufenthalten, freiwilligem sozialen Jahr etc. erlauben können, einen zeitlich verdichteten institutionellen Weg durch die Jugendbiografie nehmen müssen, um ihre Chancen auf dem Arbeitsmarkt zu wahren. „Typologisch verdichtet lassen sich unter einer ungleichheitstheoretischen Perspektive somit drei unterschiedliche Wege durch die Bildungs- und Ausbildungsbiografie unterscheiden: die Bildungsbiografieverzögerer aus bildungsstarken familialen Milieus, die Bildungsbiografiebeschleuniger aus eher bildungsschwächeren Elternhäusern sowie die Jugendlichen mit einer risikoreichen Bildungs- und Ausbildungsbiografie, die vor allem aus Familien mit Migrationshintergrund stammen" (Krüger/Reißig 2011, S. 21).

Die Kinder- und Jugendhilfe in Deutschland hat an sich auf die Verlängerung der Jugendphase und den damit weiter oben beschriebenen sozialen Benachteiligungen der jungen Menschen in den Erziehungshilfen mit der Einführung der Hilfen für junge Volljährige (SGB VIII, § 41) reagiert. Damit sind Hilfen für junge Menschen bis zum 21. Lebensjahr grundsätzlich im Leistungsspektrum der Hilfen zur Erziehung vorgesehen. Das heißt trotz der Herabsetzung des Volljährigkeitsalters in den 1970er-Jahren hat der damalige Gesetzgeber zur Kenntnis genommen, „dass eine Anzahl junger Menschen das mit dem Erreichen der Volljährigkeit verbundene Ziel der Verselbstständigung nicht ohne weiteres drei Jahre früher erreichen konnte. Deshalb wurde die Fortsetzung einer mit Erreichen des 18. Lebensjahres laufenden Hilfe zur Erziehung in den Fällen ermöglicht [...]. Heute – 40 Jahre später – ist diese Altersphase nicht nur eine Durchgangsphase.

Der Unterstützungsbedarf für junge Menschen in dieser Altersphase ist gewachsen und hat sich deutlich verändert" (Wiesner 2014, S. 7).

Unter bestimmten Bedingungen können junge Menschen nach der Regelung im SGB VIII sogar bis zum 27. Lebensjahr eine Unterstützung im Rahmen der Erziehungshilfen erhalten. Diese rechtlichen Möglichkeiten werden jedoch, wie statistische Erhebungen zeigen, dadurch konterkariert, dass der Übergang auch hier häufig an eine Altersnormierung gebunden ist, obwohl gerade im Bereich der stationären Erziehungshilfen ganz unterschiedliche, zum Teil auch ungewöhnliche und stark belastete biografische Konstellationen auftreten. Die statistischen Daten (vgl. Statistisches Bundesamt 2013; Fendrich/Pothmann/Tabel 2012 u. 2014) sowie einzelne Studien (vgl. Nüsken 2008; Meyer/Gabel/Glaum 2013) zeigen darüber hinaus, dass bei der Gewährung und Gestaltung der Hilfen für junge Volljährige außerdem große regionale Disparitäten festzustellen sind[9], die eine grundlegende Anerkennung der Anforderungen einer verlängerten Jugendphase – auch oder gerade für die Zielgruppen der stationären Erziehungshilfen – nicht erkennen lassen.

3. Die biografische Bedeutung der Erziehungshilfe-Erfahrung für Care Leaver

Studien in Deutschland zu jungen Erwachsenen mit Erfahrungen in der stationären Erziehungshilfe haben lange Zeit die Prekarität dieser Statuspassage übersehen. Vielmehr standen entweder die Lebensbewährung der jungen Menschen oder die Wirkung der Erziehungshilfen im Mittelpunkt. Erst in den letzten zwei Jahrzehnten bildet sich eine subjektorientierte Forschung aus, die die Perspektive der jungen Menschen auf die Erziehungshilfen selbst zum Ausgangspunkt nimmt und – zumindest ansatzweise – deren Bewältigungsanstrengungen beim Übergang ins Erwachsenenleben berücksichtigt. Im Folgenden wird ein Überblick über die verschiedenen Forschungszugänge in Deutschland gegeben, welche die Lebenssituation von Care Leaver untersucht haben.[10] Diese beziehen sich im Wesentlichen auf junge Erwachsene, die in Heimerziehung gelebt haben. Im Verhältnis zur international intensiven Beschäftigung mit der Thematik ist in Deutschland bisher nur wenig über die Situation und Entwicklung von ehemaligen Pflegekindern bekannt; auch fehlen größere Befragungsstudien mit ehemaligen Pflegekindern nach der Verselbstständigung (Kindler 2011, S. 656).

Erziehungshilfestudien zur Lebensbewährung und Wirkung

Insgesamt liegen drei Studien zur Lebensbewährung und zum schulischen sowie beruflichen Erfolg von Kindern und Jugendlichen aus stationären Hilfen vor, die aus der Perspektive des Übergangs durchgeführt wurden. Der Begriff der Lebensbewährung verweist hier bereits auf die normative Stoßrichtung dieser

[9] Genauere Informationen zu dem Thema regionale Disparitäten finden sich in Kap. II.3.

[10] Nicht berücksichtigt werden hier solche Studien, die sich auf die Zeit in den Erziehungshilfen beschränkten oder die insbesondere die professionellen Leistungen und deren Gestaltung näher analysierten.

Studien: Es geht darum, zu prüfen, ob sich die jungen Menschen aus der Heimerziehung den gesellschaftlichen Erwartungen entsprechend in das soziale Leben außerhalb der öffentlichen Erziehung integrieren. Die wohl bekannteste Studie von Pongratz und Hübner (1959) analysierte in den 1950er-Jahren über eine standardisierte Befragung von 960 jungen Menschen in Norddeutschland fünf bis sieben Jahre nach der Heimerziehung äußere Bewährungsindikatoren aus den Bereichen „Legalität", „Arbeit" und „Soziales". Sie führte den Begriff der *Lebensbewährung* in die Heimerziehungsforschung in Nachkriegsdeutschland ein und machte letztlich auch auf das „Schicksal" von aus der Heimerziehung entlassenen Jugendlichen in der sozialen Realität der 1950er-Jahre aufmerksam.

Die Studie von Bieback-Diel/Lauer/Schlegel-Brocke (1983) nimmt die Herabsetzung des Volljährigkeitsalters 1975 zum Anlass, danach zu fragen, ob die Jugendlichen aus der Heimerziehung bereits mit 18 Jahren auf den Übergang in das Erwachsenenalter vorbereitet sind, in dem sie über entsprechende Bildungszertifikate verfügen. Sie basiert auf einer schriftlichen Befragung von 29 Trägern der öffentlichen Heimerziehung in sieben Bundesländern. Als zentrales Ergebnis wird der begrenzte schulische Erfolg von heimentlassenen jungen Menschen herausgestellt. Bemerkenswert ist, dass durch diese Studie erstmals der Indikator „schulischer Erfolg" in den Mittelpunkt rückt. Zudem wird der Übergang nach der Heimerziehung als strukurelle Herausforderung der Kinder- und Jugendhilfe anerkannt.

Schließlich legte Bürger (1990) eine sozialwissenschaftliche Analyse von Kriminalitätsverläufen im Kontext öffentlicher Erziehung und sozialer Teilhabechancen von jungen Menschen vor. Mittels einer Vollerhebung von zwei Entlassungsjahrgängen aus der Heimerziehung eines Landesjugendamtes (n=222) werden vor allem die Indikatoren schulische oder berufliche Qualifikation und „Legalbewährung im Sinne der Vermeidung gesellschaftlicher Ausgrenzung infolge gerichtlicher Sanktionen" (Bürger 1990, S. 42) betrachtet. Als zentrales Ergebnis wird herausgestellt, dass die Heimerziehung keineswegs Kriminalität befördere und soziale Teilhabechancen ihrer Adressat_innen beschränke.

Innerhalb der Wirkungsstudien lassen sich zwei Forschungsrichtungen mit unterschiedlichen Kriterien und disziplinären Hintergründen unterscheiden: Studien zur Persönlichkeitsentwicklung und zu klinisch-psychologisch definierten Verhaltensauffälligkeiten auf der einen Seite und Studien mit sozialpädagogischen an der Lebenswelt und der Lebensbewältigung orientierten Kategorien auf der anderen. Neben der umfangreichen Studie von Hansen (1994), die stellvertretend für eine ganze Reihe von Studien zur Persönlichkeitsentwicklung junger Menschen in der Heimerziehung steht, ist hier insbesondere die für die Bundesrepublik als repräsentativ einzustufende Studie zu den Jugendhilfe-Effekten (JES) zu nennen. Sie ist eine prospektive Längsschnittstudie, in der 233 Fälle untersucht wurden. Neben der „Gesamtauffälligkeit" des jungen Menschen (nach ICD-10 der WHO) wurden das Funktionsniveau (die altersgemäße Wahrnehmung von Entwicklungsaufgaben) des Kindes und Jugendlichen sowie die Belastungsfaktoren in seinem Umfeld gemessen. Bei Beendigung der Hilfen wurde von der Forschungsgruppe eine mittlere Reduktion der Gesamtauffälligkeit des Kindes um 34,4% errechnet. Aus Sicht der Fachkräfte konnten die Ziele hingegen zu durchschnittlich

58,3% erreicht werden (vgl. Schmidt u.a. 2002). Diese Effekte erweisen sich auch nach einem Jahr stabil, wie der katamnestische Teil dieser Studie belegen kann.

Die Ergebnisse einer katamnestischen Befragung ehemaliger Heimbewohner_innen, die vom Wohlfahrtsverband Baden (2000) durchgeführt wurde, verdeutlichen hingegen eine problematische Nebenfolge veränderter Verweildauern Jugendlicher in stationären Hilfen: Die durchschnittliche Verweildauer der Kinder und Jugendlichen verkürzt sich, obwohl die „Ergebnisqualität" bzw. positiven Effekte von Heimerziehung in Hinblick auf die Legalbewährung, gesellschaftliche Teilhabe und subjektive Zufriedenheit mit längerer Hilfedauer steigen – folglich mit einem längeren Verbleib in Hilfen eine stabilere Ausgangssituation für ein eigenverantwortliches Leben als junge Erwachsene erreicht werden kann.

Einen breiteren, sozialpädagogisch orientierten Zugang wählte die Tübinger Forschungsgruppe JULE (vgl. Baur u.a. 1998). Anhand einer repräsentativen Aktenanalyse wurden 284 Fälle von Erziehungshilfen (Tagesgruppe, Heimerziehung, Betreutes Jugendwohnen) untersucht. Anhand von sieben Kategorien wurde der Verlauf und der Erfolg der Hilfe bewertet: Schul- und Ausbildungssituation, Legalverhalten, soziale Beziehungen, Alltagsbewältigung, Persönlichkeitsentwicklung, familiärer Hintergrund und zentrale Problemkonstellationen. Diese breite Indikatorenliste verweist auf einen Evaluationsansatz, der auch für die Übergangsforschung wichtige Maximen bereithält. Danach ist die individuelle Entwicklung der jungen Menschen zentraler Bezugsrahmen, die aber im Kontext unterschiedlicher Lebensfelder und im Verhältnis der Ausgangslage zum Erreichten betrachtet werden muss (ebd., S. 20). Die Ergebnisse der Studie zeigen, dass in 57% der Fälle die Hilfe erfolgreich war und in 16% in Ansätzen eine positive Bilanz gezogen werden kann. Der qualitativ angelegte Teil der Studie (45 Interviews mit ehemaligen Adressat_innen vier bis fünf Jahre nach der Hilfe) zeigt, dass Care Leaver die eigene Lebenszufriedenheit sehr häufig mit den Themen in Bezug setzen, die auch in den Erziehungshilfen bearbeitet wurden (ebd., S. 517). Zu ganz ähnlichen Ergebnissen kommt auch die lokale Dresdner Studie zur Lebensbewältigung und Lebensbewährung (vgl. Stecklina/Stiehler 2006).

Auch wenn sowohl die Studien zur Lebensbewährung nach den Erziehungshilfen als auch zur Wirkung der Erziehungshilfen Auskunft darüber geben, wie sich die Lebenssituation für junge Erwachsene aus den stationären Hilfen gestaltet, bleibt deren Ertrag für die Übergangsforschung begrenzt. Zunächst kann hier kritisiert werden, dass für die Beurteilung des Übergangserfolgs normativ vorgegebene, fremd definierte Zieldefinitionen in Anschlag gebracht werden (vgl. Gabriel 2003), die nur bedingt mit den subjektiven Zielen und Möglichkeiten der jungen Erwachsenen korrespondieren müssen. Vor allem aber fehlt ihnen eine hinreichende Perspektive auf den Prozess des Übergangs selbst und die Herausforderungen, die damit einhergehen. Diese Perspektive wird – in begrenztem Umfang – von den subjektorientierten und biografieanalytischen Forschungen eingeholt.

Subjektorientierte und biografieanalytische Forschung

Die subjektorientierte Forschung, welche meist biografieanalytische Forschungsverfahren anwendet, findet sich seit Anfang der 1990er-Jahre vor allem in akademischen Qualifikationsarbeiten zum Bereich der Erziehungshilfen. Nur in drei dieser Studien (vgl. Wieland/Marquardt/Schlotmann 1992; Normann 2003; Finkel 2004) wurden aber mit jungen Erwachsenen *nach* der Beendigung der Hilfe Interviews geführt.[11] Als ihr Leitthema lässt sich die Fragestellung nach subjektiven Bewältigungsleistungen sowie nach Lern- und Entwicklungsprozessen der Adressat_innen ausmachen. Die Studie von Finkel (2004), deren Grundlage 15 biografisch-narrativ orientierte Interviews waren, in denen junge Frauen ca. drei Jahre nach Beendigung der Hilfe retrospektiv über ihr Leben befragt wurden, zeigt u.a. auf, dass der Anschlussfähigkeit zwischen den biografisch entwickelten Handlungs- und Bewältigungsmustern und den institutionellen Unterstützungsleistungen eine zentrale Rolle zukomme. Ob die jungen Frauen einen eigenen Lebensentwurf entwickeln können, ist laut Finkel maßgeblich von der erfahrenen Unterstützung ihres Selbstständigkeitsstrebens abhängig. Die Studie von Normann (2003) basiert auf acht Leitfadeninterviews mit jungen Erwachsenen, für die die Beendigung der Erziehungshilfe zwischen einem halben und sieben Jahren zurückliegt. Eines ihrer Ergebnisse verweist auf die Schwierigkeit, dass eine (zu) frühe Verselbstständigung der Jugendlichen/jungen Erwachsenen für sie eine „Überforderung" darstelle. Normann kritisiert, dass „Selbstständigkeit dann verordnet (würde), wenn aus der Perspektive der Fachkräfte Jugendhilfe die dafür erforderlichen Kriterien erfüllt" (Normann 2003, S. 158) seien und nicht dann, wenn es der für den Jugendlichen/jungen Erwachsenen der biografisch passende Zeitpunkt sei.

In diesem Zusammenhang belegt die qualitativ angelegte Begleitstudie zum Bundesmodellprojekt INTEGRA (1998–2003), welches auf die integrierte Organisation von Erziehungshilfen (z.B. in Form von Jugendhilfestationen) setzt, dass für die Adressat_innen das Wissen um die Option einer *möglichen* weiteren Unterstützung *nach* Beendigung der Hilfe in einer Jugendhilfestation eine Relevanz besitzt (vgl. Peters/Koch 2004). Jenseits solcher Modellprojekte besteht die Option auf weitere Unterstützung meist nur, indem einzelne Betreuer_innen quasi privat bzw. ehrenamtlich Kontakt zu ehemaligen Adressat_innen halten (vgl. Kap. III.5).

Insgesamt zeigt sich, dass eine systematische Forschung in Bezug auf die Statuspassage Leaving Care im deutschsprachigen Raum noch aussteht. Es sind in den vergangenen Jahren erste Ansätze einer diesbezüglichen Perspektive zu erkennen. Diese wird vor allem aus der Forschung zu Jugend und Beruf und den Übergängen von jungen Menschen in Beschäftigung angeregt, die sich aber weitgehend auf einen institutionenorientierten Blickwinkel des Arbeitsmarktes und Bildungswesens beschränkt (vgl. Köngeter/Schröer/Zeller 2008). Nach wie vor fehlt jedoch eine systematische Forschung, die die Bewältigung der Statuspassage Leaving Care untersucht. Dazu bedarf es sowohl einer theoretischen Sensibilität, die die institutionalisierten Strukturen dieser Statuspassage

[11] Daneben gibt es einzelne Nutzer_innenbefragungen im Rahmen von Studien zu Hilfeerfahrungen junger Erwachsener, vgl. z.B. Nüsken 2006.

berücksichtigt und analysiert, als auch eines empirischen Zugangs, der die Übergangsanstrengungen und -ressourcen der jungen Erwachsenen in den Blick nimmt und rekonstruiert. Die Studien von Hansbauer und Kress (Kress 2012), Zeller (2012) und Köngeter/Mangold/Strahl (2015) bieten hierfür eine erste Grundlage.

In einem Forschungs- und Praxisentwicklungsprojekt „Ablösung und Integration: Übergänge in die Zeit nach dem Heim" wurden Daten aus einer Langzeitstudie zu Folgen und subjektiver Relevanz von stationärer Heimunterbringung ausgewertet (vgl. Kress 2012). In diesem Kontext wurden 102 junge Menschen in stationären Erziehungshilfen dazu befragt, was aus ihrer Sicht die Qualität von Heimerziehung ausmacht. Zwei Jahre später wurden 68 von ihnen erneut befragt. Zu diesem Zeitpunkt befanden sich die jungen Menschen in unterschiedlichen Lebenskontexten. Manche lebten schon in der eigenen Wohnung, einige noch in der stationären Einrichtung oder wieder bei ihren Herkunftsfamilien. In der Untersuchung stellen sich in dieser Lebensphase die Einmündung in den Arbeitsmarkt bzw. in das (Aus)Bildungssystem und die Ablösung aus dem Setting der Heimerziehung oder der Herkunftsfamilie als die zentralen Entwicklungsaufgaben dar. In dem Projekt wurde das Material schließlich auf die Frage hin untersucht, welche „Kompetenzen und Eigenschaften" (ebd., S. 7) dazu beitragen, dass der Übergang aus der stationären Erziehungshilfe gelingt. Hierzu wurden sowohl die retrospektiven Einschätzungen der befragten jungen Menschen zu ihrer Zeit im Heim als auch die von ihnen formulierten Lebensziele herangezogen. Dabei zeigt sich, dass sich die Mehrzahl der Care Leaver einen Schulabschluss, eine Ausbildung und einen sicheren Job wünscht, das Interesse an Bildung und einer gelingenden Einmündung in den Arbeitsmarkt also als sehr hoch eingestuft werden kann. Es zeigt sich weiterhin, dass der Qualität sozialer Beziehungen eine große Bedeutung bei der Beurteilung der Heimerziehungserfahrung, aber auch für die berufliche Integration zugeschrieben werden kann. Umgekehrt scheint ein positiver Bildungsverlauf den Aufbau verlässlicher Beziehungen zu begünstigen. Dabei ist auch die Bedeutung der Herkunftsfamilie nicht zu unterschätzen.

Die Studie von Zeller (2012a) hat Bildungsprozesse von Mädchen in den Erziehungshilfen analysiert und diese mit der biografischen Bedeutung und der Bildungsrelevanz der Institutionen Schule und Erziehungshilfe für diese jungen Menschen in Beziehung gesetzt. Die Ergebnisse dieser Studie verweisen auf die Wechselwirkungen zwischen biografischen Krisen einerseits und den institutionellen Strukturen und Unterstützungsbedingungen andererseits. Dabei zeigt sich, dass insbesondere die Institution Schule kaum oder keine Unterstützungspotenziale für die biografischen Herausforderungen der jungen Frauen zur Verfügung stellen konnte. Im Gegenteil: Schule stellte während der stationären Erziehungshilfe und im Übergangsprozess häufig einen zusätzlichen Belastungsfaktor dar, der die biografischen Krisen noch verschärfen konnte. Einzelne Fallanalysen zeigen, dass schulisches Lernen erst erfolgreich sein kann, wenn es gelingt, biografische Bildungsprozesse im Sinne einer Transformation von Selbst- und Weltbild anzuregen (vgl. Marotzki 1990). Bildungsprozesse in diesem erweiterten Sinne kennzeichnen sich – so ein zentrales Ergebnis der Studie – dadurch, dass für die jungen Frauen das Leisten von biografischer Arbeit (vgl.

Kraul/Marotzki 2002) und eine veränderte Positionierung zum Elternhaus möglich werden. Schulischer Erfolg scheint demnach häufig an biografische Bildungsprozesse gekoppelt zu sein, die einerseits in den Hilfearrangements der Erziehungshilfen initiiert und unterstützt werden können, andererseits aber auch während der Statuspassage des Leaving Care andauern (vgl. Kap. II.4). Dies wiederum wirft die Frage auf, wie junge Menschen im Übergang aus stationären Erziehungshilfen in diesem (Selbst-)Bildungsprozess angemessen unterstützt werden können (vgl. Köngeter/Schröer/Zeller 2012; Zeller 2012b).

Das an der Universität Hildesheim in Kooperation mit zwei israelischen Universitäten (Bar Ilan University und Hebrew University) durchgeführte Praxisentwicklungs- und Forschungsprojekt zu „Junge Erwachsene mit Jugendhilfeerfahrung an deutschen und israelischen Hochschulen" fokussiert ebenfalls Bildungsprozesse einer bestimmten Gruppe von Care Leaver (vgl. Köngeter/Mangold/Strahl 2015).[12] In diesem Zusammenhang wurden 17 biografische Interviews mit jungen Erwachsenen geführt, die in stationären Formen der Erziehungshilfen aufgewachsen sind (Heim, Wohngruppe, Pflegefamilie) und die anschließend an Hochschulen studieren, studieren möchten oder studiert haben. Ein Fokus dieser Interviews lag auf der biografischen Bedeutung ihrer erfolgreichen formalen Bildungsverläufe. Darüber hinaus wurde eine quantitative Studie bei 237 Jugendlichen, die sich im Übergang aus der Heimerziehung ins Erwachsenenleben befinden, durchgeführt. Diese wurden zu ihrer schulischen Qualifikation, ihren Ausbildungsplänen, der Unterstützung in Schule und Heimerziehung etc. befragt.

Die Ergebnisse der qualitativen Datenanalyse verdeutlichen entlang von drei Dimensionen, dass formale Bildungsprozesse die Biografie der Care Leaver nachhaltig prägen. Es kann aufgezeigt werden, wie Care Leaver die zentralen biografischen Spannungsmomente von Normalität und Exklusivität, von Hilflosigkeit und Wirkmächtigkeit sowie von Instabilität und Konstanz vor dem Hintergrund ihrer (erfolgreichen) formalen Bildungsprozesse bearbeiten. Diese Ergebnisse weisen somit darauf hin, dass in der Arbeit mit jungen Menschen in den stationären Erziehungshilfen formale Bildungsprozesse stärker in ihrer Bedeutung für biografische Bildungsprozesse betrachtet werden müssen (vgl. z.B. auch Nüsken 2009).

Zusammenfassend können die Ergebnisse der hier vorgestellten Untersuchungen als Hinweise gewertet werden, dass eine stärkere Fokussierung der Statuspassage Leaving Care sowohl in der Forschung als auch in der Fachpraxis notwendig ist. Die Komplexität dieser Lebensphase und die Besonderheit eines institutionalisierten Übergangs aus öffentlicher Erziehung ins Erwachsenenleben bedürfen demnach dringend genauerer Analysen.

---

12 Dieses Projekt wurde finanziell von der Jacobs-Stiftung gefördert. Zum Projektteam auf deutscher Seite gehörten: Katharina Mangold und Benjamin Strahl (wiss. Mitarbeiter_innen), Carolin Jänisch und Linda Maack (studentische Mitarbeiterinnen), Stefan Köngeter, Wolfgang Schröer und Maren Zeller (Projektleitung).

4. Zur Situation von Care Leaver in Deutschland

Auch anhand statistischer Befunde kann die Situation von Care Leaver in Deutschland veranschaulicht werden. So lebten in Deutschland im Verlauf des Jahres 2012 ca. 188.000 junge Menschen in stationären Hilfen zur Erziehung. Nach einem leichten Rückgang der Inanspruchnahme der stationären Hilfen zwischen 2000 und 2005 ist diese zwischen 2005 und 2012 insgesamt um etwa 22% gestiegen. Einen noch genaueren Einblick bietet die Fremdunterbringungsquote, die die Inanspruchnahme der stationären Hilfen pro 10.000 der unter 21-Jährigen in Deutschland anzeigt. Die Fremdunterbringungsquote stieg zwischen 2000 und 2012 kontinuierlich von 83 auf 117 (vgl. Fendrich/Pothmann/Tabel 2014; Harder u.a. 2013). Es verbringen also zunehmend mehr Kinder und Jugendliche einen Teil ihres Lebens in Einrichtungen öffentlicher Erziehung. Dabei verschob sich zeitgleich, statistisch gesehen, das Verhältnis von Vollzeitpflege (§ 33 SGB VIII) und Heimerziehung (§ 34 SGB VIII), so dass inzwischen die Vollzeitpflege fast 50% aller Fremdunterbringungen ausmacht. Hierbei ist jedoch nicht eindeutig, ob dieser Anstieg einer zunehmenden Beliebtheit der Hilfeform *Vollzeitpflege* geschuldet ist oder aber die in den letzten Jahren beobachtbare weitere Ausdifferenzierung der beiden Hilfeformen Vollzeitpflege und Heimerziehung die Trennlinie zwischen beiden verschwimmen lässt (vgl. Trede/Winkler 2012). Die Lebensverhältnisse der Familien, die diese Hilfen in Anspruch nehmen, unterstreichen die Wechselbeziehungen zwischen schlechten sozio-ökonomischen Lebenslagen und dem Bedarf erzieherischer Hilfen (vgl. Fendrich/Pothmann/Tabel 2012). So sind über 70% der Familien, deren Kinder in der Heimerziehung betreut werden bzw. über 80% der Familien, deren Kinder sich in Vollzeitpflege befinden, im öffentlichen Transferleistungsbezug – im Wesentlichen betrifft dies den Bezug von Arbeitslosengeld II. Dies unterstreicht, dass viele junge Menschen, die sich in Heimerziehung oder Vollzeitpflege befinden, zuvor in Armutslagen aufgewachsen sind.

Bundesweit wurden zum 31.12.2012 insgesamt 9.436 Fälle stationärer Erziehungshilfen für über 18-Jährige gezählt (Statistisches Bundesamt 2014). Die jungen Erwachsenen (18- bis unter 27-Jährige) machen unter den Hilfeempfänger_innen insgesamt einen geringen Anteil aus. Nur 766 junge Menschen zwischen 21 und 27 Jahren haben zum Stichtag der Zählung (21.12.2012) eine stationäre Erziehungshilfe erhalten. Von 8.670 der als stationär gezählten Maßnahmen für 18- bis 21-Jährige werden 1.387 (etwa 16%) bereits in der eigenen Wohnung der jungen Erwachsenen durchgeführt (vgl. Statistisches Bundesamt 2014). Volljährigkeit entfaltet also offensichtlich als formales Hilfekriterium bzw. Zielperspektive eine starke Wirkung (vgl. Nüsken 2014; Pothmann 2011). Die nachgehende Grafik unterstreicht, dass es einen deutlichen Rückgang der Inanspruchnahmen von Hilfen zur Erziehung gibt, sobald das 18. Lebensjahr vollendet ist. Erhalten unter den 17-Jährigen noch 325 auf 10.000 der altersgleichen Bevölkerung Hilfen zur Erziehung, so sind es bei den 18-Jährigen nur noch 197, was einer Reduzierung der Quote um etwa 40% entspricht. Zwischen dem 18. und dem 19. Lebensjahr und auch zwischen dem 19. und 20. Lebensjahr setzt sich dieser Trend in etwa gleicher Höhe fort.

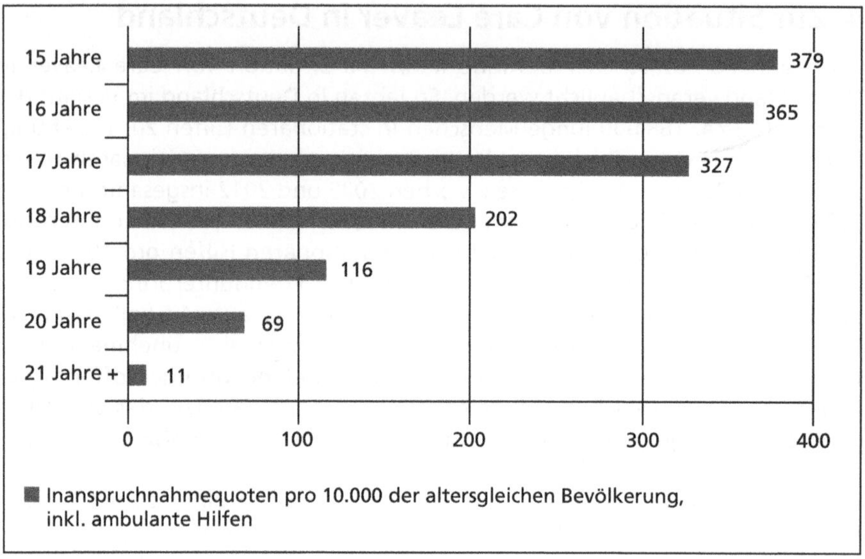

Abb. 2: Hilfen zur Erziehung nach Lebensalter (inkl. ambulante Hilfen) im Jahr 2012 (Fendrich/Pothmann/Tabel: Monitor Hilfen zur Erziehung 2014, S. 16, Datengrundlage: Bestandserhebung zum 31.12.2012, eigene Darstellung)

Es scheint, als ob in der Praxis der Hilfegewährung weiterhin von einer prinzipiell linearen Entwicklungsperspektive für junge Erwachsene ausgegangen wird und der pädagogischen Würdigung einer entgrenzten Jugendphase und veränderten Anforderungen z.B. an Yoyo-Übergänge im jungen Erwachsenenalter weniger Rechnung getragen wird. Die Praxis der Antragstellung auf Hilfen für junge Volljährige, für die mit dem 18. Geburtstag auch die Fortsetzung einer laufenden Hilfe erforderlich wird, bildet in diesem Zusammenhang gleichzeitig noch ein formales „Nadelöhr" für die Inanspruchnahme von Erziehungshilfen durch junge Erwachsene.

info

Hilfen für junge Volljährige – eine Ausnahme in der Erziehungshilfe?

Die vom Gesetzgeber vorgesehenen Erziehungshilfen für junge Volljährige gem. § 41 SGB VIII eröffnen für manche junge Erwachsene als alleinig Antragstellende die Chance, auch ohne die ausdrückliche Zustimmung der Eltern Erziehungshilfen in Anspruch nehmen zu können (vgl. Nüsken 2008). Für die meisten von ihnen bildet das Erreichen des Volljährigkeitsalters aber eine kritische Passage in der Erziehungshilfe: Die eigene Antragstellung und die Begründungspflicht des jungen Erwachsenen selbst, die Erziehungshilfe fortsetzen zu wollen, bedeutet gleichzeitig eine Zugangsbarriere. Die Hilfen für junge Erwachsene bieten zwar mit dem Ziel der Persönlichkeitsentwicklung viele denkbare soziale Konstellationen und Hilfeanlässe, um eine Hilfe für junge Erwachsene zu rechtfertigen. Da es allerdings keinen verbindlich geregelten Rechtsanspruch gibt, die Antragsteller_innen ihren weiteren Hilfebedarf und ihre Mitwirkungsbereitschaft stattdessen bekräftigen müssen, wird die Hilfe für junge Volljährige entgegen der oben beschriebenen Erkenntnisse als Sonderfall konstruiert und für die Inanspruchnahme von Hilfen für junge Volljährige entsprechende Hürden aufgebaut. In diesem Kontext erzeugt die Erklärung einer fortbestehenden Erziehungsbedürftigkeit als Voraussetzung für die Hilfegewährung auch Ambivalenzen aufseiten der jungen Erwachsenen. Schließlich möchten diese, ungeachtet eines Hilfebedarfs, ungern als zu Erziehende wahrgenommen werden. Dies spiegelt sich entsprechend in der Hilfegewährung für junge Erwachsene wider.

Als besonders kritisch erweist sich im Übergang aus stationären Erziehungshilfen auch die Situation, dass zum Hilfeende kaum adäquate Anschlusshilfen folgen. Wie die nachfolgende Grafik veranschaulicht, folgen stationären Erziehungshilfen bei über 18-Jährigen in 57% aller Fälle keine Anschlusshilfen – also offenkundig auch keine nachgehende ambulante Begleitung im Rahmen der Kinder- und Jugendhilfe. Das wirft die Frage auf, inwieweit auf dieser Grundlage in den Erziehungshilfen überhaupt Übergänge gestaltet und begleitet werden können.

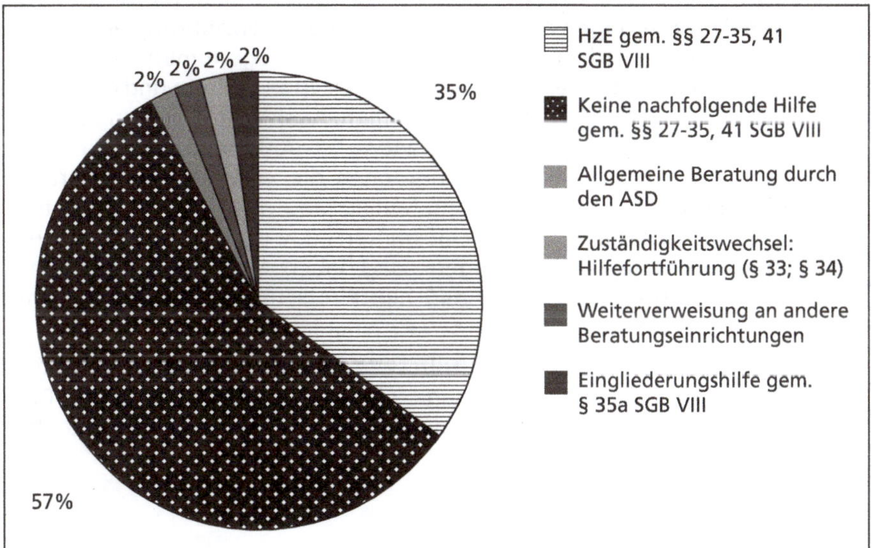

Abb. 3: Unmittelbar nachfolgende Hilfen/beendete Hilfen gem. § 34 SGB VIII im Jahr 2011 (Statistisches Bundesamt 2011, zit. n. Nüsken 2014, S. 38)

Selbst bei den 15- bis 18-Jährigen kommt es nur in ca. der Hälfte der Fälle zu einer nachfolgenden Hilfe, wovon 10% von ihnen an die allgemeine Beratung durch den ASD verwiesen werden. Bei nur 40% der Fälle wird eine nachgehende Hilfe im Rahmen der Kinder- und Jugendhilfe installiert. Dass also auch in der Altersklasse der 15- bis 18-Jährigen eine nachgehende Hilfe nicht die Regel ist, deutet darauf hin, dass sich eine kontinuierliche Begleitung im

Anschluss an eine stationären Maßnahme bisher nicht etabliert hat. Die wachsende Inanspruchnahme der Wohnungslosenhilfe durch die unter 25-Jährigen (vgl. Evangelischer Fachverband Wohnung und Existenzsicherung e.V. 2012) könnte ein Hinweis darauf sein, dass die jungen Erwachsenen von der Kinder- und Jugendhilfe zu schnell ohne eine gesicherte Überleitung in den Zuständigkeitsbereich anderer Hilfesysteme entlassen werden.

Die Hintergründe der statistischen Befunde, auch dafür, warum sich die eingangs beschriebene Entgrenzung der Jugendphase und die Lebensspanne des jungen Erwachsenenalters nicht in der Altersstruktur bei den ambulanten und stationären Erziehungshilfen wiederfinden – bedürften einer genaueren Untersuchung. Für den deutschen Kontext muss allerdings festgestellt werden, dass eine genaue Analyse der Übergänge in Anschlusshilfen nur bedingt möglich ist, da statistisch nur die nachfolgenden Hilfen innerhalb des SGB VIII erfasst werden. Die Kinder- und Jugendhilfestatistik bildet nicht die eingeleiteten Hilfen innerhalb anderer Sozialgesetze oder z.B. Weiterverweisungen an andere Beratungsstellen wie die Schuldnerberatungsstellen, Wohnungslosenhilfe, Kinder- und Jugendpsychotherapie ab (vgl. Nüsken 2014). Es bleibt aber auch festzuhalten, dass diese angrenzenden Sozialen Dienste in der Regel nicht ganzheitlich den Übergang in ein selbstständiges Leben in den Blick nehmen können, sondern häufig spezialisierte Unterstützungsangebote sind, die nicht an die komplexen Anforderungen an eine selbstständige Lebensführung anknüpfen. Ebenfalls handelt es sich hierbei selten um eine Programmatik kontinuierlicher Begleitung, die die Herausforderungen der Jugendphase und des jungen Erwachsenenalters explizit in den Blick nehmen. Auch die Mitwirkung an einer längerfristigen Bildungs- und Lebensplanung ist außerhalb der Erziehungshilfen schwieriger realisierbar. Zudem können die Verfügbarkeit vertrauter Bezugspersonen und die Bereitstellung familienäquivalenter Unterstützungsnetzwerke in den bestehenden Anschlusshilfen i.d.R. nicht gewährleistet werden, obwohl die sozialen Beziehungen – dies haben deutsche und internationale Studien eindrücklich gezeigt – eine Schlüsselrolle für gelingende Übergänge aus stationären Erziehungshilfen ins Erwachsenenleben einnehmen.

Derzeit zeichnet sich im deutschen Hilfesystem ab, dass es einen Anstieg an Hilfen für junge Erwachsene insgesamt gibt (vgl. Fendrich/Pothmann/Tabel 2014) – der Unterstützungsbedarf in dieser Lebensphase somit nicht zu übersehen ist.

II PERSPEKTIVEN AUF DEN ÜBERGANG AUS STATIONÄREN HILFEN

1. Selbstständigkeit

Für die Vorbereitung des Übergangs junger Menschen aus stationären Erziehungshilfen in ein eigenständiges Leben bildet in der Fachpraxis die Kategorie Selbstständigkeit eine zentrale Figur. Sie bezeichnet das Ziel, auf das die Unterstützung innerhalb der Hilfen zur Erziehung hinwirken soll. Gleichzeitig werden mit dem Selbstständigkeitsbegriff Entwicklungsanforderungen an junge Menschen markiert, die insbesondere mit dem Erwerb alltagspraktischer Kompetenzen während der Erziehungshilfe einhergehen. In der Literatur, aber auch in der Praxis ist im Zusammenhang mit der Begleitung in das Erwachsensein häufig von „verselbstständigt werden" die Rede. Dieser Begriff macht die pädagogische Ambivalenz innerhalb eines Prozesses zwischen Anleitung und eigenverantwortlichem Handeln deutlich. Dieses Kapitel beschäftigt sich mit Auffassungen von Selbstständigkeit, wie sie aus der Sicht der interviewten Fachkräfte in den stationären Erziehungshilfen beschrieben werden. Anhand des Datenmaterials wurden sechs Selbstständigkeitskategorien herausgearbeitet, die nachfolgend dargestellt und diskutiert werden. Am Ende des Kapitels wird erörtert, wie diese Selbstständigkeitsvorstellungen den Übergang für Care Leaver prägen.

Im Hinblick auf die Einordnung des individuellen Entwicklungsstandes und der Fähigkeiten junger Menschen korrespondieren in den Erziehungshilfen die Vorstellungen von Selbstständigkeit eng mit der Zuschreibung von Hilfebedürftigkeit. Selbstständigkeit korrespondiert vor diesem Hintergrund mit dem Ziel, diesen Unterstützungsbedarf zu reduzieren und Hilfe zu einem konkreten Zeitpunkt zu beenden (vgl. Messmer/Hitzler 2008). Die Aussicht auf ein selbstständiges Leben wird somit auch als kritisches Ereignis ohne Rückkehroptionen konstruiert. In diesem Spannungsfeld entfalten sich Ideen von Selbstständigkeit in dem institutionellen Rahmen der stationären Erziehungshilfe, die diesen Prozess aus der Sicht der pädagogischen Fachkräfte handhabbar und nachvollziehbar machen. Die Anforderungen, die sich daraus für die jungen Menschen ergeben, lassen sich wie im Folgenden dargestellt beschreiben.

Sich in der Hilfe bewähren

Jugendliche und junge Erwachsene in stationären Erziehungshilfen müssen sich als verantwortungsvolle Akteur_innen im Hilfeprozess unter Beweis stellen, wenn sie dem Schritt in ein eigenverantwortliches Leben in eigener Wohnung näherkommen wollen und sollen. Gleichzeitig dürfen sie aber nicht „zu kompetent" erscheinen, wenn eine Fortsetzung der Hilfe gegenüber den Kostenträgern vertreten werden soll. Somit vollzieht sich der Prozess zu mehr Eigenständigkeit und Eigenverantwortung nicht nur „organisch" entlang individueller Entwicklungsfortschritte und anderer formaler Meilensteine wie z.B. das Erreichen von Schulabschlüssen oder des Volljährigkeitsalters, sondern auch strategisch. Fortbestehender Hilfebedarf und Selbstständigkeitsentwicklung müssen gleichermaßen im Verlauf der Erziehungshilfe erkennbar sein. Der Zeitpunkt des Auszugs wird in diesem Rahmen eher fremdbestimmt und nicht von den jungen Menschen selbst aktiv geplant.

In den Einrichtungen der stationären Erziehungshilfe bilden sich in diesem Kontext Handlungspraxen aus, die sich auf pädagogische Konzeptionen oder eine etablierte Praxis beziehen. In diesem System an Regeln und formalen Bedingungen der Hilfegewährung zeigt sich der Erwerb von Fertigkeiten und Fähigkeiten als ein zentrales Kriterium für den Nachweis von Fähigkeiten zu einer eigenständigen Lebensführung. Alltagspraktische Fertigkeiten eignen sich gut, um Lernfortschritte zu dokumentieren. Das Befolgen von Regeln und Absprachen innerhalb der Einrichtung bildet dabei vielerorts einen wichtigen Indikator für das stufenweise Erreichen von sog. Selbstständigkeit. Entsprechende Beschreibungen finden sich verschiedentlich im Datenmaterial wieder:

Interview 1

Kompetenzen im Umgang mit Geld sind Voraussetzung für den Übergang in die nächste unabhängigere Betreuungsstufe. Er muss am letzten Tag noch ein, zwei Euro in der Tasche haben, das muss er uns deutlich machen, dass er damit umgehen kann. Die Freiräume, die er auch schon in der WG hat, darf er nicht missbrauchen: Nicht betreute Zeit soll er sinnvoll verbringen, nachts die WG nicht verlassen oder keine fremden Personen in die WG lassen. Verzicht auf Drogenkonsum, regelmäßiger Schulbesuch, Körperhygiene muss umgesetzt werden. Pünktlichkeit ist Voraussetzung, um die nächste Betreuungsstufe angeboten zu bekommen. Außerdem muss der Umgang mit Finanzen funktionieren.

Viele der genannten Fähigkeiten weisen auf Alltagskompetenzen und Verantwortungsbewusstsein als wichtige Voraussetzungen für eine selbstständige Lebensführung hin. Gerade in institutionellen Settings wie Wohngruppen tragen die genannten Fähigkeiten zu einem reibungslosen Zusammenleben in der Gruppe bei. Aber damit allein ist Selbstständigkeit nicht hinreichend beschrieben. Ebenso spielt die Stärkung des Selbstwertgefühls oder eine stabile soziale Einbettung in das soziale Lebensumfeld der jungen Menschen eine wichtige Rolle im Übergang in ein selbstständiges Leben. Die Basis für ein entsprechendes „Fundament" kann nicht erst im Übergang gelegt werden, sondern setzt eine gute emotionale Begleitung und Förderung der Bildungslaufbahn bereits lange vor dem Hilfeende voraus (vgl. Papastefanou 2006; Wade/Dixon 2006). Bei einer starken Konzentration auf die Vorbereitung des Übergangs in Form der Aneignung instrumenteller und formaler Fähigkeiten für das Leben *während* stationärer Hilfen werden u.U. die vielschichtigen Merkmale einer eigenverantwortlichen Lebensführung nicht hinreichend gewürdigt und erprobt. Dies wird von pädagogischen Fachkräften vereinzelt auch selbstkritisch kommentiert, allerdings ist die derzeitige Hilfestruktur stark auf den Nachweis von Alltagskompetenzen angelegt.

Emanzipation gegenüber dem Hilfesetting

Übergangspfade werden zudem durch das Hilfesystem stark vorgegeben. Dadurch werden die Möglichkeiten sukzessiver, individueller Übergänge in das Erwachsenenleben aus stationären Erziehungshilfen durch formale Strukturen begrenzt. Dies führt dazu, dass es nur bedingt alltagsnahe Experimentierfelder für junge Menschen in stationären Erziehungshilfen gibt, um sich situationsbezogen und schrittweise auf das Leben in eigener Verantwortung vorzubereiten. Insofern gestaltet sich die Erlangung von Handlungsautonomie und Eigenständigkeit gerade in Wohngruppen auch als eine Emanzipation von einer institutionalisierten und formalisierten Lebensform:

Interview 6

Die Erfahrungen, die wir mit der Verselbstständigung machen, ist, dass es sehr schwer ist, die Situation im Gruppenalltag der Wohngruppe so zu gestalten, dass man den jungen Menschen sukzessive mehr Verantwortung für den Alltag überträgt. Ab 16 waschen die jungen Menschen selbst und wechselweise kocht ein junger Mensch eine Woche lang für die ganze Gruppe. Trotzdem merkt man, wie sehr sie daran gewöhnt sind, dass 24 Stunden jemand für sie ansprechbar ist.

Es zeigt sich, dass sich die Entwicklung einer eigenverantwortlichen Handlungsfähigkeit kaum als Ausbildungsphase inszenieren lässt. Gleichzeitig besteht innerhalb des Hilfesystems die Erwartung, am Ende dieses Prozesses keine Ansprechpartner_innen mehr zu brauchen. Selbstständigkeit wird somit im Gegensatz zu einem Aufwachsen in privaten Milieus als weitgehende Unabhängigkeit von (bestehenden) Unterstützungsstrukturen konstruiert. Manche Einrichtungen begegnen dieser Situation mit einer weiteren, zeitlich reduzierten Betreuungsstufe, die aber mitunter eine andere Wohnform, u.U. auch einen nochmaligen Betreuer_innenwechsel beinhaltet:

Interview 13

Zu planen ist in dieser Phase das bevorstehende Verlassen des Umfeldes. Nach zwei bis vier Jahren in der Wohngruppe müssen die Jugendlichen auf einen Verselbstständigungsplatz [...] wechseln, weil in einer Regelgruppe können wir ein Kind nicht optimal verselbstständigen. Der profitiert im positiven Sinn von unserem Alltag; im negativen Sinn kann er seine Erprobungsphase nicht durchziehen ... Deshalb muss er vorbereitet werden. Der nächste Bezugserzieher wird bestellt, um ihn mit dem Jugendlichen bekannt zu machen und zu schauen, ob die Chemie stimmt. Danach fangen gegenseitige Besuche an und dann erst folgt der Wechsel. Es ist noch einmal eine große Veränderung gegenüber der Gruppe.

Es zeigt sich insgesamt an den Erfahrungsberichten der interviewten Praktiker_innen, dass sich der Übergang aus stationären Erziehungshilfen in ein selbstständiges Leben für viele junge Menschen als ein „Sprung ins kalte Wasser" (Interview 12) gestaltet, insbesondere dann, wenn es in Einrichtungen keine Zwischenstufen wie etwa das betreute Wohnen gibt. Care Leaver müssen sich mit dem Übergang einmalig von einem sehr protektiven, aber auch reglementierenden Hilfesetting emanzipieren, ohne dass ihnen dafür weitreichende Gestaltungsspielräume zur Verfügung stehen. Auch wenn natürlich viele junge Menschen ab einem gewissen Alter selbst den Wunsch formulieren, die Erziehungshilfe verlassen zu wollen, steht diesem – wünschenswerten – Herausstreben aus dem Hilfekontext auch eine Ernüchterung gegenüber:

Interview 16

Grundsätzlich ist den Jugendlichen bewusst, dass die Hilfemaßnahme auf Zeit angelegt ist und eine Ablösung Teil davon ist. Viele ignorieren allerdings die Konsequenzen eines selbstständigen Lebens. Die Unsicherheit setzt, auch wenn der Übergang in den Hilfeplangesprächen thematisiert wird, erst später ein.

In Pflegefamilien oder Erziehungsstellen vollzieht sich die Ablösung aus der Fürsorge und den Erziehungsaufgaben anders als in Wohngruppen. Bisweilen kann dieser Prozess fließender gestaltet werden, aber auch durch enge emotionale Bindungen komplexer verlaufen (vgl. Kap. III.3). Es zeigt sich, dass die Übergänge nicht nur auf die individuellen Voraussetzungen und Fähigkeiten der einzelnen jungen Menschen hin analysiert werden können, sondern auch die Rahmenbedingungen, die die Hilfe selbst für den Übergang bereitstellt, berücksichtigt werden müssen. Aussagen einiger Interviewpartner_innen deuten insgesamt darauf hin, dass die Emanzipation aus dem Hilfesetting mit einer Verlässlichkeit und Verbindlichkeit *innerhalb* der Hilfe korrespondiert.

Interview 33

Da glaube ich einfach, dass der Alltag in einer Erziehungsstelle, wo man sich immer absprechen muss, das ist in der Wohngruppe genauso, aber dieses Aufeinander-Rücksicht-Nehmen und Lernen, auch die Bedürfnisse anderer wahrzunehmen und sich darauf einzustellen. Ich glaube, das ist wirklich eine Stärke der privaten Lebensform. […] Also, Mitarbeiter in der Wohngruppe könnten auch sagen: Also, jetzt mache ich hier meinen Dienst, dann gehe ich nach Hause und dann gucken wir beim nächsten Mal weiter. Und dieses Dranbleiben-Können und Dranbleiben-Müssen in einer Familie, das stellt natürlich einen ganz hohen Anspruch auch an die Jugendlichen oder an die Kinder, die kommen da nicht raus. Die können da weniger ausweichen und die müssen sich dann auseinandersetzen.

Diese Darstellung deutet an, dass es beim Selbstständig- bzw. Erwachsenwerden in stationären Erziehungshilfen letztendlich nicht nur um eine Emanzipation aus dem Hilfesetting geht, sondern auch ein aktiver Dialog mit eigenen Verhaltensweisen und Konfliktsituationen erwartet wird. Somit ist Selbstständigkeitsentwicklung auch eine Emanzipation von erwachsenen Bezugspersonen – eine, wie Finkel es beschreibt, Ablösung in Bindung (vgl. Finkel 2004).

Selbstständigkeit und familiäre Bindungen

Der Übergang in ein selbstständiges Leben wird häufig von einer kompetenzorientierten Perspektive aus betrachtet. Die Vorbereitung auf diesen Übergang fokussiert somit insbesondere alltagspraktische Übungseinheiten (vgl. auch Kap. III.2). Die biografischen Voraussetzungen, die diesen Prozess begleiten und u.U. mit Blick auf die bevorstehende neue Lebenssituation wieder virulent werden, sind allerdings als Teil des Übergangs mit zu bearbeiten:

Interview 3

Putzen kann man in vier Wochen lernen, das ist kein Problem, das trauen wir uns auch zu über Verstärkerprogramme. Aber wenn die emotionale Stabilität nicht da ist, wenn es mir emotional sehr schlecht geht – da spreche ich auch von mir selber –, dann habe ich auch keine Lust, meine Wohnung aufzuräumen. Mit den Fertigkeiten und Fähigkeiten, das wird oft auch von den Jugendämtern angetragen, denn da kann man das wunderbar operationalisieren, ob einer selbstständig ist oder nicht [...], aber das sind nicht die wirklich inneren Stärken, die man braucht, um sein Leben zu bewältigen.

In diesem Kontext spielt die biografische Arbeit eine wichtige Rolle in der Übergangsbegleitung und es wird der Bearbeitung biografischer Fragen und Konflikte mit leiblichen Eltern besondere Aufmerksamkeit gewidmet (vgl. Kap. III.3). Wenn es möglich ist, werden die Herkunftsfamilien in diesen Prozess eingebunden. Dieser Rückblick in die eigene Lebensgeschichte ist für junge Menschen, die in stationären Erziehungshilfen aufwachsen, eine besonders sensible Angelegenheit, weil sie nicht selten „von der Matrix ihrer Herkunftsfamilie abgeschnitten [sind]" (vgl. Macke 2010). Allerdings wird in einigen Interviews offensichtlich, dass die Voraussetzungen für ein zufriedenstellendes, selbstständiges Leben, darunter insbesondere der Aufbau stabiler sozialer Beziehungen, leichter gelingt, wenn durch die Bearbeitung der biografischen Erfahrungen in der Herkunftsfamilie eine positive Identitätsbildung und Stärkung der Persönlichkeit bei den jungen Menschen in Erziehungshilfen erreicht werden kann. Für manche jungen Menschen gelingt dies im Rahmen kontinuierlicher Gesprächsangebote mit Betreuungspersonen. Andere bearbeiten ihre Erfahrungen im Rahmen einer Therapie. Aus der Sicht einiger Fachkräfte bildet diese Form der biografischen Auseinandersetzung eine Schlüsselrolle für die weitere Lebensgestaltung:

Interview 33

Und ich würde noch weitergehen in Bezug auf die eigene Persönlichkeitsentwicklung. Also, diejenigen, glaube ich, kann man schon sagen, diejenigen, die eine Therapie gemacht haben während ihrer Pflegekinderzeit, die haben natürlich bessere Chancen, mit sich und ihren Mitmenschen zurechtzukommen und sich selbst in sozialen Bezügen zu erfahren und das zu reflektieren.

Allerdings gibt es auch junge Menschen, die diese Form der intensiven biografischen Auseinandersetzung zu diesem Zeitpunkt nicht zulassen können – u.U. aber vielleicht in einer späteren Lebensphase. Dieses Spannungsfeld im Umgang mit biografischen Erlebnissen gestaltet den Übergang mit neuen Abschieden und Ungewissheiten bedeutend mit und verlangt viel Empathie und eine Suche nach individuellen Herangehensweisen.

So ist es in der Praxis kein unbekanntes Phänomen, dass mit dem Näherrücken des Übergangs in ein Alltagsleben nach der Erziehungshilfe familiäre Konflikte und kritische Ereignisse von manchen Care Leaver reinszeniert werden. Das heißt die biografischen Erfahrungen, die zu einer Trennung von der Herkunftsfamilie geführt haben, werfen erneut Fragen nach sozialer Anerkennung, nach der eigenen Identität und den Hintergründen der familiären Schwierigkeiten auf. Junge Menschen sehen sich im Übergang aus stationären Erziehungshilfen der erneuten Aufforderung gegenüber, ein vertrautes Umfeld und vertraute Bezugspersonen zu verlassen. Zweifel und Ängste sind insofern nicht ungewöhnlich, für die es im Grunde genommen aber kaum Auffangmöglichkeiten gibt, da mitunter nur wenig stabile Unterstützungsbeziehungen außerhalb des Hilfearrangements vorhanden sind. Die Bezugspersonen aus dem Hilfesetting selbst stehen aber nicht mehr verbindlich zur Verfügung. Vor diesem Hintergrund muss der Übergang in ein selbstständiges Leben auch reflexiv als biografisches Ereignis bearbeitet werden. Das heißt der Übergang ins Erwachsenenleben aus stationären Erziehungshilfen kann letztlich nur unter einem Rückbezug auf die Hilfegründe und die Erfahrungen in der Herkunftsfamilie sowie unter Würdigung der erreichten Entwicklungsschritte vorbereitet werden. Dann kann es gelingen, den Übergang als eine positive lebensgeschichtliche Weiterentwicklung zu gestalten, welcher nicht als wiederholte – ggf. fremdbestimmte – Trennung erfahren wird.

In manchen Fällen bauen Care Leaver in der Phase des Übergangs wieder einen engeren Kontakt zu ihren Eltern auf. Auch wenn die Erziehungshilfen darauf nach der Beendigung der Hilfe nicht weiter einwirken können, kann diese Annäherung, sofern sie während des Übergangs geschieht, moderiert und als Gelegenheit genutzt werden, familiäre Beziehungen zu bearbeiten:

Interview 38

Ich glaube, bei manchen nehmen die Eltern dann auch wieder eine größere Rolle und Wichtigkeit ein. Wenn es diesen Platz in der Wohngruppe nicht gibt, was mache ich denn am Wochenende oder ich begegne den Eltern jetzt auch anders, denn ich bin ja volljährig, ich bin nicht mehr das Kind. Stichwort Versöhnung. Da wird ja auch in der Zeit in der Wohngruppe stark daran gearbeitet. Es ist auch ein Ziel, die Eltern-Kind-Beziehungen wieder zu entlasten, zu entzerren und dass da wieder ein Miteinander und ein Aufeinanderzugehen möglich ist.

Schließlich bleibt aber auch anzuerkennen, dass nicht in allen Fällen eine solche Annäherung möglich ist und entsprechend begleitet werden kann. Es zeigt sich auch in einigen Fällen, dass die biografischen Erfahrungen innerhalb der Familie, die zu einer Aufnahme in stationäre Erziehungshilfen geführt haben, so weitgehende Brüche verursacht haben, dass die Ablösung aus einer Wohngruppe oder Pflegefamilie im Übergang ins Erwachsenenleben ebenfalls nicht zufriedenstellend gelingt:

Interview 26

Also, diese romantische Vorstellung, zu glauben, die sind dann irgendwann ein Teil der Familie und die werden ja nicht allein sein, weil das ist diese Familienanbindung, die wird – ich mache einfach mal eine Circa-Zahl – in 70% der Fälle von den Jugendlichen selbst zerstört. Es sind weniger die Pflegefamilien, die geben dann irgendwann nach, weil sie nicht mehr können. Es sind eher die Jugendlichen, die dann rausdrängen.

> Das ist das Erklärungsmuster, das wir haben (dass es keine Form gibt für Übergänge aufgrund des frühen Bruchs oder Abbruchs). Was wir auch im Rahmen unserer Erklärungsmodelle, die wir auch über Fortbildungen uns versucht haben zu geben, immer finden: früher Beziehungsabbruch, unsichere Bindung, die dann wieder, weil kein Modell für den Übergang da ist, so praktisch wiedergelebt, reinszeniert wird.

Diese Bedingungen unterstreichen, dass ein Übergang nicht nur formal vorbereitet, sondern Eigenverantwortlichkeit nur unter dem Rückbezug auf biografisch bedeutsame Personen erreicht werden kann. Die Begleitung in dieser Phase muss für viele Varianten offen sein und nicht in erster Linie idealtypische Verläufe anstreben. Somit ist die Übergangsbegleitung vor diesem Hintergrund umso mehr gefordert, normative Ideen eines gelungenen Übergangs selbst infrage zu stellen und zum Anlass für eine Weiterentwicklung von Übergangsformen zu nehmen.

Verlust von Gemeinschaft und sozialen Beziehungen am Ende der Hilfe

Der Übergang aus stationären Erziehungshilfen geht mit vielfältigen Beendigungen einher. Das betrifft das Pflegeverhältnis, das Leben in der Wohngruppe, häufig auch den Kontakt zu dem sozialen Umfeld, in dem die Pflegefamilie oder Wohngruppe angesiedelt war. Der Übergang ist mit einem recht abrupten Abschluss eines Lebensabschnitts und insofern auch mit dem Verlust sozialer Beziehungen verbunden. Diese Ablösung von sozialen Beziehungen und Gemeinschaftserfahrungen setzt mitunter auch schon innerhalb der Hilfe ein, wie es nachfolgendes Beispiel aus einer stationären Erziehungshilfeeinrichtung illustriert:

Interview 9

> In den Häusern, in denen die Wohngruppen untergebracht sind, sind auch Appartements angegliedert. In den Appartements nehmen die Jugendlichen i.d.R. nicht mehr an der Gemeinschaftsverpflegung teil. Hinter den Fähigkeiten gehen wir auch nicht zurück. Wenn er etwas kann, dann muss er es auch machen. [Es folgt eine] Erweiterung des Verantwortungsbereichs bis hin zum eigenen Schlüssel.

Es ist nicht ausgeschlossen, dass soziale Kontakte zu Pflegefamilien oder Bezugsbetreuer_innen fortbestehen, Freundschaften unter Jugendlichen erhalten bleiben. Dies ist aber nicht unbedingt selbstverständlich. Mit dem institutionell geschaffenen Ende der Erziehungshilfe gehen räumliche Veränderungen einher, welche durch das Prinzip der Nicht-mehr-Zuständigkeit auch eine Rückkehr an vertraute biografische Orte erschweren. Damit fehlt es an sukzessiven Ablösungsprozessen, aber auch an informellen, selbstverständlichen Gelegenheiten, in Verbindung zu bleiben.

Vor diesem Hintergrund vollzieht sich mit dem Übergang aus stationären Erziehungshilfen in eine eigene Wohnung auch ein Verlust von Gemeinschaft. Die Netzwerke der Pflegeeltern und auch der Mitarbeiter_innen in Wohngruppen stehen den Care Leaver i.d.R. nicht mehr oder nicht mehr im gleichen Umfang als soziale Ressourcen zur Verfügung. Insofern ist das Selbstständigkeitskonzept, welches hier zum Ausdruck kommt, davon gekennzeichnet, dass mit dem Auszug der soziale Radius und die Zahl der sozialen Beziehungen nicht etwa zu dem Bestehenden erweitert werden, sondern zu ersetzen sind. Dieser Aufbau von neuen sozialen Beziehungen ist häufig sowohl aufgrund des geringen individuellen Zutrauens der Care Leaver als auch ohne verfügbare Zugänge in etablierte Erwachsenennetzwerke schwierig. Über die Rolle der Herkunftsfamilie als einzubeziehende soziale Ressource herrschen kontroverse Einschätzungen unter den Interviewpartner_innen. Einige sehen in der Herkunftsfamilie am Ende einer Erziehungshilfe kein unterstützendes Potenzial, andere sehen aber durchaus auch die Familie als Quelle für soziale Beziehungen, die nach dem Auszug in eine eigene Wohnung einbezogen werden kann:

Interview 18

Sobald Familie wieder ins Spiel kommt, auch nach jahrelanger Pause, ist diese wieder sehr wichtig.

Demgegenüber wird die Peergroup überwiegend als kritische Ressource für den Aufbau stabiler sozialer Beziehungen beschrieben. Hier dominiert die Einschätzung, dass eher negative als positive Einflüsse von ihr ausgehen. So wird befürchtet, dass der Freundeskreis sich negativ auf die Verantwortungsübernahme für eine eigene Wohnung und eine zuverlässige Lebensgestaltung auswirkt. Es wird dazu geraten, sich von einer Vereinnahmung der eigenen Wohnung als sozialer Treffpunkt zu distanzieren. Fraglich bleibt in dieser Konzeption des *Alleine*-Lebens, ob damit Kennzeichen von Eigenständigkeit nicht nur unvollständig beschrieben sind. Schließlich bilden die sozialen Beziehungen und Netzwerke, die auch als Unterstützer im Lebensalltag fungieren, einen wichtigen Teil eines erfüllten Erwachsenenlebens (vgl. Kap. III.3).

Vorbereitung auf etwaige Krisensituationen

Da die Rückkehr in die Wohngruppe oder Pflegefamilie nur selten möglich und eine Inanspruchnahme der Erziehungshilfen als nachgehende Unterstützungsressource nicht als Regelfall vorgesehen ist, sind junge Menschen auch darauf vorzubereiten, wie sie sich in zukünftigen Krisensituationen oder bei neuerlichem Beratungsbedarf verhalten können. Diese Vorbereitung kann zwar je nach Einzelfall konkrete Hilfsangebote erörtern, muss doch aber i.d.R. abstrakt bleiben, da die etwaigen Schwierigkeiten, die nach dem Übergang auftreten können, nicht in ihrem ganzen möglichen Spektrum vorhergesehen werden können. Nichtsdestotrotz gibt es im Rahmen der Übergangsbegleitung typische Verweise auf andere Beratungseinrichtungen und Hilfesysteme:

Interview 1

Kurz vor der Entlassung erarbeiten wir mit allen jungen Menschen die Liste mit den nachgehenden Stellen (Drobs, ARGE, Jobcenter, Schuldnerberatung). Wir versuchen in dieser Phase weitgehend zu informieren. Teilweise sind schon vor Entlassung Kontakte zu den jeweiligen Stellen angebahnt worden.

Im Wesentlichen wird in diesem Kontext auf allgemeine Beratungsangebote, Schuldnerberatungsstellen oder psychiatrische Angebote hingewiesen. Selbstverständlich stellen sich die betreuenden Einrichtungen selbst auch nach Abschluss der Hilfe in Krisensituationen zur Verfügung. Dies geschieht aber i.d.R. ehrenamtlich, so dass dieses Angebot meistens nur informell ausgesprochen wird (vgl. Kap. III.5). Daran wird erkennbar, dass das weitgehende Fehlen informeller Unterstützungssysteme und verlässlicher Bezugspersonen mit einem fortgesetzten Denken in formalen Zuständigkeitskategorien einhergeht. Das unterstreicht, dass viele Care Leaver bei nachgehendem Unterstützungsbedarf kaum private Unterstützungsressourcen nutzen können, sondern weiterhin auf das öffentliche Hilfesystem angewiesen sind. Die Inanspruchnahme von Hilfe ist nun aber nicht mit einem Fehlen an Selbstständigkeit gleichzusetzen. Mendes beschreibt den Prozess des Erwachsenwerdens aus stationären Hilfen als Wechsel von Abhängigkeit (dependency) zur wechselseitigen Bezogenheit (interdependency), die soziales Leben kennzeichnet (vgl. Mendes/Moslehuddin 2006) – schließlich kann niemand ohne das Zutun Dritter existieren. Mit dieser Perspektive kann ein anderes Bild von Selbstständigkeit und Anforderungen an den Übergang ins Erwachsenenleben entworfen werden. Letzterer muss es ermöglichen, dass sich Care Leaver ein ausgewogenes Netz von materiellen und sozialen Quellen der Wechselseitigkeit aufbauen und sich somit auch selbst als aktive, selbstwirksame Akteur_innen wahrnehmen können.

Bisher wird Care Leaver in der Übergangsbegleitung allerdings selten vermittelt, dass sie auch einen Anspruch auf bestimmte Leistungen und Unterstützungsformen haben. Der Verweis auf andere öffentliche Hilfeeinrichtungen kann sich dabei als problematisch erweisen, da die Inanspruchnahme formalisierter Unterstützungsangebote u.U. den Zugang zu ggf. wirksameren informellen Hilfen einengt. Denn die weitere Inanspruchnahme öffentlicher sozialer Dienste geht häufig auch mit dem Verbleib im „Hilfemilieu" einher. Einen positiven Impuls auf die soziale Stabilität nach dem Verlassen der Erziehungshilfen kann eine stärkere Etablierung von Patenschafts- und Mentoring-Aktivitäten bzw. eine bessere sozialräumliche Einbettung des Übergangs in alltagsnahe soziale Milieus haben. Somit kann auch eine perspektivische Ablösung von öffentlichen Hilfen besser gelingen.

Partizipation als einzulösendes pädagogisches Prinzip

Der Übergang nach stationären Erziehungshilfen beinhaltet das grundsätzliche pädagogische Dilemma von Selbst- und Fremdbestimmtheit bzw. von Eigenverantwortlichkeit und Unterstützungsbedarf. Im Hinblick auf eine wachsende Übernahme von Eigenverantwortung für das eigene Leben um das Volljährigkeitsalter herum wäre zu erwarten, dass in der Übergangsbegleitung die Beteiligung junger Menschen an der Vorbereitung und Planung ihres eigenen weiteren Lebens ein selbstverständliches Prinzip wäre. Allerdings zeigt sich in verschiedenen Darstellungen der pädagogischen Fachkräfte, dass das Zutrauen in die Entscheidungsfähigkeiten der jungen Menschen als nicht besonders hoch eingestuft wird oder aber, dass jungen Menschen Planungsaufgaben und Entscheidungen ohne eine Orientierungshilfe überantwortet werden. Vor diesem Hintergrund beschreiben es einige der Interviewten als schwierig, die Vorbereitung auf ein eigenständiges Leben als Übungsfeld zu inszenieren. Der hohe

Versorgungsgrad in den Wohngruppen stehe der Phantasie im Weg, sich das Leben in einer eigenen Wohnung vorzustellen. Somit wird oft sehr kurzfristig konkret an der Vorbereitung auf den Auszug gearbeitet.

Interview 15

Etwa drei Monate, bevor für die Jugendlichen der Auszug geplant ist, fragen wir die Jugendlichen: Was brauchst du, um eine Wohnung zu suchen? Von wem brauchst du Hilfe? Wie viel kostet eine Wohnung? Guck im Internet nach. Dieses Ganze, dass sie sich selbst Gedanken machen: Was bedeutet es, wenn ich ausziehe? Wir haben die Erfahrung gemacht, dass, wenn wir das alles so heraussuchen, dann nehmen die da überhaupt keinen Anteil dran. Die müssen sich da richtig reindenken. In der Regel ist es dann auch so, dass sie sich da irgendwann darauf freuen.

Darüber, *was* jungen Menschen im Übergang ins Erwachsenenleben vermittelt werden soll, herrscht große Übereinstimmung. Es kann aber anhand des erhobenen Datenmaterials zu den Praxiserfahrungen bei der Vorbereitung auf ein selbstständiges Leben nur vage geschlossen werden, *wie* die Vermittlung sinnvoll geschehen kann und wie der Prozess der Aneignung von Alltagskompetenzen und die Entwicklung von Zukunftsplanungen selbst zu einem Akt des Erwachsenwerdens genutzt werden könnten (vgl. Kap. III.2). Diese Überlegungen, so die Auffassung eines Interviewten, müssen bereits in den Beginn einer Hilfe integriert sein und lassen sich nicht nur methodisch beantworten. Sie sind auch Ausdruck einer pädagogischen Haltung im Hilfeprozess, die dem jungen Menschen sehr viel Wertschätzung und Zutrauen entgegenbringen muss:

Interview 3

Es herrscht das Prinzip der Freiwilligkeit als Teil der Selbstwertstärkung und Autonomie: Du kannst hier nur wohnen, wenn du freiwillig hier wohnst und wir entscheiden uns freiwillig für dich. Wir sagen: Wir nehmen dich, wir können uns vorstellen, mit dir gemeinsam ein Stück des Weges zu gehen, damit du selbstständig wirst. Das Signal ist dabei: Wir trauen dir etwas zu und du bist von uns gewollt und du hast dich auch für uns entschieden. Das ist eine positive Entscheidung, mit der aber auch verbunden ist, Verpflichtungen einzugehen. Wir nehmen sie ernst und wenn die Jugendlichen z.B. nicht zur Schule gehen, rumhängen, erinnern wir sie an die Vereinbarungen und fragen: Willst du das noch, was wir vereinbart haben? Und wenn sich das Verhalten dann nicht ändert, ziehen wir auch die Grenze: Wir wollen dich nicht darin begleiten, dass du abhängig wirst. Und da sehen sie i.d.R., dass sie uns wichtig sind. Ein wichtiges Element ist Loben, Stärken. Wir führen Reflexionsgespräche. Betreuer spiegeln positive Entwicklungen, beraten. Botschaften sind: Du bist wichtig, wir nehmen dich ernst und du darfst wählen, z.B. bei der Ausbildungsplatzwahl. Und da fühlen sie sich sehr ernst genommen.

Die Begleitung muss sich in den stationären Erziehungshilfen zwischen einem zeitlich limitierten institutionalisierten Verfahren und einem individuell bedürfnisorientierten Prozess verorten. Die formalen Indikatoren wie Volljährigkeit, Erwerb alltagspraktischer Kompetenzen, Bezug einer eigenen Wohnung, Schulbesuch bzw. Aufnahme einer Ausbildung verstellen teilweise den Blick für die

Entwicklungsprozesse, Erwartungen, Ängste und Bedürfnisse, die sich eher „zwischen“ diesen greifbaren Markierungen eines Erwachsenenlebens ausmachen lassen. Um diesen Aspekten eines suchenden Prozesses des Erwachsenwerdens Rechnung zu tragen, bietet es sich an, verschiedene Formen zur Bearbeitung dieser Entwicklungsaufgabe zu integrieren. Das können formale und informelle Settings sein: Erwachsene Mentoren als verlässliche Gesprächspartner und Orientierungsgeber, Gruppenarbeit/Seminare, eine Stärkung der Peer-Netzwerke oder eine verbindlichere Etablierung partizipativer Hilfekulturen in Pflegefamilien und Wohngruppen (vgl. auch Kap. III und IV).

Normative Orientierungen in der Übergangsbegleitung

Die Begleitung und Aktivierung junger Menschen im Übergang aus dem stationären Hilfesetting in ein eigenständiges Leben entfaltet, so zeigen die Ergebnisse der Expert_innenbefragung, unterschiedliche Zielrichtungen. Es werden verschiedene Erwartungen an die Eigenständigkeit von jungen Erwachsenen sichtbar; notwendige Anforderungen an den Entwicklungsstand und die Ressourcen im Lebensumfeld der Care Leaver für eine eigenständige Lebensführung werden aber auch nicht immer vollständig zur Kenntnis genommen. So liegt in manchen Einrichtungen stationärer Erziehungshilfen ein besonderer Schwerpunkt auf dem Erlernen alltagspraktischer Fähigkeiten, andere wiederum sehen persönliche Gespräche und Gelegenheiten zur Selbstreflexion für die jungen Menschen als eine wesentliche Vorbereitung auf das Erwachsensein und die eigenständige Entwicklung von Lebensperspektiven. Manche Einrichtungen bemühen sich, die Erziehungshilfe auch im Sinne einer Aufgabe wahrzunehmen, die zu gesellschaftlicher Partizipation im weiteren Sinn beitragen soll. Dies schließt z.B. die Durchsetzung der Rechte von Care Leaver oder ein intensives Bemühen um die Eröffnung von Bildungszugängen mit ein. Die beschriebenen Formen der Vorbereitung auf den Übergang in ein selbstständiges Leben beziehen sich im weitesten Sinn auf Bewährungsproben

a) innerhalb der Einrichtung der stationären Erziehungshilfe,

b) in der persönlichen Umwelt oder

c) im weiteren Sinn innerhalb des gesellschaftlichen Zusammenlebens.

Die Konzepte der Vorbereitung variieren in diesem Spektrum. Die Anforderungen an junge Menschen auf dem Weg ins Erwachsenenleben sind in Konzeptionen verankert und auch Erwartungen, die an die Einrichtung herangetragen werden. Die angestrebten Ziele der Übergangsbegleitung spiegeln sich in besonderer Weise in der Struktur, wie sie der Aufbau der Einrichtung vorgibt, wider. So werden bestimmte abgestufte Wohnformen als Teil von Übergängen beschrieben, die junge Menschen durchlaufen können bzw. müssen, bevor sie in eine eigene Wohnung ziehen können. Die Wohnformen sind auf die Idee von verschiedenen Selbstständigkeitsstufen abgestimmt. Für das Durchlaufen dieser Wohnformen sind von den jungen Menschen auf jeder Stufe Fähigkeiten zu entwickeln und unter Beweis zu stellen:

Interview 19

Voraussetzung für den Übergang ist ein regelmäßiger Schulbesuch bzw. Arbeit/Ausbildung und sich an die Regeln der Einrichtung zu halten. Wenn die entsprechend lange hier sind, können sie auch auswärts schlafen am Wochenende. Und wenn auch der Umgang mit dem Geld funktioniert, dann stehen sie auf der Warteliste für den zweiten Wohnbereich.

In diesem Geflecht fällt es in den stationären Einrichtungen mitunter schwer, auch individuelle Lösungen und Übergangswege zu denken und zu realisieren.

Eine weitere Zielrichtung der Übergangsbegleitung bildet das Bemühen, junge Erwachsene bei dem Aufbau ihrer sozialen Netzwerke und der Festigung innerhalb ihres sozialen Umfelds zu unterstützen. Dieses Potenzial muss bereits weit vor dem eigentlichen Auszug genutzt werden. Formen der Übergangsbegleitung, die sich auf die Anforderungen der persönlichen Umwelt beziehen, sind dadurch gekennzeichnet, dass die jungen Menschen bereits Fähigkeiten entwickeln sollen, eigenständig ihren Alltag zu gestalten. Aber auch mit dem Aufbau und der Stabilisierung von Sozialkontakten außerhalb der Hilfeeinrichtung und über familiäre Bindungen hinaus soll versucht werden, tragfähige Netzwerke aufzubauen, die die jungen Erwachsenen im Übergang in eine eigene Wohnung für sich nutzen können. Im Idealfall gelingt es, verlässliche Beziehungen zu anderen Bezugspersonen aufzubauen, die die Unterstützungspotenziale des Hilfesystems ergänzen. Diese Reichweite der Selbstständigkeitsvorstellungen geht über den Alltag in der Erziehungshilfeeinrichtung hinaus und nimmt konkret die zukünftige Lebenswelt der Care Leaver in den Blick.

Die Aufgaben von Erziehungshilfen im Übergang in ein selbstständiges Leben können aber über den unmittelbaren Hilfekontext hinaus auch weiterführend als eine gesellschaftliche Integrationsaufgabe definiert werden. Dann sind Kriterien an das Selbstständigkeitsverständnis heranzutragen, die zwar im Praxishandeln nicht ohne Weiteres dokumentierbar sind, die aber nichtsdestotrotz in der Übergangsbegleitung aus stationären Erziehungshilfen ins Erwachsenenleben ein grundsätzliches Ziel sein müssen:

Interview 15

Selbstständigkeit, mit beiden Beinen im Leben zu stehen und gesellschaftlich teilzuhaben, ist ein sehr langer Prozess. Folglich gibt es keine festen Kriterien, nach denen wir einschätzen würden: Selbstständigkeit ist erreicht, Fähigkeit zu eigenständiger Lebensführung ist im gewissen Rahmen erreicht. Entscheidend ist aber, wie gut danach die soziale Vernetzung funktioniert. Das gelingt nicht bei allen. An diesem Punkt setzen Aushandlungsprozesse mit den Jugendämtern ein, wie lange Hilfe gewährt werden kann. Der Fokus muss dabei auf die Zeit nach der Jugendhilfe gelegt sein. Jugendhilfe muss über unterschiedliche Hilfeformen eine Teilhabe an der Gesellschaft ermöglichen. Diese Aufgabe endet nicht mit Ende der Jugendhilfe.

Selbstbestimmung und gesellschaftliche Teilhabe sind Zielperspektiven in den Erziehungshilfen, die mitunter als alltagsfern zurückgestellt werden. Trotzdem ist davon auszugehen, dass die Orientierung an diesen pädagogischen Werten die alltägliche pädagogische Arbeit prägt und einen wesentlichen Grundstein für die institutionelle und individuelle Begleitung ins Erwachsenenleben legt.

Es bleibt festzuhalten, dass die Zielkategorie „Selbstständigkeit" in den stationären Erziehungshilfen komplexer ist, als sie sich auf den ersten Blick in den Gesprächen mit den pädagogischen Fachkräften darstellt. Die *offensichtlichen* Fähigkeiten für eine eigenständige Haushaltsführung oder z. B. für das Zurechtkommen zwischen verschiedenen Hilfeangeboten als Zeichen von Selbstständigkeit sind aber am Hilfeende begleitet von einer Neuordnung der sozialen Lebenswelt, welche die erreichten Schritte und Fähigkeiten auf eine schwierige Probe stellt. Eine eigenverantwortliche Lebensführung ist dabei nicht auf kontinuierlichen Zuwachs angelegt, sondern Selstständigkeit kann auch wieder abnehmen oder sich als fragil erweisen, wenn z. B. die Rahmenbedingungen des Übergangs aus stationären Erziehungshilfen überfordernd sind. Somit ist Eigenständig-Sein nie nur eine individuelle Eigenschaft, sondern stets auch von den vorhandenen Ressourcen abhängig. Vor diesem Hintergrund ist im Übergang aus den stationären Erziehungshilfen eine verlässliche Begleitung Voraussetzung, um die erreichte Eigenständigkeit auch zu erhalten und zu festigen.

Selbstverantwortlich leben zu können ist somit in einem sozialen Gefüge verortet. Selbstständig-Sein gelingt nur in Aushandlung mit anderen und unter der Voraussetzung von erfahrenen (Selbst-)Sicherheiten. Das bedeutet aber auch, dass nicht nur die jungen Erwachsenen selbst aufgefordert sind, die institutionellen Kriterien für Selbstständigkeit, wie sie in Einrichtungen oder in Hilfeplangesprächen formuliert werden, zu erfüllen. Neben den Erwartungen an Care Leaver, ihre Selbstständigkeit zu entwickeln, bedarf es auch Menschen im Lebensumfeld, die diese Entwicklung mittragen und die Entwicklung von Eigenverantwortlichkeit auch durch das Bereitstellen von Entscheidungsspielräumen ermöglichen. Diese Form, für jemanden da zu sein und Verantwortung für jemanden zu übernehmen, endet nicht mit dem Verlassen der stationären Erziehungshilfe, sondern fängt, genau genommen, zu diesem Zeitpunkt an, eine neue Qualität zu entfalten. Ein in dieser Form erweiterter Selbstständigkeitsbegriff trüge dazu bei, dass die Selbstständigkeitsentwicklung nicht überwiegend als Kompetenzerwerb, sondern als sozialer Prozess gestaltet und entsprechende soziale Ressourcen in der Hilfe erschlossen und entwickelt würden. Es wäre dann auch Aufgabe der Hilfeplanung, die individuelle Entwicklung und den Zuwachs an Handlungsfähigkeit und Verantwortungsübernahme unter einem solch weiten Verständnis in den Blick zu nehmen.

2. Bildung und Biografie

Bildungsprozesse von jungen Menschen wurden in den vergangenen zehn Jahren vielfach in der Kinder- und Jugendhilfe diskutiert (vgl. Graßhoff 2014; Walther 2014). Die Diskussion der Bedeutung von sowohl formalen als auch – im Sinne eines erweiterten Bildungsverständnisses – von biografischen Bildungsprozessen für junge Menschen am Übergang von stationären Hilfen ins Erwachsenenleben steht jedoch vielfach noch aus und ist zugleich dringend geboten. Zentral erscheint es hierbei, verschiedene Perspektiven auf Bildungsprozesse zu entwickeln. Dementsprechend werden im Folgenden als Erstes die stationären Erziehungshilfen als ein Bildungsort eigener Qualität beschrieben – als ein Ort also, an dem biografische Bildungsprozesse initiiert, ermöglicht und begleitet werden. Gleichzeitig besteht die Notwendigkeit der Förderung von formalen Bildungsprozessen und -abschlüssen von jungen Menschen in den stationären Erziehungshilfen, da diese einen bedeutenden Teil des ihnen als Care Leaver zur Verfügung stehenden Kapitals für ein eigenständiges Leben darstellen. Dieser Aspekt wird zunächst allgemein eingeführt und anschließend in Bezug auf die Begleitung von schulischen Lernprozessen im Kontext von stationären Erziehungshilfen konkretisiert. Die Ermöglichung von formalen und biografischen Bildungsprozessen sollte zudem nicht linear gesehen werden, z.B. in dem Sinne, dass in den stationären Erziehungshilfen erst die biografischen Krisen bearbeitet werden und erst später eine Förderung in Bezug auf Schule und Ausbildung erfolgt. Dieser Aspekt verweist auf das Wechselspiel von formalen und biografischen Bildungsprozessen.

Stationäre Erziehungshilfen als Bildungsort eigener Qualität

Lange Zeit wurde Bildung mit dem Schulbesuch und dem Erreichen formaler Bildungsabschüsse assoziiert. Auch in den Erziehungshilfen – so hat die Datenerhebung in dem Projekt „Was kommt nach der stationären Erziehungshilfe?" gezeigt – wird auf die Frage, welchen Stellenwert Bildung in der Übergangsbegleitung junger Erwachsener einnimmt, der Blick in erster Linie auf das Erreichen von Schulabschlüssen geworfen, nicht selten mit einer kritischen Prognose.

Dass Bildung jedoch mehr ist als Schule, wurde mit der Veröffentlichung der gleichlautenden sog. Leipziger Thesen des Bundesjugendkuratoriums 2002 und dem 12. Kinder- und Jugendbericht 2005 vehement innerhalb der Kinder- und Jugendhilfe diskutiert. Hier wird jeweils für eine Erweiterung des Bildungsbegriffs plädiert und zumeist auf das von Humboldt ausformulierte sog. klassische bildungstheoretische Verständnis zurückgegriffen: Bildung wird als ein aktiver Prozess gedacht, in dem das sich bildende Individuum Subjekt und nicht Objekt des Geschehens ist. Demnach vollzieht sich Bildung gerade auch in der „Auseinandersetzung mit der Umwelt" bzw. ist anders ausgedrückt ein Prozess der „Aneignung von Welt" (Bundesministerium für Familie, Senioren, Frauen und Jugend 2005, S. 83; Thiersch 2002, S. 59). Als zentral kann bei dieser Begriffsbestimmung zum einen der Prozesscharakter von Bildung und zum anderen der Aspekt der Selbstbildung gelten.

Eine Bestimmung des Bildungsbegriffs, die diese Aspekte teilt und auch für die Erziehungshilfen fruchtbar gemacht werden kann, stammt aus der biografietheoretischen Auslegung von Bildungsprozessen (vgl. z.B. Marotzki 1990). Hier wird Bildung als verändertes Selbst- und Weltverhältnis im Vollzug der eigenen Biografie definiert. In diesem Sinne zielen Bildungsprozesse vielmehr auf die Entfaltung der Persönlichkeit in sozialer Gemeinschaft als auf individuellen Wissenserwerb. Diese Bildungsprozesse können sich einerseits außerhalb von (Bildungs-)Institutionen vollziehen, andererseits können (Bildungs)Institutionen diese biografischen Bildungsprozesse initiieren und rahmen.

Die erwähnte fachpolitische Bildungsdebatte in der Kinder- und Jugendhilfe diente v.a. der Neuausrichtung des Feldes hin zu frühkindlicher Bildung und schulbezogener Angebote (v.a. im Kontext der Debatte um Ganztagsschulen). Die Erziehungshilfen standen hingegen nicht im Vordergrund dieser Diskussionen, auch wenn die entsprechenden Fachverbände durchaus versuchten, das Thema zu lancieren (vgl. v.a. AFET 2005; Hast u.a. 2009). Gerade der 12. Kinder- und Jugendbericht führt die problematische Tradition fort, die Kinder- und Jugendhilfe in bildungsnahe und bildungsferne Handlungsfelder zu unterteilen, wobei die Erziehungshilfen als bildungsfern kategorisiert werden. Die Einschätzung dieser Bildungsferne geht auch auf die Adressat_innen der stationären Erziehungshilfen zurück, deren Hilfebedarf nicht selten als fehlende Bildungsfähigkeit gedeutet wird (vgl. Zeller 2012a) und eher in den Kontext einer allgemeinen Lebensbewältigung gestellt wird – obwohl Bildung und Lebensbewältigung als wechselseitig miteinander verschränkt aufzufassen sind (vgl. Böhnisch 2004).

Die stationären Erziehungshilfen sind also stärker als andere Handlungsfelder der Kinder- und Jugendhilfe herausgefordert, ihren Bildungsauftrag kenntlich zu machen. Rainer Treptow (2009) akzentuiert diesbezüglich wesentliche Aspekte, die zu dem Auftrag der Erziehungshilfen gehören und leitet daraus auch einen grundsätzlichen Bildungsauftrag ab. Es geht darum, „Erfahrungszeiten und Erfahrungsräume zu gestalten, um Kinder und Jugendliche in belasteten Lebenslagen auf Ungewissheit vorzubereiten" (ebd., S. 10). Die Zukunft der Care Leaver ist von einer Ungewissheit gekennzeichnet, die „auch als Risiko in biografischer und struktureller Hinsicht zu begreifen ist. Durch die entstehende Kluft zwischen dem Erfahrungsraum Heim und gesellschaftlichen Erwartungen entsteht ein Orientierungsbedarf, der teils durch ambulante Hilfen, teils durch vermehrte Bildungsanstrengungen zu decken wäre" (Treptow 2009, S. 10).

Biografische Bildungsprozesse ereignen sich in der täglichen pädagogischen (Erziehungshilfe-)Arbeit, was zu der Frage führt, wie Bildungsprozesse von jungen Menschen wahrgenommen, initiiert und unterstützt werden können. Die Studie von Zeller (2012a) zu „Bildungsprozessen von Mädchen in den Erziehungshilfen" verweist auf die hohe Bedeutung, die der Ermöglichung von biografischer Arbeit zukommt. Unter biografischer Arbeit wird der Prozess der Selbstvergewisserung und der Selbstreflexion des Subjekts verstanden, die Erinnerungen eine neue Gestalt geben (vgl. Kraul/Marotzki 2002). In Bezug auf die Ermöglichung von biografischer Arbeit bedarf es einerseits der Schaffung von Reflexionsräumen, in denen Vergangenes reflexiv geordnet werden kann. Andererseits sind jedoch auch das Bieten von Gelegenheiten und die Begleitung von Prozessen des Suchens und der Neuorientierung zentral. Wie dies konkret aussehen kann, zeigt folgendes Beispiel aus dem pädagogischen Alltag einer Einrichtung aus dem Datensample:

Interview 5

Im HPG werden Hilfeziele formuliert und überprüft, die wir auch alle sechs Wochen mit dem Jugendlichen und seinem Bezugsbetreuer auf den Kopf stellen. Und das macht unseren Erfolg aus, weil der Jugendliche dort sein Forum hat, er weiß, dass er ernst genommen wird – das, was Eltern normalerweise am Küchentisch leisten. [...] Zudem finden zwei Mal wöchentlich für mindestens eine Stunde zwischen dem Jugendlichen und seinem Bezugsbetreuer Gespräche statt, nicht zum Spielen oder Kaffeetrinken, sondern nur zur Erörterung: Was brauchst du? Wie geht es dir? Wo geht es hin?

Sowohl die Initiierung von Reflexionsprozessen als auch das Bieten von Gelegenheiten und die Begleitung von Prozessen des Suchens und der Neuorientierung erfordern von den Fachkräften ein entsprechendes Interesse und eine Sensibilität in Bezug auf die biografische Geschichte der Adressat_innen. Um konkret mit Adressat_innen über ihre Geschichte ins Gespräch zu kommen und sie bei der Ausbildung von Reflexivität zu unterstützen, sind in den letzten Jahren zunehmend methodische Zugänge unter dem Stichwort Biografiearbeit entstanden (vgl. z.B. Lattschar/Wiemann 2007, vgl. auch Kap. III.2). Hier lassen sich auch Gruppenangebote zuordnen, wie sie sich z.B. im Pflegekinderwesen finden. So wurden *Jugendseminare* beschrieben, die den jungen Menschen einen Rahmen dafür bieten, über Vergangenes, ihre jetzige Situation und ihre Zukunftspläne für sich und gemeinsam im Austausch zu reflektieren:

Interview 25

Also, wir haben die Jugendseminare, in denen wir Jugendliche ab 16 einladen, zu bestimmten Themen sich zu treffen. Die Jugendlichen haben hier die Möglichkeit, unabhängig von der Familie gehört zu werden und sich mit Themen zu beschäftigen, die u.U. in der Familie so ein bisschen tabuisiert werden. Das ist für uns ein ganz wichtiges Instrument. [...] So wird es im Grunde genommen relativ früh zur Selbstverständlichkeit, dass Kinder und Jugendlichen diesem Thema Jugendseminar irgendwo begegnen und von daher ist die Akzeptanz hoch.

Dieses Beispiel zeigt, wie Reflexionsräume zum Leisten von biografischer Arbeit außerhalb der regulären alltäglichen stationären Settings geschaffen werden können und welche Bedeutung diesen für die Ermöglichung von biografischen Bildungsprozessen zukommen kann. Neben der Anwendung solcher expliziten Praxismethoden ist es jedoch auch zentral, Gelegenheiten zum Erzählen und damit auch Reflexionsräume zu schaffen, die in alltägliche Beratungsprozesse eingelagert sind – wie auch aus dem obigen Zitat aus Interview 5 ersichtlich wird.

Die Studie von Zeller (2012a) zeigt zudem, dass Fachkräften eine Schlüsselrolle für die Ermöglichung von biografischen Bildungsprozessen zukommen kann, wenn sie im Verlauf einer Hilfe für die Adressat_innen zu „signifikanten Anderen" (vgl. Kap. IV.1) werden. Gleichzeitig verweisen die Fallrekonstruktionen in der Studie jedoch auch auf die Bedeutung des gesamten Settings – wobei mit Setting das gesamte räumliche, zeitliche und soziale Lebensarrangement, inklusive Peers, Erwachsenen und sozialem Umfeld gemeint ist. Mit Setting sind also gerade nicht oder nicht nur die pädagogisch-konzeptionellen und pädagogisch intendierten Strukturen gemeint, sondern der soziale Ort, der durch alle beteiligten Akteure aufgespannt wird. Dies verweist darauf, dass nicht nur die – häufig thematisierte – Gestaltung der Beziehung zwischen Adressat_innen und Professionellen eine hohe Bedeutung erhält, sondern ebenso die Gestaltung des gesamten pädagogischen (Gruppen)Settings (vgl. Müller/Schwabe 2009).

Darüber hinaus muss für die Unterstützung von biografischen Bildungsprozessen berücksichtigt werden, dass sich im Verlauf einer Hilfe sowohl die biografischen Muster der Adressat_innen als auch die institutionelle Konstellation des Gesamtarrangements (Erziehungshilfen, Schule etc.) ändern. Dies bedeutet auch, dass die Initiierung von Bildungsprozessen nicht – oder zumindest nicht nur – geradlinig verläuft und dass sie Zeit brauchen (vgl. Zeller 2012a).

Stationäre Erziehungshilfen und formale Bildung

Auch die i.d.R. in der Praxis der stationären Erziehungshilfen mit Bildung assoziierte formale Bildung steht in der konzeptionellen Diskussion um die Gestaltung von Erziehungshilfen aktuell nicht im Vordergrund. Die bereits erwähnte (vermeintliche) Bildungsferne des Handlungsfeldes scheint sich auch auf formale Bildungsprozesse zu erstrecken. Konkret werden häufig die Adressat_innen der Erziehungshilfen als bildungsfern gekennzeichnet, weil sie z.B. überdurchschnittlich häufig über geringe formale Bildungsabschlüsse verfügen oder sich in prekären Lebenslagen befinden (vgl. Zeller 2012a).

Tatsächlich liegen über die Bildungs- und Beschäftigungserfolge von Care Leaver leider nur wenige Informationen vor. Etliche Indizien deuten jedoch darauf hin, dass sie sich im Vergleich zum Bevölkerungsdurchschnitt deutlich schlechter ausweisen. In einem Beitrag, der Care Leaver als „Bildungsverlierer" betitelt, geht Pothmann (2007) der Frage nach der besuchten Schulform von Jugendlichen in der Heimerziehung nach. Bei der Betrachtung der begonnenen Heimerziehungsmaßnahme für das Jahr 2005 zeigte sich, dass in der Altersgruppe der 12- bis 14-Jährigen die Hälfte eine Hauptschule (52%) und etwa ein Viertel (24%) eine Sonderschule besuchte. Bei der Altersgruppe der 15- bis 18-Jährigen liegt die Verteilung wie folgt: 24% Realschule, Gymnasium oder Gesamtschule, 35% Hauptschule, 13% Sonderschule, 14% Berufsausbildung und 14% weder Schul- noch Ausbildungsbesuch (vgl. ebd.). Diese letzte Gruppe wächst bis zum Verlassen der stationären Erziehungshilfe noch an, so dass dann rund ein Drittel der Care Leaver sich zu diesem Zeitpunkt weder in Ausbildung und/oder Beschäftigung befindet (vgl. Köngeter/Schröer/Zeller 2012).[13]

Diese Ausgangssituation unterstreicht zusätzlich den Bedarf einer genaueren Analyse der Hintergründe für die prekären Bildungschancen, denen sich Care Leaver gegenübersehen. Es wird in der Fachpraxis – so hat es auch die Datenerhebung in dem Projekt bestätigt – vielfach konstatiert, dass für die meisten jungen Menschen in stationären Erziehungshilfen nicht mehr als ein Hauptschulabschluss erreichbar sei. Untersuchungen zu Bildungsbiografien von Menschen mit Erziehungshilfeerfahrungen legen dagegen offen, dass (verhinderte) Bildungserfolge sehr viel komplexer in biografische Aneignungs- und Verarbeitungsprozesse eingebettet sind und vermutlich selten das gesamte Potenzial der jungen Menschen in Bezug auf das Erreichen von formalen Bildungsabschlüssen gefördert wird (vgl. Zeller 2012a; Gharabaghi 2012; Mangold/Rein 2014). Diese Erkenntnisse sprechen für eine genauere Analyse des Wechselverhältnisses von Erziehung, Bildung und Biografie in den stationären Erziehungshilfen.

Dies muss auch vor dem Hintergrund der Ergebnisse internationaler Schülervergleichsstudien wie PISA oder IGLU geschehen. Diese Untersuchungen haben deutlich gemacht, dass in Deutschland die soziale Herkunft maßgeblich über Bildungszugänge und -chancen entscheidet (vgl. Organisation für wirtschaftliche Zusammenarbeit und Entwicklung 2008). Das Verhältnis von der privat geleisteten Ermöglichung und Förderung von Bildung auf der einen Seite und öffentlichen Bildungsinstitutionen auf der anderen Seite ist somit stark durch

[13] Leider liegen keine neueren Daten zu diesem Themenbereich vor, da diese nach der Umstellung der amtlichen Kinder- und Jugendhilfestatistik nicht mehr erhoben werden. Lediglich einige Landesjugendberichte enthalten entsprechende Zahlen.

die Vorleistungen der Herkunftsmilieus geprägt und wird nicht z.B. durch öffentliche Bildungseinrichtungen und Ganztagsbetreuung ausgeglichen. Ausgehend von dieser Erkenntnis stellt sich die Frage, welche Funktion die stationären Erziehungshilfen als quasi „Herkunftsmilieu während der Fremdunterbringung" im Hinblick auf Bildungsprozesse einnehmen.

Die Debatte um formale wie biografische Bildungsprozesse ist im Hinblick auf die Entwicklung von der Arbeits- zur Wissens- bzw. zur Informationsgesellschaft umso zentraler, da sich Bildung als eine Schlüsselressource für den Zugang zum Arbeitsmarkt und zum sozialen Leben insgesamt erweist. Für junge Menschen, die in stationären Erziehungshilfen aufwachsen, spielen vor diesem Hintergrund Zugänge zu Bildung, insbesondere auch zu formaler Bildung, eine sehr wichtige Rolle. Soziale Teilhabe und die Integration sind maßgeblich von dem Erreichen formaler Bildungsabschlüsse abhängig:

> [Wir] dürfen [...] aber die Erwartungen in Bezug auf schulischen Erfolg nicht runterschrauben. Wir müssen als Pädagog/innen den Kindern vermitteln, dass sie ihre Ziele so hoch wie möglich stecken sollen. Wir wissen von den heutigen Care Leaver, dass sie die Erfahrung gemacht haben, dass ihnen in Bezug auf schulisches Lernen nicht allzu viel zugetraut wurde und so haben sie dieser Erwartung häufig entsprochen. Heute bereuen sie sehr, dass nicht jemand zu ihnen gesagt hat: „Das, was du hier leistest, ist nicht gut genug. Du kannst mehr." Und sie sagen rückblickend auch, dass ihre Peers in ihren Familien mehr Unterstützung in Bezug auf Schule erhalten haben als sie in der Heimerziehung (Zeller/Gharabaghi 2014, S. 184).

Dieses Resümee zieht Gharabaghi, ein kanadischer Universitätsprofessor für Kinder- und Jugendhilfe mit langjähriger Erfahrung in der Praxis der Heimerziehung und in einem Jugendamt, und illustriert damit die vielschichtige Rolle, die Bildung im Prozess des Aufwachsens in öffentlichen Erziehungshilfen einnimmt. Bildung im Kontext der Kinder- und Jugendhilfe ist somit nicht Selbstzweck, sondern „sie hat die Handlungsfähigkeit des Subjekts in allen Lebensbereichen zum Ziel" (Mack 2006, S. 88).

Dass eine abgeschlossene Schul- und Berufsausbildung für Care Leaver aus ihrer Sicht einen hohen Stellenwert besitzt, zeigt sich auch in einer noch andauernden deutschen Langzeituntersuchung, die „positive Wirkfaktoren für eine gelingende Integration in die Zeit nach dem Heim" (Kress 2012, S. 5) herausarbeitet. Sie kommt zu dem Ergebnis, dass Care Leaver größtenteils über Lebenskonzepte verfügen, „die den klassischen gesellschaftlichen Wertvorstellungen von Familie und Beruf entsprechen" (ebd., S. 8). Dies bedeutet, dass Care Leaver eine gelingende berufliche Integration neben dem Aufbau stabiler privater Beziehungen als das entscheidende Ziel für ihre Zukunft nennen.

Im Übergang ins Erwachsenenleben steht in den stationären Erziehungshilfen die Vorbereitung des Auszugs und der dafür vorgesehene Zeitpunkt nicht immer in Einklang mit den Anforderungen und den zeitlichen Verläufen von formalen Bildungsprozessen. So zeigt die Befragung im Rahmen des Projektes „Was kommt nach der stationären Erziehungshilfe?", dass von manchen Kostenträgern die

Aufnahme einer Berufsausbildung durchaus als hinreichende Voraussetzung für die Beendigung von Erziehungshilfen gewertet wird. Dass aber der Besuch einer Schule oder anderer Bildungsinstitutionen selbst ebenfalls einen Unterstützungsbedarf rechtfertigen kann, muss allerdings nicht Konsens in der Hilfeplanung sein. Somit wird der Zeitpunkt des Übergangs in eine eigene Wohnung und die Ablösung aus der Erziehungshilfe nicht immer auf die gegenwärtige Bildungssituation abgestimmt. Formale Bildungsprozesse und deren Ermöglichung stehen somit in der Hilfepraxis in einem diffusen Verhältnis zu der Vorbereitung auf die „Selbstständigkeit" bzw. auf das Leben in einer eigenen Wohnung.

Stationäre Erziehungshilfen und Schule

Eine gelingende schulische Integration sowie die Förderung des Erwerbs von Bildungsabschlüssen hat eine große Bedeutung für den weiteren Lebensweg der Care Leaver. Die Bildungslaufbahn junger Menschen in stationären Hilfen verläuft jedoch oft brüchig, bedingt durch eine nicht selten mangelnde Bildungsorientierung oder -förderung in den Herkunftsfamilien, durch die Fremdplatzierung an sich sowie den Verlauf der Hilfe (vgl. Gharabaghi/Zeller 2015). Hiermit können auch ausgeprägte schulische Schwierigkeiten verknüpft sein, denn die schulische Sozialisation ist nicht selten mit Erfahrungen von Schulversagen, Leistungsverweigerung, Schulangst oder -frustration verbunden (Maykus 2003, S. 129). Viele Träger setzen in diesem Kontext neben einer Kooperation mit den Schulen vor allem auf eine enge Begleitung der schulischen Bemühungen des Kindes oder Jugendlichen und eine kontinuierliche Unterstützung im Alltag.

Interview 15

Wir stellen uns auch in den Schulen vor, arbeiten eng mit den Lehrern zusammen, legen Wert darauf, dass sie dort gut ausgestattet sind und nicht negativ auffallen. Wir kaufen ihnen alles für die Schule, damit sie dort nicht doof dastehen. Wenn z.B. alle am Gymnasium so einen coolen Rucksack haben, dann können unsere Kinder ja dort nicht mit einer Plastiktüte herumlaufen. Das ist ja auch eine Form von Benachteiligung. Dann kaufen wir einen von dem angesparten Geld. Wir begleiten das ganz eng, dass sie auch Schulsachen haben, dass die Hefte ordentlich sind. Sie können Nachhilfe haben, die Hausaufgabenhilfe durch unseren FSJler ist verpflichtend. Sie werden so begleitet, dass sie nicht in der Schule als Heimkind auflaufen. Wir haben einen engen Kontakt zu den Lehrern, dass die z.B. sofort anrufen, wenn Schüler zu spät kommen oder anderweitig auffallen. Wir vermitteln: Du kannst frech sein, kannst dein Zimmer nicht aufräumen, aber du musst zur Schule gehen. Das ist unser oberstes Ziel. Unter Umständen suchen wir nach einer anderen Schule oder die Jugendlichen können Schulersatzmaßnahmen besuchen. Schulbildung ist bei unserer Arbeit das Wichtigste, z.B. auch Erwerb von PC-Kenntnissen, das ist doch elementar.

Eine so enge Begleitung einzelner Kinder und Jugendlicher ist angesichts der Verantwortung der Fachkräfte für die gesamte Wohngruppe im Alltag der Heimerziehung manchmal schwer zu realisieren. Pflegekinder wurden in dieser Hinsicht als im Vorteil gesehen, da sich die Pflegeeltern häufiger dem Kind intensiver zuwenden können. Für die systematische Aufarbeitung von schulischen Defiziten sind allerdings beide Hilfeformen auf eine enge Kooperation mit Lehrkräften angewiesen (Maykus 2003, S. 133). Es kann als zentrale Anforderung an stationäre Erziehungshilfen formuliert werden, eine besondere Aufmerksamkeit auf schulische Lernprozesse zu richten. Die schulische Förderung im Bereich der Heimerziehung sollte dabei, wie nachfolgend dargestellt, verschiedene Aspekte umfassen (ebd., S. 132f.); diese sind gleichermaßen für Pflegefamilien relevant.

Möglichkeiten der schulischen Förderung in stationären Erziehungshilfen (vgl. Maykus 2003, S. 132f.)

- Beziehungsgestaltung und Förderung problemlösender Interaktionen, z.B. Lernmotivation wecken, Anregungen zur aktiven Auseinandersetzung mit schulischen Anforderungen geben,
- Aufmerksamkeit für schulische Lernprozesse, z.B. Interesse an Unterrichtsinhalten und Kenntnisse von sozialen Beziehungen im Schulalltag,
- Teilnahme und Teilhabe am schulischen Geschehen, z.B. durch den Besuch von Sprechtagen oder Mitwirkung an Aktivitäten in der Schule,
- Instrumentell-konkrete Hilfen, z.B. Unterstützung bei und Kontrolle der Hausaufgaben, bei Konflikten in der Schule schlichten,
- Lern- und Erfahrungsräume gestalten, z.B. Selbstständigkeit und Ausdauer stimulieren, entwicklungsfördernde Angebote machen,
- Regeneration von schulischen Anforderungen ermöglichen, z.B. Rückzugsräume gewähren, Unterstützung von Hobbies und Freizeitgestaltung,
- Bildungskultur in der Einrichtung etablieren, z.B. durch Bildungsangebote jenseits der Schule wie z.B. Museums-, Theater- und Konzertbesuche, eine entsprechende Haltung der Fachkräfte, Bildung wertzuschätzen etc.

Neben der Möglichkeit, über schulische Erfolge das Selbstbewusstsein zu stärken und die Basis für eine spätere eigenständige Lebensführung zu schaffen, wurde die Institution Schule von einigen der pädagogischen Fachkräfte auch als strukturgebende Institution und Konstante im Leben von Kindern in stationären Hilfen bewertet. Dieser Aspekt ist nicht zu unterschätzen und deckt sich mit ersten Ergebnissen aus Studien zu Bildungsbiografien in der Heimerziehung (vgl. Köngeter/Mangold/Strahl 2015): Schule kann von den jungen Menschen in stationären Erziehungshilfen als ein Ort der Anerkennung erlebt werden. In solchen Fällen gelingt es den jungen Menschen in der Schule i.d.R. auch Kontakte zu Kindern und Jugendlichen außerhalb der stationären Hilfen aufzubauen und damit ihre persönlichen Netzwerke zu vergrößern. Dementsprechend können Bildungsinstitutionen für Kontinuität und Normalität in einem sonst wechselvollen Leben stehen und zu Rollen- und Handlungssicherheit beitragen, indem jemand sich als „normale_n" oder erfolgreiche_n Schüler_in erfahren kann (vgl. Strahl/Thomas 2014; Mangold/Rein 2014).

Zugleich kann Schule aber auch als ein Ort sozialer Ausgrenzung erfahren werden (vgl. Zeller 2012a), was auch die befragten pädagogischen Fachkräfte berichteten: Nicht wenige Kinder und Jugendliche machten in den von ihnen besuchten Schulen Erfahrungen von Benachteiligung, Abwertung oder Ausgrenzung. Dies kann sich wiederum als kritisch im Hinblick auf ihre weitere Schulmotivation und Bildungsaspirationen generell auswirken (vgl. PAN 2011, S. 135). In diesem Kontext betonen die pädagogischen Fachkräfte auch die Bedeutung guter Kooperationsbeziehungen mit Schulen. Trotz vermehrter Anstrengungen in den letzten Jahren, unter dem Stichwort „kommunale Bildungslandschaften" eine strukturierte Zusammenarbeit von Jugendhilfe und Schule zu fördern, stellt sich diese vor Ort nach wie vor sehr unterschiedlich dar und bewegt sich oft auf der Ebene von Projekten (vgl. Müller 2009; Prölß 2008; Maykus 2003). Besondere Bedürfnisse von Kindern aus stationären Hilfen finden auf struktureller Ebene im Bildungssystem bzw. in den Schulen bisher wenig Berücksichtigung und Kenntnisse über die Kinder- und Jugendhilfe können bei Lehrer_innen kaum vorausgesetzt werden. Umso wichtiger wird die auf den Einzelfall bezogene Kooperation mit Schulen und ggf. auch Schulsozialarbeiter_innen bewertet, um Kinder und Jugendliche gut zu begleiten und krisenhaften Entwicklungen frühzeitig zu begegnen.

Im Hinblick auf den Übergang Schule – Beruf wurde von den befragten pädagogischen Fachkräften angemerkt, dass es angesichts eines höheren Aufnahmealters der Kinder und immer kürzerer Verweildauern in stationären Hilfen eine große Herausforderung bedeuten kann, bestehende schulische Defizite aus den Jahren vor der Fremdunterbringung aufzuholen; vor allem, wenn in der Herkunftsfamilie keine angemessene Förderung des Kindes oder Jugendlichen erfolgte. Dies wird umso schwieriger, je älter das Kind bei der Aufnahme ist, so dass kritische Situationen entstehen, in denen in verdichteten Zeitfenstern von ein bis zwei Jahren sowohl die Konflikte und Probleme, die zur Fremdplatzierung geführt haben, bearbeitet werden müssen, gleichzeitig die Selbstständigkeit gestärkt werden soll und die Berufsorientierung und -einmündung begleitet werden muss. Dieses verdichtete Zeitfenster könnte sich eventuell für junge Frauen sogar noch verschärfter als für junge Männer darstellen, da diese statistisch gesehen später in die stationären Erziehungshilfen einmünden (vgl. Bronner/Behnisch 2007).

Viele Interviewpartner_innen unterstrichen die Notwendigkeit, jungen Menschen die Möglichkeit zu geben, in der Hilfe erst einmal zur Ruhe zu kommen, um sich mit ihrer Bildungssituation auseinanderzusetzen und an ihren Zielen arbeiten zu können. Einige Einrichtungen, die über eigene Heimschulen verfügen, sahen hierin den Vorteil, ihre Arbeit eng an der biografischen Situation der jungen Menschen orientieren zu können.

Interview 9

Gerade, wenn Schüler vorher schlechte Erfahrungen im Regelschulbetrieb gemacht haben, wo sie völlig überfordert waren, und kommen dann in unsere kleinere Schule mit den kleineren Klassen und dem engeren Beziehungsangebot von den Erwachsenen, dann erleben sie das hier ganz anders, weil sie wirklich vom ersten Tag an die Möglichkeit haben, Erfolgserlebnisse zu erleben. Das wirkt sich auch auf Selbstvertrauen und Motivation aus. Das Erreichen des Schulabschlusses bei uns erzeugt Stolz auf einen Lebensbereich, der zuvor ein Reizthema war.

Als wesentlich wird benannt, den jungen Menschen Erfahrungen von Erfolg und Kompetenz zu ermöglichen, um ihr Selbstbewusstsein zu stärken und so überhaupt erst einmal an den Voraussetzungen für die Entwicklung von Bildungswünschen sowie Eigeninitiative, Durchhaltevermögen etc. zu arbeiten. Hierzu gehört auch, ihnen etwas zuzutrauen und an sie und ihr Entwicklungspotenzial zu glauben (vgl. auch Kress 2012, S. 23f.).

Im Hinblick auf angegliederte Heimschulen werden aber auch drei große Nachteile in Bezug auf Care Leaver deutlich. Zwar gibt es bisher keine Studie, mit deren Hilfe konkrete Aussagen in Bezug auf die Bildungssituation von Kindern und Jugendlichen getroffen werden könnten, es besteht jedoch erstens aktuell eine Skepsis in der Fachwelt, ob in Einrichtungen mit angegliederten Heimschulen (häufig Förderschulen) immer der höchstmögliche Bildungsabschluss der Schüler_innen gefördert wird. Zweitens zeigen die Beispiele im Sample der Fachkräftebefragung im Rahmen des Projektes „Was kommt nach der stationären Erziehungshilfe?", dass in diesen das Ende der stationären Hilfe i.d.R. an den erfolgreichen Schulabschluss in der angegliederten Heimschule gekoppelt ist. Dies bedeutet, dass die Care Leaver in diesen Fällen immer einen Übergang in mindestens zwei ihrer Lebensbereiche (Wohnen und Ausbildung) parallel bewältigen müssen. Drittens arbeiten diese Einrichtungen häufig überregional und weisen einen hohen Spezialisierungsgrad auf. Da jedoch nicht wenige Care Leaver nach dem Verlassen der stationären Erziehungshilfe in ihre Heimatregion zurückziehen, gestaltet sich die Installation von Anschlusshilfen schwieriger als in anderen Konstellationen.

Einige der befragten Fachkräfte verweisen darauf, dass sich auch an Regelschulen über eine gute Kooperation flexible Formen der Beschulung entwickeln lassen, die an den individuellen Leistungsstand und Bedarf des jungen Menschen angepasst sind:

Interview 14

Wir fangen mitunter in Klasse 8 an, ein Schülerpraktikum zu organisieren, damit verschiedene Bereiche kennengelernt werden. Manche Jugendliche sind aber in Klasse 10 lernmüde, die packen das nicht mehr. Dann versuchen wir, mit Schulen auszuhandeln – das nennt sich BUS-Klassen (Beruf und Schule) –, da gibt es das Modell: drei oder vier Tage geht ein Schüler ins Praktikum, einen Tag in die Schule, um die Arbeitsfähigkeit und Perspektiven zu überprüfen. Manchmal hat man Glück, dann explodieren die im Berufsleben. Dann bekommen sie die Chance, sich zu erproben. Entweder über ein Langzeitpraktikum, und wenn man viel Glück hat, dann geht es in eine Ausbildungsstelle über.

Die Aussage weist auf die sinnstiftende Funktion von Arbeit hin sowie das Erleben von Anerkennung und Wertschätzung durch die Ausübung einer Berufstätigkeit. Viele Interviewpartner_innen betonten die Bedeutung von Selbstwirksamkeits-Erfahrungen und die Möglichkeit, sich zu erproben, als Voraussetzung für eine gelingende Integration in den Arbeitsmarkt.

Wechselspiel von formalen und biografischen Bildungsprozessen

Dem Erreichen von formalen Bildungsabschlüssen kommt also einerseits eine hohe Bedeutung für eine gelingende berufliche Zukunftsperspektive der Care Leaver zu. Andererseits verweisen internationale wie nationale Studien darauf, dass schulischer Erfolg einen positiven Einfluss auf das gesamte Wohlbefinden von jungen Menschen und damit auch auf Care Leaver hat. Konkret bedeutet dies, dass gute Schulnoten von Schüler_innen eine der wirkmächtigsten Faktoren auf das Wohlbefinden von jungen Menschen in der Heimerziehung sind (vgl. Berridge 2012; Albus u.a. 2010).

Statistische Erhebungen sowie die Analyse von Jugendamtsakten verdeutlichen zugleich, dass schlechte Schulleistungen sowie Schulprobleme allgemein wiederum ein Hauptgrund für die Initiierung einer stationären Erziehungshilfe sind (vgl. Fendrich/Pothmann/Wilk 2009; Baur u.a. 1998). Hier zeigt sich, dass das formale Bildungssystem Ansprüche an Kinder und Jugendliche stellt, die sich für diese zu Bewältigungsanforderungen entwickeln. Dementsprechend gilt es, für das Handlungsfeld der stationären Erziehungshilfen die Aufgabe wahrzunehmen, eine Bewältigungsperspektive auf schulische Herausforderungen zu lenken: Die entscheidende Frage ist also die nach der biografischen Bedeutung formaler Bildungsanforderungen (vgl. Zeller 2012a).

Dass dieser Fokus in der alltäglichen pädagogischen Praxis kein leichter ist, wurde von den Befragten im Rahmen des Projektes „Was kommt nach der stationären Erziehungshilfe?" vielfach thematisiert. In vielen Fällen wird von pädagogischen Fachkräften die schulische Lernsituation als durch die biografischen Erfahrungen in der Herkunftsfamilie beeinflusst oder gar beeinträchtigt beschrieben. Schließlich werden die Bildungserfahrungen junger Menschen in stationären Erziehungshilfen, aber auch durch das Leben in einer Einrichtung oder Pflegefamilie, durch die dort erlebbare Bildungskultur und -gelegenheiten geprägt. Je nach Gruppen- und Einrichtungskultur kann sich die Begleitung formaler und informeller Bildungsprozesse als soziale und institutionelle Normalität entfalten, aber auch erschwert werden. Die Bildungserfahrungen werden aber in jedem Fall mit einem früh initiierten Übergang in die Eigenverantwortlichkeit zusätzlich auf die Probe gestellt:

Interview 14

Manchmal schaffen wir es nicht, dass ein Jugendlicher in irgendeine Ausbildung geht. Und dann kommt auch der Punkt, dass Hilfe beendet wird, weil es keine Möglichkeit gibt, weil die Initiative da nicht stimmt. Die gehen dann in andere Einrichtungen mit eigenen Schulen oder Ausbildungswerkstätten. [...] Eine Rückkehr stationär in die Einrichtung ist nicht möglich, sobald Finanzierung über Fachleistungsstunden erfolgt.

Wie in dieser Aussage deutlich wird, werden die schulischen Leistungen häufig als Ausdruck fehlender Motivation interpretiert. Dies geht so weit, dass schwache schulische Leistungen zum Anlass genommen werden, stationäre Erziehungshilfen vorzeitig zu beenden. Es herrscht keine Einigkeit darüber, wie Bildungschancen im Verhältnis zu den biografischen Erfahrungen zu bewerten sind. In vielen Fällen wirken belastende Ereignisse, die zur Fremdunterbringung geführt haben, als Bildungsbarrieren und solange diese nicht hinreichend bearbeitet sind, kann eine angemessene (Aus)Bildungsperspektive kaum entwickelt werden. Einige Interviewparter_innen beschreiben wiederum die Chancen, welche in erfolgreichen Bildungsbiografien von jungen Menschen in stationären Erziehungshilfen stecken: So können positive Bildungsverläufe zu einer Verarbeitung von biografischen Krisen beitragen und das Gelingen des Übergangs in ein eigenständiges Leben grundsätzlich begünstigen:

Interview 33

Wenn sie eine Ausbildung geschafft haben, dann sehe ich, dass da zumindest eine Stabilisierung schon eingetreten ist. Also, wenn jemand eine Lehre erfolgreich beenden kann oder auch ein Studium aufnehmen kann und es beenden kann, das zeugt schon von einer Stabilität. Diese Abbrüche, die sind wirklich eher selten.

Die Reflexion der in diesen Zitaten angedeuteten Verschränkung von formalen und biografischen Bildungsprozessen scheint in Bezug auf die Frage nach gelingenden Übergängen für Care Leaver eine zentrale Rolle zu spielen. So spricht vieles dafür, dass der Übergang in eine erfolgreiche Berufstätigkeit auch daran gekoppelt ist, inwieweit es in der Heimerziehung und den Pflegefamilien Zeit, Raum und Beziehungen gibt, um die biografischen Krisen, die zu einer Fremdunterbringung geführt haben, zu bearbeiten. Die Initiierung von biografischen Bildungsprozessen kann somit auch Räume für formale Bildungsprozesse und den Erwerb von Schul- und Ausbildungsabschlüssen eröffnen und fördern (vgl. Mangold/Rein 2014; Zeller/Köngeter 2012). Gleichzeitig kann ein erfolgreicher Schulbesuch – bezogen auf schulische Leistungen wie auf Integration in ein soziales Netzwerk – biografische Bildungsprozesse begünstigen. Vor diesem Hintergrund erscheint es naheliegend, formale sowie biografische Bildungsprozesse noch deutlicher als Teil der sozialpädagogischen Arbeit aufzufassen und in die Vorbereitung des Übergangs in ein eigenständiges Leben einzubeziehen.

Formale Bildungsprozesse und Bildungsabschlüsse von jungen Menschen in den stationären Erziehungshilfen sollten kontinuierlich gefördert werden, da sie einen bedeutenden Teil des ihnen als Care Leaver zur Verfügung stehenden Kapitals für ein eigenständiges Leben darstellen. Pädagogische Fachkräfte müssen vor diesem Hintergrund stärker als bisher ihre (Vorbild)Rolle reflektieren und über Zutrauen und Zumuten bei den jungen Menschen Bildungsaspirationen wecken und Bildungsprozesse alltäglich begleiten. Auf konzeptioneller Ebene sollte stärker über die Verankerung und das Erfahrbarmachen einer Bildungskultur im Alltag der jungen Menschen nachgedacht werden. Hier gehört die Förderung der Teilnahme an kulturellen Bildungsangeboten ebenso dazu wie der Blick dafür, dass ein entsprechendes Angebot an anregenden Lernmaterialien und -orten zur Verfügung steht oder die alltäglichen Gespräche, die Interesse an der schulischen Situation des jungen Menschen signalisieren. Darüber hinaus ist die Begleitung der jungen Menschen in der Schule und Ausbildung ein wichtiger Aspekt, der interdisziplinäre Kooperation erfordert. In Bezug auf die Initiierung und Ermöglichung von Bildungsprozessen muss betont werden, dass diese nicht immer geradlinig verlaufen und gerade das Anbieten der angesprochenen Reflexionsräume zur Ermöglichung von biografischer Arbeit auch Zeit benötigen. Dies gilt es im Blick zu behalten und die Rechte der Care Leaver auf entsprechend lange stationäre Hilfen bzw. Anschlusshilfen nicht durch kurzfristige Hilfeplanziele (wie z.B. Haushaltskompetenzen) zu beschneiden.

3. Regionale Disparitäten in den Erziehungshilfen

Das Kinder- und Jugendhilfegesetz gilt bundeseinheitlich, jedoch zeigen sich in der Auslegung der darin enthaltenen Rechtsnormen zu den Hilfen zur Erziehung vielfältige Interpretationsspielräume und Handlungspraxen, so dass sich in den Angebotsformen sowie auch in der öffentlichen Hilfegewährung regional sehr disparate Praxen herausgebildet haben. Das bedeutet, dass sich die Einschätzung des Erziehungshilfebedarfs, die Wahl der Maßnahme, der Hilfeumfang oder auch der angestrebte Zeitpunkt des Hilfeendes lokal auch bei ähnlich gelagerten Fällen stark unterscheiden können. Insbesondere zeigt sich in diesem Kontext die Gewährung von Hilfen für junge Volljährige als örtlich sehr variabel (vgl. Nüsken 2008). Letztendlich variiert die Hilfegestaltung aber auch aufgrund der Angebotssituation, die sich durch die konzeptionell vorgesehenen Betreuungssettings und die zahlenmäßig vorgehaltenen Plätze von Einrichtung zu Einrichtung stark voneinander unterscheiden kann. Dadurch gibt es keine garantierten Angebote in der Ausgestaltung der Erziehungshilfen und des Übergangs ins Erwachsenenleben. Das führt zu sehr unterschiedlichen Praxen der Übergangsbegleitung durch strukturelle Unterschiede in dem System der Kinder- und Jugendhilfe selbst.

In diesem Kapitel werden regionale Unterschiede, die die Praxis der stationären Erziehungshilfen für ältere Jugendliche und junge Erwachsene kennzeichnen, dargestellt. Einige Studien und Berichte (vgl. Nüsken 2008; Kommunalverband für Jugend und Soziales Baden-Württemberg 2013; Pothmann/Rauschenbach 2011) sowie die deutsche Kinder- und Jugendhilfestatistik liefern wichtige Hinweise auf unterschiedliche Interpretationsmuster und Hilfepraxen, die sich nicht allein aus den Kennzeichen der Hilfe-Infrastruktur, der wirtschaftlichen Situation in einzelnen Regionen bzw. sozio-ökonomischen Merkmalen der Bedarfsgruppen herleiten lassen. Auch anhand des vorliegenden Datenmaterials aus dem Forschungsprojekt lassen sich unterschiedliche Ausgestaltungen von Erziehungshilfen und Übergangspraxen feststellen und vergleichen. Zudem werden ausgewählte konkrete Beispiele regional unterschiedlicher Formen der Hilfegewährung sowie der Übergangsbegleitung junger Erwachsener aus stationären Erziehungshilfen dargestellt. Der letzte Abschnitt befasst sich mit der Perspektive öffentlicher Träger und skizziert zwei Modelle – zum einen der Hilfebedarfsermittlung im Rahmen von regionalen Fallkonferenzen sowie eines spezialisierten Fachdienstes mit dem Angebot eines qualifizierten „Verselbstständigungsmanagements" für junge Erwachsene aus stationären Erziehungshilfen.

Einblicke in die Statistik

Das SGB VIII erfährt im Hinblick auf die Fremdunterbringung in Pflegefamilien oder anderen stationären Wohnformen im Rahmen der Erziehungshilfen regional sehr unterschiedliche Auslegungen und daraus abgeleitete Hilfegewährungspraxen. Anhand der deutschen Kinder- und Jugendhilfestatistik (vgl. Tabel/Fendrich/Pothmann 2013) sowie mit bisher nur vereinzelt vorliegenden Forschungsarbeiten (vgl. u.a. Nüsken 2008) lassen sich regional unterschiedliche Inanspruchnahmen von Erziehungshilfen belegen. Sowohl der Vergleich zwischen den Bundesländern als auch die statistischen Vergleiche innerhalb einzelner Bundesländer zeigen, dass trotz des bundeseinheitlich geregelten öffentlichen Fürsorgeauftrags stark variierende Quoten für die Inanspruchnahmen von Hilfen zur Erziehung vorliegen. Dies gilt insbesondere für die Hilfen für junge

Volljährige. So bewegt sich z.B. in Rheinland-Pfalz der Anteil der Hilfen nach § 41 SGB VIII an den Erziehungshilfen insgesamt zwischen 0 und 25% (Rheinland-Pfälzisches Ministerium für Integration, Familie, Kinder, Jugend und Frauen 2013, S. 39). Ähnliche Variationsbreiten finden sich z.B. in Baden-Württemberg, wie die dortige Berichterstattung über die Inanspruchnahme von Erziehungshilfen aus dem Jahr 2013 unterstreicht. Dort liegen beispielsweise Quoten von 3,85 Hilfeempfängern über 18 Jahren, bezogen auf 1.000 Personen der altersgleichen Bevölkerung in Rottweil gegenüber Anteilen von 28,25 jungen Erwachsenen je 1.000 der 18- bis 21-Jährigen, die Erziehungshilfen erhalten, in Pforzheim vor (Kommunalverband für Jugend und Soziales Baden-Württemberg 2013, S. 84). Die Berichterstattung zu den Hilfen zur Erziehung in Niedersachsen weist zudem aus, dass es zusätzlich auch deutliche Schwankungen in der Hilfegewährung für junge Erwachsene im Jahresvergleich (hier 2006 bis 2011) gibt (Meyer/Gabel/Glaum 2013, S. 15).

Diese disparaten Ausgestaltungen der Hilfen können nicht eindeutig den Lebenslagen der Hilfesuchenden, soziostrukturellen Ausgangsbedingungen in den einzelnen Regionen oder den vorliegenden Angebotsformen zugeschrieben werden (vgl. Fendrich/Pothmann/Tabel 2012). Auch die kommunale Haushaltslage dient nicht als hinreichende Begründungsfolie für regionale Unterschiede in der Bewilligung und Ausgestaltung stationärer Erziehungshilfen. So zeigen Meyer/Gabel/Glaum (2013) für die Hilfen für junge Volljährige in Niedersachsen, dass das Ausgabevolumen in keinem ersichtlichen Zusammenhang mit der wirtschaftlichen Situation einzelner Kommunen steht. Die Autoren kommen anhand ihrer Erhebungen zu dem Schluss, dass mehr als wirtschaftliche und strukturelle Ausgangsbedingungen die „Normalitätskonstruktionen der Hilfe gewährenden Fachkräfte" eine bedeutende Rolle bei der Entscheidung spielen, ob junge Volljährige Leistungen der Kinder- und Jugendhilfe beziehen oder nicht (ebd., S. 12).

Die Identifizierung von grundlegenden Leitlinien für die Gewährung und Ausgestaltung von Hilfen für junge Erwachsene fällt vor diesem Hintergrund schwer. Nüsken kommt in seiner Studie zu regional unterschiedlichen Bewilligungspraxen von Hilfen nach § 41 SGB VIII anhand einer Aktenanalyse zu dem Schluss, dass sich „die festgestellten Disparitäten u.a. durch die unterschiedliche systematische Interpretation von Lebenskrisen der jungen Menschen" erklären lassen (Nüsken 2008, S. 246). So wird in den Landkreisen, in denen überdurchschnittliche Fallzahlen von Hilfen für junge Erwachsene vorliegen, der schulischen und beruflichen Entwicklung eine besondere Bedeutung beigemessen. Zudem ist an diesen Standorten die Anforderung an junge Erwachsene in Erziehungshilfen, frühzeitig eine eigenständige Lebensführung bewältigen zu müssen, nicht in erster Linie Hilfeziel, sondern ein hinreichendes Kriterium für die Hilfegewährung selbst. Das bedeutet, dass die fragile Ausgangssituation bei Adressat_innen der Erziehungshilfen, weitgehend ohne private Unterstützungsnetzwerke und noch nicht erreichte Bildungsabschlüsse zu sein, in den Kommunen mit hohen Inanspruchnahme-Quoten bereits ein ausreichender Grund ist, um Erziehungshilfen nach § 41 SGB VIII zu gewähren. Im Zuständigkeitsbereich dieser Jugendämter werden viele Hilfen für junge Erwachsene als Maßnahmen nach § 41 i.V.m. § 34 SGB VIII konzipiert. Es wird also nach diesem Hilfeverständnis eine (zunächst) stationäre Begleitung über das Erreichen des 18. Lebensjahrs hinaus vorgesehen. Jugendämter hingegen, die sich eher restriktiv in der Bewilligung von Hilfen für junge Volljährige zeigen, erwarten insbesondere den Nachweis von Entwicklungsverzögerungen oder -störungen bis hin zu grundlegenden Erkrankungen als Beleg für einen über das 18. Lebensjahr hinaus bestehenden Hilfebedarf (Nüsken 2008, S. 247). Es gibt also durchaus strategische kommunalpolitische Beweggründe für die Bereitstellung von Unterstützungsleistungen für junge Erwachsene.

Die Datenerhebung innerhalb des Forschungsprojekts „Was kommt nach der stationären Erziehungshilfe?" konnte anhand der Expertengespräche aber auch zeigen, dass nicht nur der Hilfeumfang und die Dauer große Unterschiede aufweisen, sondern auch die inhaltliche Ausgestaltung der Hilfen und Übergänge ins Erwachsenenalter sehr variieren, so dass nicht von einer zumindest ähnlichen bundesweiten Basisversorgung junger Erwachsener im Rahmen der Erziehungshilfen ausgegangen werden kann. Die Vielfalt in der Gewährungspraxis sowie in der Angebotsgestaltung im Rahmen der §§ 27ff. SGB VIII eröffnen einerseits Handlungsspielräume für eine bedarfsgerechte Übergangsbegleitung junger Menschen, die sich auch in vielfältigen Hilfesettings wiederfinden. Gleichzeitig besteht die Gefahr, dass ohne Mindeststandards insbesondere in den Hilfen für junge Volljährige Unterstützungsleistungen beliebig und somit auch angemessene Entwicklungschancen u.U. fragil werden.

Die unterschiedlichen Praxen der Übergangsbegleitung ins Erwachsenenleben

Die Zusammenarbeit der Träger von stationären Erziehungshilfen sowie jungen Menschen und ihren Familien mit den örtlichen Jugendämtern entwickelt an der Schwelle zur Volljährigkeit und im Übergang in ein eigenständiges Leben eine neue fachliche Orientierung. Der Blick richtet sich nicht mehr vorrangig auf den noch bestehenden Hilfebedarf, sondern auf erreichte Ziele und die Ablösung aus der Kinder- und Jugendhilfe. Der öffentliche Erziehungsauftrag und die damit verknüpfte Fürsorgepflicht treten hinter die Aufforderung an junge Menschen zurück, Kompetenzen für ein *eigenständiges* Leben zu entwickeln. Wie dieser Übergang eingeleitet und die Anforderungen an diesen Prozess beurteilt werden, unterscheidet sich in den einzelnen Jugendämtern teilweise erheblich. Der Verlauf von Hilfeplangesprächen erweckt bei interviewten Fachkräften teilweise den Eindruck einer zu starken Dominanz von wirtschaftlichen gegenüber pädagogischen Interessen. In diesen Fällen sei eine Einzelfallprüfung kaum gewährleistet:

Interview 3

Das Schlimmste, was ich erlebt habe, war mit einer neuen Mitarbeiterin im Jugendamt, die kam zum Hilfeplangespräch (HPG) und sagte: Ich habe mit meiner Chefin gesprochen. Ich kenne den Fall zwar nicht, aber ich habe jetzt die Aufgabe, den Fall zu beenden, das ist mein Auftrag. Ohne dass das HPG stattgefunden hatte.

In anderen Jugendämtern liegen umgekehrt überdurchschnittlich hohe Fallzahlen bei den jungen Volljährigen und eine hohe Bereitschaft vor, bei fachlich schlüssiger Begründung Erziehungshilfen im Einzelfall auch bis zum 21. Lebensjahr fortzusetzen. Im Datensample befanden sich so z.B. Einrichtungen in strukturschwächeren, ländlichen Regionen mit einem nicht sehr dichten Kinder- und Jugendhilfeangebot. Hier war es nicht ungewöhnlich, dass die Einrichtungen explizit für die Übernahme von Hilfen für junge Erwachsene angefragt wurden.

Die Vertreter_innen dieser Einrichtungen stufen ihren Gestaltungspielraum bei der Wahl des Hilfesettings und der Dauer der Maßnahme als sehr hoch ein. Diese unterschiedlichen Praxiserfahrungen bestätigen wiederum die statistisch erhobenen regionalen Unterschiede in den Inanspruchnahme-Quoten[14] (vgl. Kommunalverband für Jugend und Soziales Baden-Württemberg 2013, S. 129).

Es gibt unbestimmte Entscheidungskriterien für die Hilfegewährung, die vielfältige Auslegungsspielräume zulassen. Auch die Anforderungsprofile an junge Erwachsene in stationären Erziehungshilfen und im Übergang in ein eigenständiges Leben werden unterschiedlich interpretiert. Die Formulierung des § 41 SGB VIII (Hilfen für junge Volljährige) fasst zwar mit dem Anliegen der Förderung der Persönlichkeitsentwicklung einen potenziellen Hilfebedarf sehr weit; jedoch lässt sich aus der gegenwärtigen, individualisierten Hilfegewährungspraxis keine verbindliche Anspruchsvoraussetzung ableiten. Teilweise wird der Zugang zu den Hilfen für junge Erwachsene, so die Einschätzung eines Interviewpartners, allein schon durch eine einschränkende Beratungspraxis in den Behörden begrenzt. In diesem Spannungsfeld blicken junge Erwachsene auf lokal sehr unterschiedliche Voraussetzungen für Unterstützungsleistungen im Rahmen des Kinder- und Jugendhilfegesetzes.

Das, was den Hilfen für junge Volljährige in allen Kommunen in Deutschland gemeinsam ist, ist die Voraussetzung der eigenen Antragsstellung ab dem 18. Lebensjahr, da von diesem Zeitpunkt an der Anspruch auf eine Hilfe von den Eltern auf den jungen Menschen selbst übergeht. Die Legitimierung eines zu diesem Zeitpunkt bestehenden Hilfebedarfs und einer fortbestehenden Erziehungsbedürftigkeit bildet eine kritische Barriere – schließlich möchten Antragsteller_innen i.d.R. nicht gerne entsprechend etikettiert werden. Das Verfahren einer eigenen Antragstellung eröffnet auch weitere Interpretationsspielräume für die Hilfegewährung, die Einschätzung der Persönlichkeitsentwicklung, des *Erziehungs*hilfebedarfs und anderer Voraussetzungen für einen Anspruch auf Hilfe nach § 41 SGB VIII, so z.B. die Erfüllung der Mitwirkungspflichten (s.u.). Vor dem Hintergrund dieser Zugangsbarrieren kommt es kaum zu stationären Erstunterbringungen von jungen Menschen, wenn diese erstmalig als junge Erwachsene einen Antrag auf Erziehungshilfen stellen. Auch ambulante Erziehungshilfen, die erst nach Erreichen der Volljährigkeit erstmalig einsetzen, bilden – diesbezüglich ist die Hilfegewährung wenig disparat – prinzipiell die Ausnahme.

Aber auch bei einer weitergehenden Hilfegewährung für junge Menschen an der Schwelle zum Erwachsenwerden zeichnet sich in einzelnen Kommunen der Trend ab, nicht nur die Dauer der Übergangsbegleitung insgesamt, sondern auch den wöchentlichen Betreuungsumfang zu reduzieren. So wurde beispielsweise von einem Interviewpartner berichtet, dass sich im Lauf der letzten Jahre die bewilligten Fachleistungsstunden für die Nachbetreuung pro Fall von durchschnittlich 30 pro Monat auf acht Fachleistungsstunden reduziert habe. Unterstützungsformen wie Hausaufgabenhilfe oder das morgendliche Wecken, um den Schul- oder Ausbildungsplatzbesuch sicherzustellen, fallen unter diesen Umständen weg. Damit werden unterschiedliche Strategien deutlich, auf eine zeitlich reglementierte Vorbereitung der Care Leaver hinzuwirken. Hierzu gehört, neben hohen Zugangshürden für Hilfen über das 18. Lebensjahr hinaus,

---

[14] Zahl der Hilfen pro 10.000 Personen der altersgleichen Bevölkerung.

auch die Begrenzung der Betreuungsintensität. Pädagogische Fachkräfte schätzen es so ein, dass auf diese Weise letztlich keine umfassende Begleitung zur Eigenständigkeit geleistet werden kann. Der Übergang reduziere sich vor diesem Hintergrund auf eine *Verselbstständigung* im Sinne einer Vermittlung von Alltagskompetenzen, die für das Leben in eigener Wohnung als wichtig erachtet werden, könne aber nicht eine langfristige persönliche Stabilisierung in der eigenständigen Lebensführung in den Blick nehmen.

Angebote, die für junge Menschen mit besonders belastenden Voraussetzungen, wie z.B. starken Entwicklungsverzögerungen, Traumatisierungen oder psychischen Erkrankungen, vorgehalten werden, sind zwar deutlich besser ausgestattet und werden weniger restriktiv gewährt, allerdings erweist sich für diesen Personenkreis ein anschlussfähiger Übergang nach Ende der Maßnahme auch als schwieriger. Es gibt in einzelnen Bundesländern Spezialangebote, in denen z.B. der Schul- und Ausbildungsbesuch und eine stationäre Erziehungshilfe aus der Hand eines Trägers angeboten werden. Diese Komplexeinrichtungen haben in ihrer Region häufig ein Alleinstellungsmerkmal als Kinder- und Jugendhilfeträger und gelten von ihrer Gesamtversorgungs-Philosophie auch als geeignet für „besonders schwierige" junge Menschen in Erziehungshilfen. Bezogen auf diese Einrichtungstypen zeigt sich eine deutlich andere, quasi privilegierte Stellung der Maßnahmeträger:

Interview 9

Eine vorzeitige Hilfebeendigung auf Drängen der Jugendämter ist eher unüblich. Die angegliederte Schule schafft eine gute Ausgangsposition. Da wir i.d.R. nicht die erste Einrichtung sind, sondern die zweite, dritte oder vierte, sind die Jugendämter eigentlich froh, wenn die Jugendlichen da mal eine Perspektive haben, wenn sie da bleiben können. Vor diesem Hintergrund erleben wir eher selten den Konflikt mit den Jugendämtern, dass die etwas Anderes wollen als wir. Im Gegenteil, häufig haben wir aber Schülerinnen und Schüler, bei denen wir den Ämtern eine zusätzliche Integrationshilfe empfehlen, die ja noch mit zusätzlichen Kosten verbunden sind. Aber gerade bei Schülern, bei denen es richtig schwierig ist, braucht es zusätzliche Hilfe. Da haben wir keine Schwierigkeiten zu argumentieren.

Diese Darstellung beschreibt weniger eine regionale, denn eine einrichtungsbezogene Disparität. Auch wenn diese multidisziplinären Großeinrichtungen zahlenmäßig nicht mehr so stark in den Erziehungshilfen vertreten sind, wird doch eine Hilfegewährungslogik erkennbar, die sich auch auf andere, kleine Spezialeinrichtungen übertragen lässt: Es bedarf der Argumentation mit schwerwiegenden Störungen, um das gesamte Tableau der Hilfen ausschöpfen zu können. In manchen Kommunen gilt der Tenor, dass – quasi als Ultima Ratio – nur für besonders prekäre Fälle ein Höchstmaß an Hilfen zur Verfügung gestellt wird, wohingegen eine präventive, stärkende Philosophie, auch junge Menschen mit grundsätzlich positiven Verläufen gut zu begleiten, unter Kostenträgern nicht so stark verbreitet ist. Es sind aber nicht ausschließlich finanzielle Entscheidungsgründe, die bei der bevorstehenden Volljährigkeit in die Hilfeplanung eingebracht werden. Selbst unter den finanziell schlecht aufgestellten Kommunen – so einige Fachkräfte – sei ein Umdenken erkennbar:

Interview 45

Es gibt auch Jugendämter, die sagen, aus Kostengründen muss es in einem halben Jahr fertig sein. Es gibt viele Haushaltssicherungskommunen [im Umkreis], trotzdem kriegen wir Hilfen meistens durch, wenn sie fachlich gut begründet sind. Viele Kommunen haben erkannt, das bringt nur weitere Folgekosten, wenn sie den Übergang nicht gut begleiten.

Neben der Hilfegewährungspraxis gibt es auch in der Ausgestaltung der Hilfen bereits zwischen einzelnen Einrichtungen der stationären Erziehungshilfe differenzierte Betreuungssettings und Formen der Übergangsbegleitung in eigenen Wohnraum. Auf diese wird in Kapitel III mit der Beschreibung konkreter Praxismodelle genauer eingegangen. Mit dieser Vielfalt der Übergangsbegleitung geht aber für Care Leaver auch eine gewisse Zufälligkeit der örtlichen Hilfsangebote einher. Allen regionalen Praxen ist allerdings gemein, dass die Rückkehr in ein intensiveres Betreuungssetting nur dann möglich ist, wenn die Wohnform noch im Sinne einer stationären Maßnahme i.d.R. innerhalb fest vereinbarter Kostensätze abgerechnet wird. Sobald die Betreuung als ambulante Maßnahme nach Fachleistungsstunden vergütet wird, gilt der Schritt aus der stationären Hilfe i.d.R. als endgültig vollzogen. In manchen Städten kann noch nicht einmal gewährleistet werden, dass der bisher zuständige Jugendhilfeträger auch die ambulante Betreuung übernehmen kann. So gestaltet sich der Übergang in eine eigene Wohnung nicht immer als Anreiz, sondern oft als verunsicherndes Szenario:

Interview 15

Die eigentliche Bewährungsprobe beginnt für die jungen Menschen nach Beendigung der Jugendhilfemaßnahme. Da fällt er aber gerade aus einem relativ gesicherten System heraus. Da würde ich mir wünschen, dass Übergänge erleichtert werden. Das würde manchem auch die Angst nehmen, in die eigene Wohnung zu ziehen.

Die Angebotsvielfalt ergibt sich teilweise aus historisch bedingten regionalen Unterschieden. So gehen manche Angebotsformen auf die Arbeit traditionell ansässiger, häufig kirchlicher Träger zurück. Auch die örtliche Nachfragesituation bringt inhaltlich spezifische Betreuungsformen hervor, z.B. besondere Angebote zur Arbeitsmarktintegration und Berufsfindung, aber auch Angebote für psychisch kranke junge Menschen. Gleichzeitig gibt es aber auch eine wachsende Tendenz in den stationären Erziehungshilfen, Angebote der Übergangsbegleitung auf die Bewilligungspraxis der örtlichen Jugendämter abzustimmen. Damit festigt sich das Ende der Erziehungshilfe mit 18 zunehmend als Regelfall. In diesem Punkt ist insbesondere die örtliche Jugendhilfeplanung gefragt, ein bedarfsgerechtes Angebot zu gewährleisten, welches über Traditionen und etablierte Jugendhilfekulturen hinausweist.

(Mangelnde) Mitwirkung als variable Hilfekategorie

Die Gewährung von Erziehungshilfen für ältere Jugendliche und junge Erwachsene korrespondiert vor diesem Hintergrund mit hohen Erwartungen an Care Leaver im Hinblick auf ihr Engagement und Entwicklungserfolge. Unbestimmte

Begriffe wie Eigenverantwortlichkeit, Mitwirkung im Hilfeprozess, die zu erwartende Persönlichkeitsentwicklung oder voraussichtliche Zukunftsperspektiven der jungen Menschen eröffnen vielfältige regionale und örtliche Interpretationsspielräume innerhalb der Hilfeplanung und -gewährung. Es werden verschiedene Bilder bemüht, was junge Menschen trotz oder gerade wegen ihrer biografischen Hintergründe mitzubringen haben, um von der Kinder- und Jugendhilfe unabhängig zu werden. Teilweise kommt es zu einseitigen Interpretationen, die stark auf den Leistungscharakter der Kinder- und Jugendhilfe, aber auch auf Leistungsforderungen an die jungen Menschen abzielen. Ein typischer Grund für die Ablehnung weitergehender Hilfen über das 18. Lebensjahr hinaus ist die sog. mangelnde Mitwirkung. Mit Erreichen der Volljährigkeit verliert der pädagogische Schutzauftrag an Gewicht, und die Erwartungen an eine aktive Bewältigung der eigenen Hilfebedürftigkeit rücken in vielen Kommunen in den Mittelpunkt der Hilfeplanung:

Interview 32

Der § 41 wird ja häufig so ausgelegt, wenn ein Jugendlicher nicht angepasst ist und zur Schule geht, das als mangelnde Mitwirkung ausgelegt wird, obwohl, wenn es nach dem Paragrafen geht, es genau darum geht, ob er überhaupt die Reife hat, solche Prozesse hinzukriegen und dann genau Hilfe braucht, wenn das nicht funktioniert – und dann wird die Hilfe eingestellt.

Die Mitwirkung wird in einigen Kommunen eng an die Bereitschaft zur Ausbildung und Arbeitsaufnahme gekoppelt. Wenn diese Einmündung in das Arbeitsleben nicht nahtlos gelingt, wird das nicht selten zum Anlass genommen, Hilfen zu beenden. Perspektivisch kann diese Verfahrensweise den Weg in die Obdachlosigkeit bedeuten. Die Mitwirkungspflicht ist somit eine unbestimmte Kategorie, über die der Zugang zu Erziehungshilfen limitiert wird. Die Auslegung dieses Kriteriums ist äußerst problematisch, wenn nicht gar unzulässig. So kommen Busch/Fieseler zu dem Schluss, dass die Gewährung einer Hilfe in Verbindung mit § 41 SGB VIII weder eine „positive Entwicklungsprognose" noch ein „Mindestmaß an Mitwirkungsbereitschaft" verlangt durch die Teilnahme des jungen Volljährigen etwa am Schulunterricht oder an einer Therapie. Fehlt die „erfolgreiche" oder „aktive Mitwirkung", besagt dies nicht, dass damit zugleich die Voraussetzungen der Volljährigenhilfe nicht mehr gegeben seien. Rechtlich kann die Notwendigkeit der Fortsetzung einer Volljährigenhilfe nach § 41 SGB VIII nicht an einer fehlenden Mitwirkungsbereitschaft des/der jungen Volljährigen scheitern, denn die „Weckung" der Mitwirkungsbereitschaft ist gerade eine der Aufgaben der Jugendhilfe (vgl. Busch/Fieseler 2003).

Die vorzufindenden regionalen Disparitäten in der Hilfegewährung, insbesondere bei Hilfen für junge Volljährige, lassen sich folglich weder pädagogisch noch rechtlich legitimieren. Allerdings hat sich eine Verfahrensweise gefestigt, nach der ein Hilfebedarf in erster Linie defizitorientiert zu begründen ist. Das bedeutet für viele jungen Menschen, die sich der Volljährigkeit nähern, dass sich Erziehungshilfen zunehmend nur noch mit dem Vorliegen besonderer Beeinträchtigungen oder Entwicklungsverzögerungen, die für eine Eingliederungshilfe nach § 35a SGB VIII sprechen, rechtfertigen lassen. Somit entfalten sich Erziehungshilfen für ältere Jugendliche und junge Erwachsene in vielen Kommunen als eine Restkategorie. In den stationären Erziehungshilfen wird der Bedarf an einer längerfristig ausgerichteten Hilfe hingegen für einen sehr viel größeren Personenkreis reklamiert:

Interview 3

Gerade diese Kinder [in stationären Erziehungshilfen] sind i.d.R. entwicklungsverzögert und benötigen die Zeit für persönliche Reife. Bindungsstörungen in der frühen Kindheit führen bestenfalls zu Entwicklungsverzögerungen, wenn nicht sogar zu bleibenden Schäden. Das Alter tut seinen Teil zur Reifung dazu. Diese Jugendlichen sind mit 21 ganz anders erreichbar als mit 18. Mit 18 sind sie eher pubertär.

Es hängt dabei sehr von Interpretationsweisen und Steuerungslogiken in einzelnen Jugendämtern ab, ob jungen Menschen in stationären Erziehungshilfen eine längere Begleitung, die sich deutlicher an den Verläufen des Erwachsenwerdens in einem privaten Umfeld orientiert, zugestanden wird. Pädagogische Fachkräfte sind diesbezüglich sehr um Überzeugungsarbeit bemüht:

Interview 3

Wir versuchen die Jugendämter dazu zu gewinnen, dass persönliche Stärke eine wichtige Voraussetzung für Selbstständigkeit ist. Wenn Jugendämter die Entwicklung sehen, und das ist i.d.R. schnell der Fall, ist es leichter zu begründen. Kontinuität in den Jugendämtern erleichtert dies, auch wenn der Vergleich zur vorherigen Situation in den Herkunftsfamilien sichtbar wird.

Auf der Suche nach guten Lösungen: Praxis örtlicher Jugendämter in der Gewährung von Hilfen für junge Erwachsene

In der Vielfalt örtlicher Hilfegewährungspraxen sind auch Beispiele vorzufinden, die über übliche Verfahrensweisen hinausweisen und veränderte Anforderungen an die Bedarfslagen in der Hilfeplanung aufgreifen und ebenso um die Berücksichtigung sozialstruktureller Besonderheiten in der Wahrnehmung ihrer öffentlichen Aufgaben bemüht sind. Es existieren also Ideen und Potenziale, die Hilfen zu verbessern. In einigen Jugendämtern wächst die Bereitschaft, Hilfen mit weniger Zeitdruck bereitzustellen, die sich zudem stärker an den Bedürfnissen der jungen Erwachsenen und den gesellschaftlichen Herausforderungen dieser Lebensphase orientieren. Nachfolgend werden dazu exemplarisch zwei Modelle beschrieben, die die Situation der Care Leaver konkreter aufgreifen.

Praxisbeispiel
Regionale Fallkonferenzen (Jugendamt Ludwigshafen)

Das Modell der regionalen Fallkonferenz wird seit 2003 im Jugendamt Ludwigshafen praktiziert und beinhaltet das Konzept für ein Beratungsgremium, welches im Sinne des § 36 SGB VIII – Mitwirkung, Hilfeplan – über einen großen Teil beantragter und laufender Hilfen zur Erziehung, Eingliederungshilfen nach § 35a SGB VIII und gemeinsamer Hilfen für Mütter/Väter und Kinder berät und entscheidet. Darüber hinaus spricht das multiprofessionelle Fachgremium Maßnahme-Empfehlungen aus, „die als Grundlage für die Arbeit mit Familien dienen" (vgl. Müller-Hasse 2014). Es gibt in Ludwigshafen insgesamt acht Sozialräume, in denen jeweils ein Team eine regionale Fallkonferenz bildet, die Entscheidung über die Notwendigkeit einer erzieherischen Hilfe trifft und Maßnahmen vorschlägt. „Das Gremium arbeitet bereichsübergreifend und sozialraumorientiert bzw. planungsorientiert." (Vgl. ebd.) Der feste Teilnehmerkreis setzt sich aus Fachkräften verschiedener Arbeitsfelder der Kinder- und Jugendhilfe zusammen: Mitarbeiter_innen aus der Jugendförderung, Vertreter_innen aus den Kindertagesstätten, der Erziehungsberatung, den ambulanten erzieherischen Hilfen und der Schulsozialarbeit sowie der Teamleitung des Regionalen Familiendienstes, der die Sitzungsleitung obliegt. Wechselnde Teilnehmer_innen sind die fallführenden Fachkräfte aus dem Regionalen Familiendienst (andernorts Allgemeiner Sozialdienst). Weiterhin können andere für den Fall relevante Fachkräfte hinzugezogen werden, z.B. aus Jugendhilfeeinrichtungen, Schulen oder therapeutischen Einrichtungen.

Junge Menschen, die fast volljährig sind, können, wenn sie es sich zutrauen, auch selbst, ggf. in Begleitung, in das Gremium kommen und ihr Anliegen an die Kinder- und Jugendhilfe formulieren. Die Idee des Verfahrens ist, dass in einem größeren fachübergreifenden Gremium ein komplexerer Blick auf einen erzieherischen und u.U. auf anderen, z.B. psychiatrischen Unterstützungsbedarf gerichtet werden kann. Die Möglichkeit, dass Antragsteller_innen selbst in der Regionalen Fallkonferenz zu Wort kommen können, erweitert die Beurteilung des notwendigen Unterstützungsbedarfs über die Entscheidung einzelner Mitarbeiter_innen des Regionalen Familiendienstes hinaus.

Es gibt für die Fallkonferenzen eine vorgegebene Struktur, welche nach dem Prinzip des „Reflecting Team" angelegt ist und in der die betreffenden Familien bzw. Kinder und Jugendlichen vorgestellt werden. Eine Fallberatung dauert etwa eine Stunde und wird protokolliert:

20 min	Präsentation des Falls durch die fallführenden Sozialarbeiter_innen und ggf. durch Gäste, die in den Fall involviert sind; hierzu werden Methoden wie ein Genogramm, eine Situationsanalyse oder das Anlegen eines Zeitstrahls genutzt
10 min	Zeit für Rückfragen an die fallführende Kollegin
10 min	Hypothesenrunde, an der sich die fallführenden Sozialarbeiter_innen nicht beteiligen
5 min	Fragerunde
15 min	Sammeln von Lösungsvorschlägen

Abb. 4: Reflecting Team im Rahmen der Regionalen Fachkonferenzen

Die multiprofessionelle Zusammensetzung der jeweiligen Teams ermöglicht insgesamt sehr vielfältige Betrachtungsweisen. Die Erfahrungen zeigen, dass Möglichkeiten, aber auch Grenzen der einzelnen Fachdisziplinen transparenter werden und zu einer differenzierten Klärung möglicher Hilfsangebote für die jungen Menschen und ihre Familien beitragen. Gleichzeitig ist durch die langjährige Zusammenarbeit in den regionalen Fallkonferenzen ein gemeinsames Fallverständnis entstanden. Die Sichtweisen und Vorschläge werden vom Beratungsgremium wertschätzend und konstruktiv aufgenommen. Daraus ergeben sich oft kreative Vorschläge für individuelle, einzelfallbezogene Hilfen. Das Gremium der Regionalen Fallkonferenz bietet einen Rahmen, in dem die Bedürfnisse der Hilfesuchenden aufgenommen werden können. Der Hilfebedarf wird umfassend erörtert und auf die Angebote in dem unmittelbaren Lebensumfeld der Hilfesuchenden bezogen. Bereits in der Regionalen Fachkonferenz können die Ideen der Vertreter_innen verschiedener Fachdisziplinen bewertet werden, so dass Entscheidungsprozesse über einzuleitende Hilfen verkürzt werden können. Insbesondere die Ideenentwicklung zu bislang noch nicht umgesetzten bzw. umsetzbaren Unterstützungen gibt oftmals den Anstoß für eine Erweiterung der Hilfeangebote und setzt damit aus der Einzelfallbetrachtung heraus auch Impulse für die kommunale Jugendhilfeplanung (vgl. auch Stadtjugendamt Ludwigshafen 2003).

So soll beispielsweise für den Personenkreis der Care Leaver zukünftig eine längere Weiterbetreuung in der eigenen Wohnung ermöglicht werden und auch verstärkt Gruppenangebote in der Übergangsphase vorgehalten werden. Es fällt insgesamt auf, dass junge Menschen mit Migrationshintergrund, die in Ludwigshafen einen hohen Bevölkerungsanteil (ca. 24%)[15] ausmachen, in den stationären Erziehungshilfen kaum vertreten sind – insbesondere junge türkische Frauen erhalten kaum Zugang, sondern treten allenfalls in den Frauenhäusern in Erscheinung. Mit einer stärkeren Öffnung der Angebote der Erziehungshilfen für junge Erwachsene sollen auch diese bisher wenig vertretenen Zielgruppen u.U. erst nach deren Volljährigkeit besser erreicht werden. Das Beispiel der regionalen Fachkonferenz illustriert sowohl eine hohe Bereitschaft einer diskursiven Falleinschätzung als auch eines Interesses, Konsequenzen für die Infrastruktur der Hilfsangebote daraus abzuleiten und eine bedarfsgerechte Unterstützung auch für junge Erwachsene anzubieten.

Praxisbeispiel
Fachdienst für junge Erwachsene (Jugendamt Herne)[16]

Das Jugendamt Herne ist im Jahr 2013 dazu übergegangen, trotz brisanter Haushaltslage die Zuständigkeit für junge Erwachsene personell zu konzentrieren sowie längere Unterstützungsangebote für diesen Personenkreis zu eröffnen. Es hat sich hier die Überzeugung durchgesetzt, dass sich eine

[15] www.statistik.rlp.de/no_cache/staat-und-gesellschaft/bevoelkerung-und-gebiet/pressemitteilungen/einzelansicht/archive/2009/september/article/bevoumllkerung-mit-migrationshintergrund-brregionaldaten-fuumlr-deutschland-verfuumlgbar/, letzter Zugriff 10.12.2014.

[16] Die Darstellung der Übergangsbegleitung junger Erwachsener durch das Jugendamt Herne geht auf ein Telefoninterview mit dem verantwortlichen Mitarbeiter im qualifizierten Verselbstständigungsmanagement zurück.

längerfristig angelegte Hilfe für junge Erwachsene durch die Kinder- und Jugendhilfe für die Adressat_innen selbst, aber auch für das Gemeinwesen, perspektivisch besser auszahlt. Die Stadt Herne wies bis zu diesem Zeitpunkt bereits ein hohes Ausgabevolumen für Hilfen für junge Volljährige aus und hat damit bereits eigene Akzente in der Begleitung junger Erwachsener im Rahmen der Hilfen zur Erziehung gesetzt. Bis dahin waren aber die Hilfen für junge Volljährige in die Zuständigkeit des Allgemeinen Sozialdienstes integriert. Es entstand darüber hinaus der Wunsch, die Beratung und Begleitung junger Erwachsener stärker auf deren Bedürfnisse zuzuschneiden und dies in Form eines spezialisierten Fachdienstes umzusetzen. Diese Aufgabe eines *qualifizierten Verselbstständigungsmanagements* wird mittlerweile von einem erfahrenen Mitarbeiter – einem bisherigen Leiter eines Stadtteilteams – ausgefüllt und kontinuierlich weiterentwickelt. Das bedeutet, dass junge Erwachsene, die Hilfen nach § 41 SGB VIII in stationären Einrichtungen, Pflegefamilien oder in ambulanten Hilfen erhalten, vonseiten des Jugendamtes übergreifend, über die Zuständigkeiten der Stadtteilteams hinaus, im Fachdienst „Qualifiziertes Verselbstständigungsmanagement" betreut werden. Aber auch junge Erwachsene, die bis dahin noch keine Hilfen zur Erziehung erhalten haben, können sich an diesen Fachdienst wenden, der dann prüft, ob Hilfen für junge Volljährige geeignet oder ggf. andere Hilfeformen anzustreben sind.

Das Ziel dieser Neuorganisation der Hilfen für junge Volljährige war an erster Stelle die Verbesserung der Qualität der Hilfeleistungen durch das Jugendamt und eine zielgruppenorientierte Begleitung und Beratung im Übergang in unterschiedlichen Lebensbereichen, wie z.B. Wohnen, Schule/Beruf oder auch des Übergangs in andere Leistungsbereiche, wie die Eingliederungshilfe oder die psychiatrische Versorgung. Wirtschaftliche Effekte waren vonseiten der kommunalen Verwaltung erwünscht, wie aber betont wird, nicht das originäre Anliegen für die Entwicklung des „Qualifizierten Verselbstständigungsmanagements".

Dieses Angebot des Jugendamts Herne zeichnet sich nach eigener Darstellung insbesondere durch eine wertschätzende, ressourcenorientierte Grundhaltung nach dem Modell der Systemischen Interaktionstherapie (SIT) aus, welches von dem Psychologen und Psychotherapeuten Biene entwickelt wurde. Der Ansatz beinhaltet eine aktivierende Haltung Eltern gegenüber, Verantwortung in der Erziehung ihrer Kinder zu übernehmen, denn es sei davon auszugehen, dass Eltern grundsätzlich an dem Wohlergehen ihrer Kinder gelegen ist. Je aktiver Eltern in den Hilfeprozess eingebunden werden, desto wirkungsvoller und nachhaltiger, so die Vertreter_innen des SIT-Ansatzes, ist die Hilfe (vgl. Rhein 2013; Biene 2011). Auffälligkeiten und Probleme von Kindern und Jugendlichen werden als Ausdruck von Rollenzuweisungen und Beziehungsmustern in dem System, in dem ein Kind bzw. Jugendlicher lebt, verstanden. Nicht nur die Herkunftsfamilie wird dabei in den Blick genommen, sondern auch die Interaktionsmuster zwischen der Familie und Mitarbeitenden helfender Institutionen analysiert und bearbeitet.[17]

Auch wenn im Rahmen der Erziehungshilfe keine Rückkehrperspektive in die Herkunftsfamilie besteht, gilt es, konflikthafte Muster zu bearbeiten und auch bei älteren Jugendlichen oder jungen Erwachsene eine Beziehungsebene zu

[17] www.sitinstitut.ch

ihren Eltern aufzubauen, auf der Begegnungen – mehr oder weniger nah – möglich sind. Das bedeutet z.B., Eltern zu einer wertschätzenden, akzeptierenden Haltung gegenüber ihren Kindern zu ermuntern und umgekehrt, die jungen Menschen darin zu unterstützen, eine „Kampfhaltung" gegenüber ihren Eltern abzulegen (vgl. Kap. III.3).

Im Jugendamt Herne bildet die Systemische Interaktionstherapie und die damit verbundene bestärkende Haltung auch die Grundlage für die Arbeit mit jungen Erwachsenen. Junge Erwachsene sind Experten für die Suche nach ihren Zielen und Perspektiven und sind vor diesem Hintergrund bei der Hilfeplanung in ihren Bedürfnissen anzuerkennen und aktiv einzubinden. Ausgehend von dieser Idee werden Hilfen für junge Erwachsene im Rahmen des „Qualifizierten Verselbstständigungsmanagements" nicht nach dem erreichten Lebensalter beurteilt, sondern erst dann beendet, wenn die angestrebten Ziele als erreicht gelten oder u.U. andere, geeignetere Maßnahmen eingeleitet wurden. Der Mitarbeiter des „Qualifizierten Verselbstständigungsmanagements" kommt bei Bedarf beratend zu Hilfeplangesprächen mit älteren Jugendlichen hinzu und bereitet u.U. Hilfen für junge Volljährige mit vor. Verselbstständigung gilt nicht als zeitlich verdichteter Prozess um das Volljährigkeitsalter herum, sondern ist Teil einer Erziehungshilfe insgesamt. Schritte der Selbstständigkeit sind in diesem Sinne frühzeitig zu fördern, umgekehrt aber auch Hilfen so lange zu gewähren, bis eine Selbstständigkeit erreicht wurde, die zu einer eigenständigen Lebensführung befähigt.

Derzeit werden in Herne etwa 30 junge Erwachsene stationär oder ambulant begleitet. Die Zahl hat sich seit der Einrichtung des Fachdienstes nicht nennenswert verändert, allerdings werden seitdem Hilfen für diesen Personenkreis bedarfsorientierter eingerichtet. Es besteht eine hohe Bereitschaft, Hilfen, wenn das im Einzelfall angezeigt ist, längerfristig anzulegen. Wenn Hilfeziele bis zum 21. Lebensjahr nicht erreicht werden können, wird dies genau analysiert. Innerhalb der Gewährung von Hilfen für junge Volljährige nimmt der Fokus auf Bildung und den Übergang von der Schule in die Ausbildung bzw. in Arbeit eine wichtige Rolle ein. Es zeichnet sich im „Qualifizierten Verselbstständigungsmanagement" ab, dass eine gute Begleitung die Bildungschancen erheblich erhöht, insbesondere im Hinblick auf den Übergang von der Schule in die Berufsausbildung. So fällt auf, dass unter den jungen Erwachsenen in Erziehungshilfen in Herne ein hoher Anteil ist, der sich auf das Fachabitur bzw. allgemeinbildendes Abitur vorbereitet bzw. dieses bereits erworben hat. Vor dem Hintergrund dieser Erkenntnisse strebt der Fachdienst des „Qualifizierten Verselbstständigungsmanagements" derzeit den Aufbau engerer Kooperationen mit dem Jobcenter, Schulen und dem örtlichen Bildungsbüro an, um jungen Menschen einen Übergang in passgenaue Ausbildung und Beschäftigung zu ermöglichen. Diese Bemühungen gehen mit den aktuellen Bestrebungen in Herne einher, eine Jugendberufsagentur aufzubauen. Das bedeutet, dass Aktivitäten einzelner öffentlicher Fachdienste zur Gestaltung des Übergangs in die Ausbildung und das Erwerbsleben für die Gruppe der 18- bis 25-Jährigen stärker zusammengeführt werden sollen, um „passgenaue" Hilfen, Beratung und Begleitung für junge Menschen anbieten zu können.

Die Beispiele aus Herne und Ludwigshafen zeigen, dass Hilfen für junge Erwachsene und die Gewährung von Leistungen kreative Spielräume zulassen, diese aber häufig nur mit dem Engagement einzelner Mitarbeiter_innen zugänglich werden. Beide Beispiele illustrieren aber auch, dass sich eine partizipative Herangehensweise im Hinblick auf junge Erwachsene und ihre Eltern, aber auch eine fachübergreifende Hilfegestaltung, z.B. mit anderen Fachkräften aus der Kinder- und Jugendhilfe oder aus dem Jobcenter, positiv auf die Ergebnisse der Hilfen und Übergangsbegleitung auswirken. Hinsichtlich der unüberschaubaren Vielfalt an Angebotsformen, aber auch Interpretationen von Zuständigkeiten für junge Erwachsene innerhalb unterschiedlicher Hilfesysteme zeichnet sich ab, dass die Gewährung von Hilfen zur Erziehung, insbesondere nach § 41 SGB VIII, trotz des bestehenden Rechtsanspruchs einer starken regional uneinheitlichen Deutungshoheit der Kosten- und Einrichtungsträger unterliegt. Dies führt mitunter zu der verwirrenden Praxis, dass auch innerhalb einer Einrichtung ähnlich gelagerte Fälle unterschiedlich umfangreiche Hilfen gewährt bekommen. Vor diesem Hintergrund ist auch die Kritik nachvollziehbar, die im 14. Kinder- und Jugendbericht formuliert wird. Dort wird eine fehlende fachlich-konzeptionelle Rahmung der Hilfen für junge Volljährige bemängelt. Die Förderung der Persönlichkeitsentwicklung sowie eine Ermöglichung einer eigenständigen Lebensführung, wie sie in § 41 SGB VIII formuliert sind, würden in der Hilfepraxis nicht konsequent genug verfolgt. Der Erziehungsgedanke dominiere zudem auch die Hilfen für junge Erwachsene, obwohl es in dieser Lebensphase viel stärker um Beratung, Begleitung und die Gestaltung von Übergängen gehen müsste (Bundesministerium für Familie, Senioren, Frauen und Jugend 2013, S. 353). Diese Erkenntnisse werfen Fragen danach auf, was von jungen Erwachsenen im Spannungsfeld eines noch vorhandenen Unterstützungsbedarfs, der gleichzeitig *Erziehungsfähigkeit* erkennen lassen muss, verlangt werden kann, um eine Fortsetzung einer Erziehungshilfe zu rechtfertigen bzw. zu verweigern.

Ombuds- und Beschwerdestellen

Bisher gibt es noch nicht überall in Deutschland Ombuds- und Beschwerdestellen der Kinder- und Jugendhilfe. Die erste Ombudsstelle dieser Art ist seit 2002 der Berliner Rechtshilfefonds Jugendhilfe e.V. (BRJ), der sich für eine „eine offensive, bedarfsgerechte und insbesondere gesetzmäßige Jugendhilfe in Berlin" einsetzt.[18] Mittlerweile haben sich weitere einrichtungsexterne Ombudsstellen und Initiativen gegründet. Es ist darüber hinaus 2008 das Bundesnetzwerk Ombudschaft[19] in der Jugendhilfe entstanden, das durch eine eigene Netzwerkstelle beim BRJ unterstützt wird (vgl. Urban-Stahl 2012).

Es hat sich gezeigt, dass mit der Unterstützung durch Ombudsstellen die Rechtsstellung von Kindern und Jugendlichen innerhalb der Kinder- und Jugendhilfe deutlich verbessert werden konnte. So leisten Ombudsstellen umfangreiche Beratungsarbeit und begleiten u.U. auch Gerichtsverfahren zur Durchsetzung von Ansprüchen auf Leistungen des SGB VIII. Sofern Verfahren angestrengt wurden, kann die Erfolgswahrscheinlichkeit für die Verwirklichung von Hilfen nach dem Kinder- und Jugendhilfegesetz als sehr hoch eingeschätzt werden (vgl. Fröde/Urban-Stahl 2010). Beim Berliner Rechtshilfefonds Jugendhilfe e.V. (BRJ) macht die Gruppe der 17- und 18-Jährigen die am stärksten vertretene Altersgruppe bei den Beratungen aus. Insgesamt ging es in knapp der Hälfte aller Fälle um die „Nichtgewährung von neu beantragten Jugendhilfeleistun-

18 www.brj-berlin.de

19 Auf der Homepage findet sich eine Übersicht der Ombudsstellen in Deutschland: brj-berlin.de/ombudstellen-nach-bundeslaendern/initiativen/, letzter Zugriff 21.12.2014

gen" (ebd., S.7). Diese Erkenntnisse unterstreichen, dass den Ombudsstellen für die Verwirklichung der Ansprüche von jungen Erwachsenen auf Leistungen der Kinder- und Jugendhilfe eine besondere Bedeutung zukommt. Um die außergerichtlichen Widerspruchs- und Beschwerdemöglichkeiten gegenüber Verwaltungsentscheidungen zu verbessern, wird die stärkere Etablierung eines Ombudschafts- und Beschwerdesystems in der Kinder- und Jugendhilfe in Deutschland gefordert (vgl. Arbeitsgemeinschaft für Kinder- und Jugendhilfe 2013; Wiesner 2012, 2014).

Aber auch schon vor der Inanspruchnahme von ombudschaftlichen Beratungsangeboten und Rechtsmitteln könnten verbindliche Grundsätze für die Gewährung von Erziehungshilfen für junge Erwachsene Transparenz über Anspruchsvoraussetzungen und somit eine nachvollziehbare Aushandlungsgrundlage für die Hilfeplanung herstellen. Die Herausforderung für die pädagogische Praxis ist es, die starren Zuschreibungsmuster, die auch in den Einrichtungen selbst infolge einer etablierten professionellen Terminologie vorhanden sind, aufzubrechen und erweiterte Perspektiven auf die individuelle Situation von Care Leaver zuzulassen. So kann aber auch schon ein erweiterter Blick auf diese etablierten Kategorien dazu beitragen, kritische Elemente im Übergang abzumildern.

Es zeichnet sich insgesamt ab, dass in der Hilfegewährung Leitlinien fehlen. Bisher bleibt die finanzielle Ausstattung und auch die Gestaltung der Hilfe ein regional sehr variabler Aushandlungsprozess. Auch die Infrastrukturen der Unterstützung und Beratung für junge Erwachsene sind stark von den örtlichen Gegebenheiten abhängig. Im Interesse einer besseren Transparenz der Entscheidungskriterien für die Gewährung von Erziehungshilfen und die Geltendmachung von Ansprüchen wären überörtliche Leitlinien der Hilfegewährung sinnvoll sowie im Interesse einer besseren Rechtsstellung von Care Leaver auch eine flächendeckende Schaffung von Ombudsstellen bzw. unabhängigen Beratungsstellen für Jugendliche und junge Erwachsene anzustreben.

4. Schnittstellen zu anderen Hilfesystemen

Die Erziehungshilfen bewegen sich insbesondere bei der Zielgruppe der älteren Jugendlichen und jungen Erwachsenen in Grenzbereichen zu anderen Hilfesystemen und Sozialgesetzen. Diese Grenzbereiche ergeben sich aufgrund von Zuständigkeitswechseln, die meistens mit dem Erreichen des Volljährigkeitsalters datiert werden. Es gibt dann aber ab der Vollendendung des 18. Lebensjahres keinen übergeordneten Leistungsbereich, welcher – ähnlich der Erziehungshilfe – ein komplexes psychosoziales, materielles entwicklungs- und bildungsorientiertes Unterstützungsangebot bereithält. In diesem Kapitel wird dargestellt, wie sich diese Praxis auf die Übergänge von Care Leaver in andere Sozialleistungsbereiche auswirkt.

Zwischen Hilfebedarf und öffentlichen Zuständigkeiten

Für nachgehende Hilfen, die an die Erziehungshilfen anknüpfen können, zeigt sich im deutschen Sozialrecht, dass es weder eine einheitliche Terminologie für eine fortgesetzte, aber vom Umfang reduzierte Hilfe gibt, noch verbindliche Regelungen einer Übergangsbegleitung zwischen verschiedenen Hilfesystemen. Ebenso wenig besteht ein *Anspruch* auf nachgehende Hilfen (vgl. Bellermann 2013).

Junge Erwachsenen, die im Rahmen der Erziehungshilfen begleitet werden, sollen gem. § 41 Abs. 3 SGB VIII „auch nach Beendigung der Hilfe bei der Verselbständigung im notwendigen Umfang beraten und unterstützt werden". Das ist aber eine unspezifische Rechtsnorm für die Gewährung nachgehender Unterstützungsleistungen in anderen Hilfesystemen – ein Anspruch auf Nachbetreuung ist somit nicht garantiert. Gleichzeitig lässt die Offenheit dieser Regelung durchaus Raum für die Bereitstellung vielfältiger nachgehender Hilfesettings. Es hat sich allerdings eine Hilfekultur etabliert, das belegen auch statistische Erhebungen zu nachgehenden Hilfen innerhalb des SGB VIII (vgl. Nüsken 2014), die eine nachgehende Begleitung nach Verlassen einer Wohngruppe oder Pflegefamilie nicht regelhaft vorsieht. Der Auszug aus der Wohngruppe oder Pflegefamilie geht somit nicht mit strukturierten Übergangshilfen und gesicherten Unterstützungsformen einher. Im Falle der Gewährung von Nachbetreuungen innerhalb des SGB VIII wird zwar das Alter der Nachbetreuten, nicht aber ihre Bedarfslagen erhoben. Es liegen somit nur wenige Erkenntnisse über die Versorgung junger Erwachsener mit nachgehenden Betreuungsangeboten im Anschluss an stationäre Erziehungshilfen vor. „Die Unbestimmtheit von ‚notwendiger Hilfe', Altersgrenzen und Ausnahmeklausel für die über 21-Jährigen dürften entscheidend dazu beigetragen haben, dass bei den Jugendhilfeträgern kein gleichmäßiges Nachsorge-Hilfesystem für die jungen Erwachsenen aufgebaut wurde". (Bellermann 2013, S. 17f.)

Darüber hinaus sind auch die Kooperation unterschiedlicher Sozialleistungsbereiche und des Bildungssystems, inklusive der Übergänge in Arbeit wenig institutionell verankert. Die Vorschriften zum Wechsel zwischen den Leistungsbereichen und -trägern unterschiedlicher Sozialgesetze sind teilweise komplex und häufig nicht alltagsnah geregelt, so dass es im Übergang aus der stationären Erziehungshilfe nicht selten zu Unsicherheiten, bisweilen zu Unterbrechungen in der Sicherstellung des Lebensunterhalts kommt. Es ergeben sich in diesem Zusammenhang formale Zuständigkeitsfragen in der Lebensphase des jungen Erwachsenenalters, die den Entwicklungsanforderungen und gesellschaftlichen Erwartungen, insbesondere im Hinblick auf eine erfolgreiche Einmündung in den Arbeitsmarkt, nicht gerecht werden. Für Care Leaver geraten in diesem Kontext unterschiedlichste Entwicklungsaufgaben, denen sie sich im jungen Erwachsenenalter gegenübersehen, wie z.B. eine stabilisierende und nachhaltige Persönlichkeitsentwicklung mit Unterstützung von Erziehungshilfen, die finanzielle Sicherstellung ihres Lebensunterhalts sowie insbesondere auch die Ermöglichung von Bildungsprozessen im weitesten Sinn, in Widerstreit miteinander. Diese widerstreitenden Anforderungen spiegeln sich schließlich auch in sozialen Infrastrukturen und den unterschiedlichen Logiken der Sozialgesetze wider und stehen einem gelingenden Übergang nicht selten entgegen.

In der Praxis manifestiert sich diese Situation in konkreten Einzelfällen: Junge Erwachsene Anfang 20 mit einer psychiatrischen Erkrankung, die aber nichtsdestotrotz noch einen Erziehungsbedarf aufweisen; junge Wohnungslose, die die Unterstützungsangebote der Erziehungshilfen als zu reglementierend erfahren und sich daher an der Wohnungslosenhilfe orientieren, deren niedrigschwellige Angebote aber nicht den eigentlichen Unterstützungsbedarf dieses Personenkreises deckt; junge Menschen in Erziehungshilfen, die einen höheren Schul- und Ausbildungsabschluss anstreben, der aber durch ein zwischenzeitlich vorgesehenes Ende der stationären Erziehungshilfe und den damit verbundenen Zuständigkeitswechseln (z.B. in den Leistungsbereich des Berufsausbildungsförderungsgesetzes – BAFöG) finanzielle Unsicherheiten nach sich zieht und die somit in diesem Vorhaben gefährdet werden. In dieser Art lassen sich verschiedene Szenarien konstruieren, die illustrieren, dass Übergänge an den formalen Rahmungen zu scheitern drohen. Für die einzelnen Leistungsbereiche ergeben sich die im Folgenden dargestellten Schnittstellen und daran anknüpfende Problematiken für die stationären Erziehungshilfen.

Schnittstellen innerhalb der Kinder- und Jugendhilfe

Es gibt bereits innerhalb unterschiedlicher Leistungsbereiche des SGB VIII Übergangsbarrieren. So werden z.B. für junge Menschen aus den stationären Erziehungshilfen kaum Zugänge zu Angeboten der beruflichen Integration, wie sie im Rahmen der Jugendsozialarbeit (§ 13 SGB VIII) vorgehalten werden, geschaffen. So wie die Bundesarbeitsgemeinschaft örtlich regionaler Träger der Jugendsozialarbeit die Aufgaben der Jugendhilfe und der Jugendsozialarbeit im Besonderen skizziert, lassen sich daraus mögliche Anschlusshilfen für die stationären Erziehungshilfen ableiten. In einer Arbeitshilfe zu den Schnittstellen des SGB II, III und VIII heißt es: „Die Jugendhilfe orientiert sich an dem Grundsatz, junge Menschen in ihrer Entwicklung zu fördern und zu einer eigenverantwortlichen Persönlichkeit zu erziehen, § 1 Abs. 1 SGB VIII. Sie verfolgt somit einen ganzheitlichen Ansatz zur Förderung der Persönlichkeitsentwicklung. Im Mittelpunkt dieser Angebote steht die soziale Integration. Der Leistungsinhalt der arbeitsweltbezogenen Jugendsozialarbeit bestimmt sich nach § 13 Abs. 1 SGB VIII. Danach sollen jungen Menschen mit sozialen Benachteiligungen und/oder individuellen Beeinträchtigungen sozialpädagogische Hilfen angeboten werden, die ihre schulische und berufliche Ausbildung, Eingliederung in die Arbeitswelt und ihre soziale Integration fördern. Absatz 1 begründet einen Rechtsanspruch für junge Menschen." (Pingel 2010, S. 6) Die Angebote der Jugendsozialarbeit werden aber als nachrangig gegenüber dem Leistungsbereich der Arbeitsförderung im Rahmen des SGB II eingestuft und sind vor diesem Hintergrund als kommunale Leistung rückläufig. Somit sind insbesondere die Angebote der Jugendsozialarbeit, die betreutes Wohnen und den Übergang in Arbeit kombinieren und somit ein geeignetes Unterstützungsangebot auch für junge Menschen aus stationären Erziehungshilfen darstellen könnten, wenn auch als potenzielle Anschlusshilfe geeignet, so doch in der Praxis kaum noch relevant (vgl. Schruth 2010; Pingel 2010; Bennewitz 2011).

Nicht nur der Übergang in andere Hilfesysteme ist somit im Hinblick auf dessen Anschlussfähigkeit genauer zu analysieren, auch innerhalb der Kinder- und Jugendhilfe finden Verschiebungen von Zuständigkeiten in andere Leistungsbereiche statt, die eine verlässliche und bei Bedarf längerfristig angelegte Hilfegestaltung erschweren. So beschreibt eine Mitarbeiterin in einer Mutter-Kind-Einrichtung auch für junge Mütter die Möglichkeit zur Inanspruchnahme von Erziehungshilfen als nicht immer gesichert. Für diese Einrichtung, die nach dem Leistungsbereich „Gemeinsame Wohnformen für Mütter/Väter und Kinder" (§ 19 SGB VIII) finanziert wird, gelte zwar grundsätzlich eine großzügigere Bewilligungspraxis – auch an der Schwelle zur Volljährigkeit – als für Einrichtungen der Erziehungshilfen, allerdings sei die Zugangsbarriere in diese Angebotsform sehr hoch:

Interview 10

Bevor einer dieser teuren Plätze belegt wird, werden erst einmal viele andere Dinge (SPFH, Wohnen bei den Eltern oder in eigener Wohnung) ausprobiert. Das heißt die persönliche Situation zum Zeitpunkt des Einzugs in die Mutter-Kind-Wohngruppe ist bereits kritisch. Vor zehn Jahren wurden eher schon schwangere 17-Jährige, für die ein geeignetes Angebot gesucht wurde, aufgenommen. Auch eine Rückkehr in die Einrichtung ist prinzipiell möglich, die Jugendämter favorisieren aber in diesen Fällen kostengünstigere Einrichtungen mit weniger Betreuungsintensität. Im Falle einer Fremdunterbringung des Kindes wird sich um das Kind gekümmert, aber nicht um die Mutter. Es erscheint fast gewollt, dass die Mütter in diesem Fall den Kontakt zum Kind nicht aufrechterhalten.

Diese Darstellung veranschaulicht, dass die Erziehungshilfen nicht nur im Außenverhältnis zu anderen Sozialgesetzen in ein Konkurrenzverhältnis geraten kann, sobald weitere Bedarfslagen zu der Erziehungsbedürftigkeit hinzutreten, sondern auch bereits innerhalb des Leistungsspektrums des SGB VIII. Vor diesem Hintergrund konstatieren viele befragte Fachkräfte im Übergang zwischen unterschiedlichen Hilfesystemen die Gefahr von Diskontinuitäten in der psycho-sozialen und finanziellen Unterstützung, von erneuten biografischen Brüchen und des Verlusts von Vertrauensbeziehungen.

Eine besondere, auch quantitativ bedeutsame Schnittstelle stellt das Verhältnis von Erziehungshilfen und der Eingliederungshilfe für seelisch behinderte Kinder, Jugendliche und junge Erwachsene im Rahmen des § 35a SGB VIII dar. Bereits die Abgrenzung zwischen einem behinderungsbedingten Bedarf im Sinne des § 35a SGB VIII gegenüber einem erzieherischen Bedarf im Sinne des § 27 SGB VIII stellt eine Schwierigkeit dar. Diese Problematik wird erweitert, da das Vorliegen einer Behinderung und die Art der Behinderung nicht immer eindeutig diagnostiziert werden können und sich daraus Zuständigkeitsstreitigkeiten zwischen unterschiedlichen Kostenträgern ergeben können. In manchen Kommunen ist das Vorliegen einer seelischen Behinderung inzwischen eine Voraussetzung für eine Hilfegewährung über das Erreichen der Volljährigkeit hinaus. Somit wird bisweilen ein zweifelhaftes Konkurrenzverhältnis zwischen den Erziehungshilfen und den Eingliederungshilfen bzw. zwischen den Erziehungshilfen und den Hilfen für junge Volljährige konstruiert, welches mit Zuschreibungen von Behinderungen oder auch psychischen Erkrankungen durch Vertreter_innen der Kinder- und Jugendhilfe einhergeht (vgl. Köttgen/Kretzer 1990).

Insgesamt ist eine Zunahme von Eingliederungshilfen im Rahmen des § 35a SGB VIII unter den Kindern und Jugendlichen in stationären Erziehungshilfen zu verzeichnen (vgl. Fendrich/Pothmann/Tabel 2014). Auch die Verkürzung der psychiatrisch bedingten Klinikaufenthalte von Kindern und Jugendlichen führt dazu, dass teilweise im Anschluss an eine Behandlung eine Erziehungshilfe zur Stabilisierung erforderlich wird (vgl. Beck/Kellerhaus 2010). Die Kinder- und Jugendhilfe und die Kinder- und Jugendpsychiatrie bieten hierfür unterschiedlich akzentuierte Hilfsangebote, allerdings existieren zwischen beiden Hilfesystemen bisher noch keine verbindlichen Kooperationsformen (vgl. ebd.). Das bedeutet, dass Erziehungshilfen, Eingliederungshilfen und eine ggf. erforderliche psychiatrische Versorgung strukturell nicht verbindlich aufeinander abgestimmt werden können. Die Verschränkung der Hilfen hängt somit stark von den lokalen Vernetzungen und Angebotsstrukturen ab. Es besteht aber z.B. bei gleichzeitig geleisteten psychiatrischen und erzieherischen Hilfen besonders der Bedarf, die medizinische Versorgung, therapeutische Behandlung und sozialpädagogische Begleitung aufeinander abzustimmen, um über die Krankenbehandlung hinaus Entwicklungspotenziale und -ressourcen wahrzunehmen und zu fördern und auch über die medizinische Behandlung hinaus die schulische und berufliche Entwicklung nicht aus dem Blick zu verlieren (Wehner 2002, S. 816). Vor diesem Hintergrund stellen die Schnittstellen und damit verbundene Spezialisierungen innerhalb des SGB VIII auch Barrieren in der Ausgestaltung von Erziehungshilfen und Übergängen ins Erwachsenenleben dar.

Ausbildungs- und Arbeitsförderung – ein Konkurrenzverhältnis zur Kinder- und Jugendhilfe?

Die Arbeits- und Ausbildungsförderung nimmt für die Gruppe der 18- bis 25-Jährigen in der Kinder- und Jugendhilfe im Rahmen der Jugendsozialarbeit (§ 13 SGB VIII) sowie im SGB III einen wichtigen Stellenwert ein. Allerdings hat zum einen die Novellierung des Kinder- und Jugendhilferechts[20] zu einem deutlichen Bedeutungsverlust der Jugendsozialarbeit geführt, da die Vorrangigkeit des SGB VIII seitdem nicht mehr für die Leistungen zur Vermittlung und Eingliederung in Arbeit gesehen wird.[21]

Sozialpädagogische Angebote sind gegenüber der Qualifizierung für und Vermittlung in den Arbeitsmarkt stärker in den Hintergrund getreten (vgl. Kunkel 2006). Darüber hinaus ergibt sich aus den Neuregelungen eine zusätzliche Barriere für Care Leaver, sofern diese Leistungen nach dem SGB II (Hartz IV) in Anspruch nehmen, was nicht selten der Fall ist. Nach dem SGB II bilden Eltern mit ihren Kindern eine Bedarfsgemeinschaft, solange diese unter 25 Jahren sind. Das heißt junge Erwachsene haben i.d.R. keinen eigenen Anspruch auf Hilfen zum Lebensunterhalt, sondern dieser ergibt sich als Anspruch des Haushaltsvorstandes für die mit den Eltern zusammenlebenden Kinder. Nur in besonderen Fällen können junge Erwachsene einen eigenen Anspruch auf Leistungen nach dem SGB II geltend machen, wenn sie z.B. nachweisen können, dass nach dem Ende der stationären Erziehungshilfe eine Rückkehr in den elterlichen Haushalt nicht zumutbar ist. In manchen Kommunen lässt sich diese Voraussetzung durch eine Stellungnahme des zuständigen Jugendamts begründen. Es gibt andernorts aber durchaus aufwendige Prüfverfahren, die den Übergang in die eigene Wohnung und

20 Diese erfolgte 2005 im Rahmen der Einführung des Kinder- und Jugendhilfeweiterentwicklungsgesetzes (KICK).

21 Die arbeitsweltbezogene Jugendsozialarbeit und insbesondere auch das Jugendwohnen nach § 13 SGB VIII spricht seither vorrangig nur noch diejenigen jungen Menschen an, bei denen „ein erhöhter sozialpädagogischer Förderbedarf diagnostiziert wurde" (Bundesministerium für Familie, Senioren, Frauen und Jugend 2013, S. 326). Nun kann ein besonderer sozialpädagogischer Unterstützungsbedarf grundsätzlich für junge Menschen, die in stationären Hilfen zur Erziehung leben, reklamiert werden. Nichtsdestotrotz steht dieses Angebot als potenzielle integrative pädagogische und arbeitsweltbezogene Anschlusshilfe für Care Leaver aus Wohngruppen und Pflegefamilien kaum zur Verfügung, da die Platzzahlen rückläufig sind (ebd.). Insgesamt hat das Konkurrenzverhältnis zwischen dem SGB II/III und dem SGB VIII seit 2005 eine Nachrangigkeit der Kinder- und Jugendhilfe entstehen lassen, die sich sensibel auf die Übergangsbegleitung von Care Leaver in Ausbildung und Arbeit auswirkt.

die Sicherung des Lebensunterhalts erheblich erschweren und damit durch die Erziehungshilfe erzielte Entwicklungsschritte wiederum gefährden können – allein durch formale Regelungen, die die Anforderungen an den Übergang von Care Leaver nicht adäquat würdigen.

Im Hinblick auf die Arbeitsförderung unterliegt die Gruppe der 18- bis 25-Jährigen prinzipiell dem Leistungsbereich des SGB III. Das bedeutet auch, dass junge Menschen bei einer Nicht-Erfüllung ihrer Arbeitsverpflichtung mit Sanktionen rechnen müssen (vgl. Discher/Schimke 2011). Diese Praxis unterstreicht nochmals, dass mit Erreichen der Volljährigkeit pädagogisch intendierten Hilfen schnell die Grundlage entzogen werden kann. Die Kinder- und Jugendhilfe hat sich seit dieser Veränderung insgesamt stark aus den Leistungen der Jugendsozialarbeit zurückgezogen. Für die zahlenmäßig rückläufigen Angebote der Integration in die Arbeitswelt im Rahmen der Jugendsozialarbeit ist zwar eine Kooperation innerhalb des Leistungsbereichs des SGB VIII wünschenswert und auch möglich (vgl. Hampel 2011), allerdings scheint eine Vernetzung mit Einrichtungen der Erziehungshilfe nicht unbedingt die Regel zu sein. Das stärker arbeitsweltorientierte betreute Jugendwohnen im Rahmen des § 13 Abs. 3 SGB VIII, das z.B. eine gute Übergangsform für Care Leaver darstellen könnte, steht nicht in ausreichendem Umfang zur Verfügung (vgl. Pingel 2010).

Der Übergang zwischen SGB VIII und der Arbeitsförderung (SGB III) ist fast ausschließlich auf die berufliche Förderung fokussiert und beinhaltet nicht regelhaft auch die Förderung und Begleitung in anderen Lebensbereichen. In der Arbeitsförderung junger Erwachsener innerhalb des SGB III findet die Gruppe der Care Leaver zudem keine besondere Berücksichtigung. Sie zählt zu der Zielgruppe der benachteiligten jungen Menschen insgesamt. Das vermeidet zwar eine Stigmatisierung als Care Leaver, führt aber mitunter auch dazu, dass besondere Lebenssituationen und Bedarfslagen, die sich aus deren stationärer Unterbringung und dem Übergang in ein eigenständiges Leben ergeben, nicht ausreichend in der Förderung von Bildung und Arbeitsmarktintegration berücksichtigt werden. Die Schnittstelle zwischen dem SGB VIII und SGB II/III wird somit in erster Linie als Übergang zwischen Schule und Beruf konstruiert: „Weder im SGB III noch im SGB II gibt es Leistungen, die dort als Übergangs-, als nachgehende Hilfen oder Nachsorge bezeichnet werden. Im Rahmen der Arbeitsförderung spricht man vom Übergangssystem als Zusammenfassung aller Förderungsmaßnahmen für jüngere Menschen unter 25 Jahren (‚U 25'), die den Übergang von der allgemeinbildenden Schule in die Duale Ausbildung oder auch von der Ausbildung in die Erwerbstätigkeit fördern wollen." (Bellermann 2013, S. 4)

Der im SGB II verankerte Grundsatz des Förderns und Forderns, der im Gegensatz zum welfare-Ansatz als Gegenleistung der sozialstaatlichen Übernahme der Existenzsicherung eine aktive Mitwirkung des Hilfebedürftigen erwartet (workfare-Ansatz) (vgl. Pǎrosanu 2006), ist nicht problemlos anschlussfähig an die Logik des Kinder- und Jugendhilfegesetzes, welches die persönliche Entwicklung und Förderung der jungen Menschen und ihrer Familien in den Mittelpunkt stellt. Nur im Rahmen einer Kann-Leistung sind auch Maßnahmen der Eingliederung möglich, die durch die Agenturen für Arbeit, teilweise auch durch die kommunalen Träger angeboten werden: Gem. § 16 Abs. 2 SGB II können weitere Leistungen erbracht werden. Darunter fallen u.a. Schuldnerberatung, Suchtberatung und psychosoziale Betreuung (vgl. Pǎrosanu 2006). Dabei ist nicht gewährleistet, dass unterschiedliche Angebote und Unterstützungsleistungen aufeinander abgestimmt sind. Die möglichen Sanktionsmaßnahmen im Rahmen der Arbeitsförderung sind für viele junge Menschen im Kontrast zu den sozialpädagogischen Grundsätzen in der stationären Erziehungshilfe eine einschneidende Erfahrung (vgl. Reißig/Tillmann 2013; Köngeter/Schröer/Zeller 2008; Schruth 2008). Es wird kritisiert, dass dabei durchaus jugendtypisches Verhalten sanktioniert wird.

Gleichzeitig erweist es sich wie bereits erwähnt als problematisch, dass die Inanspruchnahme der Grundsicherung für Arbeitssuchende durch Care Leaver an die Vorgabe geknüpft wird, bis zum Alter von 25 Jahren im Haushalt der Eltern leben zu müssen. Nur wenn „die oder der Betroffene aus schwerwiegenden sozialen Gründen nicht auf die Wohnung der Eltern oder eines Elternteils verwiesen werden kann", besteht ein Anspruch auf Grundsicherung in einer eigenen Wohnung. Für junge Menschen aus stationären Hilfen bedeutet dies, dass sie bei der Antragstellung umfangreich begründen müssen, warum sie nicht im Haushalt ihrer Eltern leben können. Das Einholen von Bescheinigungen des Jugendamts kann die Antragsbearbeitung verzögern. Bis zum Vorliegen einer Zustimmung darf jedoch kein Mietvertrag geschlossen werden.[22]

Eine besondere Barriere bildet für eine Reihe von Care Leaver außerdem der Übergang in das System des Berufsausbildungsförderungsgesetzes (BAFöG). Diejenigen, die nach dem Verlassen der Erziehungshilfe weiter zur Schule gehen, eine schulische Ausbildung beginnen oder ein Studium aufnehmen, haben prinzipiell Anspruch auf BAFöG. Dass dieser Leistungsbereich aber für junge Menschen aus stationären Erziehungshilfen nicht ohne Weiteres zugänglich ist, veranschaulicht folgendes Beispiel, welches die Situation ab der Volljährigkeit beschreibt:

Interview 5

Da ist wenig Verständnis vorhanden für die Belange der Jugendlichen zu dem Zeitpunkt. Was sie dann noch brauchen, spielt nur noch eine untergeordnete Rolle. Selbst wenn das gelingt (*das Erlernen der Fähigkeiten für ein selbstständiges Leben, Anm. d. Verf.*), haben wir die Problematik, wenn sie mit 18 wirklich ausziehen müssen, dass sie dann im Grunde ganz, ganz schwierige wirtschaftliche Verhältnisse vorfinden für sich selbst. Als Schüler auf einer weiterführenden Schule oder als Gymnasiasten stehen sie finanziell auf sehr, sehr schwachen Beinen, wenn sie unser Haus verlassen müssen. Nach unserer Erkenntnis kommt da mit BAFöG, Mietzuschuss, eigenem Kindergeld nur 630 Euro dabei heraus, die ihnen zur Verfügung stehen, neben der Tatsache, dass sie kaum einen Bürgen für eine Wohnung finden. Sie finden auch wenig Wohnraum, haben wenig Geld, keine Mietsicherheiten. Wir sparen mit deren Einverständnis ein bisschen Taschengeld für diese Fälle an. Wenn wir als Jugendhilfeträger auftreten und sagen: Gebt dem doch mal eine Wohnung, ist das nicht unbedingt förderlich. BAFöG bekommen sie erst, wenn sie eine Schulbescheinigung vorlegen können. Das führt dazu, dass sie manchmal zwei-drei Monate völlig unversorgt sind. Gelegentlich treten wir in diesen Fällen in Vorleistung, das kann man aber nicht immer machen.

[22] Der Deutsche Verein für öffentliche und private Fürsorge hat 2006 Empfehlungen zur Umsetzung des § 22 herausgegeben, dort wird explizit die Gruppe der fremduntergebrachten Jugendlichen genannt, für die die Ausnahmeregelung gelten sollte: Empfehlungen des Deutschen Vereins zu § 22 Abs. 2 a SGB II. In: Heft 1, Jahrgang 2007 des Nachrichtendienstes des Deutschen Vereins für öffentliche und private Fürsorge e.V., S. 4ff. Diese Empfehlung scheint in der Praxis jedoch nicht durchgängig bekannt zu sein.

Die formalen und finanziellen Barrieren ermuntern Care Leaver folglich nicht unbedingt, den Schulbesuch oder andere Ausbildungswege fortzuführen. Somit sind auch Bildungsbemühungen infolge der Schnittstellenproblematik in der Übergangsphase besonders gefährdet. So deutet auch die Konsequenz, mit BAFöG finanziell schlechter ausgestattet zu sein als mit Hartz IV, darauf hin, dass die Übergänge aus stationären Erziehungshilfen in andere öffentliche Unterstützungssysteme hinein nicht selten an einer fehlenden Praktikabilität scheitern und sogar eine dauerhafte Inanspruchnahme von Transferleistungen günstiger erscheint.

Als wesentliche Voraussetzung für eine gute Begleitung von Care Leaver in Ausbildung und Arbeit wird hingegen von den befragten Fachkräften die Wichtigkeit guter Kooperationsbeziehungen zu den beteiligten Akteuren, wie z.B. Agentur für Arbeit, Jobcenter, Ausbildungsbetrieben, Berufsschulen sowie den Trägern berufsvorbereitender Maßnahmen unterstrichen. Von besonderer Bedeutung sei dabei die Agentur für Arbeit, deren Leistungen viele junge Menschen im Übergang in Anspruch nehmen, sei es im Hinblick auf ihre Berufsorientierung oder die Vermittlung von Ausbildungsplätzen, ebenso aber im Kontext der Grundsicherung für Arbeitssuchende oder Gewährung von berufsvorbereitenden Maßnahmen.

Die Benachteiligtenförderung der Agentur für Arbeit umfasst vor allem die Felder der Berufsorientierung und Berufsberatung. Um speziell auf die Bedürfnisse junger Menschen einzugehen und längerfristige Perioden der Arbeitslosigkeit bei jungen Menschen zu vermeiden, haben Jobcenter z.T. eigene „U 25 Teams" gebildet, in der die Aufgaben der Arbeitsförderung und Grundsicherung in Form eines Case Managements aufeinander abgestimmt werden und junge Menschen Unterstützung aus einer Hand erhalten sollen (vgl. Düker/Ley 2013, S. 136).[23] Die Agentur für Arbeit stellt inzwischen auch Mittel für Kooperationsprojekte zur Verbesserung der Zusammenarbeit zwischen Jugendhilfe und Arbeitsförderung und Trägern der Grundsicherung zur Verfügung (vgl. Bundesagentur für Arbeit 2014). Ziel ist eine bessere Verzahnung der Angebote, eine strukturierte Kooperation und ganzheitliche Unterstützung benachteiligter Jugendlicher, um eine bessere Integration in Ausbildung und Arbeit zu erreichen.

Mittlerweile wird in der Praxis insbesondere die Schnittstellenproblematik zwischen SGB II, III und VIII aufgegriffen und z.B. mit dem Projekt „Arbeitsbündnis Jugend und Beruf" durch die Bundesagentur für Arbeit und das Bundesministerium für Arbeit und Soziales seit 2010 in mehreren Phasen an ausgewählten Pilotstandorten Formen der sozialgesetzbuch-übergreifenden Zusammenarbeit erprobt. Die Einbindung der Jugendämter in die Prozessabläufe der Berufsberatungen und der Agenturen für Arbeit bleibt dabei aber eine noch entwicklungsbedürftige Aufgabe (vgl. Bennewitz 2011).

Es gibt Beispiele einer gelingenden Kooperation, die aber noch nicht flächendeckend vorzufinden ist. So wird z.B. in Niedersachsen mit den Pro-Aktiv-Centren der Versuch unternommen, diese Lücke in für junge Erwachsene zwischen den Leistungsbereichen des SGB VIII und SGB II/III zu schließen.

---

23 Das ist z.B. in Frankfurt am Main der Fall. Das gleiche Anliegen verfolgt z.B. die Jugendberufsagentur Hamburg www.hibb.hamburg.de/index.php/article/detail/1814, letzter Zugriff 10.12.2014.

Praxisbeispiel Pro-Aktiv-Centren in Niedersachsen

Initiativen in einzelnen Bundesländern versuchen, den komplexen Bedarfslagen junger Erwachsener im Übergang Schule – Beruf, im Übergang in ein eigenständiges Leben und hinsichtlich ihrer sozialen Integration gerecht zu werden. So gibt es in Niedersachsen die Pro-Aktiv-Centren in 45 Landkreisen und kreisfreien Städten[24], die, so eine Darstellung des Niedersächsischen Sozialministeriums, im Rahmen von aufsuchender Jugendsozialarbeit junge Menschen ansprechen sollen, welche „von herkömmlichen Einrichtungen nicht oder nicht mehr erreicht werden. Die Pro-Aktiv-Centren sind eingebunden in die örtlichen Jugendhilfestrukturen und kooperieren insbesondere mit Schulen und den Leistungsträgern der Sozialgesetzbücher II und III. Zielgruppe der Pro-Aktiv-Centren sind junge Menschen mit Eingliederungshemmnissen und besonderem sozialpädagogischen Förderbedarf" (vgl. Niedersächsisches Ministerium für Soziales, Frauen, Familie, Gesundheit und Integration 2012).[25]

Für die Gruppe der Care Leaver, die (zunächst) keine Ausbildungsplätze im Dualen System der Berufsausbildung erhalten, ist das „Übergangssystem" in Form von Berufsgrundschulen, Berufsfachschulen, Berufsvorbereitungsjahr und Berufsbildungsmaßnahmen verschiedenster Art von großer Bedeutung. In der Regel ist der Besuch dieser Maßnahmen bei Bezug von ALG II verpflichtend und hat das Ziel, den Bildungsstand anzuheben. In Regionen mit hoher Jugendarbeitslosigkeit entwickeln sich diese Maßnahmen längerfristig jedoch oft zu „unproduktiven Warteschleifen" (Hurrelmann/Quenzel 2012, S. 135). Gerade Jugendliche mit Hauptschulabschluss verbringen häufig viele Jahre in Maßnahmen des Übergangssystems. Untersuchungen haben ergeben, dass etwa ein Drittel der Teilnehmer_innen des Übergangssystems das Ziel erreichen, eine betriebliche Berufsausbildung aufzunehmen. Etwa 20% nehmen einen sonstigen allgemeinbildenden oder beruflichen Bildungsgang auf. Bei den übrigen 50% ist keine Berufseinmündung zu verzeichnen (Lohauß u.a. 2010, S. 191). Dabei ergeben sich für Träger der Maßnahmen auch Fehlanreize, denn wenn junge Menschen erfolgreich sind und z.B. einen Ausbildungsplatz auf dem 1. Arbeitsmarkt finden, verlassen sie die Maßnahme, was für den Träger Einnahme-Verluste bedeutet.

Von den pädagogischen Fachkräften wird es in diesem Kontext auch als schwierig erlebt, junge Menschen überhaupt dafür zu motivieren, sich für ihre (Aus) Bildung zu engagieren, wenn die Bedingungen des Arbeitsmarktes für sie kaum Aussicht auf eine berufliche Integration bieten (Düker/Ley 2013, S. 139f.).

Es zeichnet sich also ab, dass der Übergang in Ausbildung und Arbeit innerhalb der Erziehungshilfen frühzeitig in den Blick genommen werden muss und dafür eine enge Kooperation z. B. mit den Fachdiensten der Berufsberatung sowie Ausbildungsförderung erforderlich ist, um einen geeigneten Übergang in Aus-

24 Dieses Modell wurde während des nationalen Expert_innen-Workshops, welcher im Rahmen des Projekts zur Diskussion von Perspektiven für eine gelingende Übergangsbegleitung durchgeführt wurde, von einem Vertreter der Bundesagentur für Arbeit als Beispiel für eine gute Kooperation im Übergang Schule-Ausbildung-Arbeit vorgestellt.

25 Informationen finden sich auch unter http://www.jugendserver-niedersachsen.de/fileadmin/downloads/proaktivcenter.pdf, letzter Zugriff 21.1.2.2014.

bildung und Arbeit nach individuellen Bedürfnissen und Fähigkeiten entwickeln zu können. Hier zeigt die Datenerhebung in dem Projekt, dass in vielen Einrichtungen noch Potenziale für eine engere Kooperation mit Schulen und anderen Ausbildungsträgern sowie mit den Beratungsangeboten innerhalb der Ausbildungs- und Arbeitsförderung im Interesse eines gelingenden Übergangs ausgeschöpft werden könnten.

Positive Erfahrungen wurden z.B. mit einer „strukturierten Übergabe" an das System der Arbeitsförderung/Grundsicherung im Rahmen von gemeinsamen Fallbesprechungen des Jugendamtes mit dem Jobcenter gemacht.

Praxisbeispiel Kooperationsbüro

Basierend auf einer Kooperationsvereinbarung zwischen Jugendamt und dem Jobcenter wird in einer Großstadt bereits seit mehreren Jahren die Zusammenarbeit beim Übergang von Jugendlichen aus der Jugendhilfe in den Rechtskreis des SGB II festlegt. Die konkrete Fallübergabe erfolgt im Rahmen von gemeinsamen Besprechungen im sog. Kooperationsbüro. Sinn und Zweck der Kooperationsvereinbarung ist es, Übergangsprobleme zwischen Jugendhilfe und Jobcenter zu minimieren und die Zusammenarbeit zu verbessern.

Die Zusammenarbeit ist in der Praxis so ausgestaltet, dass die Fachkräfte von Jugendamt und Jobcenter im Kooperationsbüro zusammenarbeiten. Die Ergebnisse der bisherigen Beratungsarbeit im Rahmen der Jugendhilfe werden zusammengefasst und mit dem Einverständnis des Jugendlichen weitergegeben, so dass die Hilfeplanung der Jobcenter nahtlos an die Arbeit des Jugendamtes anknüpfen kann. Zukünftige Zuständigkeiten werden festgelegt, um die Übergänge aus dem SGB VIII in andere Gesetzesbereiche – auch außerhalb des SGB II – reibungslos gestalten zu können.

Interview 25

Was hier vor Ort richtig vorbildlich läuft, ist die Übergabe ans andere System. Jeder junge Volljährige und auch jeder Jugendliche, der aus der Jugendhilfe entlassen wird, wird im sog. Kooperationsbüro vorgestellt – wenn auch nicht persönlich – aber immerhin als Akte. Und da sitzt das Jugendamt, die Abteilungsleitung und auch mittlere Ebene der Arge-Abteilung U 25 und der Jugendberufshilfe. Und da wird sehr gehört, was die Jugendlichen an Vorstellungen haben und auch, was die Fachkräfte der Träger dazu zu sagen haben, und es wird wirklich geguckt, dass da der Anschluss funktioniert. Das ist wichtig, dass der entlassene junge Mensch neue Gesichter hat, neue Ansprechpartner hat, dass am Ende der Betreuung die Überleitung sauber funktioniert. Der lernt die anderen jetzt nicht persönlich kennen, mit denen wird er später auch nichts zu tun haben, aber die Abteilungsleitungsebene berücksichtigt das, was gesagt wird, und sagt dann dem Betreuer der Einrichtung, wenn der noch in Jugendhilfe ist: Der Fritz kann zu Frau Müller in dem und dem Büro und die hat ein Spektrum von den und den Hilfemaßnahmen etc. im Angebot. Wir machen im Grunde eine gemeinsame Fallbesprechung.

Neben Bemühungen zur Verbesserung der Zusammenarbeit der Kinder- und Jugendhilfe und Arbeitsförderung gibt es unter dem Stichwort „regionales

Übergangsmanagement" seit einigen Jahren Bestrebungen, alle Akteure und Aktivitäten zum Übergang von der Schule in den Beruf im Rahmen einer integrierten kommunalen Strategie in einem Gesamtkonzept miteinander zu verbinden (vgl. Deutsches Institut für Urbanistik 2012; Deutscher Verein für öffentliche und private Fürsorge 2011; Deutsches Jugendinstitut 2011; Arnold/Lempp 2008). Ziel ist, die örtlichen Bedarfslagen genau zu eruieren, darauf basierend konkrete Handlungsschritte zu erarbeiten und Kooperationen abzustimmen, insbesondere auch mit dem Ziel der Förderung Benachteiligter. Funktionierende Kooperationsstrukturen bilden eine gute Voraussetzung dafür, dass hier auch die besonderen Belange der Care Leaver angesprochen werden und in der Zusammenarbeit der verantwortlichen Akteure Berücksichtigung finden können (vgl. Trede 2011, S. 49; Köngeter/Schröer/Zeller 2008, S. 95f.).

Interview 25

Hier in der Stadt ist die die Vernetzung der Akteure unheimlich gut. Die Probleme, die im Einzelfall auftauchen, da sind wir jederzeit in der Lage, uns die an verschiedenen Stellen strukturell zu begucken, d.h. nicht, dass alles gut ist, oder dass es überall weiterginge, aber da sind wir total vernetzt in alle Richtungen, nicht nur wir, sondern auch die anderen miteinander. Wenn uns z.B. der dritte Jugendliche an so einer Stelle flöten geht, weil irgendetwas nicht funktioniert, dann gibt es genug Arbeitskreise und Arbeitszusammenhänge und zuständige Ansprechpartner, denen man das schildert, und dann wird wirklich versucht, dass da was geht. Dann gibt es ein ganz großes Problembewusstsein und dann gibt es Konferenzen und dann guckt jeder, was ist los, und dann gibt es Ideen und die werden dann auch umgesetzt. Das ist richtig gut.

Schnittstellen zwischen der Kinder- und Jugendhilfe sowie dem SGB XII – Sozialhilfe und Grundsicherung

Bereits bei Einsetzen einer Erziehungshilfe entstehen für einen Teil der Adressat_innen Abgrenzungsfragen zu den Leistungen im Rahmen der Eingliederungshilfe nach dem SGB XII. Die Arbeitsgemeinschaft für Kinder- und Jugendhilfe spricht in einem Positionspapier von einem „trennenden Ansatz der Jugendhilfe" (vgl. AGJ 2011), demzufolge Familien mit Kindern ohne oder mit einer (drohenden) seelischen Behinderung dem Leistungsbereich des SGB VIII zugeordnet sind. Dahingegen gehören Kinder mit einer geistigen und/oder körperlichen Behinderungen in den Zuständigkeitsbereich der Eingliederungshilfe (SGB XII).

Die folgende Darstellung illustriert die formalen Setzungen innerhalb der Sozialgesetzgebung, welche zu Beginn einer Hilfe zur Anwendung kommt und auch die Zuordnung zu bestimmten Einrichtungen der Kinder- und Jugendhilfe bzw. der Behindertenhilfe nach sich zieht. Aufgrund von Veränderungen im Entwicklungsprozess, bei ggf. als temporär diagnostizierten Behinderungen oder auch bei unklaren „Störungsbildern" kommt es mitunter auch während einer Hilfe zu Verschiebungen in der Zuordnung, welche aufgrund der Parallelität der Hilfesysteme immanent sind.

Kinder- und Jugendhilfe (SGB VIII)	Sozialhilfe (SGB XII)
▪ IQ-Wert ≥ 70	▪ IQ-Wert ≤ 69
▪ körperlich gesund	▪ körperlich eingeschränkt
▪ psychisch krank (ohne zusätzliche Einschränkung) ▪ erzieherischer Bedarf ohne Behinderung des Kindes oder allein psychische Störung	▪ psychisch krank und IQ-Wert ≤ 69 und/oder körperliche Einschränkung ▪ erzieherischer Bedarf und IQ-Wert ≤ 69 und/oder körperliche Einschränkung
▪ nach Schuleintritt und psychische Störung bei landesrechtlicher Zuständigkeitskonzentration für Frühförderung	▪ vor Schuleintritt bei Behinderung und landesrechtlicher Zuständigkeitskonzentration für Frühförderung
▪ zwischen 18 und 27 Jahre und psychische Störung, je nach Entwicklungsperspektive und Lebenssituation	▪ zwischen 18 und 27 Jahre und psychische Störung, je nach Entwicklungsperspektive und Lebenssituation

Tab. 1: Zuordnung der Personenkreise in den Zuständigkeitsbereich von § 35a SGB VIII und SGB XII (vgl. Arbeitsgemeinschaft für Kinder- und Jugendhilfe 2011)

Am Übergang junger Erwachsener aus stationären Erziehungshilfen in ein eigenständiges Leben tritt allerdings für einen Teil der Care Leaver (u.U. erneut) die Frage auf, wer nachgehende Unterstützung nach Verlassen der stationären Erziehungshilfe leisten kann. Diejenigen, die nach dem Hilfeende (noch) kein eigenständiges Leben beginnen können, sind auf diese nachgehenden Hilfen angewiesen. Bei manchen jungen Menschen liegen temporäre Entwicklungsverzögerungen vor und damit gehören sie grundsätzlich weiterhin in den Leistungsbereich der Kinder- und Jugendhilfe. Im Rahmen der Eingliederungshilfe nach § 35a SGB VIII können auch junge Menschen mit seelischen Behinderungen deutlich länger in den Erziehungshilfen verbleiben, um in ihrer Verarbeitung von stark belastenden biografischen Erfahrungen sowie in ihrer Persönlichkeitsentwicklung begleitet zu werden und u.U. längerfristig auf den Übergang in andere Unterstützungsangebote vorbereitet zu werden.

Anders verhält es sich bei denjenigen, bei denen sich herausstellt, dass eine zunächst temporäre Behinderung sich verstetigt, bzw. dass eine Beeinträchtigung der individuellen Entwicklung sich doch als geistige oder seelische Behinderung manifestiert. Der Übergang ins Erwachsenenleben ist für diesen Personenkreis eben nicht nur mit dem Verlassen der Erziehungshilfe verbunden, sondern mit dem Wechsel in Leistungsbereiche der Eingliederungshilfe, für den allerdings keine verbindlichen Übergangsregelungen gelten (vgl. Bellermann 2013). Das führt zu Überschneidungen und Abgrenzungsschwierigkeiten zwischen dem SGB VIII und dem SGB XII.[26]

Soweit eindeutige Diagnosen für eine Behinderung fehlen, unterliegen junge Erwachsene im Anschluss an eine Erziehungshilfe zudem, wie alle anderen jungen Erwachsenen, die nicht in Ausbildung oder Arbeit sind, auch dem Leistungs-

26 Vgl. Kunkel, P.-C. (2012): Jugend- und Sozialhilfe für junge Menschen mit Behinderungen, Diskussionspapier Nr. 2012-05, www.hs-kehl.de/fileadmin/hsk/Forschung/Dokumente/PDF/2012-05.pdf, letzter Zugriff 17.12.2014.

bereich des SGB II/III. Dadurch kann die Bereitstellung bedarfsgerechter Hilfen im Übergang für diese Gruppe noch komplizierter werden. Die Arbeitsförderung folgt mit der Logik des Förderns und Forderns einem Prinzip und einer Gewährungspraxis, die nicht in Einklang mit dem Eingliederungs- und Versorgungsbedarf von Menschen z.B. mit leichten geistigen oder (ungeklärten) psychischen Behinderungen stehen. Somit ist für diesen Personenkreis der Übergang ins Erwachsenenleben und die Gewährung von geeigneten Anschlusshilfen im Rahmen des SGB XII alles andere als gesichert. Bereits mit dem strukturellen Bruch, den der Wechsel zwischen den Sozialgesetzen und darauf gründenden Hilfesystemen darstellt, ist auch eine unsichere Perspektive auf einen gelingenden Übergang ins Erwachsenenleben verbunden.[27]

Im Rahmen der Sozialhilfe nach dem SGB XII ist außerdem eine Übergangshilfe im Rahmen der Überwindung besonderer sozialer Schwierigkeiten möglich, die allerdings zunächst gegenüber anderen Sozialleistungen nachrangig ist. Aufgrund unbestimmter Rechtsbegriffe ergibt sich aus den §§ 67 ff. SGB XII kein Rechtsanspruch auf nachgehende Betreuung, so dass die vorliegenden Unterstützungsangebote, die insbesondere im Bereich der Wohnungslosenhilfe angesiedelt sind, von Care Leaver nicht verbindlich in Anspruch genommen werden können.

Wohnungslosenhilfe und Kinder- und Jugendhilfe

Für wohnungslose junge Erwachsene erweist sich deren uneindeutige Zuordnung zwischen Kinder- und Jugendhilfe sowie Wohnungslosenhilfe als besonders umstritten. Die Schnittstellenproblematik zwischen SGB II/III und SGB VIII wird von Fachvertreter_innen als eine originäre Ursache für eine „Verjüngung der Obdachlosigkeit" eingestuft. Insbesondere die Gruppe der jungen Volljährigen „ist besonders schwer zu integrieren, hat besonders problematische Straßenkarrieren hinter sich und lebt häufig in zerrütteten Familienverhältnissen" (vgl. Bundesarbeitsgemeinschaft Katholische Jugendsozialarbeit 2010). Häufig gelingt es überhaupt erst mit Unterstützung innerhalb der Wohnungslosenhilfe, den Erziehungsbedarf dieser Zielgruppe kenntlich zu machen und Ansprüche aus dem Leistungskatalog des SGB VIII durchzusetzen:

Interview 1

Junge Menschen, die wohnungslos oder von Wohnungslosigkeit bedroht sind und aber Hilfen für junge Volljährige in Anspruch nehmen möchten, fallen zunächst in den Zuständigkeitsbereich der Wohnungslosenhilfe. Viele junge Menschen erfahren über das Internet oder über Freunde von möglichen Hilfen, haben aber keinen Überblick über das gesamte Hilfeangebot. Junge Menschen in Notsituationen sind mit den Wegen zwischen den zuständigen Stellen überfordert. Diese Wege nehmen auch sehr viel Zeit in Anspruch. Und diese Zeit fehlt oft. Es muss eine hohe Hemmschwelle bei der Inanspruchnahme von Hilfe überwunden werden, und dann werden die jungen Menschen von einer Stelle zur anderen geschickt.

---

[27] Hinzu kommt in diesen Fällen vielfach ein besonderer medizinischer Bedarf, z.B. bei psychisch kranken jungen Menschen die Versorgung durch die Kinder- und Jugendpsychiatrie und ab der Volljährigkeit durch psychiatrische Angebote für Erwachsene. Auch an dieser Stelle gibt es besondere Barrieren bei der Feststellung von Leistungstatbeständen der Krankenversicherungen (SGB V), welche aber an dieser Stelle nicht vertieft werden können.

Diese Aussage einer interviewten pädagogischen Fachkraft stellt folglich die Anschlussfähigkeit von Wohnungslosenhilfe und Kinder- und Jugendhilfe infrage. Es zeichnet sich ab, dass diejenigen jungen Menschen, die nicht mehr im Haushalt der Eltern oder in einer Einrichtung der Erziehungshilfe, stattdessen in unsicheren Wohnverhältnissen leben oder wohnungslos sind, nicht als Zielgruppe der Jugendhilfe betrachtet werden. Sie erhalten nur noch mit Mühe erstmalig oder wiederholt Zugang zu diesem Hilfesystem. Unklare oder ggf. parallele Zuständigkeiten tragen somit u.U. zu einer entstehenden Wohnungslosigkeit bei. So machten die unter 25-Jährigen 1993 7% aller Wohnungslosen im „Hellfeld" aus, 2003 14% und 2010 mehr als ein Fünftel (21%). Da das „Dunkelfeld" als sehr groß eingestuft wird, gehen Fachvertreter_innen von einer noch deutlich höheren Zahl aus. Insbesondere fällt auf, dass junge Frauen eine besondere Risikogruppe darstellen (vgl. Bundesarbeitsgemeinschaft Wohnungslosenhilfe e.V. 2013).

In der Wohnungslosenhilfe ist vor diesem Hintergrund eine erhöhte Inanspruchnahme durch junge Erwachsene zu verzeichnen, die sowohl auf ein strikteres Zuständigkeitsdenken bei der Auslegung der einzelnen Sozialgesetze zurückzuführen sei, als auch auf erhöhte Anforderungen innerhalb der Kinder- und Jugendhilfe bei der Gewährung von Leistungen nach § 41 SGB VIII. Wohnungslose junge Volljährige seien „oft nicht in der Lage, die Anforderungen der Jugendhilfe [z.B. im Hinblick auf hohe Mitwirkungserwartungen] in der erwarteten Art und Weise unmittelbar zu erfüllen" (Hessische Fachkonferenz Wohnungslosenhilfe 2010, S. 15). Diese Einschätzung lässt Fragen nach der Einhaltung des Vorrangigkeitsprinzips für Leistungen der Kinder- und Jugendhilfe und der Wahrnehmung ihres Auftrags der Fürsorge und Entwicklungsbegleitung aufkommen. Viele Angebote im Bereich der Wohnungslosenhilfe decken einen niedrigschwelligen Unterstützungsbedarf. Diejenigen jungen Erwachsenen, die nach Verlassen der stationären Erziehungshilfen wohnungslos werden, haben aber in den meisten Fällen einen deutlich höheren Bedarf an Orientierungshilfe und Begleitung, als es im Rahmen der ambulanten Angebote der Wohnungslosenhilfe geleistet werden kann.

In einigen Städten und Gemeinden ist die Wohnungslosenhilfe bemüht, der Gruppe der Hilfesuchenden zwischen 18 und 25 Jahren bessere Beratungs- und Unterstützungsangebote zu unterbreiten, die auch eine Anschlussfähigkeit an den Aufgabenbereich des Kinder- und Jugendhilfegesetzes eröffnen bzw. wiederherstellen (vgl. Velmerig 2010). Wenn es darüber hinaus um überwiegend jugendtypische Aspekte des Hilfebedarfs, Erziehungsfragen und Möglichkeiten der persönlichen Reifung geht, wäre jedoch grundsätzlich die Erziehungshilfe angesprochen. Die Volljährigkeit erweist sich auch an dieser Stelle als wenig hilfreiche Zäsur zwischen den unterschiedlichen Hilfesystemen.[28]

Es gibt weitere Ideen zu einer engeren Kooperation der Wohnungslosenhilfe, Arbeitsverwaltung und Kinder- und Jugendhilfe, die hier als mögliches Beispiel guter Praxis vorgestellt werden, auch wenn entsprechende Vorschläge häufig noch an einem verfestigten Zuständigkeitsdenken und einer zurückhaltenden Bereitschaft, neue Wege in der Unterstützung junger Erwachsener zu beschrei-

---

[28] So werden in Niedersachsen seit 2004 Altersentwicklungen bei den Hilfesuchenden in der Wohnungslosenhilfe anhand der statistischen Erfassung der Erstkontakte sichtbar und auch landesweit vergleichbar. Der Anteil der unter 25-Jährigen hat sich in den Beratungsstellen der Wohnungslosenhilfe in Niedersachsen insgesamt zwischen 2004 und 2010 von 12,5% auf 18,3% erhöht. Im Einzugsbereich der Landeshauptstadt Hannover macht der Anteil dieser Gruppe sogar etwa ein Drittel aus (vgl. Evangelischer Fachverband Wohnung und Existenzsicherung e. V. 2012).

ten, scheitern. So beschreibt ein Mitarbeiter aus einer Beratungsstelle für junge Erwachsene mit angegliedertem Angebot des betreuten Wohnens seine Erfahrungen mit Kooperationsvorschlägen ernüchternd:

Interview 44

Die Neigung ist einfach nicht da, den gesetzlichen Anspruch, den es ja gibt, unbestritten umzusetzen. Und ich weiß auch, dass wir uns da auf einem gefährlichen Feld bewegen. Eigentlich müsste man die Jugendhilfe da mehr in die Pflicht nehmen. Für das Jugendamt ist es natürlich ganz sympathisch wenn wir ganz viele Alternativen auftun. Das heißt, die wissen, die Jugendlichen aus der Stadt werden schon verarztet, aber wir müssen es nicht bezahlen. Heikle Geschichte, an sich ein eindeutiger Vorrang der Jugendhilfe. Ich finde, dass der Angebotskatalog, den wir haben, dass das ein passender ist. Ich finde aber, dass das, was die Zuständigkeiten und die Finanzierungen angeht, eigentlich in falschen Händen liegt. Mir persönlich wäre das sympathischer, wenn es da eine Vorrangigkeit der Jugendhilfe geben würde bzw. so eine Mischfinanzierung aus den verschiedenen Leistungsbereichen. Das heißt, wir dümpeln quasi rum im SGB VIII, SGB II und SGB XII, alles vor dem Hintergrund, dass die Leistungen, die wir erbringen, fast identisch sind. Das finde ich eigentlich eine widersinnige Situation. Da ist ein 19-Jähriger und der hat vorrangig das Problem, dass er zu Hause rausgeflogen ist und dass er keine Kohle hat und dass seine Ausbildung auf dem Spiel steht aufgrund dieser Situation. [...] Das ist doch völlig beliebig, ob ich den jetzt zuordne der Arbeitsmarktpolitik, oder ob das eine HzE-Geschichte ist oder ob das eine Sache ist, die schwerpunktmäßig in der Wohnungslosenhilfe läuft. Versuche, Vertreter dieser Leistungsträger an einen Tisch zu holen (Sozialamt, Jugendamt, Jobcenter) und eine jeweils Drittelfinanzierung hinzubekommen, sind gescheitert. [...] Das scheiterte immer daran, dass die nicht bereit waren, sich zusammenzusetzen. ... Der große Wurf wäre, wir hätten da eine Pauschalfinanzierung und könnten uns der Arbeit widmen.

Aber nicht nur finanziell wäre eine Annäherung der unterschiedlichen Leistungsbereiche anzustreben. Auch die Arbeitsprinzipien der unterschiedlichen Hilfesysteme lassen sich nicht einfach je nach Zuständigkeit austauschen. Es bedarf in der Übergangsbegleitung einer Mischung aus pädagogischen Impulsen, Kriseninterventionen und einer angemessenen Entwicklung von Anforderungen an die jungen Menschen selbst bei der Vorbereitung auf ein eigenverantwortliches Leben:

Interview 44

Die Jugendhilfe muss sich das Tempo der Wohnungslosenhilfe angewöhnen, z.B. bei akuter oder drohender Obdachlosigkeit kann man nicht sechs Wochen auf die Erziehungshilfekonferenz warten. Die Wohnungslosenhilfe kann sofort aufnehmen. [...] Die Wohnungslosenhilfe müsste sich den pädagogischen Ansatz der Jugendhilfe mehr zu eigen machen, d.h. beide müssten sich annähern. [Gleichzeitig darf] die Jugendhilfe die existenzsichernden Maßnahmen wie Geldverwaltung etc. nicht aus dem Fokus verlieren, d.h. [sie muss] auch mehr technisches Handwerkszeug vermitteln, das die Jugendlichen brauchen, um selbstständig zu leben.

Eine Reduzierung der Schnittstellenproblematik könnte also neben der Kooperation unterschiedlicher Fachdienste auch durch Angebote von sog. „One-Stop-Shops" erreicht werden, d.h. von niedrigschwelligen übergreifenden Sozialberatungsangeboten (vgl. Kap. IV.2).

Die Überleitung aus der Kinder- und Jugendhilfe in eine gesetzliche Betreuung

Für die Zielgruppen der Kinder- und Jugendhilfe stellt die gesetzliche Betreuung als Variante der nachgehenden Unterstützung eine wachsende Bedeutung dar. Die gesetzliche Betreuung ist im § 1896 BGB geregelt, also nicht in einem Sozialgesetzbuch verankert und daher findet sie bisher kaum Beachtung in der Diskussion um sozialpädagogische Anschlusshilfen für junge Erwachsene nach der Inanspruchnahme von Erziehungshilfen. So machte 2005 der Anteil der gesetzlich Betreuten unter 35 Jahren einen Anteil von über einem Viertel aus (Discher/Schimke 2011, S. 195). In der Praxis wird ein steigender Trend bei der Einrichtung von Betreuungen nach dem Betreuungsrecht für junge Erwachsene beobachtet (vgl. Wiesner 2014). Wiesner unterstreicht in der durch das Projekt „Was kommt nach der stationären Erziehungshilfe?" in Auftrag gegebenen Rechts-Expertise, dass es eine Verschiebung von Zielgruppen der Kinder- und Jugendhilfe in den Zuständigkeitsbereich des Betreuungsgesetzes gibt. Die Aussagen einzelner Interviewpartner_innen bestätigen, dass mit der Einrichtung gesetzlicher Betreuungen für junge Menschen, die bis dahin in stationären Erziehungshilfen gelebt haben, noch eine – zumindest vorübergehende – Verstetigung von Hilfe über die Erziehungshilfe hinaus erreicht wird. Auch Hüning/Peters schätzen es so ein, dass ehemalige Adressat_innen der Kinder- und Jugendhilfe „vermehrt nahtlos" (Hüning/Peters 2013, S. 220) in eine rechtliche Betreuung übergehen. Die Autoren werten es als *„fehlendes Passungsverhältnis* sozialpädagogischer Angebote im Kontext der Jugendhilfe und den Herausforderungen und Problemlagen junger Erwachsener, die sich im Zuge gesellschaftlicher Transformationsprozesse ergeben, und sich eben in steigenden Fallzahlen junger Menschen in der rechtlichen Betreuung zeigen" (ebd., S. 222).

Diese Form der nahtlosen Weiterbetreuung im Rechtsinstitut der gesetzlichen Betreuung weckt Bedenken. Wenn ein fortgesetzter Hilfebedarf vorliegt, der nicht etwa auf eine dauerhafte Entwicklungsstörung oder Behinderung zurückzuführen ist, liegt die Vermutung nahe, dass die Überleitung in ein eigenständiges Leben zu früh begonnen oder beendet wurde. Junge Menschen in stationären Erziehungshilfen benötigen in ihrer persönlichen Entwicklung und Reifung häufiger mehr Zeit als andere Kinder – brauchen also nachvollziehbar länger als nur bis zur Volljährigkeit verlässliche Bindungen und Hilfesettings innerhalb der Kinder- und Jugendhilfe. In diesen Fällen erweist sich die Inanspruchnahme des Betreuungsrechts als ungeeignet, denn es handelt sich in erster Linie um eine Hilfestellung in rechtlichen Angelegenheiten und nicht um eine pädagogisch intendierte Hilfe (vgl. Hüning/Peters 2013). Damit wird gleichzeitig auch die Anerkennung einer verlängerten Jugendphase und einer grundsätzlichen Zuständigkeit der Kinder- und Jugendhilfe für die jungen Erwachsenen umgangen. In Nordrhein-Westfalen wird etwa die Hälfte aller gesetzlichen Betreuungen für junge Erwachsene eingerichtet (vgl. Hüning/Peters 2013). Diese Zahlen nähren den Verdacht, dass das Betreuungsrecht in größerem Stil als „Verschiebebahnhof" für ein – strukturelles – Schnittstellenproblem in Anspruch genommen wird (Discher/Schimke 2011, S. 199). Schimke nimmt sogar an, dass die Anzahl der gesetzlich betreuten jungen Menschen erheblich reduziert werden könnte, sofern der Grundsatz der Erforderlichkeit eingehalten würde. Das würde bedeuten, dass erst alle anderen formalen und informellen Unterstützungsangebote auszuschöpfen wären, bevor eine gesetzliche Betreuung infrage käme (Schimke 2008, S. 18). Nach dieser derzeit gängigen Übergangspraxis verlieren viele Care Leaver frühzeitig den Zugang zu dem für diese Lebensphase geeigneteren und vor allen Dingen sozialpädagogisch ausgerichteten Leistungsspektrum der Kinder- und Jugendhilfe.

Übergang aus der Kinder- und Jugendhilfe ins Erwachsenenleben

Der Übergang aus den stationären Erziehungshilfen stellt auch hinsichtlich der psychiatrischen Versorgung eine Zäsur dar. Gab es bis dahin kinder- und jugendärztliche sowie kinder- und jugendpsychiatrische Angebote, so entfallen die Zugänge in diese Angebote i.d.R. mit Erreichen der Volljährigkeit. Care Leaver verlieren so u.U. neben dem vertrauten Unterstützungsnetzwerk der Erziehungshilfe auch den Bezug zu anderen bis zum Erreichen der Volljährigkeit in Anspruch genommenen medizinischen Hilfen:

Interview 21

Es gibt einen Verbesserungsbedarf bei psychischer Belastung. Ich finde das schon auch heftig für junge Erwachsene, die vielleicht schon mehrmals in der Klinik, in der Kinder- und Jugendpsychiatrie waren, dass die dann in die Erwachsenenpsychiatrie gehen müssen, wo es dann eine ganz andere Form der medizinischen psychiatrischen Versorgung gibt. In manchen Fällen ist das abschreckend – wo die das auch wissen und nicht mehr bereit sind, dort in die Klinik zu gehen, obwohl es absolut notwendig wäre. Da müsste man vielleicht nicht bis 18, sondern bis 21 als Grenze haben.

Es ist problematisch, dass in Hilfekontexten, deren Erfolg sehr von Vertrauensbeziehungen bestimmt ist, an der Schwelle zur Volljährigkeit das Wunsch- und Wahlrecht auf diese Weise beschnitten wird. Eine stärkere Flexibilität zwischen nicht strikt auf das Lebensalter bezogenen Hilfesettings könnte dazu beitragen, dass denjenigen Care Leaver, die sich u.U. aufgrund ihrer Bedürfnisse und Entwicklungsprozesse noch stärker der Kinder- und Jugendpsychiatrie zugehörig fühlen, angemessen behandelt und betreut werden könnten. Gleichzeitig gilt es, den psychiatrischen Hilfebedarf, der in der Vorbereitung auf ein eigenständiges Leben oftmals (erneut) virulent wird, auch insgesamt zu der Hilfesituation in Beziehung zu setzen. So kann nicht ausgeschlossen werden, dass psychische Belastungen auch aus überhöhten Anforderungen im Übergang in ein selbstständiges Leben resultieren und somit zusätzlich zu den biografischen Erfahrungen auch institutionell innerhalb des Hilfesystems selbst begünstigt werden können. In solch einem Fall wirkt für die betroffenen Care Leaver umso belastender, wenn nicht nur das System der Erziehungshilfen, sondern auch das der Kinder- und Jugendpsychiatrie auf eine Ablösung drängt. In der Medizin werden besondere Anforderungen an die Behandlung psychiatrisch oder chronisch Kranker inzwischen erkannt und in eigenen Behandlungskonzepten für diese Altersgruppe aufgegriffen. Leider gibt es entsprechende Angebote bisher nur vereinzelt (Transitions-Projekt Universität Greifswald[29], Deutsche Gesellschaft für Transitionsmedizin[30]).

Dabei stellt die Gruppe der Care Leaver mit psychiatrischen Erkrankungen besondere Anforderungen an das Übergangssystem. Es geht zum einen darum, psychische

---

29 www.forschung-patientenorientierung.de/index.php/projekte/zweite-foerderphase/modul-drei-phase-2/foerderung-der-gesundheitsversorgungs-kompetenz.-...-schmidt.html, letzter Zugriff am 10.12.2014.

30 www.transitionsmedizin.de

Erkrankungen überhaupt zu erkennen und geeignete Behandlungen einzuleiten sowie im Übergang aus der stationären Erziehungshilfe eine stabile alterssowie entwicklungsangemessene psychiatrische Versorgung sicherzustellen und erreichte Behandlungs- und Entwicklungsschritte zu festigen. Das nachfolgende Praxisbeispiel unterstreicht, dass die Kooperation unterschiedlicher Hilfesysteme und die Vorbereitung nachgehender Hilfen nicht erst in der konkreten Übergangsphase in ein eigenständiges Leben beginnt, sondern im Idealfall längerfristig die biografischen und institutionellen Übergänge im Hilfesystem in den Blick nimmt. Eine Interviewpartnerin beschreibt für Jugendliche mit einer psychiatrischen Diagnose eine bundesweit einmalige Zusammenarbeit auf kommunaler Ebene, bei der die Initiative ursprünglich von der Kinder- und Jugendpsychiatrie ausging:

Interview 27

Im jugendpsychiatrischen Verbund sitzen alle Akteure an einem Tisch, öffentliche und private Träger, Medizin, Agentur für Arbeit, Schulamt, private Träger für Erwachsenenhilfe, Eingliederungshilfe. Es gibt monatliche Konferenzen, wo Einzelfälle vorgestellt werden können. Ziel ist, alle ab 12 Jahren dort vorzustellen, um bestmögliche Hilfen und die nächsten Schritte zu besprechen, z.B. beim Übertritt ins Erwachsenenalter zu klären, wer dann zuständig ist, ob weiter Jugendhilfe oder Eingliederungshilfe zuständig ist und auch die Frage, wer die Betreuung übernimmt. Es liegen Schweigepflichtentbindungen der Betroffenen vor. Noch vor Jahren war das Problem, dass sie immer hin- und her geschoben wurden. Genau das will man damit vermeiden. Für Erwachsene gibt es diese Konferenz, es geht dann über in die Eingliederungshilfe. Das setzt voraus, dass die Betroffenen das auch wollen. So wird dann bis zum jungen Erwachsenenalter begleitet und dann der Übergang eingeleitet.

Gerade die im Grenzbereich zu einer Diagnose haben unserer Erfahrung nach ein hohes Risiko, durch das System zu fallen. Alle unsere Kinder und Jugendlichen (die der Einrichtung, Anm. d. Verf.) werden vorgestellt bei einer Konsiliarärztin, die auch Fachärztin für Kinder- und Jugendpsychiatrie ist. ... Durch das System des Verbundes bemühen sie sich, die Gruppe derjenigen, die aus dem Raster fallen, zu minimieren. Das gelingt ihnen auch ganz gut. Allerdings können nur die Kinder und Jugendlichen, die aus dem Kreis kommen, von diesem System profitieren. Bei denen, die in den Heimatkreis zurückkehren, besteht dieses System der Überleitung nicht.

Es ist anzunehmen, dass gerade die Care Leaver, die psychiatrische Hilfe benötigen, viel mehr Schonräume und weiche Übergänge bräuchten. Dieser Bedarf wird vereinzelt auch auf medizinischer Seite wahrgenommen. So wurde zum Beispiel 2013 im Universitätsklinikum Eppendorf in Hamburg eine psychiatrische Station für Jugendliche und junge Erwachsene eingerichtet (vgl. Werner 2010).[31] Die dortigen Befunde sprechen umso mehr für einen hohen Bedarf nach Stabilität im jungen Erwachsenenalter und einer längere Übergangsphase auf dem Weg in ein eigenständiges Leben. Viele psychische Problemlagen treten erst im jungen Erwachsenenalter richtig hervor, was unter anderem damit erklärt wird, dass die neurologische Sensibilität zwischen dem 16. und 24. Lebensjahr besonders hoch sei. Somit spricht auch vor diesem Hintergrund vieles für eine engere Kooperation unterschiedlicher Fachdisziplinen im Übergang aus stationären

[31] Ein ähnliches Angebot findet sich auch in Nürnberg: www.klinikum-nuernberg.de/DE/aktuelles/knzeitung/2010/201004/psychiatrie.html, letzter Zugriff am 10.12.2014.

Erziehungshilfen. Denn die Komplexität dieser Lebensphase braucht eine entsprechend mehrperspektivische Expertise und Vielfalt an Hilfesettings.

Grundsätzlich bleibt hinsichtlich der Struktur des Übergangs aus stationären Erziehungshilfen in ein eigenständiges Leben festzuhalten, dass die Fachpraxis der Erziehungshilfen nur einen sehr kleinen Ausschnitt dieser Phase überblicken kann, da es keine verbindliche und längerfristig angelegte Übergangsbegleitung gibt. In vielen Fällen gibt es nur eine Nachbetreuung für etwa drei bis sechs Monate, die dann endet – meistens ohne dass konkret eine nachgehende Unterstützungsform angebahnt wurde. Was danach kommt bleibt vielfach ungewiss – auch für die bisherigen Wegbegleiter_innen aus der Erziehungshilfe. Diese Praxis bedeutet, dass viele Care Leaver die Orientierung in nachfolgenden Hilfesystemen weitgehend ohne verlässliche Bezugspersonen aufbauen müssen:

Interview 45

Das Ende wird vorbereitet, es wird durchgegangen, wohin wende ich mich in welchem Fall. Manche Kollegen überreichen auch eine Mappe mit Adressbuch mit wichtigen Ansprechpartnern. ... Es gibt auch die, die nicht so fit sind, und denen eine andere Perspektive wie Wohnverbund/Werkstatt eröffnet wird, sind auch dankbar, können das als eine Phase der Unterstützung für sich verbuchen. Es gibt auch welche, die wollen absolut keine Unterstützung mehr ... und die es hinkriegen und auch welche, die abrutschen. Es gibt keine Statistik über den Verlauf nach der Betreuung. Irgendwann ist der Kontakt weg. Die Handynummern ändern sich schnell. Es melden sich eher die, denen es gut geht, die zeigen wollen, was sie geschafft haben. Über die, denen es schlecht geht, hört man das eher von anderen, z.B.: Der sitzt ein.., der ist im Entzug. Das kriegt man mal zufällig mit.

Es ist aber anzunehmen, dass gerade diejenigen, bei denen der Übergang aus stationären Erziehungshilfen nicht gut gelungen ist, Straffälligkeit kein unwahrscheinliches Phänomen ist. Care Leaver, die in das System des Jugend- oder Erwachsenenstrafvollzugs geraten sind, stoßen auf zusätzliche Barrieren beim Übergang in ein eigenständiges Leben nach Ende der Inhaftierung bzw. tragen „misslingende Übergänge häufig zur Problemeskalation bei" (Meier/Willems/Holthusen 2012, S. 231).

Integriertes Sozialrecht für junge Erwachsene

Es ist nicht allein Aufgabe der Kinder- und Jugendhilfe, die veränderten Anforderungen an das Erwachsenwerden pädagogisch und hinsichtlich der finanziellen Absicherung von jungen Erwachsenen zu bearbeiten. Es erweist sich insgesamt als notwendig, die Leistungen und Anforderungen in den unterschiedlichen Sozialgesetzen konkreter auf die Bedürfnisse junger Erwachsener abzustimmen, u.U. ein integriertes Sozialrecht für diesen Personenkreis zuzuschneiden (vgl. Arbeitsgemeinschaft für Kinder- und Jugendhilfe 2014). Hier liegen bereits einzelne Vorschläge zu Hilfsangeboten aus einer Hand vor (vgl. Velmerig 2010); Kooperationen zwischen unterschiedlichen Sozialleistungsträgern bis hin zu virtuellen öffentlichen Haushalten für Hilfen für junge Erwachsene, wie es z.B. von einer Praxiseinrichtung aus dem Datensample angeregt wurde. Hierbei handelt es sich um Bemühungen, das Zuständigkeitsdenken abzumildern und zu einer wirksameren Hilfegestaltung beizutragen. Derzeit bewegt sich die Erörterung des Hilfebedarfs junger Erwachsener im Übergang ins Erwachsenenleben auf einem schmalen Grat von Anspruchsvoraussetzungen und Erwartungen an die Eigenverantwortlichkeit junger Menschen. Dabei dominiert die öffentliche Leistungsperspektive und Haushalte, die nicht unnötig strapaziert werden sollen. Dem ließe sich eine Förderperspektive gegenüberstellen, die darauf ausgerichtet ist, möglichst intensiv und längerfristig an den Potenzialen der jungen Menschen zu arbeiten und sie in ihrer Entwicklung in Gestalt einer „institutionalisierten Elternschaft" (vgl. Corporate Parentship, Kap. IV.1) zu begleiten. Vor diesem Hintergrund sind Hilfen nicht am Lebensalter auszurichten, sondern am Entwicklungsstand und den Bedürfnissen der Care Leaver. Andernfalls werden bis dahin erbrachte Hilfen im Geflecht einer unsicheren Übergangspraxis und einer ungewissen Fortsetzung von Unterstützungsleistungen fragil und bisher erreichte Ziele innerhalb der Erziehungshilfe sogar gefährdet.

Hinsichtlich der regionalen Disparitäten wären Leitlinien hilfreich, die bei der Hilfeplanung als Entscheidungsgrundlage für die Zuordnung eines Hilfebedarfs zu unterschiedlichen Leistungsbereichen der Sozialgesetzgebung in der Phase der Vorbereitung auf ein selbstständiges Leben herangezogen werden können. Vor dem Hintergrund häufig komplexer Bedarfslagen könnten engere Kooperationsformen zwischen unterschiedlichen sozialen und Gesundheitsdiensten zu einer Reduzierung von Schnittstellenproblematiken beitragen. Zunächst ist jedoch zu unterstreichen, dass „Leistungen zur Persönlichkeitsentwicklung und selbstständiger Lebensführung nach § 41 SG VIII [...] gemäß § 10 Abs. 3 und 4 SGB VIII Leistungen nach SGB II und SGB XII im Regelfall [vorgehen]" (Hessische Fachkonferenz Wohnungslosenhilfe 2010, S. 5), folglich eine Überleitung in andere sozialgesetzliche Leistungsbereiche erst dann vorgesehen ist, wenn die Hilfe nicht (mehr) auf eine Entwicklung der Persönlichkeit abzielt. Die Rechtsprechung zur Gewährung von Hilfen nach § 41 SGB VIII (vgl. Kunkel 2006; Wiesner 2014) zeigt, dass die Formulierung des § 41 SGB VIII die Befürwortung vieler Anträge auf Hilfen für junge Volljährige ohne Weiteres zulässt. Folglich widerspricht die gängige Übergangspraxis eher der Rechtslage, nach der die Gewährung von Hilfen für junge Volljährige *keine* Erfolgsprognose im Hinblick auf eine zu erwartende persönliche Entwicklung und die Fähigkeit einer eigenständigen Lebensführung voraussetzt (vgl. Kunkel 2011; Wiesner 2014). Grundsätzlich besteht aber trotz dieser ergebnisoffenen Anwendungsmöglichkeiten der Rechtsvorschriften für die Hilfen für junge Volljährige im SGB VIII die Tendenz, ab Erreichen der Volljährigkeit schnell auf andere Hilfesysteme zu verweisen. Damit ist letztendlich auch die Gefahr einer drohenden Wohnungslosigkeit verbunden, die mitunter erst durch einen nicht gut begleiteten Übergang entsteht.

Somit ist nicht allein zu diskutieren, wann eine Beendigung von Erziehungshilfen sinnvoll ist, sondern auch, wie deren Unterstützungsleistungen im Bedarfsfall angemessen übergeleitet und möglichst bruchlos fortgeführt werden können. Dieser Prozess kann besonders gut gelingen, wenn junge Menschen ernst genommen werden und aktiv im Hilfeprozess mit entscheiden können, welche Schritte als Nächstes folgen sollen. Junge Erwachsene, die vormals Erziehungshilfen erhalten haben, finden keine vergleichbare integrierte Unterstützung in verschiedensten Lebens- und Übergangsbereichen vor, die auf ihre Lebenssituation als junge Erwachsene zugeschnitten ist. Somit entfaltet sich das Ende der Erziehungshilfe nicht nur als biografische Zäsur, sondern auch im Hinblick auf parallele oder weitergehende Unterstützungsangebote als Unsicherheitsszenario. Das muss sich ändern!

III PRAXIS DER ÜBERGANGSBEGLEITUNG IN DEUTSCHLAND

1. Übergang in eigenen Wohnraum

Betrachtet man die fachlichen Diskussionen sowie die Praxis der Übergangsbegleitung in der Kinder- und Jugendhilfe in Deutschland, so nimmt das Thema Wohnen und insbesondere die Frage, ob ein junger Mensch in der Lage ist, allein zu wohnen und alle damit zusammen hängenden Anforderungen zu bewältigen, einen sehr zentralen Raum ein. Viele Aktivitäten und Maßnahmen richten sich auf die gezielte Vorbereitung der Care Leaver auf ein Leben in eigenem Wohnraum; die Begleitung im Hinblick auf das Erreichen von Bildungserfolgen oder den Auf- und Ausbau tragfähiger sozialer Beziehungen nimmt nicht annähernd den gleichen Raum ein. Der Bezug der eigenen Wohnung und ggf. die Anbindung an Ausbildung oder Jobcenter gelten als zentrale Kriterien für das Erreichen der Hilfeziele, die Einstellung der Hilfe und das Ende der Zuständigkeit der Kinder- und Jugendhilfe. Eine Nachbetreuung zur Sicherung der erreichten Eigenständigkeit und zum Auffangen des jungen Menschen bei Problemen oder Krisen wird dann i.d.R. nur noch für einen sehr begrenzten Zeitraum gewährt.

Grundsätzlich ist für die meisten jungen Menschen der Umzug in die eigene Wohnung mit einem Statusgewinn verbunden und wird als sichtbares Symbol eines eigenständigen Lebens von vielen auch angestrebt. Angesichts der begrenzten Möglichkeiten der jungen Erwachsenen im deutschen System der Kinder- und Jugendhilfe, das Ende der Hilfe zur Erziehung selbst zu bestimmen, empfinden viele Care Leaver diesen Schritt jedoch als erzwungen und erleben das Erreichen der Volljährigkeit als Zeit neuer Unsicherheiten. Zahlreiche Interviewparter_innen berichten von jungen Erwachsenen, die sich angesichts kaum vorhandener tragfähiger Beziehungen nach dem Umzug in eine eigene Wohnung isoliert fühlen und depressive Tendenzen entwickeln.

In der Praxis der Übergangsbegleitung konzentrieren sich nichtsdestotrotz – aufgrund der zentralen Bedeutung des Themas „Wohnen" – viele Einrichtungen der Kinder- und Jugendhilfe auf eine passgenaue Ausgestaltung der Angebote zur Begleitung des Übergangs in den eigenen Wohnraum. Hierbei scheint das betreute Wohnen mit zunehmend reduziertem Betreuungsumfang den typischen „Übergangspfad" aus der Heimerziehung darzustellen. Es existiert eine Vielfalt abgestufter Formen, die in diesem Kapitel vorgestellt werden. All diese Wohn- und Betreuungsformen sehen konzeptionell das Einüben von Kompetenzen vor, die zum selbstständigen Leben benötigt werden, und gehen i.d.R. von einem schrittweisen Abbau der Betreuungsintensität aus. Die Reihenfolge der hier vorgestellten Praxisbeispiele folgt der Chronologie des Prozesses von der Vorbereitung des Übergangs bis zum Umzug in eigenen Wohnraum. Die Notwendigkeit, flexible Formen des Übergangs zu ermöglichen, wird dabei ebenso beleuchtet.

Im Bereich des Pflegekinderwesens stellt sich die Übergangsbegleitung meistens anders dar. Den Berichten der pädagogischen Fachkräfte zufolge ziehen viele Kinder direkt aus der Pflegefamilie in eine eigene Wohnung, manche über den Zwischenschritt des betreuten Wohnens, z.B. bei starken Konflikten mit den Pflegeeltern. Allerdings wurde mehrfach berichtet, dass sich die größten Belastungen und Konflikte in Pflegefamilien schon während der Pubertät entwickeln und das Pflegeverhältnis ggf. in dieser Zeit beendet wird (vgl. Kap. III.3).[32] Haben Pflegefamilien oder Erziehungsstellen diese Probleme überwunden, so bleiben viele Pflegekinder auch über das offizielle Ende der Hilfe zur Erziehung hinaus bei ihren Pflegeeltern wohnen und starten von dort aus in ihr selbstständiges Leben, wobei Pflegeeltern häufig ehrenamtlich weiter begleiten.

Interview 35

Den Übergang in Form von betreutem Wohnen gibt es nur im Einzelfall. Im Einzelfall ist auch eine Rückkehr aus dem betreuten Wohnen in die Pflegefamilie möglich. Bei der gelingenden Pflege bleiben die Pflegekinder mehrheitlich in den Pflegefamilien, bis sie den Schritt in die Selbstständigkeit tun können oder ohne die Unterstützung des Pflegekinderdienstes in der Familie bleiben. In manchen Fällen kann eine Zwischenstufe hilfreich sein, wenn z.B. die Pflegeeltern nicht so gut loslassen können.

Die Übergangsbedingungen in Pflegefamilien gleichen somit stärker denen für Jugendliche und junge Erwachsene, die in ihren Herkunftsfamilien leben. Eine Betrachtung spezifischer Wohnformen und Zwischenstufen ist für diese Gruppe daher weniger relevant.

Vorbereitung auf das eigenständige Wohnen

In den geführten Interviews wurde deutlich, dass es für viele Jugendliche in stationären Settings – wie vermutlich auch für Jugendliche, die in ihren Herkunftsfamilien aufwachsen – schwierig ist, sich vorzustellen, allein zu leben. Auch wenn sie die Rückzugsmöglichkeit des eigenen Zimmers haben, ist bei Bedarf immer jemand anwesend und ein großer Teil des Lebens spielt sich in der Gruppe ab. Für manche junge Menschen in stationären Hilfen erscheint der Umzug in eine eigene Wohnung angesichts des durchregulierten Alltags in einer Wohngruppe oder Pflegefamilie als zunehmend erstrebenswert. Entsprechend ist es schwierig, die Herausforderungen der konkreten Lebensbewältigung im eigenen Wohnraum vorwegzunehmen und vorzubereiten; Bedürfnisse nach Fürsorge, Nähe und Kontakt werden dabei im Vorfeld eher ausgeblendet. Den Interviewpartner_innen zufolge berichten viele Care Leaver aber von einer Desillusionierung und Einsamkeit im Anschluss an den Umzug in die eigene Wohnung. Insofern ist es auch ein pädagogisches Dilemma, dass – wie es sinnvoll wäre – die Begleitung in der konkreten Lebenssituation nach dem Umzug kaum noch stattfindet. Denn drei bis sechs Monate nach dem Auszug in eine eigene Wohnung wird in den meisten Fällen die Erziehungshilfe beendet.

Wesentlich erscheint in diesem Zusammenhang auch das sog. Käseglockenprinzip. Damit ist gemeint, Kinder und Jugendliche angesichts ihrer schweren Bio-

[32] Von 2.164 beendeten Hilfen gem. § 33 SGB VIII im Jahr 2011 in der Altersgruppe der 15- bis 18-Jährigen wurde als Aufenthaltsort nach Hilfeende in 696 Fällen ein Heim oder eine betreute Wohnform gem. der §§ 34, 35a oder 41 SGB VIII angegeben. Hinter dieser Zahl verbergen sich sowohl ungeplante Beendigungen des Pflegeverhältnisses mit anschließender Unterbringung des Jugendlichen im Heim wie auch Zwischenstufen wie das betreute Wohnen. In der Altersgruppe der 18- bis 21-Jährigen wurden im gleichen Jahr 2.837 Hilfen gem. § 33 SGB VIII beendet; hier hielten sich im Anschluss 125 junge Menschen in einem Heim oder einer betreuten Wohnform auf. Quelle: Statistik der Kinder- und Jugendhilfe Teil I, www.destatis.de.

grafien und erlittener Traumatisierungen zu stark zu beschützen und Anforderungen des alltäglichen Lebens von ihnen fernzuhalten. Diese Haltung verstärke für die Care Leaver hingegen das Gefühl des Sprungs ins kalte Wasser nach dem Ende der Erziehungshilfe.

Interview 44

Leider ist es so, wenn jemand dann alleine im Wind steht und die Jugendhilfe ist vorbei und er muss sich dann alleine durchschuckeln, der hat ein Behördenjogging hinter sich ohnegleichen. Wo muss ich was tun? Wo kann ich was beantragen? Das ist oft über Jugendhilfe abgenommen worden und die Erfahrungen, sich da selber durchzusetzen, fehlen. Und dann stehen sie da, zwar vielleicht mit einer beruflichen Perspektive, aber das was dann wirklich auf einen zukommt, wenn man Verantwortung für Wohnraum und sein eigenes Leben übernimmt, da fehlt das Handwerkszeug.

Einige stationäre Einrichtungen haben Angebote entwickelt, um den Jugendlichen frühzeitig ein realistischeres Bild und Gefühl im Hinblick auf das Alleinleben zu vermitteln. Dies erscheint gerade im Hinblick darauf wichtig, dass die Entscheidung junger Menschen, aus einem stationären Setting in eigenen Wohnraum umzuziehen, von weitreichender Bedeutung ist, denn dieser Schritt ist im Krisenfall in der bisherigen Praxis kaum umkehrbar. Eine starke Einbettung in ein behütendes pädagogisches Setting engt u.U. die Entwicklung von Entscheidungsfreiheit und Handlungsautonomie ein. Diese Praxis steht in einem starken Kontrast zu der Normalitätsvorstellung „Selbstständig sein mit 18", welches sich bisher kaum als Prozess mit Experimentierfeldern und Rückkehroptionen entfalten kann. Vor diesem Hintergrund haben die vorgestellten Angebote auch das Ziel, junge Menschen dabei zu unterstützen, eigene, gut vorbereitete Entscheidungen in ihrem Prozess der Ablösung aus dem System der Kinder- und Jugendhilfe zu treffen.

Praxisbeispiel Simulation des Alleinlebens

Ein Kinderdorf-Träger hält als Teil seines pädagogischen Konzeptes auf dem Gelände eine Einzelwohnung vor, in der alle Jugendlichen unabhängig vom konkreten Prozess der Verselbstständigung zu einem geeigneten Zeitpunkt im Hilfeverlauf für einige Wochen einziehen. Sie versorgen sich dort komplett selbst. Sie probieren dabei aus, wie es ist, allein und ohne Betreuung zu leben, und kehren danach wieder in ihre Kinderdorffamilie oder Wohngruppe zurück. Der Zeitraum wird mit Zielsetzungen begleitet und im Anschluss reflektiert.

Betont wird bei diesem Angebot die Möglichkeit des Ausprobierens, ohne die Kinderdorffamilie zu leben und zu erfahren, wie es ist, allein zu leben. Dabei ist immer noch der schützende Rahmen der Einrichtung vorhanden, falls Probleme entstehen. Das Probewohnen findet lange vor dem eigentlichen Auszug statt und dient der Vermittlung eines realistischen Bildes davon, wie sich das Leben in einer eigenen Wohnung darstellen könnte. Ein ebensolches Ziel hat das

Angebot eines anderen Trägers, der Jugendliche, die sich bereits im betreuten Wohnen befinden, mit anderen Jugendlichen zusammenbringt, die sich für diese Wohn- und Betreuungsform interessieren. Das Angebot stellt aus Sicht des Trägers konzeptionell ein Bindeglied zwischen vollstationären Hilfesettings und dem betreuten Wohnen dar.

Praxisbeispiel Gruppenangebot zum Austausch mit Peers

Ein Träger bietet alle zwei Monate für eineinhalb bis zwei Stunden ein Café-Angebot an, in dem sich alle Jugendlichen, die im betreuten Wohnen des Trägers leben, und diejenigen, die sich dafür interessieren, in lockerer Atmosphäre treffen können, z.B. Kaffee trinken und gemeinsam kochen. Ziel ist zum einen die Vorbereitung auf das betreute Wohnen, zum anderen die Vermittlung relevanter Kenntnisse rund um die Themen Wohnen, Finanzen und Behörden. Die Jugendlichen, die bereits im betreuten Wohnen leben, berichten über ihre Erfahrungen und vermitteln Anderen so ein realistisches Bild dessen, was auf sie zukommt, wenn sie allein leben. Hierüber ergibt sich die Möglichkeit der Vernetzung mit anderen jungen Menschen in der gleichen Lebenssituation. Teilnehmer_innen sind Jugendliche aus Wohngruppen und Pflegefamilien.

Inhaltliche Themen, die in drei Modulen mit jeweils zwei bis drei Treffen bearbeitet werden, sind: Finanzen/Verträge, Wohnung/Einrichtung/Anmietung, Lebenspraxis (Alltagsorganisation, Haushalt, Einkauf, Behörden etc.).

Nach Erfahrung des Trägers nimmt die Entwicklung der Jugendlichen, die zuvor das Café-Angebot besucht haben, nach dem Übergang ins betreute Wohnen einen positiveren Verlauf, da sie ihre Entscheidungen aufgrund realistischerer Vorstellungen treffen und sich der Chancen, aber auch Herausforderungen, die sich für sie stellen, bewusster sind.

Interview 45

Es geht darum, ihnen klarzumachen: Du wirst nicht deine gesamten Möbel bei IKEA kaufen und du wirst auch nicht jede Woche 100 EUR zur Verfügung haben. Oft ist das so idealisiert: Und dann geht das Leben los! Und den Jugendlichen klarzumachen, dass Leben auf Hartz IV-Niveau eine echt hohe Anforderung an die Person bedeutet. Sich zu organisieren, aber auch persönliche Abstriche zu machen, zu erkennen, jetzt lebe ich nicht mehr in der Wohngruppe, wo ich mich nicht um das Essen kümmern muss und mit einem relativ hohen Taschengeld-Satz und Bekleidungsgeld ausgestattet bin. Da ist man freier in der Geldausgabe, weil man mehr Geld zur Verfügung hat, auf der anderen Seite ist man eingeschränkter in seiner persönlichen Lebensführung, weil man weniger Raum hat. Das ist die Kante, die man den Jugendlichen nahebringen muss, was tausche ich wogegen?

Eine Form des Wohnens, die sich von stärkeren Reglementierungen löst und die Eigenverantwortung im Gruppenkontext fördert, bildet die Verselbstständigungs-Wohngruppe. Eine Reihe von Trägern der Hilfen zur Erziehung bieten

Wohngruppen für ältere Jugendliche an, die das explizite Ziel haben, auf ein zunehmend eigenständigeres Leben vorzubereiten. In der pädagogischen Arbeit werden auch im Gruppenalltag gezielt Themen in den Blick genommen, die für den Übergang bedeutsam sind.

Praxisbeispiel Verselbstständigungs-Wohngruppe

Mit dem Ziel, besser auf den Übergang vorzubereiten, fassen einige Träger Jugendliche ab etwa 16 in Verselbstständigungs-Wohngruppen zusammen. In diesen Wohngruppen werden eine graduell wachsende Verantwortungsübernahme in allen Lebensbereichen eingeübt und größere Freiräume zum Ausprobieren gelassen. Kennzeichnend ist ein im Vergleich zur Wohngruppe für jüngere Kinder oder altersgemischten Gruppe verändertes Regelsetting und eine i.d.R. reduzierte Anwesenheit und Verfügbarkeit der Betreuer_innen. Diese arbeiten zudem mit einer veränderten Haltung; im Sinne eines Übungsfeldes zum Ausprobieren und Verantwortung-Übernehmen wird den jungen Menschen ein größerer Spielraum gelassen, selbst Entscheidungen zu treffen.

Interview 29

Im Prinzip ist immer jemand da, der Pädagoge schläft auch da, sie sollen gewisse Dinge aber selbst machen, müssen sich z.B. selber wecken. Der Pädagoge ist im Hintergrund, tut möglicherweise erst mal nichts, beobachtet, lässt Sachen auch laufen, bleibt im Hintergrund oder ist auch mal mit Jugendlichen zu Terminen unterwegs.

Manche Träger etikettieren diese Wohngruppen als Wohngemeinschaften oder Wohnprojekte, um damit die Abgrenzung zu anderen Wohngruppen und das Erreichen einer zunehmenden Eigenständigkeit herauszustellen. Nebeneffekt dieser Betreuungsform ist das gemeinschaftliche Lernen mit anderen jungen Menschen in der gleichen Lebenssituation, aus dem im positiven Fall eine gegenseitige Unterstützung im weiteren Prozess der Ablösung aus der Kinder- und Jugendhilfe erwachsen kann.

Viele der interviewten Träger gestalten die Vorbereitung auf ein selbstständiges Leben in abgestuften Trainingsphasen mit sukzessiv reduzierter Betreuungsintensität. Ein Träger, der nach diesem Modell der abgestuften Betreuungsphasen arbeitet, nutzt im Rahmen der Vorbereitung des Übergangs eine sog. Zwischenverselbstständigungsküche. Die jungen Menschen leben zwar noch in der Wohngruppe, versorgen sich aber hauswirtschaftlich weitgehend eigenständig, bewahren ihre Einkäufe in einer separaten Küche auf und essen auch dort.

Interview 5

Diese Phase ist sehr künstlich und gibt es gewöhnlich nicht in Jugendhilfeeinrichtungen. Aber das ist aus unserer Sicht unser Erfolg, weil wir Stück für Stück die Selbstständigkeit nach vorne bringen und über Erfolge arbeiten.

Dem interviewten Vertreter dieser Einrichtung ist bewusst, dass dieses Element einer partiellen Herauslösung aus dem gemeinschaftlichen Leben der Wohngruppe, verglichen mit der üblichen Alltagspraxis in Erziehungshilfen, zunächst fremd wirkt, sich aber doch in der pädagogischen Praxis als positiv verstärkendes Übungsfeld bewährt habe.

Verantwortung für eigenen Wohnraum

Den nächsten Schritt auf dem Weg in die Eigenständigkeit stellt in der Regel der Umzug in eigenen Wohnraum dar, wobei auch hier eine Reihe von abgestuften Formen entwickelt wurde. Einige Träger verfügen über Trainings- oder Einliegerwohnungen auf dem Gelände oder im Gebäude der Wohngruppe, in denen vor dem Auszug aus der Einrichtung das eigenständige Leben bereits ausprobiert werden, jedoch bei Bedarf auf die Unterstützung aus der Wohngruppe zurückgegriffen werden kann. Typisch ist eine separate Wohnung für ein oder zwei Jugendliche oder junge Erwachsene in unmittelbarer Nähe zur Wohngruppe, jedoch mit eigener Küche und Sanitärbereich. In der Regel sollen die zukünftigen Care Leaver sich hier bereits selbst versorgen; sie bekommen ihr Essensgeld und sollen selbstständig einkaufen und kochen, wobei häufig eine graduelle Abkopplung von der Wohngruppe und eine schrittweise wachsende Verantwortungsübernahme vorgesehen sind. Mit der Nutzung einer separaten Wohnung auf dem Gelände sowie betreuungsfreien Zeiten bieten die Träger den Jugendlichen die Möglichkeit, ein eigenständiges Organisieren des täglichen Lebens zu trainieren. Vorteile dieser Wohn- und Betreuungsform liegen auch in der Möglichkeit der Weiterbetreuung aus der Wohngruppe heraus, dem Erhalt der Beziehungskontinuität zu den Betreuer_innen und den anderen Kindern und Jugendlichen in der Wohngruppe sowie dem Potenzial einer flexiblen Anpassung des Betreuungsbedarfs.

Praxisbeispiel Flexible Anpassung der Versorgung

Bei dieser Angebotsform kann als gute Praxis gelten, wenn die Ausgestaltung der Hilfe und der Bereiche, die die Jugendlichen schon selbst übernehmen, flexibel an ihren Entwicklungsstand und ihre Lebenssituation angepasst werden können. Einige Träger sehen die Möglichkeit vor, z.B. bei Krisen oder in Zeiten besonderer Anforderungen, wie dem Ausbildungsbeginn oder während der Vorbereitung auf einen Schul- oder Ausbildungsabschluss, auf eine verstärkte Versorgung aus der Wohngruppe zurückzugreifen – analog zu den Unterstützungsleistungen, die Familien üblicherweise erbringen. Beispielsweise kann während der Woche die Versorgung erneut durch die Wohngruppe erfolgen, während die Jugendlichen dies am Wochenende oder in den Ferien wieder stärker selbst übernehmen. Bedeutsam ist in diesen Lebenssituationen auch die Möglichkeit des emotionalen Rückhalts aus der Wohngruppe, der mit einem flexiblen und an individuelle Belastungen angepassten Betreuungssetting ermöglicht werden kann.

Allerdings muss hier angemerkt werden, dass die Möglichkeiten der flexiblen Anpassung des Hilfeumfangs variieren, denn diese Wohnform kann in der Praxis als stationäre wie auch als ambulante Maßnahme gestaltet sein. Ist die Hilfe bereits als ambulante Maßnahme gefasst, so wird sie eher als zeitlich verdichtete Vorstufe des Hilfeendes gesehen und es bestehen bisher weniger Möglichkeiten, den Umfang der Betreuung bei Bedarf wieder zu vergrößern.

Betreutes Wohnen

Die in Deutschland wohl gängigste Übergangs-Wohnform stellt das betreute Wohnen in einer Wohnung dar, die der junge Mensch allein bewohnt. Es kann sich hierbei um angemietete Wohnungen des Trägers handeln, in denen die vormals in Wohngruppen betreuten jungen Menschen für einen bestimmten Zeitraum wohnen. Viele Einrichtungen suchen jedoch Wohnungen individuell für jeden Care Leaver. Die Wohnungen befinden sich oft dezentral im Stadtgebiet oder Landkreis. Die meisten jungen Erwachsenen aus Wohngruppen, die nicht zuvor in einer der oben beschriebenen Angebotsformen betreut worden sind, durchlaufen diese Phase. Diese wird in der Praxis als Begleitung des Übergangs in eigenen Wohnraum für die meisten Jugendlichen als geeignetes Übergangssetting eingestuft.

Interview 38

Ich sage mal, das klassische betreute Jugendwohnen über den mobilen Dienst. Das bedeutet, mit selbstständiger Führung eines Haushalts. Da wird eine Wohnung über den freien Wohnungsmarkt angemietet. Und der Mitarbeiter des mobilen Dienstes ist anfangs in der Regel mit zehn Stunden in der Woche in der Betreuung und hat mit dem Jugendlichen dann zwei, drei Termine die Woche. Das ist eine Form für Jugendliche, denen wir sehr viel zutrauen, dass sie z.B. auch selbstständig ihren Haushalt führen können, dass sie sich in einer Hausgemeinschaft wohl fühlen und organisieren können. Es sind dann schon recht hohe Anforderungen an sie.

Viele Jugendliche im betreuten Wohnen haben zuvor in Wohngruppen gelebt, andere kommen direkt aus dem Elternhaus. Für sie wird aufgrund ihres Alters die Unterbringung in einer Wohngruppe nicht mehr für sinnvoll gehalten. Da sie jedoch auch noch nicht als „reif" genug eingeschätzt werden, um ohne Unterstützung leben zu können, stellt das betreute Wohnen für sie – in den Augen der pädagogischen Fachkräfte – eine passende Angebotsform dar. Ähnliches gilt für junge Menschen, die schon viele verschiedene Hilfesettings erlebt haben und keine Hilfe mehr möchten oder aufgrund von Konflikten in Wohngruppen nicht mehr „zu halten" sind. Für all diese Zielgruppen gilt, dass die Betreuungsdauer im betreuten Wohnen ermöglichen muss, den unterschiedlichen Bedarfslagen der jungen Menschen gerecht zu werden. Pauschalierte Zeithorizonte für die Nachbetreuung (z.B. drei bis sechs Monate) sind hierfür eher hinderlich.

Das betreute Wohnen ist in der Regel als Stufenmodell mit sukzessiv abnehmendem Betreuungsumfang gestaltet. Die konkrete Betreuung erfolgt zumeist in Form von Hausbesuchen, ergänzt durch eine Rufbereitschaft für Notfälle. Seltener wird der junge Mensch noch bei Ämtergängen o.Ä. begleitet. Teilweise mieten die jungen Menschen in diesem Setting ihre Wohnung bereits selbst oder die Jugendhilfeträger treten als Mieter auf. Viele Träger suchen gezielt Wohnungen, die die jungen Erwachsenen selbst anmieten oder bei Volljährigkeit übernehmen können. Dies hat den Vorteil, dass es bei Beendigung der

Hilfe keine Belastung in Form einer erneuten Wohnungssuche und eines Umzugs gibt und somit weitere Brüche verhindert werden können.

Mit dem Ziel, einer Isolation der jungen Erwachsenen entgegenwirken zu können, bieten einige Träger betreutes Wohnen in Wohn- oder Hausgemeinschaften an. Die Erfahrungen, die in der Praxis mit diesen Angebotsformen gemacht wurden, sind recht unterschiedlich. Einige Träger sehen stärker das potenzielle Scheitern aufgrund von Konflikten zwischen den Mitbewohner_innen in einer gemeinschaftlichen Wohnform als den Nutzen, den das Zusammenleben bietet. Für einige junge Menschen wird diese Wohnform insbesondere als Zwischenstufe eines reduzierten Betreuungsumfangs als sinnvoll eingeschätzt. Denn auch bei einer Betreuung von mehreren Stunden pro Woche kann der nur noch punktuelle Kontakt zur Betreuungsperson bereits als großer Schritt gelten. Für andere Care Leaver ist es die erste Gelegenheit, sich schon weitgehend in der selbstständigen Organisation ihres Alltags und im Alleinsein zurechtzufinden. Als Gelingensfaktor für diese Wohnform wird eine angemessene und vor allem gut erreichbare Betreuung vor Ort in den Wohngemeinschaften benannt, um Konflikte der Mitbewohner untereinander oder in der Nachbarschaft zeitnah bearbeiten zu können.

Praxisbeispiel Betreutes Wohnen in Gemeinschaft

Das betreute Wohnen in Gemeinschaft sieht z.B. eine Betreuung von bis zu drei Jugendlichen bzw. jungen Erwachsenen in Drei-Zimmerwohnungen im Stadtgebiet vor. Ein zusätzliches Zimmer ist als Büromöglichkeit vorgesehen ist, in dem die Kontakte mit dem/der Betreuer_in stattfinden.

Interview 38

Das hat für den Jugendlichen den Vorteil, dass sie nicht alleine wohnen. Abends kommt dann plötzlich niemand und die vielen Freunde, die man sich so vorgestellt hat, die sind dann plötzlich so nicht mehr da. Da fällt einem die Zimmerdecke auf den Kopf oder man geht in die Depression und den Rückzug. Das ist nicht selten. Wir hatten vor Kurzem ein Mädchen – das hat sich dann erst nach dem Auszug herausgestellt –, sie war nicht in der Lage, alleine zu übernachten und alleine die Nacht in einem Zimmer zu verbringen. Die hat richtig phobisch reagiert und hat dann ihren Freund dort einquartiert.

Einige Interviewpartner_innen berichteten von jungen Menschen, die durch Erfahrungen in ihrer Biografie traumatisiert sind und für die das Alleinsein ein großes Problem darstellt. Dieses angesichts der Hilfeanlässe eigentlich erwartbare Phänomen wird in der bisherigen Debatte der Übergangsbegleitung und insbesondere in der Hilfegewährungspraxis der öffentlichen Träger nur wenig thematisiert. Wenn, dann steht dabei eher eine pathologische Zuschreibung im Vordergrund, als eine Verantwortung der Kinder- und Jugendhilfe, für diese Gruppe angemessene Wohn- und Betreuungsformen zu entwickeln. Traumapädagogische Konzepte haben in den letzten Jahren in der Arbeit mit jungen

Menschen in Erziehungshilfen an Bedeutung gewonnen (vgl. Weiß 2013; Schmid u.a. 2010). Diese Erkenntnisse sollten auch in die Übergangsbegleitung einfließen, um nicht durch die Gestaltung des Ablösungs-Prozesses bei besonders belasteten jungen Menschen Krisen und Rückfälle zu begünstigen, die bis hin zu suizidalem Verhalten reichen können (Arbeitskreis der Therapeutischen Jugendwohngruppen Berlin 2009, S. 39). Hier erweist sich ein „übereilter Sozialisationsprozess" (ebd.), z.B. in Form eines vorzeitigen Hilfeendes oder erzwungenen Auszugs aus der Wohngruppe, als gefährdender Faktor durch das System der Kinder- und Jugendhilfe selbst (Gahleitner 2011, S. 19). Nach Meinung der Interviewpartner_innen sollte grundsätzlich berücksichtigt werden, dass bei vielen jungen Menschen eine Verunsicherung durch den formalen Akt der Hilfebeendigung stattfindet.

Eine besondere Zielgruppe im Übergang stellen auch junge Mütter und ihre Kinder dar. Speziell für ihre Lebenssituation und Bedürfnisse hat ein Träger das Angebot einer betreuten Wohngemeinschaft für Mütter und Kinder entwickelt.

Praxisbeispiel Betreute Wohngemeinschaft für junge Mütter

Als stationäres Jugendhilfeangebot hält ein Träger der Kinder- und Jugendhilfe in einer Großstadt ein Angebot des Gruppenwohnens für junge Mütter vor, in dem bis zu fünf junge Frauen mit ihren Kindern in einer Wohngemeinschaft zusammenleben können. Das Büro der Nachtwache befindet sich in unmittelbarer Nähe der Wohnung. Sie können dort ohne zeitliche Limitierung leben. In der Regel werden die Frauen eineinhalb bis drei Jahre im Gruppenwohnen betreut und wechseln danach in eine Verselbstständigungswohnung oder ins betreute Wohnen.

Das Ziel, Gemeinschaftserfahrungen zu ermöglichen und zu stärken, verfolgen auch Hausgemeinschaften. Diese ermöglichen bei Interesse einen Kontakt mit anderen jungen Menschen in der gleichen Lebenssituation; dieser ergibt sich jedoch nicht so zwangsläufig wie in einer Wohngemeinschaft, und die jungen Menschen haben im Vergleich mehr Möglichkeiten des Rückzugs in die eigene Wohnung.

Praxisbeispiel Hausgemeinschaft

Das Angebot eines Kinder- und Jugendhilfe-Trägers beinhaltet die Möglichkeit des betreuten Wohnens in sieben Wohnungen, die sich alle auf einer Etage eines Apartmenthauses befinden. In der Mitte der Etage befindet sich das Betreuungsbüro, das während der Woche tagsüber besetzt ist. Nachts und am Wochenende gibt es eine Rufbereitschaft. Diese Angebotsform ermöglicht sowohl eine Nähe zu den Betreuer_innen als auch die Chance, Zusammenhalt zu entwickeln und verlässliche Kontakte zu anderen jungen Menschen in der gleichen Lebenssituation aufzubauen, die über die Zeit der Betreuung fortdauern können.

Als Vorteile dieser Angebotsform werden eine Reihe von Faktoren herausgestellt. Positiv erleben die Jugendlichen die Erreichbarkeit der Betreuer. Viele der in dieser Wohnform Betreuten kommen von sich aus, z.B. nach der Schule, ins Betreuungsbüro, um zu erzählen, wie ihr Tag war. Es besteht eine gute soziale Anbindung; darüber hinaus helfen sich Jugendliche auch untereinander. Betont wird, dass die Gruppe der in dieser Wohnform Betreuten noch einen geschützten Raum im Vergleich zum völlig eigenständigen Leben darstellt, da die Jugendlichen ihre Lebenssituation untereinander aufgrund der eigenen Erfahrung sehr gut kennen. Nichtsdestotrotz werden die jungen Menschen bereits mit vielen Anforderungen eines eigenständigen Lebens konfrontiert, z.B., sich mit Nachbarn auseinanderzusetzen. Diese Lern- und Konfliktfelder bilden Teil des pädagogischen Konzepts.

Interview 32

Im Apartmenthaus gibt es das betreute Wohnen, aber auch eine Reihe anderer Bewohner; das ist auch Sinn der Sache. Wir haben auch schon sehr erzürnte Nachbarn da gehabt. Klar, aber das ist die Realität. Und das ist auch was, das müssen Jugendliche lernen, mit solchen Realitäten klarzukommen, dass man halt nicht alleine auf der Welt lebt. Das finden wir auch als Ansatz gut auch wenn es manchmal ein bisschen schwierig ist.

Ein Nebenaspekt der Unterbringung von Care Leaver in Hausgemeinschaften ist das Risiko einer „Ghettobildung", also vom sozialen Umfeld aufgrund der Wohnform bereits eindeutig als Jugendhilfe-Klientel wahrgenommen zu werden.

Ein Wohnangebot in Form einer Hausgemeinschaft wurde speziell für die Zielgruppe junger Mütter entwickelt. Mit dieser Angebotsform wird versucht, die Bedingungen des realen Lebens nach dem Ende der Hilfe abzubilden, ohne den notwendigen Rahmen, wie Hilfeangebote und den Rückbezug zu Betreuer innen, zu vernachlässigen. Es wird betont, dass die Rahmenbedingungen sich bereits so darstellen, wie sie nach Verlassen der Maßnahme voraussichtlich auch sein werden, so dass die jungen Frauen viel Gelegenheit haben, Kompetenzen für ihr Leben als ggf. alleinerziehende Mutter zu sammeln.

Praxisbeispiel Apartmentwohnen/Mutter-Kind-Angebot

Im Rahmen dieses Angebots werden in einem Apartmenthaus in Innenstadtlage Wohnungen für junge Mütter und ihre Kinder vorgehalten; im Haus befindet sich auch das Betreuungsbüro. Das Angebot ist keine Maßnahme nach § 19 SGB VIII, sondern eine ambulante Hilfe. Die jungen Frauen schließen mit dem Träger einen Mietvertrag. Der Lebensunterhalt und Behördenangelegenheiten müssen selbst organisiert werden, wobei sie bei Bedarf Hilfe erhalten können. Die meisten Frauen erhalten Arbeitslosengeld II vom Jobcenter.

Zur Erfüllung der Kinderschutzvorgaben ist das Setting ähnlich wie in stationären Mutter-Kind-Einrichtungen, d.h. es gibt eine 24-Stunden-Betreuungs-Präsenz. Zudem finden unangekündigte Kontrollbesuche statt. Es gibt zudem Eckpunkte, wie z.B. wöchentliche gemeinsame Besprechungsrunden, die Erarbeitung von Wochenzielen, gemeinsame Koch-Angebote und z.B. einen Erste-Hilfe-Kurs Baby. Es wird jedoch nicht die gesamte Tagesstruktur vorgegeben.

Viele Interviewpartner_innen berichten von großen Problemen, angemessen Wohnraum für die jungen Menschen zu finden. In manchen städtischen Ballungszentren ist bezahlbarer Wohnraum knapp und sie konkurrieren mit vielen anderen jungen Erwachsenen, Studierenden oder Berufspendlern um die nur begrenzt vorhandenen kleinen Wohnungen. Nicht selten wird ihnen minderwertiger Wohnraum angeboten. In ländlichen Gebieten besteht häufig das Problem, dass die meisten Care Leaver zunächst keinen Führerschein haben oder sich kein Auto leisten können und so die Wahl der Wohnung stark an der Infrastruktur des öffentlichen Nahverkehrs ausrichten müssen. Insofern werden die Wohnkonzepte und der Übergang in eine eigene Wohnung auch durch die Situation auf dem örtlichen Wohnungsmarkt mitbestimmt. Die Wohnungssuche wird zunehmend als ein großes Problem wahrgenommen; oft können nur Wohnungen in sozial problematischen Wohnmilieus gefunden werden. Bisweilen droht nach dem Verlassen der stationären Erziehungshilfen in den Großstädten aufgrund der insgesamt fehlenden Chancen auf dem Wohnungsmarkt sogar die Wohnungslosigkeit. Manche Träger versuchen z.B. durch eine frühzeitige Registrierung bei Wohnungsbaugesellschaften, die Chancen der jungen Menschen auf eine bezahlbare Wohnung zu verbessern. Die Stadt Hamburg hat vor dem Hintergrund der Wohnungsknappheit, die besonders junge Erwachsene trifft (vgl. Kastendieck ohne Jahr), ein Programm gestartet, das die Versorgung mit Wohnraum und eine fortgesetzte Betreuung im Anschluss an stationäre Hilfen miteinander kombiniert.[33]

Praxisbeispiel Wohnungsbauförderung

In Hamburg verlassen jedes Jahr ca. 300 junge Volljährige stationäre Hilfen gem. § 34 SGB VIII. Vor dem Hintergrund der Wohnungsknappheit ist es für viele dieser jungen Menschen schwierig, geeigneten Wohnraum zu finden. Das Programm umfasst eine Initiative der Wohnungsbauförderung, bei der bestimmte Kontingente von neu zu schaffendem Wohnraum für Care Leaver reserviert sind, sowie eine nachgehende Betreuung der jungen Menschen im Anschluss an die stationäre Hilfe, die alle beteiligten Stellen einbeziehen soll.

Als schwierig wird zudem erlebt, Vermieter zu finden, die Verständnis für junge Menschen mit Unterstützungsbedarf haben. Zu allgemeinen Vorurteilen im

33 Das Projekt befindet sich noch in der Startphase, der Ausschreibungstext ist abrufbar unter www.esf-hamburg.de/contentblob/4015006/data/lb-c1-8-unterstuetzungsangebot-nach-dem-housing-first-ansatz-1.pdf, letzter Zugriff 12.12.2014.

Hinblick auf die Lebensgestaltung junger Menschen kommen Vorurteile gegen Jugendliche und junge Erwachsene, die in Heimerziehung oder in Pflegefamilien aufgewachsen sind. Bei Jugendlichen mit Migrationshintergrund werden diese noch verstärkt durch generelle rassistisch motivierte Vorbehalte; bei unbegleiteten jungen Flüchtlingen auch durch deren unsicheren Aufenthaltsstatus und die dadurch nicht planbare Mietdauer. Aus der Praxis wird berichtet, dass vor dem Hintergrund der erwähnten Vorurteile bei der Einhaltung von Hausregeln an die Care Leaver teilweise höhere Anforderungen gestellt werden als an andere junge Mieter.

Flexible Übergänge und Rückkehroptionen

Viele Träger bieten verschiedene Wohn- und Betreuungsformen an. Es wird als wichtig für eine positive Entwicklung des jungen Menschen und einen gelingenden Übergang gesehen, dass die Entscheidung für eine bestimmte Wohn- und Betreuungsform in einem dialogischen Prozess gemeinsam mit dem jungen Menschen stattfindet und dabei neben den schon vorhandenen alltagspraktischen Fähigkeiten auch die persönliche Entwicklung und die vorhandenen Netzwerke des jungen Menschen als Entscheidungskriterien berücksichtigt werden.

Das betreute Wohnen wird von den befragten pädagogischen Fachkräften vor allem als Phase des Übens und Sich-Ausprobierens definiert. Betont werden die pädagogische Begleitung des Lernprozesses sowie die Möglichkeit, in einem geschützten Rahmen eigene Erfahrungen sammeln zu können. Diese werden im Rückbezug mit den Betreuer_innen reflektiert und es besteht die Möglichkeit, bei Bedarf auch praktische Unterstützung zu erhalten, wobei das Kriterium der ausreichenden Zeit als wesentlicher Faktor für ein Gelingen der Hilfe benannt wird.

Interview 44

Selbstständigkeit braucht Zeit, man muss Selbstständigkeit üben und in einem geschützten Rahmen vielleicht auch das eine oder andere Mal auf die Nase fallen. Die Erfahrung zu machen: ich war dienstags selbstständig einkaufen mit meinem Wochenbudget und irgendwie hatte ich dann Mittwochmorgen kein Geld mehr. Wir sorgen dafür, dass die Person nicht verhungert und auch morgens pünktlich zur Schule kommt, aber es ist dieses weiche Fallen. Aber dann auch die Erfahrung zu machen, sich dann Freitagabend nicht mehr mit Freunden treffen zu können. Lernen durch Erfahrung – ganz simpel.

In der Praxis wird diese Übungsphase jedoch i.d.R. zeitlich enorm limitiert, denn es werden zumeist vorab definierte und begrenzte Zeitfenster für die Begleitung zur Verfügung gestellt. Von mehreren Interviewpartner_innen wird beschrieben, dass viele junge Menschen erst spät in stationäre Hilfen kommen und dass es schier unmöglich erscheint, bei einer Aufnahme mit 17,5 Jahren und einem definierten Betreuungszeitraum von z.B. sechs Monaten einen Beziehungsaufbau zu der jeweiligen Betreuungsperson herzustellen und gezielt bestimmte Kompetenzen einzuüben. Viele Träger begegnen diesem Anspruch mit einer Vorverlagerung der Vorbereitung auf den Übergang in ein eigenständiges Leben, wodurch sich die Jugendphase für junge Menschen in stationären Hilfen umso mehr von der altersgleichen Durchschnittsbevölkerung unterscheidet und in vielen Lebensbereichen eine kritische Entwicklungsperspektive nach sich zieht.

So schlagen manche der befragten pädagogischen Fachkräfte vor, den Eintritt ins betreute Wohnen schon vor der Volljährigkeit einzuleiten, möglichst spätestens mit 17,5 Jahren, damit im Falle einer Überforderung oder einer Krise des jungen Menschen die Rückkehr in die Wohngruppe noch vor Erreichen der Volljährigkeit realisiert werden kann. Nach dem 18. Lebensjahr sei dies kaum noch möglich. Dies verweist auf eine Anpassung an die Hilfelogik, in der der Übergang, zumindest ab dem 18. Lebensjahr, quasi als „Einbahnstraße" konzipiert ist. Den Berichten der Interviewpartner_innen zufolge gibt es in der Praxis bisher nur in absoluten Ausnahmefällen die Möglichkeit, z.B. in besonderen Krisensituationen aus der Selbstständigkeit oder einer ambulanten Folgemaßnahme (vorübergehend) in ein stationäres Hilfsangebot zurückzukehren. Rückkehroptionen und eine stärkere Flexibilität wären aber wichtige Schlüsselaspekte für einen gelingenden Übergang.

Praxisbeispiel Flexible und reversible Hilfeangebote

Ein Träger, der eine Vielfalt von Formen des betreuten Wohnens entwickelt hat, ermöglicht in Abstimmung mit dem finanzierenden Jugendamt eine flexible Anpassung des Umfangs der Hilfe und abhängig vom Verlauf des Übergangsprozesses auch die Rückkehr in ein intensiver betreutes Setting.

Speziell für „entwicklungsverzögerte" junge Menschen wurde z.B. das Angebot einer Wohngruppe mit einer vergleichsweise hohen Betreuungsintensität entwickelt. Auch hier wird auf die Eigenständigkeit vorbereitet; die Betreuung findet jedoch rund um die Uhr statt. Es werden vor allem junge Volljährige mit intensivem Betreuungsbedarf betreut. In der Regel sind es junge Menschen, die bereits andere Maßnahmen ohne hinreichenden Erfolg durchlaufen haben, da die Unterstützung dort nicht ausreichte.

Bei der Vielfalt der Angebotsformen in der Praxis kann als zentral für den Hilfeerfolg gelten, dass sowohl der Zeitpunkt des Übergangs in eine neue Wohnform als auch der Umfang der Unterstützung an den individuellen Wünschen und dem Entwicklungsstand des jungen Menschen orientiert wird.

Nicht alle jungen Menschen in stationären Erziehungshilfen wünschen nach Erreichen der Volljährigkeit noch eine Betreuung durch die Kinder- und Jugendhilfe. Dieser Wunsch kann unterschiedlich motiviert sein, z.B. durch eine lange Aufenthaltsdauer in stationären Hilfen oder durch das Erleben vieler Zuständigkeitswechsel. Findet ein Übergang in eigenen Wohnraum ohne jegliche Weiterbetreuung statt, so schätzen die befragten pädagogischen Fachkräfte es für diese Care Leaver als wichtig ein, dass ein funktionierendes soziales Netz mit Familie und Freunden vorhanden ist (vgl. Kap. III.3). Schätzen die jungen Menschen sich und ihr Umfeld an diesem Punkt falsch ein und versuchen, ganz ohne Hilfe zurechtzukommen, ist den Erfahrungen der pädagogischen Fachkräfte zufolge oft eine negative Entwicklung abzusehen. Dieser Gruppe der Care Leaver sollte von der Kinder- und Jugendhilfe das Recht zugestanden werden, sich bei einem erneuten Hilfebedarf wieder an die Jugendhilfe wenden zu können.

Hier lässt sich aus den in anderen Ländern bestehenden Rückkehroptionen und nachgehenden Angeboten lernen (vgl. Kap. IV); für den deutschen Kontext besteht hier erheblicher Entwicklungsbedarf.

2. Erwachsenwerden zwischen Kompetenztraining und Entwicklungsbegleitung

Die Kompetenzen, die junge Menschen brauchen, um ein selbstständiges Leben zu führen, werden von fast allen interviewten pädagogischen Fachkräften als komplex und vielschichtig beschrieben. Während diese in einem privaten familiären Umfeld eher implizit erworben werden, werden in der Praxis der stationären Hilfen eine Reihe von Angeboten und Maßnahmen durchgeführt, um Care Leaver dabei zu unterstützen, diese Fähigkeiten und Alltagskompetenzen zu erwerben. In diesem Kapitel werden konkrete praktische Maßnahmen zur Förderung der Selbstständigkeit dargestellt, wie sie vonseiten der Interviewpartner_innen beschrieben wurden. Diese werden in den Kontext pädagogischer Ansätze in der Arbeit mit Jugendlichen und jungen Erwachsenen gestellt. Zudem werden Gruppenangebote vorgestellt, die die Möglichkeit der Stärkung der Netzwerke der Care Leaver beinhalten. Abschließend wird die Notwendigkeit der Auseinandersetzung mit den eigenen Lebenserfahrungen, z.B. in Form von Biografiearbeit, als ein ebenso wichtiger Aspekt der Vorbereitung des Übergangs dargelegt.

Entwicklungsstände einschätzen!?

Zentrale Kompetenzen, die von vielen pädagogischen Fachkräften als relevant benannt werden, um ein eigenständiges Leben führen zu können, sind z.B.:

- Umgang mit Geld, Fähigkeit, Geld einzuteilen,
- eigenverantwortliche Einhaltung der Tagesstruktur: morgens aufstehen, pünktlicher Schul- oder Ausbildungsbesuch,
- Körperhygiene und Kleiderpflege,
- gesunde Ernährung, Kochen, Vorratshaltung,
- Gesundheit, Verhütung, ärztliche Vorsorge, Wissen über Suchtmittel,
- hauswirtschaftliche Fertigkeiten (Müllentsorgung, Sauberhalten der Wohnung etc.),
- Umgang mit Medien, PC,
- eigenständige Behördengänge.

Die Fähigkeit, ein eigenständiges Leben zu führen, hängt – so die Einschätzung vieler pädagogischen Fachkräfte – stark vom persönlichen Entwicklungsstand ab. Vor dem Hintergrund der bereits erwähnten Normalvorstellung der Selbstständigkeit mit 18 wird von den Interviewpartner_innen eine Fokussierung vieler Kostenträger auf die genannten alltagspraktischen Fragen beschrieben. In der Hilfeplanung wird meist spätestens ab dem 16. Lebensjahr versucht, den Entwicklungsstand eines jungen Menschen im Hinblick auf diese Fähigkeiten festzustellen und noch fehlende Kompetenzen gezielt einzuüben. Die zur Verfügung stehende Zeit, um junge Menschen „fit für die Selbstständigkeit zu machen", erscheint vielen pädagogischen Fachkräften nicht realistisch. Zudem wurde auf die generelle Schwierigkeit und Vielschichtigkeit der Einschätzung des Entwicklungsstandes eines jungen Menschen hingewiesen. Dieser kann in verschiedenen Lebensbereichen stark variieren.

Interview 42

Pflegeltern wollten dem Jugendamt als Argument (für die Weiterführung der Hilfe, Anm. der Verf.) liefern, dass der Jugendliche bald Abitur macht. Ich habe darauf hingewiesen, dass das für das Jugendamt vermutlich kein Kriterium für die Weitergewährung der Hilfe ist, ob das Abitur ein bisschen besser oder schlechter ausfällt. Es wurde dann in der Beratung immer mehr herausgearbeitet, was das eigentlich heißt, dass das Pflegekind Probleme mit dem Selbstwertgefühl hat, da es immer wieder gestützt werden muss, eine labile Seite in sich hat, verführbar ist bei Freunden. Da wurde deutlich, was die Pflegefamilie für das Kind noch alles macht und welchen Rahmen sie noch bietet. Es wurde deutlich, dass es bei manchen Jugendlichen so ein Bild nach außen gibt, wo sie nach außen fit und selbstständig wirken, und es noch eine ganz andere Seite gibt, wo sie ihrem Alter noch nicht entsprechend entwickelt sind.

Diese Beschreibung verdeutlicht die grundlegende Herausforderung in den Erziehungshilfen und dem bevorstehenden Übergang in ein eigenständiges Leben, den Stand der Persönlichkeitsentwicklung eines jungen Menschen zu beurteilen. In der Praxis wird hierfür auch häufig der Begriff „Reife" verwendet, auf den in dieser Veröffentlichung verzichtet wird, da er nicht an der Handlungsfähigkeit eines jungen Menschen orientiert ist, sondern einen psychosozialen und kognitiven Entwicklungsstand festschreibt. Gerade weil dieser oft schwer zu fassen und in verschiedenen Lebensbereichen unterschiedlich sein kann, wird nach Erfahrung der Interviewpartner_innen vor allem von Kostenträgern häufig versucht, dies über objektive und nachprüfbare Fähigkeiten zu operationalisieren. Es ist unbestritten, dass lebenspraktische Kompetenzen und das Wissen über Haushaltsführung und gesunde Ernährung wichtig sind, um das Leben bewältigen zu können. Ebenso bedeutsam ist jedoch emotionale Stabilität und ein positives Selbstbild und Selbstwertgefühl als Voraussetzung für die Fähigkeit, sein Zuhause zu gestalten und sich selbst gut zu versorgen. Weiterhin erfordert die Durchsetzung der eigenen Rechte und Ansprüche neben dem Wissen um die zuständigen Behörden auch Selbstbewusstsein. Eine Reihe von Interviewpartner_innen betonen, dass sie die dafür erforderliche Handlungsfähigkeit der jungen Menschen daher nicht nur über alltagspraktische Fähigkeiten, sondern z.B. auch über ihre Verlässlichkeit und ihre Kommunikationsfähigkeit ermitteln (vgl. Kindler u.a. 2011, S. 651).

Weitere Aspekte der persönlichen Entwicklung, die in den Interviews als ebenso bedeutsam wie lebenspraktische Fähigkeiten beschrieben werden und auch bei der Beurteilung eines weiteren Hilfebedarfs berücksichtigt werden sollten, sind:

- emotionale Stabilität,
- Fähigkeit, Absprachen einzuhalten und zuverlässig zu sein,
- Fähigkeit, zielorientiert handeln zu können und sich nicht ablenken zu lassen,
- Fähigkeit, sich gegen negative Einflüsse abzugrenzen,

- Kommunikationsfähigkeit und Konfliktlösungsstrategien,
- Aufarbeitung der persönlichen Geschichte,
- Wissen darüber, an wen man sich bei Problemen wenden kann,
- Fähigkeit, den eigenen Hilfebedarf einzuschätzen und sich Hilfe zu holen,
- Umgang mit Krisen, dazu kann auch Einsicht in die eigene Krankheit gehören.

Zur Einschätzung des Entwicklungsstandes eines jungen Menschen wurden verschiedene Einschätzungsbögen bzw. Kriterienkataloge zur Ermittlung des Grads der Selbstständigkeit in verschiedenen Lebensbereichen entwickelt (Kindler u.a. 2011, S. 660 ff.).[34] Diese sollen dabei unterstützen, verschiedene Aspekte von Selbstständigkeit für das fachliche Handeln und die Einschätzung des Hilfebedarfs inhaltlich zu füllen. In der Praxis finden diese bisher nur selten Anwendung, werden aber durchaus als ein Instrument eingeordnet, das nach Bedarf eingesetzt werden kann, um z.B. mit Jugendlichen, Betreuer_innen und/oder Pflegeltern über die Selbst- und Fremdeinschätzung im Hinblick auf die Selbstständigkeit des jungen Menschen in verschiedenen Lebensbereichen ins Gespräch zu kommen. Das Niedersächsische Landesamt für Soziales, Jugend und Familie (vgl. Meyer/Gabel/Glaum 2013) hat im Rahmen der Integrierten Berichterstattung Niedersachsen einen Fragebogen „Selbstständigkeit junger Menschen" für Hilfen zur Erziehung ab 16 Jahre und Hilfen für junge Volljährige entwickelt, der hier exemplarisch kurz vorgestellt werden soll.

Einschätzungsbögen für Hilfen zur Erziehung ab 16 Jahre und für junge Volljährige (vgl. Meyer/Gabel/Glaum 2013)

Es wurde jeweils ein Bogen für die Altersgruppe zwölf bis 15 Jahre sowie ein Bogen für Jugendliche ab 16 Jahre und junge Volljährige entwickelt, die verschiedene Themenbereiche auflisten und mit Ankerfragen zur Selbst- und Fremdeinschätzung arbeiten. Die jungen Menschen schätzen auf einer Skala von 0 bis 10 ein, ob die in den Ankerfragen gemachten Aussagen für sie stimmen. Daneben kann in einer weiteren Spalte die Betreuungsperson ihre Einschätzung eintragen.

Der Bogen umfasst folgende Bereiche: Soziale Beziehungen, Umgang mit Geld, Gesundheitsbewusstsein, Ordnung/Wohnen und Selbstständigkeit/Selbstreflektiertheit; für die Altersgruppe ab 16 Jahre ist dieser Bereich mit „Selbstständig leben" überschrieben und enthält beispielsweise folgende Ankerfragen:

- Ich komme allein gut klar.
- Ich komme mit schwierigen Situationen zurecht.
- Ich weiß, wo ich mir Hilfe holen kann.
- Ich komme meinen Verpflichtungen nach.

34 Vgl. Moses Online, Portal zum Thema Pflegekinder und Adoption; hier stehen diverse Selbsteinschätzungsbögen zum Download zur Verfügung unter www.moses-online.de/artikel/verselbstaendigungsboegen-selbsteinschaetzung-jugendlichen, letzter Zugriff 15.12.2014.

Einüben lebenspraktischer Fähigkeiten

Neben dem alters- und entwicklungsbedingten Zuwachs an Verantwortungsübernahme berichten die interviewten pädagogischen Fachkräfte von gezielten Aktivitäten, die Jugendliche und junge Erwachsene zu einer eigenständigen Lebensführung befähigen sollen.

Bearbeitete Themenbereiche sind typischerweise die Lernfelder Hauswirtschaft, Hygiene, Finanzen, Mediennutzung, Wohnungssuche und Wohnungsgestaltung sowie Umgang mit Institutionen. Wesentlich ist hier auch die Vorbereitung auf den Zeitpunkt der Volljährigkeit, denn mit 18 müssen alle Anträge bei Behörden von den jungen Erwachsenen selbst gestellt werden. Teilweise wird das Angebot auch durch externe Fachkräfte ergänzt, beispielsweise mit Ernährungsberater_innen, die Kochkurse durchführen.

Diese stark auf den Erwerb alltagspraktischer Fertigkeiten ausgerichteten Angebote unterschieden sich in ihrer Verbindlichkeit für die jungen Menschen und sind unterschiedlich stark formalisiert. Neben dem schrittweisen Einüben von lebenspraktischen Fähigkeiten als gradueller Prozess im Alltag der Wohngruppe oder Pflegefamilie gibt es auch Träger, die im Rahmen der sog. Verselbstständigung mit festen Übungseinheiten oder Konzepten zum Einüben der als relevant erachteten Fähigkeiten arbeiten. Dies wird damit begründet, dass viele Kinder und Jugendliche betreut werden, die aufgrund ihrer Erfahrungen von Mangel und Vernachlässigung in der Herkunftsfamilie nur wenige alltagspraktische, insbesondere aber auch hauswirtschaftliche Kompetenzen erwerben, und dass man in der Praxis diesbezüglich erst einmal nichts als gegeben voraussetzen kann.

Interview 8

Wir haben natürlich einerseits den Bezugsbetreuer an dieser Stelle, also, dass sich wirklich ein Kollege aus der Gruppe jeweils ganz extrem mit dem Jugendlichen beschäftigt und wirklich ganz individuell den Förderplan sozusagen für ihn strickt. Er weiß, o.K., der hat da seine Schwachstelle im Umgang mit Geld oder im Umgang mit Verträgen. Und dass er da ganz explizit mit dem jungen Menschen nochmal die Informationen durchgeht, nochmal Pläne erstellt, wie kann ich mir Geld einteilen oder einfach nochmal auch Kontoführung mit ihm betreibt, Haushaltsbuch, solche Dinge einübt.

Das systematische Einüben alltagspraktischer Fähigkeiten hat sich in der Praxis bewährt und schafft u.U. auch eine niedrigschwellige Gelegenheit gemeinsamen Tuns. Oft wird zu diesem Zweck durch die Bezugsbetreuer_innen mit dem einzelnen Jugendlichen ein festgelegter Themenkatalog bearbeitet. Bei einem Jugendhilfeträger aus dem Datensample wurden sogar in einer Abschlussprüfung die erworbenen Kenntnisse überprüft. Bei manchen Trägern ist der Nachweis vor allem hauswirtschaftlicher Fähigkeiten und des Umgangs mit dem eigenen Budget die Voraussetzung für den Übergang in die nächste Stufe des betreuten Wohnens. Das heißt der Übergang wird in diesem Punkt als Prozess des Bewährens und Belohnens gestaltet. Es erscheint fraglich, wie in diesem Ansatz der Übergangsbegleitung die Handlungsfähigkeit und die Bereitschaft der jungen Menschen zur Verantwortungsübernahme für ihr eigenes Leben gestärkt werden können. Andere Praxisvertreter_innen betonen die Wichtigkeit der Beziehungsebene und die enge persönliche Begleitung bei der Einübung alltagspraktischer Kompetenzen.

Als zentraler Aspekt im Prozess des Übergangs und des Selbstständig-Werdens wird von vielen pädagogischen Fachkräften die Verantwortung für das eigene Geld angeführt. Betont werden der Aspekt des Übens und die Möglichkeit, Erfahrungen mit den zur Verfügung stehenden – begrenzten – Finanzmitteln zu sammeln. Dieses finanzielle Experimentierfeld besteht noch am ehesten im betreuten Wohnen, in dem eine entstehende Notsituation noch leichter aufgefangen werden kann.

Interview 46

Die Hilfe zum Lebensunterhalt beträgt 374 €. Der Betreuer erhält das auf ein Treuhandkonto, dann wird nach und nach ausprobiert und überwiesen: Geld für eine Woche, dann für zwei. Manche können das nach einem Jahr, manche brauchen sehr lang um zu lernen, mit Geld umzugehen. Wenn man z.B. weiß, in drei Wochen kommt das Geld von der ARGE, dann wird z.B. schon mal komplett überwiesen, auch wenn es vermutlich schiefgeht, um die Erfahrung zu machen und zu üben.

Im betreuten Wohnen bleibt aber auch mit dem Aufsuchen der Care Leaver in ihrer Wohnung der damit verbundene Aspekt der Kontrolle bei den meisten Trägern bis zum Ende der Hilfe ein Bestandteil der Betreuung, den die jungen Menschen akzeptieren müssen.

Interview 25

Es gibt auch Jugendliche, die sagen, das ist jetzt meine Wohnung, und da sagen wir, nee, solange du bei uns in einer Betreuung bist, ist das unsere und wir gucken auch mindestens einmal in der Woche da rein. Da gibt es auch immer wieder wirklich so total entgleiste Wohnungssituation, das kann teilweise sehr schnell gehen. Aber das wissen die Jugendlichen und das ist ein Teil der Bedingungen. Es passiert auch ganz furchtbar viel auf der nonverbalen Ebene. Die Jugendlichen zeigen es uns mit ihren Wohnungen auch ganz oft, dass es ihnen nicht gut geht, ohne dass man es ihnen auf den ersten Blick ansähe. Und wenn da immer ganz viele leere Alkoholflaschen sind und es auch Hinweise auf Drogenkonsum gibt, dann machen die das auf diese Art und Weise auch zum Thema der Betreuung. Das würden sie ja im Gespräch im Büro nicht tun.

Hier wird deutlich, dass die eigene Wohnung zugleich Lebensort und pädagogischer Raum ist. Dabei kann der Zustand der Wohnung Anknüpfungspunkte für die Beratung und Betreuung bieten, im positiven wie im negativen Sinne. Es geht dabei weniger um die Bewertung, ob alltagspraktische Verpflichtungen erledigt wurden, sondern darum, die Wohnung als Raum des Selbstausdrucks in einem umfassenderen Sinne in den Blick zu nehmen. Daran wird deutlich, dass sich die Übergangsvorbereitung und Begleitung – also die Situation, in der die Emanzipation von der Kinder- und Jugendhilfe im Vordergrund stehen sollte – weiterhin in der Systematik von Hilfe und Kontrolle bewegt und somit die Erlangung von Eigenständigkeit und tatsächlicher Selbstverantwortung nur begrenzt innerhalb der Hilfe erreicht werden kann. Die Herausforderung in der

Begleitung liegt in einer nur schwer auszulotenden Balance zwischen pragmatischer Aneignung von Fertigkeiten, die Sicherheit in der Alltagsbewältigung geben, und der Förderung der psychosozialen Entwicklung, die sich nicht in gleicher Weise operationalisieren lässt. Mit Blick auf die Lebensgeschichte und den bevorstehenden Übergang kann die Persönlichkeitsentwicklung und psychische Stabilität sogar starken Schwankungen unterliegen. Hier bietet der alltagspraktische Teil der Vorbereitung mitunter einen ausgleichenden Gegenpart. Es besteht allerdings die Gefahr, dass diese Aktivitäten einseitig im Vordergrund stehen und andere wesentliche Anliegen einer Begleitung von Care Leaver ins Erwachsenenleben kaum bearbeitet werden.

Pädagogische Ziele im Übergang – Fit machen oder Aushandeln und Partizipation?

Eine Möglichkeit, die schwierige Balance zwischen Eigenverantwortlichkeit und Unterstützung zu halten, ist die frühzeitige aktive Einbindung von Jugendlichen in Entscheidungsprozesse, die sowohl das Zusammenleben in der Wohngruppe oder Pflegefamilie betreffen als auch den eigenen Lebensweg. Eine Reihe von pädagogischen Fachkräften betont dahingehend, dass die Förderung der Selbstständigkeit im Grunde bereits mit der Aufnahme eines Kindes/Jugendlichen in der stationären Hilfe beginne und durchgehendes Erziehungsziel sein müsse. Gleiches wird von den Fachkräften der Pflegekinderdienste hervorgehoben. Es müsse ein natürlicher Prozess sein, dass Pflegekinder in Pflegefamilien altersentsprechend immer mehr Pflichten übernähmen und Selbstständigkeit übten. Sollte dies nicht der Fall sein, müsse dies von Berater_innen thematisiert und angeregt werden. Mehrere pädagogische Fachkräfte unterstrichen die Wichtigkeit des Partizipationsansatzes in ihrer Arbeit mit Kindern und Jugendlichen, also der konsequente Dialog mit den jungen Menschen bei allen das Zusammenleben betreffenden Ereignissen sowie Entscheidungs- und Willensbildungsprozessen, z.B. die Aushandlung der Hausregeln in Jugendhilfeeinrichtungen. Eine in der Alltagspraxis und dem täglichen Kontakt mit den jungen Menschen gelebte und altersangemessene Beteiligung sei durch den kontinuierlichen Erfahrungszuwachs eine sehr gute Voraussetzung für eine wachsende Bereitschaft zur Übernahme von Verantwortung für sich selbst, aber auch für andere und das Zusammenleben in einer Gruppe.

Interview 32

Wenn man jetzt vom Partizipationsansatz aus anfängt, z.B., wie wird mit dem Taschengeld umgegangen, wie häufig wird das ausgezahlt, welche Modalitäten sind da in den Gruppen? Da haben die Mitarbeiter und die Wohngruppen auf dem Schirm, dass es ein Prozess sein sollte, und dass am Ende auch ein Jugendlicher, der halt einmal im Monat das Taschengeld haben sollte, und möglichst am Ende des Monats noch 3 Euro auf dem Konto haben sollte, also diese Einteilungsfrage. Das ist ein ständiger Prozess, der in der Wohngruppe gelebt werden muss, dass das gut miteinander besprochen wird. Wenn man so will, die Dienste haben da den gleichen Effekt. Ich finde, es hat auch etwas mit Verselbstständigung zu tun, nämlich zunehmend zu sehen, ja, da muss jetzt was organisiert werden, wir müssen es irgendwie geregelt kriegen, dass wir gut zusammenleben. Das ist natürlich, je älter die Kids werden, umso wichtiger.

Wolff/Hartig (2013) haben in einem Beteiligungsprojekt eine Reihe von Indikatoren ermittelt, die als Voraussetzungen für eine gelingende Beteiligungspraxis angesehen werden können. Wesentlich ist neben einer konzeptionellen Rahmung vor allem die konkrete Verwirklichung des Partizipationsansatzes im Alltag der Heimerziehung wie auch in Pflegefamilien.

Gelingende Partizipation[35]

Indikatoren bzw. Voraussetzungen für eine gelingende Beteiligung in der Heimerziehung:

- Formale institutionelle Rahmenbedingungen und konzeptionelle Festschreibungen der Partizipation, z.B. eines Sprecherrats/Heimbeirats und des Beschwerdemanagements.
- Erfahrungen der Umsetzung und das Erleben von Beteiligung im Alltag, z.B. die Einbeziehung der Meinung der Kinder und Jugendlichen in Entscheidungsprozesse, bewusste Gestaltung von Erfahrungsräumen für Beteiligung.
- Ein Klima von Beteiligung, d.h. die Betreuer_innen animieren die Kinder und Jugendlichen, ihre Meinung zu sagen und sich einzubringen. Sie werden auch mit ihren eigenen Anliegen in der Einrichtung gehört.
- Empowerment als Handlungsgrundsatz, d.h. die Kinder und Jugendlichen zu befähigen, für sich einzutreten, ebenso eine beteiligungsfördernde pädagogische Grundhaltung.

Gerade der letzte Punkt lässt sich nur schwer von der Leitung vorgeben, sondern erfordert Authentizität im Hinblick auf die eigene Haltung und die Werte, die den jungen Menschen vermittelt werden sollen. Eine konsequente beteiligungsfördernde Grundhaltung einer Institution kann dazu beitragen, dass die jungen Menschen ihre Wünsche, Bedürfnisse und Vorstellungen zum Ausdruck bringen und sich ernst genommen fühlen. Wichtig ist, in die pädagogische Arbeit und das Zusammenleben in der Wohngruppe oder Pflegefamilie soweit wie möglich Aushandlungsprozesse und partizipative Elemente zu integrieren. Über den gemeinsamen Austausch und die Verantwortungsübernahme für einzelne Aspekte des Zusammenlebens können Erfahrungen von konstruktiver Konfliktlösung und Selbstwirksamkeit gemacht werden, die wesentlich sind für die Vorbereitung auf ein eigenständiges Leben.

Im Hinblick auf eine Stärkung der Selbstständigkeit ist es jedoch auch wesentlich, Jugendlichen Freiräume zu eröffnen, ihnen beispielsweise Zeiten und Räume zu ermöglichen, in denen sie ganz unter sich sein und Erfahrungen machen können, wie andere Jugendliche sie machen, wenn z.B. ihre Eltern verreist sind. Desgleichen sind Gelegenheiten wichtig, um Erfahrungen damit zu machen, sich selbst zu organisieren (Seckinger 2013, S. 63). Es stellt ein strukturelles Problem in der Kinder- und Jugendhilfe dar, dass der durchregulierte

[35] Vgl. www.diebeteiligung.de

Alltag in Wohngruppen sich oft nur bedingt als Aushandlungsort und Erfahrungsraum zur Erlangung von Handlungsautonomie eignet (vgl. Stork 2007; Papastefanou 2003).

Viele pädagogischen Fachkräfte setzen in der Arbeit mit der Altersgruppe der Care Leaver ganz bewusst nicht auf pädagogische Konzepte von Erziehen und Strafen, sondern arbeiten eher beteiligungsorientiert und mit systemischen Ansätzen, um den Selbstwert und die Autonomie der jungen Menschen zu stärken und ihre Bereitschaft zur Übernahme von Verantwortung zu erhöhen. Betont wird die Wichtigkeit, die Beziehung in der Betreuung zunehmend auf Augenhöhe zu gestalten und den Jugendlichen zu vermitteln, dass sie in ihren Wünschen und Anliegen ernst genommen werden. Hierzu sind eine intensive Begleitung und die Bereitschaft zur Auseinandersetzung erforderlich; ebenso die Schaffung von Räumen zur Reflexion der gemachten Erfahrungen. Manche Träger führen wöchentliche Reflexionsgespräche mit den jungen Menschen. Eine derart intensive Begleitung erfordert Zeit, sowohl während des Lebens in der Wohngruppe als auch nach dem Umzug in eine eigene Wohnung. Der Umfang der gewährten Betreuungszeit im betreuten Wohnen stellt sich in der Praxis jedoch als sehr unterschiedlich dar und kann zwischen zwei und 20 Stunden in der Woche liegen. Dies hängt zum einen von dem Bedarf der Jugendlichen, aber auch von der Gewährungspraxis der Jugendämter ab (vgl. Kap. II.3). Die Förderung der Persönlichkeitsentwicklung ist bei einem geringen Stundenumfang allerdings kaum zu leisten. In diesem Fall findet notgedrungen eine Fokussierung auf alltagspraktische Anliegen wie z.B. Behördenangelegenheiten statt, weil Fragen der Existenzsicherung vorrangig bearbeitet werden müssen und darüber hinaus keine Zeiträume für persönliche Gespräche bleiben. Die Idee der Beteiligung im Sinne der Entwicklung eigener Anliegen und der Bearbeitung individuell relevanter Themen stößt insofern in einem zeitlich sehr verdichteten Übergang ins Erwachsenenleben an Grenzen.

Im Verlauf der Betreuung stehen mit Blick auf das Hilfeende aktuelle Themen wie Schulbesuch, Berufswahl, die Bedeutung sozialer Bindungen im Übergang in ein eigenständiges Leben, Fragen der Gesundheit, vor allen Dingen aber der Existenzsicherung und der Regelung von Behördenangelegenheiten im Vordergrund. Nach dem Umzug reduziert sich die Intensität der Kontakte zu den Betreuer_innen erheblich. Junge Menschen können sich in dieser Phase rasch von dem Hilfesystem abgrenzen, sie erhalten aber auch bei einem starken Gesprächsbedarf und dem Bedürfnis nach Vergewisserung in der neuen Lebenssituation nur noch sehr begrenzt die Gelegenheit, auf die vertrauten Bezugspersonen aus den stationären Erziehungshilfen zurückzugreifen.

Gruppenangebote

Manche Träger von Erziehungshilfen bearbeiten bedeutsame Themen der Übergangsbegleitung in Form von Gruppenangeboten. Hier geht es neben dem Erwerb alltagspraktischer Kompetenzen auch um weiteren Wissenserwerb, z.B. zum Abschluss von Verträgen oder zum Umgang mit Institutionen, ebenso um die Stärkung emotional-kognitiver und sozialer Fähigkeiten.

Interview 8

Wir haben aber auch immer wieder Gruppentrainings, also, das ist einmal so ein Kurs im hauswirtschaftlichen Bereich, wo man dann kleine Gerichte kocht und den Einkauf durchgeht: Wo kann ich Geld sparen? Wo kann ich Gemüse und solche Dinge einkaufen? Was brauche ich eigentlich an Grundausstattung? In der Küche dann aber auch, was allgemein Hygienegeschichten angeht, Wäsche waschen, putzen, was muss ich da bedenken oder aber auch mal einen Knopf annähen können oder bügeln, also, so wirklich normale einfache Dinge, Tätigkeiten, die sie sonst vielleicht so nicht lernen.

Diese Angebote haben i.d.R. nicht primär das Erleben von Gemeinschaftserfahrungen oder die Vernetzung der Care Leaver zum Ziel, ermöglichen jedoch den Austausch und das Lernen aus der Erfahrung der anderen und haben u.U. den Nebeneffekt, junge Menschen in der Situation des Übergangs zusammenzubringen. Unter den erhobenen Praxismodellen fand sich z.B. ein Gruppenangebot, das explizit die Vernetzung der Jugendlichen im Sozialraum und den Abbau von Hemmschwellen im Kontakt mit Behörden und Einrichtungen zum Ziel hat.

Praxisbeispiel Gruppenangebot mit dem Ziel der Vernetzung

Es handelt sich um ein Seminarangebot für Jugendliche im betreuten Wohnen. Dieses findet vier bis fünf Mal im Jahr nachmittags für drei Stunden statt. Eingeladen werden externe Referent_innen von Behörden und Beratungsstellen in der Stadt, um zu verschiedenen Themen zu informieren und um Hemmschwellen im Kontakt zu Institutionen abzubauen.

Themenbereiche sind z.B.:

- Ausbildung, Arbeit (Agentur für Arbeit)
- Versicherungen, Verträge, Zeitungsabonnements (Verbraucherzentrale)
- Schulden (Schuldnerberatungsstelle)
- Infos über Drogen (Drogenberatungsstelle)
- Aufgaben der Polizei
- Verhütung (Pro Familia)

Mehrere Träger des Datensamples begleiten den Übergang mithilfe von Trainingsprogrammen, z.B. das Programm „Fit for Life“. Dieses Trainingsprogramm umfasst diverse Übungen, die als konkrete Trainingsmodule durchgeführt werden oder Fachkräften als Anregung und Unterstützung für ihren Arbeitsalltag dienen können. Das Trainingsprogramm kann individuell mit dem einzelnen Jugendlichen erarbeitet werden, z.B. in Rollenspielen, oder im Rahmen eines Gruppenangebots. Es soll alle zentralen Aspekte wachsender Selbstständigkeit zum Inhalt haben und beim Aufbau einer soliden Sozial- und Lebenskompetenz unterstützen.

Trainingsprogramm Fit for Life (vgl. Jugert u.a. 2001)

Für die Zielgruppe von Jugendlichen im Alter von 13 bis 21 Jahren steht in diesem Trainingsprogramm die Entwicklung emotional-kognitiver Fähigkeiten und sozialer Fertigkeiten im Zentrum. Das Programm bietet Module zu den Themen Motivation, Gesundheit, Selbstsicherheit, Körpersprache, Kommunikation, Konflikte, Freizeit, Gefühle und Einfühlungsvermögen. Zudem kann die Entwicklung beruflicher Schlüsselkompetenzen durch Module zu den Themen Lebensplanung, Beruf und Zukunft sowie Umgang mit Lob und Kritik gefördert werden.

Jedes Modul enthält Übungsvorschläge und Arbeitsblätter; methodisch wird vor allem mit Rollenspielen und Verhaltensübungen sowie Feedback gearbeitet. Eine Trainingsgruppe soll etwa sechs bis zehn Jugendliche umfassen und das Programm in wöchentlichen Sitzungen über einen Zeitraum von ca. sechs Monaten durchgeführt werden.

Einige Träger haben in ihren Gruppenangeboten Ansätze von Peer Education (vgl. Harring u.a. 2010; Kästner 2003) verwirklicht. Peer-Education bezeichnet einen in den USA und Großbritannien entwickelten sozialpädagogischen Arbeitsansatz, bei dem i.d.R. speziell geschulte Jugendliche als Multiplikatoren wirken und andere zu bestimmten Themen informieren. Diese Methode basiert auf der Erfahrung, dass es Jugendlichen häufig leichter fällt, bestimmte Erfahrungen und Lerninhalte von Gleichaltrigen anzunehmen. Zudem führt der Austausch mit anderen in der gleichen Lebenssituation zu einer stärkeren Orientierung an der eigenen Lebenswelt (vgl. Praxisbeispiel „Gruppenangebot zum Austausch mit Peers" im Kap. III.1). Das Zusammenbringen junger Menschen in der Phase des Übergangs mit ehemals in stationären Hilfen Betreuten ermöglicht darüber hinaus das Lernen von den Erfahrungen anderer.

Praxisbeispiel Gruppenangebot Verselbstständigungsgruppe

In einem Kinderdorf besteht eine fest installierte Verselbstständigungsgruppe. Hier treffen sich Jugendliche aus mehreren Kinderdorffamilien regelmäßig zwei bis drei Mal im Jahr mit Mitarbeiter_innen des Trägers. Die inhaltlichen Themen, die die Jugendlichen interessieren und bearbeiten wollen, werden im Vorfeld gesammelt, so dass die Treffen stark partizipatorisch ausgerichtet sind. Es geht nicht um Freizeitgestaltung, sondern darum, gemeinsam wichtige Themen des Übergangs zu bearbeiten, z.B. Beziehungs-Dynamiken zu reflektieren und von den anderen zu lernen. Zudem werden zu manchen Treffen Ehemalige des Kinderdorfes eingeladen, um über ihre Erfahrungen im Übergang und danach zu berichten.

Betont wird die hohe Authentizität der Berichte von Ehemaligen, aus denen die Jugendlichen für ihren eigenen Übergangsweg lernen können.

Interview 39

Zum Beispiel kommt die Frage: Welchen Rat würdest du jemandem geben, der übermorgen auszieht? Und dann kommt: Mach bitte nicht so'n Scheiß wie ich. Und dann: Warum, was war dann und wie bist du da wieder rausgekommen? Diese Prozesse haben eine hohe Glaubwürdigkeit, andere können sich daran orientieren.

Einen ähnlichen Ansatz verfolgen Seminarangebote einiger Träger des Pflegekinderwesens. Viele Träger bieten für die Zielgruppe der Pflegeeltern mit Pflegekindern in der Pubertät Fortbildungen und/oder Supervision an, da es erfahrungsgemäß in dieser Zeit zu einer Reihe von Konflikten und Belastungen des Pflegeverhältnisses kommen kann (vgl. Kap. III.3). Es gibt jedoch auch Angebote die sich an die Jugendlichen richten. Ein Träger führt regelmäßige Jugendseminare für Pflegekinder durch, bei denen es insbesondere um die Vernetzung und die soziale Möglichkeit des Austauschs untereinander gehen soll.

Praxisbeispiel Jugendseminare

Jugendseminare sind Wochenendfreizeiten für Jugendliche ab 16 Jahren, die in Erziehungsstellen und Pflegefamilien leben. Kombiniert mit Freizeitangeboten, können Themen rund um das Erwachsenwerden und z.B. die eigene Biografie, den Status „Erziehungsstellen- bzw. Pflegekind", die Beziehung zu den Pflege-/ Erziehungsstelleneltern sowie die Herkunftsfamilie und den Prozess der Ablösung zur Sprache kommen. Es werden auch ehemalige Pflege- und Erziehungsstellenkinder zu den Seminaren eingeladen, die über ihre eigene Lebenssituation im Übergang aus Erziehungshilfen sowie heute berichten und bei Bedarf Tipps geben.

Beabsichtigt werden mit den Seminaren das gegenseitige Kennenlernen und die Vernetzung von Erziehungsstellen- und Pflegekindern, die in ihrem direkten sozialen Umfeld oftmals keine Kontakte zu Gleichaltrigen in dieser Lebenssituation haben. Nicht selten entstehen Freundschaften, die auch nach dem Ende des Pflegeverhältnisses weiter bestehen. Mit der Einladung Ehemaliger sollen positive Identifikationsmodelle geschaffen werden:

Interview 26

Das ist eine konzeptionelle und damit pädagogische Überlegung, dass wir eben gesagt haben, es entsteht für viele Pflegekinder im Laufe ihrer Entwicklung die Frage, schaffe ich es eigentlich mal, normal zu werden, normal zu leben, kriege ich das hin, in einer Familie leben zu können, weil, ich habe ja eigentlich Eltern, die mich nicht haben wollten. Das sind ja Themen, die einen Jugendlichen sehr häufig bewegen. Dadurch, dass wir ehemalige Pflegekinder einladen – es können durchaus Pflegekinder sein, die nicht unbedingt den leichtesten Weg eingeschlagen haben und die viele Umwege laufen mussten, wie auch immer –, entsteht so etwas wie eine Vorbildkultur. Also, die hat es geschafft oder die hat das und das Problem gehabt, d.h. die Jugendlichen können sich identifizieren und lernen darüber auch, dass ihr Status, ein Pflegekind zu sein, alles andere als eine Einbahnstraße ist, sondern sie lernen Menschen kennen, die schon erwachsen sind, wo eigentlich keiner mehr sagt, ach, du lebst in einer Pflegefamilie, und die mit dieser Geschichte auskommen und ihren Frieden gefunden haben. Und das ist, was wir wieder reinbringen wollen.

Diese Aussage weist darauf hin, dass es für Kinder und Jugendliche in stationären Hilfen wichtig ist, sich mit ihrer Biografie und ihrer Rolle als „Heimkind" oder „Pflegekind" auseinanderzusetzen und hierfür auch einen geeigneten Raum zu haben.

Aufarbeitung der eigenen Biografie

Die Auseinandersetzung mit der eigenen Biografie ist ein wichtiger Prozess des Erwachsenwerdens, der von den Erziehungshilfen unterschiedlich initiiert und begleitet wird. Einige Interviewpartner_innen betonen in diesem Zusammenhang, dass das fachliche Handeln in der Kinder- und Jugendhilfe zum Ziel haben muss, die emotionale Stabilität und das Selbstwertgefühl der Care Leaver als wesentliche Basis für ein eigenständiges Leben zu unterstützen und zu fördern. Die Aufarbeitung der eigenen Geschichte wird dabei grundsätzlich für alle Kinder und Jugendlichen in stationären Hilfen als ein wesentlicher Bestandteil der Vorbereitung auf ein eigenständiges Leben angesehen (vgl. auch Kap II.2). Viele Praxiseinrichtungen haben vor diesem Hintergrund Angebote zur Biografiearbeit regelhaft in ihre Betreuungs- und Beratungsarbeit integriert.

Interview 30

Um zu gucken, was wissen sie von ihrer Herkunft, welche Aspekte fehlen noch? Wenn sie dieses Grundwissen haben, können sie auch anders auf ihre familiäre Situation reagieren und anders damit umgehen. Das halte ich für einen ganz wichtigen Baustein. Sie können eigentlich nur dann gut erwachsen werden und sich mit ihrem Selbstständig-Sein auseinandersetzen, wenn sie wissen, wo ihre Wurzeln sind.

Die Auseinandersetzung mit der eigenen Geschichte ist ein kontinuierlicher Prozess in der Arbeit mit fremdplatzierten Kindern und Jugendlichen, die in altersangemessener Form geschehen und ihren Platz neben ggf. erforderlichen Therapien haben sollte. Die Aussöhnung mit belastenden biografischen Erfahrungen bildet im Grunde für alle jungen Menschen einen wesentlichen Gelingensfaktor für den Übergang in ein eigenständiges Leben. Die Aufarbeitung der Themen, die mit der Herkunftsfamilie zusammenhängen, kann auch dazu beitragen, einen akzeptablen wechselseitigen Umgang zu erreichen. Das ist für Care Leaver besonders wichtig, da nach Verlassen der Einrichtung der Erziehungshilfe das Verhältnis zu den Eltern häufig wieder bedeutsamer wird, zumindest neu ausbalanciert werden muss, und insofern eine Klärung dieser Beziehung eine Voraussetzung für eine gute Vorbereitung des Übergangs darstellt. Entwickelt wurden in der Praxis eine ganze Reihe von Konzepten der Biografiearbeit (vgl. Lattschar/ Wiemann 2007)[36], von denen hier einige beispielhaft genannt werden.

[36] Materialien und Vorlagen unter: www.birgit-lattschar.de/seiten/download.htm, letzter Zugriff 15.12.2014 .

Methoden der Biografiearbeit (vgl. Lattschar/Wiemann 2007)

Eine in der Praxis häufig genutzte Form der Biografiearbeit ist die Erstellung eines „Lebensbuches" gemeinsam mit dem Kind oder Jugendlichen. Im Lebensbuch können in gestalterischer Form Informationen, Briefe, Fotos etc. über die Lebensgeschichte, die Herkunftsfamilie, Stationen der Unterbringung, ggf. die Pflegefamilie oder Wohngruppe, die eigene Persönlichkeit, Freunde, Hobbies etc. des jungen Menschen gesammelt werden. Die Erstellung des Buches geht einher mit einer Auseinandersetzung mit der Lebensgeschichte, die pädagogisch begleitet werden soll.[37]

Andere methodische Formen sind z.B.:

- Gruppenarbeit,
- Spiele, Übungen, Phantasiereisen,
- Einsatz von Medien, vor allem in der Arbeit mit Jugendlichen,
- Besuche von Orten der Vergangenheit.

Ein Träger einer Mutter-Kind-Einrichtung gem. § 19 SGB VIII[38] hat beispielsweise ein Gruppenangebot für Mütter entwickelt, in dem diese die Möglichkeit haben, sich über ihre eigene Biografie und Erziehungsfragen auszutauschen.

Praxisbeispiel Elternwerkstatt für Mütter aus Mutter-Kind-Gruppen

Mit diesem Gruppenangebot, das ca. ein halbes Jahr lang einmal wöchentlich für 90 Minuten stattfindet, sollen die Erziehungskompetenzen der Mütter gestärkt werden. Im Rahmen der Gruppe wird methodisch die Möglichkeit der Aufarbeitung von Erfahrungen der eigenen Kindheit gegeben und das aktuelle Bindungs- und Erziehungsverhalten im Kontext der eigenen Biografie reflektiert.

Die eigene Identität ist bei allen Jugendlichen ein wichtiges Thema und insbesondere junge Menschen, die in stationären Erziehungshilfen aufwachsen, brauchen Ansprechpartner_innen, um sich mit ihren biografischen Erfahrungen und den Hintergründen für ihre Fremdunterbringung auseinanderzusetzen. Eine Fachkraft fasst dies so zusammen:

---

[37] Das Eylarduswerk hat zwei Versionen eines „Lebensbuches" in Form eines Ringordners mit diversen Vorlagen und einer Anleitung zur Biografiearbeit erstellt, eine Version für Kinder in der stationären Jugendhilfe (Wohngruppe/Heim) und eine für Kinder in Pflege- und Adoptivfamilien, weitere Informationen unter: www.das-lebensbuch.de/familiaer/biografiearbeit, letzter Zugriff 16.12.2014.

[38] Gemeinsame Wohnform für Mütter/Väter und Kinder.

Interview 46

Die Suche nach dem Philosophischen: Wo komme ich her? Warum ich? Warum hat *meine* Mutter mich verlassen? Warum musste *mein* Vater so viel Alkohol trinken? Warum hab ich diese Scheiße, dass ich nicht zu Hause bin?

Es ist in diesem Rahmen sinnvoll, die Beschäftigung mit den eigenen Erfahrungen positiv hervorzuheben und Orte für diese „Identitätsarbeit" (Rosenbauer 2011, S. 67) zu schaffen. Obwohl die Fragen nach dem Sinn des Lebens und die Suche nach Hintergründen der eigenen Lebenserfahrungen nicht geschlechtsspezifisch sind, beschäftigen sich nach Erfahrung der Praktiker_innen eher Mädchen offen damit.

Praxisbeispiel Angebot für Mädchen zur Integration ihrer persönlichen Erfahrungen in das eigene Lebenskonzept

In einem Gruppenangebot eines Jugendhilfeträgers für Mädchen in Wohngruppen geht es darum, gemeinsam mit einer Pädagogin einen Austausch und eine Auseinandersetzung, z.B. mit den Erfahrungen rund um die Fremdplatzierung, grundsätzliche Fragen nach dem Sinn des Lebens und nach dem eigenen Lebenskonzept, anzuregen und zu gestalten. Es finden drei Nachmittage statt; gearbeitet wird auch mit kreativen Zugängen, um den Ausdruck von Gefühlen und Erlebtem in gestalterischer Form zu ermöglichen.

Aus der Praxis wird berichtet, dass es in der Phase der Pubertät sinnvoll ist, über Fragen von Emotionalität und Intimität in geschlechtergleichen Gruppen zu arbeiten, da so ein leichterer Zugang zu diesen sensiblen Themen gefunden werden kann. Für die Gruppenarbeit mit Jungen und jungen Männern besteht hier in der Praxis noch Entwicklungsbedarf.

Neben der Auseinandersetzung mit der eigenen Biografie als kontinuierlicher Prozess in der pädagogischen Arbeit ist es wesentlich, jungen Menschen in stationären Hilfen die Möglichkeit zu geben, erlittene Traumata oder Verletzungen z.B. in einer Therapie aufzuarbeiten oder sich beispielsweise mit einer vorhandenen Suchttendenz auseinanderzusetzen. Lange Wartezeiten für Therapieplätze können diesen Prozess behindern oder sogar ganz blockieren, denn es wird als typisch für die Arbeit mit jungen Menschen beschrieben, dass manchmal in nur kurzen Zeitfenstern eine Offenheit zur Auseinandersetzung mit Problemen besteht, die unmittelbar genutzt werden könnte. Hier sind Einrichtungen im Vorteil, die mit hauseigenen Therapeut_innen arbeiten und flexibler auf solche Dynamiken reagieren können. Zudem haben traumapädagogische Konzepte zunehmend Eingang in das pädagogische Handeln in den Erziehungshilfen gefunden (vgl. Weiß 2013; Gahleitner 2011; Schmid u.a. 2010).

Entwicklung einer Lebensplanung und positiver Zukunftsvorstellungen

Neben der Aufarbeitung der familiären Vergangenheit und der Unterstützung der „Verortung in der Welt" wird von mehreren pädagogischen Fachkräften betont, dass es für die Persönlichkeitsentwicklung auch wichtig ist, gemeinsam mit den jungen Menschen über ihre Zukunft nachzudenken und positive Vorstellungen zu entwickeln, um eine Motivation für den Weg dorthin zu erzeugen. Viele junge Menschen in stationären Erziehungshilfen haben von sich selbst ein stark defizit-orientiertes Bild und entsprechend nur wenig Motivation, Lebensperspektiven zu entwickeln, da sie ihre Möglichkeiten und Spielräume als sehr begrenzt empfinden. Kinder und Jugendliche, die in den Erziehungshilfen betreut werden, erreichen zudem im Vergleich zu ihren Peers niedrigere Bildungsabschlüsse (vgl. Kap. II.2). Auch vor diesem Hintergrund haben viele junge Menschen in stationären Hilfen kein positives Bild ihrer Zukunft.

Interview 5

Die Jugendlichen sind i.d.R. mit einer Grundtraurigkeit unterwegs und kommen vor diesem Hintergrund im selbstständigen Wohnen nicht gut mit der Vorstellung klar, alleine dazustehen. Im Hinblick auf die Zukunft findet eine Desillusionierung statt. Sie können sich nicht ausmalen, wie ihre Welt aussehen wird. Im Vergleich zu Herkunftsfamilien, in die man zurückkehren kann, berichten und sich austauschen kann, haben die Jugendlichen nichts Vergleichbares. Worauf sollen sie sich freuen? Es wird besser, je mehr wir für sie erreichen können. Ein Ausbildungsplatz z.B. schafft Perspektiven und macht sie auch freudiger.

Viele Jugendliche in stationären Hilfen können häufig nicht formulieren, was sie sich eigentlich wünschen oder in ihrem Leben erreichen wollen. Vor dieser Herausforderung stehen alle jungen Menschen im Übergang in das Erwachsenenleben und viele entwickeln erst sukzessive eine Vorstellung von ihrer persönlichen Zukunft. Der im Vergleich aber kürzere und linearere Übergang aus den stationären Hilfen verlangt an diesem Punkt etwas von Jugendlichen, was sie bereits aufgrund ihrer Biografie nur schwer positiv entwickeln können und was in dieser Dichte vielleicht für alle jungen Menschen eine Überforderung darstellen würde. Nichtsdestotrotz wird es als wichtig angesehen, Zukunftsszenarien zu entwickeln und darüber eine Orientierung im Hinblick auf die längerfristige Lebensperspektive zu schaffen (vgl. auch Wolf 2002, S. 109 ff.). Als wesentlich wird erachtet, die Zukunftswünsche und -vorstellungen in den laufenden Prozess der Arbeit mit den Jugendlichen im Übergang zu integrieren.

Interview 40

Da kann man fachlich drüber streiten: das eine, was einen Menschen beeinflusst, ist die Vergangenheit, Erfahrungen, Sozialisation. Auch das Zukunftsbild beeinflusst einen Menschen sehr: Welches Bild hat er? Wenn man sich mit einem Jugendlichen mit einem realistischen Zukunftsbild auseinandersetzt, kann man positiv in seinem Verhalten auch einen Sog dahin erzeugen. Und auch an einem Rückschritt arbeiten nach dem Motto: Aber *da* willst du doch hin! Wichtig ist auch bei Umwegen, den Prozess zu begleiten und Ziele und Perspektiven im Auge zu behalten.

Neben der Stärkung der Eigenmotivation wird von den Interviewparter_innen auch erwähnt, dass es Aufgabe der Betreuer_innen sei, den Kindern und Jugendlichen authentisch gegenüberzutreten und ihnen zu vermitteln, dass sie eigene Handlungsspielräume haben (vgl. Seckinger 2013, S. 59 f.). Betont wird, dass die Kinder und Jugendlichen auch deutlich spüren, ob sie Erwachsene vor sich haben, die positiv an das Leben herangehen und ihnen vermitteln können, dass sie an sie glauben. Wesentlich ist in diesem Zusammenhang auch die Möglichkeit, ehemalige Care Leaver zu treffen, um zu erfahren, wie diese ihren Lebensweg gestaltet und gemeistert haben.

Praxisbeispiele Persönlichkeitsentwicklung durch Selbstreflexion und die Erarbeitung von Zukunftsvorstellungen

- In der Beratung regelmäßig das Thema der längerfristigen Lebensperspektive ansprechen.
- Mit konkreten Fragen arbeiten, z.B.: An welchen Punkten ist im Alltag deine Selbstständigkeit schon spürbar und sichtbar und in welche Richtung lässt sich dies erweitern?
- Bereits früh (vor der Pubertät) mit Kindern Zukunftsvisionen entwickeln, dazu an Vorstellungen arbeiten und die kindliche Phantasie nutzen.
- Kontakt zu Ehemaligen der stationären Hilfen herstellen, z.B. in Seminaren oder Gruppenangeboten, um positive Identifikationsmöglichkeiten zu schaffen.
- In einer Mutter-Kind-Einrichtung werden mit Müttern Ideenwerkstätten zur Entwicklung von (beruflichen) Zukunftsperspektiven durchgeführt. Leitfrage ist: Was kannst du dir vorstellen, in deiner Lebenssituation mit Kind beruflich zu realisieren?

Fertig mit 18?

Junge Menschen im Übergang aus stationären Hilfen haben zahlreiche Anforderungen zu bewältigen, die sich deutlich von denen ihrer Peers unterscheiden. Angesichts dieser komplexen Herausforderungen bleibt für die Praxis der Hilfen zur Erziehung die Frage, inwieweit die Einrichtungen und Kostenträger die allgegenwärtige Normalvorstellung des „Fertig-Seins mit 18“[39] mittragen, indem sie versuchen, möglichst frühzeitig auf ein eigenständiges Leben vorzubereiten.

Interview 45

Aus unserer Sicht sollte der Eintritt ins betreute Wohnen je eher, desto besser erfolgen, damit sie mehr Zeit haben für die Entwicklung und das Ausprobieren. Bei Eintritt mit 17,5 Jahren ins BW haben sie – wenn es gut läuft – eine Betreuung über maximal ein Jahr. Dann kommt der aus einem völlig durchgeregelten stationären

[39] Vgl. Sozialpädagogisches Institut des SOS-Kinderdorf e.V. (2011) (Hg.): Fertig sein mit 18? Dokumentation 8 der SPI-Schriftenreihe, München.

Setting und muss quasi in einem Jahr lernen, wie kriege ich das denn hin, mein Geld einzuteilen, mein Konto nicht ins Minus zu treiben, Verträge vernünftig abzuschließen, Versicherungen zu haben, meine Wohnung sauber zu halten, mich zu versorgen und morgens alleine zur Schule zu gehen. Das sind Herausforderungen, mit denen Jugendliche sich schwerer tun, die spät ins betreute Wohnen kommen. Es ist besser, sich z.B. mit 16 ein halbes Jahr in einer Trainingswohnung auszuprobieren und dann in das betreute Wohnen zu gehen.

Vor dem Hintergrund der bereits erläuterten Fokussierung der Übergangsbegleitung auf das selbstständige Wohnen richten sich viele der Aktivitäten auf die gezielte Vorbereitung und Bewältigung der Haushaltsführung und das Zurechtkommen in einer Hausgemeinschaft. Der Übergang und die Begleitung des jungen Menschen in das Erwachsenenleben sollte in der Praxis stärker am individuellen Entwicklungsstand des jungen Menschen orientiert sein und ihm mehr Zeit zur persönlichen Entfaltung und der Erarbeitung von Zukunftsvorstellungen gelassen werden, um nicht positive Entwicklungsschritte und damit den Erfolg der Hilfe insgesamt zu gefährden.

3. Die Bedeutung sozialer Beziehungen im Übergang

„Im Grunde sind es doch die Verbindungen mit Menschen, welche dem Leben seinen Wert geben."

(Wilhelm von Humboldt)

Viele junge Menschen, die in stationären Einrichtungen der Kinder- und Jugendhilfe aufwachsen, sind nach ihrem Umzug in eine eigene Wohnung weitgehend auf sich allein gestellt. Nicht wenige fühlen sich einsam und verfügen – neben einer ggf. kurzfristig vorhandenen ambulanten Betreuung im Rahmen der Hilfen zur Erziehung – kaum über verlässliche soziale Beziehungen oder entsprechende informelle Kontakte (vgl. Nestmann u.a. 2008). In diesem Kapitel wird daher der Aspekt der Beziehungen und Beziehungsgestaltung der Care Leaver im Prozess des Übergangs in das Erwachsenenleben näher betrachtet. Auch wenn sich die Gestaltung von Beziehungen nicht in ähnlicher Weise wie der Erwerb von alltagspraktischen Kompetenzen einüben lässt, so stellt gerade der Aufbau tragfähiger sozialer Beziehungen einen Schlüsselaspekt in der Vorbereitung des Übergangs und das Ankommen im Erwachsenenleben dar.

Im Folgenden wird kurz die Bedeutung zentraler Entwicklungsaufgaben für die Beziehungsgestaltung im Übergang in das Erwachsenenleben umrissen. Daran anschließend werden einige Praxisansätze und -modelle vorgestellt, die die Unterstützung des Aufbaus und Erhalts tragfähiger sozialer Beziehungen zum Ziel haben. Dabei geht es um die Qualität und Ressourcen von sozialen Beziehungen, die für Care Leaver eine Schlüsselrolle in der Festigung der eigenen Erwachsenenrolle darstellen, aber auch um die Kontinuität von Bindungen an soziale Bezugspersonen aus Einrichtungen der stationären Erziehungshilfe, der Pflegefamilie oder anderen sozialen Gruppen. Vor dem Hintergrund von Zuständigkeitswechseln und Brüchen im Hilfeverlauf werden Ansätze des Aufbaus langfristiger Beziehungen, z.B. in Form von Patenschaften, vorgestellt. Weiter werden die Klärung der Beziehungen zur Herkunftsfamilie sowie weitere mögliche Ressourcen wie die Kontakte zu Peers und anderen Bezugsgruppen beleuchtet.

Soziale Beziehungen im Übergang ins Erwachsenenleben

Der Lebensabschnitt der Pubertät und des jungen Erwachsenenalters bringt für alle Menschen eine Veränderung und Neujustierung sozialer Beziehungen mit sich. Häufig ist dabei die Ablösung von den Eltern kein bewusst gesetztes Ziel, sondern junge Menschen streben vor allem ein Mehr an Selbstständigkeit und Selbstbestimmung an. Die Ablösung von der Herkunftsfamilie bedeutet für die meisten Jugendlichen und jungen Erwachsenen nicht den Abbruch der Beziehung, sondern der Prozess gestaltet sich als eine Neuordnung der Eltern-Kind-Beziehung mit veränderlichen Distanzen (vgl. Papastefanou 2006). „Ebenso wenig ist der Ablösungsprozess kontinuierlich und gradlinig. Die jungen Frauen und Männer schwanken zwischen Autonomie und Verbundenheit und variierenden Kontaktintensitäten auf emotionaler, räumlicher und materieller Ebene. Vorhandene Bindungen und gegenseitige Unterstützungsleistungen manifestieren sich auf allen drei Ebenen in unterschiedlicher Weise zwischen Eltern und Kindern" (Braun 2006, S. 128).

Für Care Leaver sind diese Veränderungen und Neujustierungen ihrer sozialen Beziehungen von gravierender Bedeutung, denn junge Menschen, die in stationären Hilfen aufwachsen, erleben in der Phase des Übergangs nicht nur eine Veränderung ihrer Wohnsituation, sondern zwangsläufig auch hinsichtlich zentraler Bezugspersonen, welche nach dem Verlassen der Hilfe zudem nicht mehr selbstverständlich verfügbar sind. Auch wenn in Wohngruppen der institutionelle Charakter der sozialen Beziehungen zu den Betreuungspersonen und Mitbewohner_innen von Anfang an klar erkennbar ist, entstehen soziale Bindungen, die nicht ohne weiteres in die Zeit nach der Erziehungshilfe überführt werden können. In der Regel steht das Verhältnis eines Care Leaver zu professionellen Bezugsbetreuer_innen mit der Beendigung der Hilfe formal vor einem Abschluss. Ob ein Kontakt über die Erziehungshilfe hinaus bestehen bleibt, liegt i.d.R. in der Hand der einzelnen professionellen Akteure. Nur wenige Kinder- und Jugendhilfeeinrichtungen verfügen über verbindliche Leitlinien für die Kontaktpflege mit ehemals betreuten jungen Menschen (vgl. Kap. III.5). Wenn die Beziehung weitergeführt wird, erfolgt dies vonseiten der Betreuer_innen meist auf ehrenamtlicher Basis. In einzelnen Einrichtungen gibt es Bemühungen, frühzeitig Pat_innen oder Mentor_innen für Care Leaver zu suchen, die eine soziale Kontinuität über das Ende der Erziehungshilfe hinaus ermöglichen sollen. Auch der Aufbau weiterer sozialer Kontakte, die das Potenzial haben, auch in der Zeit nach dem Hilfeende zu unterstützen, sollte im Blick der Einrichtungen sein und gezielt gefördert werden. Hilfreich ist hierbei auch die Nutzung von Instrumenten zur Visualisierung schon vorhandener Netzwerke in Form von Netzwerkkarten.

Interview 15

Der Aufbau eines sozialen Netzwerks ist Thema vom ersten Tag an, an dem sie kommen. Sie können sich ja nicht nur aus den Kontakten speisen, die sie hier in der Wohngruppe haben. Wir versuchen, dafür zu sorgen, dass sie auch Außenkontakte haben. Wir fragen: Stell dir dich einmal in deiner eigenen Wohnung vor. Wen siehst du dich da besuchen? Soziale Kontakte kann man aber auch nicht herzaubern.

In Pflegefamilien werden spätestens bei der Beendigung der Hilfe die häufig unterschiedlichen Sichtweisen der Beteiligten offenkundig. Vor allem jüngere Kinder werden mit dem Ziel des Bindungsaufbaus und der „Beheimatung" in das Familiensetting vermittelt. Den Erfahrungen der Interviewpartner_innen zufolge wird allerdings bei der Beendigung eines Pflegeverhältnisses von Pflegeeltern nicht selten erwartet, sich von dem Pflegekind auch emotional zu distanzieren. Pflegeeltern, die ihr ehemaliges Pflegekind weiter unterstützen möchten, wird den Berichten aus der Praxis zufolge von Fachkräften manchmal unterstellt, sie könnten „nicht loslassen". Die Frage von professioneller Distanz und persönlichen Bindungen sollte jedoch im Hinblick auf das Bedürfnis von jungen Menschen nach stabilen Beziehungen in die pädagogischen Betreuungskonzepte der Hilfeeinrichtungen und des Pflegekinderwesens einbezogen und Leitlinien, insbesondere für die Beziehungsgestaltung im Übergang und danach, entwickelt werden. Hier lässt sich in der aktuellen Praxis ein Entwicklungsbedarf feststellen.

Berücksichtigt werden muss auch, dass für Jugendliche in stationären Hilfen der Prozess des Übergangs und die Phase der Ablösung selbst mit erheblichen emotionalen Belastungen verbunden sein kann. Neben den Anforderungen, einen Schulabschluss zu erwerben, sich beruflich zu orientieren und sich zeitgleich Kompetenzen für das Alleinleben anzueignen, müssen Care Leaver den Wechsel oder Verlust von Betreuungs- oder Vertrauenspersonen hinnehmen. Die meisten Kinder und Jugendlichen in stationären Hilfen haben aber sowohl im Hinblick auf Bezugspersonen in der Herkunftsfamilie als auch bezüglich der Betreuer_innen schon mehrere Wechsel erlebt. Diese Diskontinuität in den sozialen Beziehungen reproduziert sich i.d.R. im Übergang ins Erwachsenenleben erneut hinsichtlich der Betreuer_innen im Hilfesystem.

Interview 32

Viele der Jugendlichen kommen aus Einelternfamilien. Manche der Jugendlichen haben schon zig Lebensabschnittspartner erlebt oder gescheiterte Beziehungen, wie auch immer. Das heißt wenn man sie ein Genogramm malen lässt, kommt da ein ziemlich kompliziertes Gebilde zustande. Das ist ja auch innerlich schwierig. Wen mag ich, wen nicht, wer gehört wie eng zu mir? Die andere Schiene, die Jugendamtsschiene, da ist eine wahnsinnige Fluktuation von Sozialer-Dienst-Mitarbeitern. Der, der eigentlich den Prozess steuern soll, wechselt vielleicht im Lauf eines Prozesses dreimal. Das ist eine ziemliche Herausforderung. Für Familien, die dann auch zumachen und sagen: Nee, jetzt nicht noch einmal. Man kommt ja nicht weiter, wenn man immer erklärt, was gewesen ist, wieso es dazu gekommen ist, dass man jetzt da steht, wo man steht. Und für die Jugendlichen ist es doch auch ziemlich mies.

Nicht selten liegen bei Kindern und Jugendlichen in stationären Hilfen Bindungsprobleme vor und aufgrund von biografischen Erfahrungen von Mangel und ggf. auch Gewalt tragen viele ein grundlegendes Misstrauen gegenüber anderen Menschen in sich. Zudem haben junge Menschen in stationären Hilfen im Prozess der Herausnahme oder Unterbringung oft keinen guten Abschied aus ihrer Herkunftsfamilie und u.U. auch aus anderen Hilfesettings erlebt. Es ist also zu erwarten, dass der Aufbau und die Pflege als positiv erlebter Beziehungen für viele Care Leaver mit Herausforderungen verbunden sind. Pädagogische Fachkräfte sehen hier unbewältigte Entwicklungsaufgaben der frühen Kindheit, wie beispielsweise die Entwicklung der Bindungsfähigkeit, die sich auf der Stufe des Jugendalters erneut zeigen können (Hurrelmann/Quenzel 2012, S. 29). Dies kann zu Reinszenierungen alter Erfahrungen führen, die aktuelle Beziehungen der jungen Menschen in unterschiedlichen Lebensbereichen belasten können und in der pädagogischen Arbeit Raum zur Bearbeitung finden müssen.

Soziale Beziehungen in Wohngruppen

In der Praxis wird im Hinblick auf die Gestaltung der Beziehung zu Betreuer_innen in Wohngruppen mit unterschiedlichen Konzepten gearbeitet. Die meisten Interviewpartner_innen aus diesem Bereich berichten, mit einem Bezugsbetreuer_innensystem zu arbeiten. Hier messen die Interviewten der Beziehung zu Bezugserzieher_innen bzw. Betreuer_innen überwiegend eine große Wichtigkeit bei. Eine Kontinuität in der Betreuung, z.B. beim Wechsel von stationären zu ambulanten Hilfen, wird allerdings eher selten ermöglicht. Dem Aspekt der Beziehungskontinuität im Hinblick auf Betreuer_innen beim Übergang von einer Hilfeform in eine andere wird in der Praxis generell unterschiedlich starke Bedeutung beigemessen. Zum Teil wird die persönliche Kontinuität beim Wechsel der Hilfeart aus strukturellen oder organisatorischen Gründen als nicht realisierbar eingestuft. Manche Träger bewerten aber die Weiterführung der Betreuungsbeziehung als einen zentralen Faktor, teilweise sogar als den wichtigsten für das Gelingen der Hilfe.

Interview 25

Die Beziehung, die zum Betreuer entsteht, ist das A und O. Es geht darum, die Leute haben Erwachsene oft nicht als verlässlich oder als sehr oft wechselnd erlebt, oder als nicht dauerhaft. Und uns geht es darum, eine ganz verlässliche professionelle Beziehung anzubieten. Wir vermeiden Betreuerwechsel, wir haben eine Kontinuität zwischen der stationären und der ambulanten Hilfe, also, das ist organisatorisch nicht so einfach, aber das kriegen wir hin. Das ist dann auch oft so, dass dies das Eigentliche ist, wenn man die Jugendlichen hinterher fragt, was gut war: Dass gut war, dass der- oder diejenige für mich da war. Die war auch kontinuierlich für mich da.

Einige Träger bemühen sich, innerhalb der Organisation die Betreuungskontinuität durch eine flexible Gestaltung des Personaleinsatzes sicherzustellen.

Praxisbeispiel Beziehungskontinuität beim Wechsel der Hilfeform

Einige Träger stellen durch einen flexiblen Personaleinsatz die Kontinuität in der Betreuung sicher

- z.B., indem die Betreuung im betreuten Wohnen von früheren Bezugsbetreuer_innen mit einem Teil der Stelle geleistet wird und das Personal in der Wohngruppe entsprechend aufgestockt wird,
- z.B., indem Mütter, die in Mutter-Kind-Einrichtungen gelebt haben, nach dem Auszug aus der Einrichtung von dort ambulant weiterbetreut werden.

Bei manchen Trägern ist der Betreuerwechsel beim Übergang aus der Wohngruppe in das betreute Wohnen konzeptionell gewollt. Dies wird auch pädagogisch begründet; hervorgehoben wird hier die Möglichkeit des „Neustarts" im betreuten Wohnen und die Möglichkeit und Unterstützung der Herauslösung aus alten Rollen. Als wesentliche Voraussetzung wird hier ein guter Abschied aus der bisherigen Wohngruppe benannt, um den „Neustart" auf einer höheren Stufe der Eigenständigkeit zu erleichtern.

Interview 6

Mit dem Wechsel der betreuenden Personen im betreuten Jugendwohnen ist die Idee verbunden, dass die jungen Menschen mit dem Wechsel der Wohnform auch die Chance haben sollen, eine neue Rolle einzunehmen. Auch für die dokumentierenden Betreuer, die für einen 15-Jährigen eine Betreuung übernommen haben, ist der Wechsel sinnvoll, weil es manchmal schwer für sie ist, den jungen Menschen groß werden zu lassen. Nach dem Betreuerwechsel zeigen die jungen Menschen dann manchmal, wie erwachsen sie doch sein können. Auch werden alte Konflikte aus der Wohngruppe nicht mit in das betreute Wohnen getragen, es beginnt ein neues, unbelastetes Betreuungsverhältnis. Der Betreuerwechsel wird als Aufstieg erlebt.

Es wird als wesentlich angesehen, einen Wechsel von Betreuer_innen fachlich gut zu begleiten, z.B. in Form von moderierten Übergabegesprächen. Eine parallele Betreuung aus der Wohngruppe sowie durch neue Betreuer_innen über einen begrenzten Zeitraum ist darüber hinaus als eine flexible, an den individuellen Bedarf des jungen Menschen angepasste Form der Überleitung, die ebenfalls in der Datenerhebung zu finden war.

Praxisbeispiel Begleitung des Übergangs beim Wechsel der Wohnform

Speziell für junge Menschen, die eine besonders enge Beziehung zu einer/einen Bezugsbetreuerin_in entwickelt haben und sich schwer auf Neues einlassen können, ermöglichen manche Träger beim Übergang ins betreute Wohnen die parallele Betreuung durch den/die vorherige/n Betreuer_in und jetzt hauptverantwortlichen Kolleg_in des betreuten Wohnens.

Unterstrichen werden bei dieser Form der Übergangsbegleitung der gute Informationstransfer und die Möglichkeit des (zeitweisen) Erhalts der bisherigen Betreuungsbeziehung sowie die Verknüpfung mit dem spezifischen Know-How der Mitarbeiter_innen im betreuten Wohnen zu allen Aspekten des Übergangs.

Trotz des offensichtlichen institutionellen Charakters der Beziehung zwischen den Bezugsbetreuer_innen und den jungen Menschen in der stationären Hilfe können auch im Prozess der Ablösung aus Wohngruppen bei den jungen Menschen alte Erfahrungen an die Oberfläche drängen und den geplanten Prozess des Übergangs beeinträchtigen (vgl. Goldberg/Sallach/Walta 1999).

Interview 46

Besonders bei den Mädcheneinrichtungen endet es oft mit einem Riesenknall. Es gibt eine Eskalation und dann muss es ganz schnell gehen. Die Kollegen drängen dann auch auf den Übergang ins betreute Wohnen. Ich appelliere immer an die Kollegen, bessere Übergänge zu schaffen, damit die Jugendlichen nicht stark belastet im betreuten Wohnen ankommen. Dass das geplanter abläuft. Das ist ganz wichtig, diese Entwicklungsschritte im Leben, dass das nicht als Bruch erlebt wird, sondern als Abschied: Ich war dort, habe mich verabschiedet, Kaffee und Kuchen oder Pizza gegessen und nun kommt der nächste Schritt. Wie zu Hause bei den kleinen Kindern, dann kommt der Kindergarten, dann in die Schule, so ist das auch bei den Jugendlichen, die ja oft diese Form von Abschied in den Familien nicht hatten. [...] Hocheskalierte Emotionalität, Hysterie und Drama gibt es eher bei den Mädchen, die Jungs machen das anders, bauen dann eher einen Scheiß, kriegen es mit der Polizei zu tun.

Neben geschlechtsspezifischen Unterschieden im emotionalen Ausdruck der individuellen Unsicherheiten im Hinblick auf die neue Lebenssituation wird auch die fachliche Anforderung deutlich, die Dynamik von Ablösungsprozessen zu erkennen, de-eskalierend zu arbeiten (vgl. Schwabe 2010) und Abschiedsprozesse bewusst zu gestalten. Dabei werden vor dem Hintergrund des Zuwachses an Autonomie und eigener Verantwortungsübernahme Konflikte mit Bezugspersonen im Prozess der Ablösung als bei allen Jugendlichen normal angesehen. Die Herausforderung liegt darin, einen Übergang zu ermöglichen, der nicht als erneuter Bruch oder ungeplanter Wechsel erlebt wird. Neben dem Erkennen und Ansprechen von Inszenierungen und dem Bearbeiten der dahinter liegenden Erfahrungen und Ängste in der pädagogischen und ggf. therapeutischen Arbeit bieten sich eine Reihe konkreter Möglichkeiten der Gestaltung des Abschieds aus der Wohngruppe:

Praxisbeispiele Gestaltung von Abschieden

Der Prozess des Abschiednehmens aus der Wohngruppe lässt sich mit Ritualen positiv gestalten, z.B. in Form von

- Abschiedsfeiern in der Gruppe,
- Abschiedsritualen exklusiv mit den Bezugsbetreuer_innen, z.B. Essen gehen, gemeinsame Ausflüge, kulturelle Aktivitäten,
- Abschiedsgeschenke, z.B. ein Einrichtungsgegenstand für die neue Wohnung,
- Abschiedsbücher, die von den Mitbewohner_innen und Betreuer_innen mit Fotos, Erinnerungen aus der Zeit in der Wohngruppe, guten Wünschen, Rezepten etc. gestaltet werden,
- Möglichkeit für Care Leaver, selbst „Spuren zu hinterlassen", z.B. auf einer Fotowand in der Einrichtung,
- Absprachen über zukünftige Kontakte.

Beziehungen und Beziehungskontinuität in Pflegefamilien

Als besondere Herausforderung für alle Beteiligten eines Pflegeverhältnisses wurde weniger die Phase des Übergangs in das Erwachsenenleben selbst, sondern die Zeit der Pubertät beschrieben, da in dieser Zeit viele frühere Erfahrungen des Pflegekindes wieder an die Oberfläche drängen und Themen und Konflikte aus der früheren Kindheit teilweise reinszeniert werden (vgl. auch PFAD 2009). Die Auseinandersetzung mit der Ablösung von den Pflegeeltern und die unsichere Beziehung zur Herkunftsfamilie neben den zeitgleichen Anforderungen durch Schule oder Ausbildung können zu erheblichen Konflikten und Belastungen des Pflegeverhältnisses bis hin zu einem Bruch führen. Diese Erfahrung deckt sich mit der Kinder- und Jugendhilfestatistik, die für den Zeitraum zwölf bis 15 Jahre und insbesondere 15–18 Jahre die höchste Zahl nicht planmäßig beendeter Vollzeitpflege-Verhältnisse ausweist (vgl. auch Kindler u.a. 2011, S. 657).[40]

Vonseiten der pädagogischen Fachkräfte wurde hierzu angemerkt, dass Pflegefamilien in diesen Konflikt- und Belastungssituationen bisher meist nicht genügend Hilfe erhalten, da die Vollzeitpflege gem. § 33 SGB VIII als die eigentliche Jugendhilfemaßnahme für das Kind betrachtet und zur Vermeidung weiterer Kosten keine zusätzliche Hilfe bewilligt wird. Es wurde die These vertreten, dass mit einer verstärkten Unterstützung[41] das Familiensystem ggf. wieder stabilisiert und somit mancher Abbruch eines Pflegeverhältnisses in der Pubertät verhindert werden könne (vgl. auch Zwernemann 2007, S. 240).

Formen der Unterstützung, die für Pflegefamilien in dieser Lebenssituation bisher gewährt werden, sind Gruppenangebote und/oder Supervision für Pflegeeltern. Ein Träger von Erziehungsstellen im Datensample hat ein Modell der gegenseitigen Unterstützung von Pflegefamilien in Form von Patenfamilien entwickelt. Über den Aufbau regelmäßiger Kontakte besteht auch die Möglichkeit der wechselseitigen Hilfe und Entlastung im Krisenfall; gleichzeitig trägt das Patenkonzept zur Stärkung der Netzwerke von Pflege- bzw. Erziehungsstellenkindern bei. Speziell an die Jugendlichen richtet sich i.d.R. das Angebot einer verstärkten Betreuung und Einzelgespräche mit Fachberater_innen des Pflegekinderdienstes. Diese können auch als Vermittler_innen auftreten. Ein Träger führt speziell für Jugendliche, die in Pflege- und Erziehungsstellen leben, ein Gruppenangebot in Form von Jugendseminaren durch (vgl. Kap. III.2). Dieses gibt jungen Menschen ebenfalls einen Raum, strittige oder als schwierig erlebte Themen unabhängig von den Pflegeeltern zu bearbeiten.

---

[40] Beispielsweise wurden im Jahr 2011 von 2.165 beendeten Hilfen gem. § 33 SGB VIII in der Altersgruppe zwölf bis 15 34% und in der Altersgruppe 15 bis 18 47% abweichend vom Hilfeplan beendet. Dies sind die höchsten Werte bei den ungeplanten Beendigungen im Vergleich zu den anderen Altersgruppen. Quelle: Statistik der Kinder- und Jugendhilfe, Teil 1.

[41] zum Beispiel in Form einer zeitweise ergänzend eingesetzten Sozialpädagogischen Familienhilfe gem. § 31 SGB VIII oder einer Erziehungsbeistandschaft gem. § 30 SGB VIII.

Interview 26

Ein Beispiel: Für viele Jugendliche wird es ein Problem, wenn sie erfahren, die Pflegefamilie bekommt Geld für uns. Das ist ein Thema, wo sie u.U. von sich aus nicht den Weg auf die Pflegefamilie zugehen. Sie unterhalten sich: Wie, die kriegen Geld für euch? Das heißt wir haben hier plötzlich die Erkenntnis: das ist eine bezahlte Beziehung. So, wie gehe ich denn damit um? Mit wem unterhalte ich mich da drüber? Ist es etwas Schlimmes, ist das deshalb eine schlechtere Beziehung? Und das sind Themen, die im Jugendseminar aufgegriffen werden, wo offen drüber gesprochen wird, wo auch die Jugendlichen in diesen Runden sehr wohl auch sagen, ja, haben die mich denn überhaupt gern oder machen die das nur wegen dem Geld?

Unabhängig von möglichen Spannungsfeldern sind für Pflegekinder die Pflegeeltern zunächst die wichtigsten Bezugspersonen; die Beziehung zu den Fachkräften des Pflegekinderdienstes ist demgegenüber eher im Hintergrund angesiedelt. Mit zunehmendem Alter des Kindes oder Jugendlichen kann der/die Fachberater_in je nach Ausgestaltung der Begleitung des Pflegeverhältnisses jedoch auch eine eigene Ressource für den jungen Menschen unabhängig von den Pflegeeltern werden. Viele Träger im Pflegekinderwesen bemühen sich um eine langjährige Kontinuität in der Begleitung eines Pflegeverhältnisses, denn es ist dann viel Wissen über die Hintergründe und Entwicklung des jungen Menschen ebenso wie über die Pflege- und die Herkunftsfamilie vorhanden, das gezielt zur Unterstützung des jungen Menschen eingesetzt werden kann. Hingegen können Betreuungswechsel auch in der Praxis des Pflegekinderwesens angezeigt sein, falls sich eine zu starke Verstrickung im System der Familie abzeichnet.

In Pflegefamilien wird, im Unterschied zu anderen Familien, mit dem fest datierten Hilfeende ein formales Ende der Beziehung erzeugt. Diese zeitliche Festlegung entspricht oft nicht den Bedürfnissen der jungen Menschen nach Weiterbestehen der Bindung und Zugehörigkeit. Pflege- und Erziehungsstelleneltern, aber z.B. auch Kinderdorf-Müttern, begegnet in der Praxis nicht selten die Erwartung von Fachkräften, sich nach dem Hilfeende von ihrem ehemaligen Pflegekind zu distanzieren. Teilweise wird eine weitere Unterstützung von anderen jetzt zuständigen Stellen sogar als Einmischung wahrgenommen. Hier kommt die Erwartung zum Ausdruck, bei Hilfeende von einer „familiären Beziehung" auf die Beendigung einer „Jugendhilfe-Maßnahme" umzuschalten. Dies widerspricht meist dem Familiengefühl der Beteiligten und auch dem ursprünglichen Ziel der Unterbringung in einer Pflegefamilie als familienanaloger Hilfeform. Die Idee dieser Betreuungsform beinhaltet, Bindungen zu knüpfen, positive Beziehungserfahrungen zu machen und eine Beheimatung zu erfahren. Sind familiäre Beziehungen gewachsen, so bleiben viele Pflegekinder nach dem offiziellen Hilfeende im Haushalt der Pflegeeltern wohnen oder ihnen verbunden. Ob es sich dabei um eine ehrenamtliche Tätigkeit oder eine inzwischen private Beziehung handelt, bleibt eine – auch für den Prozess des Leaving Care – nicht unerhebliche Frage.

Einige Träger nutzen die gewachsene Beziehung und die Bereitschaft der ehemaligen Pflege- oder Erziehungsstelleneltern bewusst zur weiteren Unterstützung, um den Übergang der Care Leaver zu begleiten. Für den Bereich der

Erziehungsstellen wurden Modelle entwickelt, die es ermöglichen, dass (ehemalige) Erziehungsstelleneltern mit einer klar definierten Rolle zumindest über einen begrenzten Zeitraum die Erziehungsstellenkinder auch nach ihrem Auszug unterstützen.

Praxisbeispiel Begleitung des Übergangs in eigenen Wohnraum durch Erziehungsstelleneltern

Ein Träger von Erziehungsstellen hat unter dem Stichwort „Begleitetes Einzelwohnen" das Angebot der Weiterbetreuung nach Auszug des Erziehungsstellenkindes durch die ehemaligen Erziehungsstelleneltern über einen Zeitraum von mindestens sechs Monaten bis zu einem Jahr entwickelt. Dies wird in der Praxis von Jugendämtern mit dem Ziel der Übergangsbegleitung genutzt, gerade auch, um Hilfeziele wie Schul- oder Ausbildungsabschluss zu erreichen. Ausgezahlt wird der gleiche Betrag wie vorher für die Erziehungsleistung. Begleitetes Einzelwohnen kommt meistens in der Phase des letzten Schul- oder Ausbildungsjahres zum Tragen.

Andere Träger führen an, dass die Betreuungskontinuität nach einem Auszug aus der Pflegefamilie oder Erziehungsstelle auch durch die jeweiligen Fachberater_innen erreicht werden kann. Diese muss – und sollte nach Einschätzung einer Praxisvertreterin – also nicht zwangsläufig von den Pflege- oder Erziehungsstelleneltern geleistet werden. Betont wird hierbei, dass auf diese Weise die weitere pädagogische Begleitung von der Pflege der gewachsenen familiären Bindungen getrennt werden kann.

Interview 30

Es kann sein, dass die Familie weiter betreut, das wollen wir konzeptionell aber nicht fördern, weil die Familie dann als Familie da sein soll, z.B. wenn Festivitäten sind, d.h. bei typischen Familienangelegenheiten der Jugendliche bzw. junge Erwachsene da noch Anschluss findet, und nicht pädagogisch da noch betreut wird, das kann eigentlich nicht gut gehen. Solche Sachen, wie dafür sorgen, dass der junge Erwachsene seinen Papierkram erledigt, das ist eine ganz undankbare Rolle für ehemalige Erziehungsstelleneltern. Weil die da wieder in den Bereich kommen, wo sie nacherziehen müssen. Ich glaube, da ist die emotionale Auseinandersetzung zu groß. Da gibt's häufig noch alte Wunden, die aus der Vorpubertät oder Hauptpubertät noch da sind, die wieder aufgerissen werden und Grabenkämpfe, die dann noch mal aufflammen. Das würde ich eigentlich der Beziehung nicht zumuten wollen.

Soweit Pflegeverhältnisse ggf. schwierige Phasen in der Pubertät überstehen, kann davon ausgegangen werden, dass die gewachsenen Beziehungen auch nach dem offiziellen Hilfeende bzw. dem Auszug des Pflegekindes aus der Familie in mehr oder weniger intensiver Form weitergeführt werden. Manche Care Leaver gehen nach dem Auszug zeitweilig auf Distanz und die Beziehung zu den Pflegeeltern muss sich erst neu einpendeln. Gleichzeitig stehen jedoch alle Beteiligten vor der Herausforderung, die familiären Beziehungen nach dem Wegfall des formalen Rahmens „Pflegefamilie" neu zu justieren (vgl. PAN 2011, S. 160 ff.; Hopp/Landeck 2012, S. 5).

Langfristige Beziehungen für Care Leaver

Es stellt ein strukturelles Problem in der Fremdplatzierung von Kindern und Jugendlichen dar, den Aufbau und Erhalt kontinuierlicher und vertrauensvoller Beziehungen über verschiedene Hilfesettings hinweg zu ermöglichen. In der Praxis kommt es bei vielen Kindern und Jugendlichen in stationären Hilfen zu ein- oder mehrmaligen Wechseln der Betreuungsform. Dies können geplante und begleitete Übergänge sein, wie der ins betreute Wohnen; es gibt jedoch auch zahlreiche Abbrüche bzw. Wechsel aufgrund von Konflikten, Regelverstößen, Ungeeignetheit der Hilfe oder Scheitern der Zusammenarbeit (vgl. Tornow/Ziegler/Sewing 2012). Eine Kontinuität in der Betreuung, z.B. beim Wechsel von stationären zu ambulanten Hilfen, wird dabei in der Praxis bisher eher selten ermöglicht (vgl. auch Rosenbauer 2011, S. 77).

Dauerhafte Bindungspersonen werden jedoch gerade für die Begleitung von Übergangsprozessen als sehr wichtig erachtet. Kontinuität und das Verhindern von Abbrüchen ist eine wichtige Voraussetzung für das Gelingen von Übergängen. Dieser Aspekt wird aus Sicht der Interviewpartner_innen in der Praxis bisher noch zu wenig berücksichtigt. Ein möglicher Ansatz, dauerhafte Beziehungen zu fördern, besteht darin, mit den betroffenen Kindern bzw. den Jugendlichen regelmäßig zu besprechen, welche Menschen ihnen wichtig sind und zu wem sie die Beziehung bei einer Fremdplatzierung oder einem Wechsel des Hilfesettings gern aufrechterhalten möchten.

Interview 32

Wir versuchen, das soziale Netz zu spinnen, dass es tragfähig ist hinterher, manchmal klappt es, manchmal nicht. Aber wir versuchen, da schon einen deutlichen Blick drauf zu haben, dass man dann halt versucht, für jeden Jugendlichen, mit ihm zusammen, Menschen zu finden, die sich besonders für diesen Jugendlichen interessieren. Das kann innerhalb der Familie sein oder auch außerhalb. Dass sie sich einfach besonders verantwortlich fühlen. Dass man mit denen auch Kontakt aufnimmt und da versucht, was hinzukriegen. Das liegt ein bisschen quer zum üblichen Denken und ich rede mir da auch ein bisschen den Mund fusselig, auch in unserem betreuten Wohnen, aber dann und wann klappt es eben, dass man jemanden findet, der über den Tellerrand guckt, der auch mal etwas aushilft, wenn was nicht so gut gelaufen ist. Das muss nicht immer Familie sein. Es geht darum, jemanden zu finden, der genau für *diesen* Jugendlichen wichtig ist. Einfach da sein. Wenn man weiß, da ist jemand im Hintergrund, den kann ich anrufen, wenn es mal wichtig ist. Das gehört doch auch zu einem Sicherheitsgefühl, zur Stabilisierung einer sozialen Lage.

Diese Perspektive illustriert, wie hilfreich es sein kann, wenn Übergänge kontinuierlich und längerfristig durch Schlüsselpersonen begleitet werden. Diese müssen nicht unentwegt präsent, aber im Bedarfsfall erreichbar sein.

Aus dem Bereich des Pflegekinderwesens wurde in diesem Kontext darauf hingewiesen, dass auch bei gravierenden familiären Konflikten und Krisen, die zum Abbruch eines Pflegeverhältnisses geführt haben, vormals langjährige Pflegeeltern wesentliche Bindungs- und Bezugspersonen für Jugendliche sein können. Hier wird die Anforderung an die Praxis gesehen, das Familiengefühl der Beteiligten stärker zu würdigen und das Pflegeverhältnis nicht als reine Jugendhilfe-Maßnahme zu betrachten, die beendet wurde. Ähnlich wie nach dem formellen Ende der Hilfe zur Erziehung im Anschluss an das Erreichen der Volljährigkeit wird auch bei einer vorzeitigen Beendigung des Pflegeverhältnisses, z.B. während der Pubertät, ein weiter bestehendes Interesse der ehemaligen Pflegeltern an ihrem Pflegekind bisher von Kostenträgerseite kaum unterstützt oder sogar abgelehnt. Neben der Unmöglichkeit für beide Seiten, die vorangegangenen Konflikte und Verletzungen mit dem Ziel der Integration der Erfahrungen in die eigene Biografie zu bearbeiten, geht den Jugendlichen so auch die Möglichkeit des Erhalts einer über Jahre gewachsenen Beziehung zu den ehemaligen Pflegeeltern, ggf. auch -geschwistern, und damit mögliche Ressourcen für ihren weiteren Lebensweg verloren (vgl. Burchard 2014, S. 8).

Praxisbeispiel Aufbau und Erhalt kontinuierlicher Beziehungen zu Vertrauenspersonen

Um den Blick stärker auf den Aufbau und den Erhalt kontinuierlicher Beziehungen zu richten, sollte regelmäßig mit jungen Menschen erörtert werden, wer für sie wichtige Vertrauens- und Bezugspersonen sind und in welcher Form der Kontakt erhalten und gepflegt werden kann. Dies können Personen aus der Herkunftsfamilie oder deren Umfeld sein, ehemalige Pflegeeltern, professionelle Helfer oder Personen aus dem sonstigen sozialen Umfeld des jungen Menschen, wie z.B. Lehrer_innen oder Ausbilder_innen. Das Ziel des Kontakterhalts sollte auch im Hilfeplan festgehalten werden. Vor allem bei Abbrüchen oder dem Wechsel von Hilfeformen sollte der Aspekt des Erhalts von Beziehungen zu bedeutsamen Dritten besondere Beachtung finden.

Weitere Ansätze, die in der Praxis bereits vereinzelt umgesetzt werden und erhebliches Entwicklungspotenzial für die Sicherung von Beziehungskontinuitäten in der Kinder- und Jugendhilfe in sich bergen, sind Patenschafts- oder Mentorenprogramme (vgl. Sonnenberg 2014). Von der Grundidee wird in diesen Modellen Jugendlichen, die über wenige oder keine dauerhaften Beziehungen verfügen, über einen längeren Zeitraum hinweg eine Vertrauensperson an die Seite gestellt. Diese begleitet über verschiedene Hilfeformen und -settings hinweg; ggf. auch über das Hilfeende hinaus.

Interview 40

Da gibt es typischerweise Kinder ab ca. 13, die schon mehrere Wechsel hinter sich haben. Was z.B. emotional sehr reinhaut, ist der Abbruch einer Pflegefamilie, wo ein Kind langfristig war. Wo man dann eigentlich in der Hilfeplanung feststellen müsste, dass keine stabile Bindung da ist, dass aus dem Elternhaus oder der Jugendhilfe heraus das Kind keine stabile stützende Beziehung hat. Die Pflegefamilie war es mal.

Erst einmal das Thema überhaupt aufzunehmen, das ist ja eigentlich eine Grundweisheit: Ja, das Kind braucht eine stabile Beziehung! In der Familie lässt sich dafür niemand aufbauen. Wenn sich auch im Umfeld keine fördern lässt, müsste die Jugendhilfe das als ihre Aufgabe ansehen und den Hilfebedarf feststellen, dass dieses Kind eine dauerhafte stützende Beziehung braucht. Die Notwendigkeit kann man auch aus der Resilienzforschung begründen.

Schmidt (2008) hat vor dem Hintergrund eigener Erfahrungen als Vormund im Jugendamt und Mitarbeiter eines freien Trägers der Jugendhilfe das Modell der „Professionellen Patenschaft" entwickelt.

Praxisbeispiel Professionelle Patenschaft

Dieses Modell bezeichnet die Zusage eines Paten/einer Patin, einen Jugendlichen über einen Zeitraum von sieben Jahren in Form einer stützenden Beziehung zu begleiten und als Ansprechpartner_in zur Verfügung zu stehen. Der Kontakt soll aktiv durch den/die Pat_in aufgebaut und gehalten werden; diese_r hat jedoch keine formale Funktion innerhalb der Jugendhilfe-Maßnahme.

Bisher besteht die Schwierigkeit, Kostenträger für eine Umsetzung dieses Modells zu finden, die die Finanzierung des organisatorischen Rahmens über einen längerfristigen Zeitraum, ggf. auch über das Ende der Hilfe hinaus, zusagen. Auch wenn die Tätigkeit der Pat_innen im Bereich der Ehrenamtlichkeit angesiedelt ist, ist eine Aufwandsentschädigung für Fahrtkosten etc. erforderlich. Zudem stellt es eine erhebliche Anforderung dar, geeignete Pat_innen zu gewinnen, die die Beziehung zu dem Jugendlichen bzw. jungen Erwachsenen mit der notwendigen Nähe und Distanz gestalten und Begleitung – ggf. auch Supervision – für sich in Anspruch nehmen. Hier ließe sich u.U. an die häufig ehrenamtlich geleistete Betreuung ehemaliger Bezugserzieher_innen in Wohngruppen anknüpfen (vgl. Kap. III.5). Die Pat_innen müssen zudem bereit sein, über einen Zeitraum von mehreren Jahren zur Verfügung zu stehen. All diese Voraussetzungen erfordern eine strukturelle Rahmung und Koordination der Patenschaften, denn die Langfristigkeit der Begleitung von Übergängen bildet die Basis der stabilisierenden und emotional stützenden Funktion einer Patenschaft.

Interview 40

Über die lange Dauer ergibt sich ein anderes Vertrauensverhältnis. Manche haben auf der Straße gelebt, die sind voller Misstrauen. Manche reagieren am Anfang auch so: Was willst du denn hier? Ich weiß, ich muss es erarbeiten, dass du mir vielleicht irgendwann vertrauen kannst. Und dann werde ich auch auf Prüfungen gestellt, ob ich es denn ernst meine. Eine hat z.B. ein Drogenproblem, und die hat mir geschildert, wie sie das erlebt. Ich muss gar kein Drogenfachmann sein, sondern ich muss eine Offenheit und eine Beziehung haben, mir das erklären zu lassen, angstfrei, aus deren Sicht, wie sie das erleben und was sie da machen, und dann erfahre ich sehr viel.

Dieser Erfahrungsbericht deutet an, wie voraussetzungsvoll diese Form der langfristigen Beziehungsarbeit sein kann. Nichtsdestotrotz eröffnet dieses Beziehungsangebot die Chance für Care Leaver, Vorbilder zu erleben und Menschen kennenzulernen, die ihnen offen begegnen, sie begleiten und bestärken in dem Bemühen, ihr Leben selbst in die Hand zu nehmen. Gerade im Hinblick auf das Hilfeende geht es also nicht nur darum, formelle Anschlusshilfen zu mobilisieren, sondern auch informelle soziale Ressourcen zu erkennen, die zu einer längerfristigen Begleitung und Stabilisierung beitragen. Hier können Mentor_innen oder Pat_innen wichtige Bezugspersonen darstellen.

Praxisbeispiel
Patenschafts-Projekt in einer Mutter-Kind-Einrichtung

In einer Mutter-Kind-Einrichtung wurde ein Patenschafts-Programm entwickelt, in dem Kindern, die in der Einrichtung leben und deren Mütter nur über wenige verlässliche soziale Ressourcen verfügen, ab dem Alter von 2 bzw. 2,5 Jahren ehrenamtliche Pat_innen vermittelt werden, die auch noch nach dem Auszug aus der Einrichtung stützend zur Verfügung stehen. Die Suche und Koordination der Pat_innen übernimmt der Träger. Sie verpflichten sich, mindestens über einen Zeitraum von zwei Jahren einmal pro Woche Kontakt mit dem Kind bzw. der Mutter und dem Kind zu haben, um das Familiensystem zu stützen.

Eine professionelle Gruppe, die über verschiedene Hilfesettings hinweg Kontakt mit Kindern und Jugendlichen in stationären Hilfen hat und deren Potenzial im Hinblick auf eine Kontinuität von Beziehungen stärker genutzt werden könnte, sind Vormünder_innen. Soweit das Sorgerecht für den Jugendlichen nicht mehr bei den Eltern liegt und ein Vormund (§§ 1773 ff. BGB) bestellt wurde, können diese eine kontinuierliche Bezugsperson auch bei Abbrüchen und Wechseln der Betreuungsform darstellen. Hier ist allerdings durch den Eintritt der Volljährigkeit mit 18 Jahren das formale Ende der Beziehung klar definiert. Die im Rahmen des Projekts interviewten Vormünder_innen gestalten den Kontakt zu ihren Mündeln nach dem sog. Lebensbegleitungsprinzip aus und haben vergleichsweise häufigen Kontakt zu ihnen. Sie repräsentieren damit nicht den Querschnitt der aktuellen Praxis im Vormundschaftswesen. Mit der Amtsvormundschaft sind noch häufig hohe Fallzahlen und eine oft nur formal bestehende Beziehung zum Mündel verbunden. Eine persönliche Beziehungsebene ist in diesen Fällen eher unwahrscheinlich. Häufig ist jedoch bisher der Vormund in der Praxis die kontinuierlichste, über alle Hilfeformen der Kinder- und Jugendhilfe oder andere stationäre Settings hinweg bestehende Beziehung des Kindes bzw. Jugendlichen.[42]

Die im Rahmen des Projekts interviewten Vormünder_innen wurden auch nach dem Ende der Vormundschaft noch von ihren ehemaligen Mündeln aufgesucht, sei es mit Hilfeanliegen, um über Erfolge zu berichten oder im Zuge der Auseinandersetzung mit ihrer Biografie. Mit der Reform des Vormundschafts-

---

42 Ein prägnantes Fallbeispiel findet sich bei Späth 2003, S. 116 ff.

und Betreuungsrechts im Jahr 2011 und der fachlichen Anforderung an den Vormund, über regelmäßige Kontakte ein Vertrauensverhältnis zum Mündel aufzubauen (Deutsches Institut für Jugendhilfe und Familienrecht e.V. 2011, S. 12f.), ergibt sich für die Zukunft im Hinblick auf stützende Beziehungen ein Potenzial, das gerade auch bei der Gestaltung und Begleitung von Übergängen stärker genutzt werden könnte und sollte. Das Deutsche Institut für Jugendhilfe und Familienrecht weist in seinen Hinweisen zur Umsetzung der Reform gerade Krisensituationen und Wechsel des Hilfesettings als Phasen aus, in denen die Kontaktintensität im Interesse einer guten Begleitung des Mündels verstärkt werden sollte (ebd., S. 15).

Die Beziehungen zur Herkunftsfamilie

Der Stellenwert der Herkunftsfamilie im Hilfeprozess selbst sowie im Prozess des Übergangs des jungen Menschen in das Erwachsenenleben wird von den interviewten pädagogischen Fachkräften sehr unterschiedlich eingeschätzt. Während die einen die Familie eher als störender Faktor erleben und entsprechend eine Distanzierung vom Herkunftsmilieu befürworten, sehen andere die Elternarbeit als eine Schlüsselaufgabe im Hilfeprozess und die Familie als mögliche Ressource für den weiteren Lebensweg. Entsprechend nimmt in der Praxis der Übergangsbegleitung einzelner Einrichtungen die Arbeit mit der Herkunftsfamilie einen sehr unterschiedlichen Raum ein. Einige pädagogische Fachkräfte beschreiben, dass junge Erwachsene oft wieder näher an ihre Familien heranrücken, wenn der Auszug aus der Wohngruppe absehbar wird.

Interview 23

Häufig ist es so, dass beim Auszug die Herkunftsfamilie nochmal eine ganz große Rolle spielt. Natürlich ist Wohngruppe auch so ein Stück Familienersatz, da ist wirklich ein Erwachsener, der sich kümmert, und dadurch, dass das dann wegfällt, gibt´s schon häufig so eine Tendenz, sich wieder enger an die Herkunftsfamilie zu binden und einfach zu versuchen, da noch was zu kriegen. In der Regel funktioniert es nicht. In der Regel laufen die Jugendlichen da vor die Wand, holen sich nochmal 'ne Klatsche von ihrer Familie ab, die sie dann schon das ein oder andere Mal in ihrem Leben gekriegt haben. In dieser Situation, wo sie eigentlich alleine dastehen, die also häufig auch heftig ist, nochmal zu erfahren, hier und jetzt stehe ich ganz alleine und habe eben auch überhaupt keinen Rückhalt in der Familie.

Eine Reihe der interviewten pädagogischen Fachkräfte setzt trotz der konflikthaften Ausgangsbedingungen auf umfangreiche Bemühungen zur Aktivierung der Ressourcen der Herkunftsfamilie und zur Klärung der Beziehungen zwischen den Jugendlichen und ihren Eltern. Von großer Bedeutung sind in diesem Prozess die Hilfeanlässe, d.h. die Gründe und familiären Schwierigkeiten, die zur stationären Unterbringung geführt haben. Gerade Kinder und Jugendliche, die z.B. Gewalt oder andere Formen der Gefährdung erlebt haben, stehen vor der Herausforderung, angesichts belastender oder sogar traumatisierender Erfahrungen eine angemessene Form des Umgangs mit ihrer Herkunftsfamilie zu finden. Nicht wenige entscheiden sich vor diesem Hintergrund für eine Distanzierung von den Herkunftseltern bis hin zu einem völligen Kontaktabbruch oder nehmen erst im Verlauf oder nach Abschluss einer Therapie den Kontakt wieder auf. Diese Lücke in den sozialen Bindungen ist im Übergang in ein eigenständiges Leben schließlich noch einmal besonders spürbar – wenn auch die Bezugspersonen aus der Erziehungshilfe wegfallen. Manche Einrichtungen bemühen sich sehr darum, die Chancen, die eine Zusammenarbeit mit den Eltern in der Hilfe und für den Übergang bieten kann, individuell auszuloten:

Interview 8

Je nachdem, wie weit man auf die Familie bauen kann, also, wenn die Familie positiv genutzt werden kann, dann versuchen wir das auch immer einzubauen. Wir haben aber natürlich auch Jugendliche und junge Erwachsene, die aus familiären Bedingungen kommen, die eher hinderlich sind, und wo wir dann zwar Kontakt halten, aber es ist klar, dass wir da keine Unterstützung bezüglich der Verselbstständigung des jungen Menschen erwarten können. Dann forcieren wir das natürlich in dem Sinne auch nicht, also, das ist ganz unterschiedlich zu halten.

Allgemein haben wir hier aber schon den Anspruch, Kontakt zu den Eltern auf jeden Fall immer noch zu halten, weil es wird immer wieder Thema, auch wenn das Elternhaus noch so schlecht ist oder schlimm war, wollen Jugendliche und junge Erwachsene irgendwie wissen, woher ich komme und warum ist das eigentlich so und wollen den Kontakt irgendwo halten. Die wollen nicht unbedingt zurückziehen, aber wenigstens ein Telefonat mal führen oder die Geschwister mal sehen, vielleicht auch mal Weihnachten nach Hause, das ist aber auch sehr unterschiedlich.

Nicht wenige Eltern ziehen sich nach der Heimunterbringung ihres Kindes zurück, da es für sie manchmal schwer zu erleben ist, dass Kinder und Jugendliche dort Entwicklungsschritte machen, die in der Herkunftsfamilie nicht gelungen sind. Es erfordert eine motivierende und auf die Eltern zugehende Elternarbeit, um sie zu einer Mitarbeit zu gewinnen (vgl. Wolff/Stork 2012). Diese kann einen wesentlichen Beitrag zum Hilfeerfolg leisten, wenn die Kinder von ihren Eltern die Botschaft erhalten, dass diese mit der Fremdplatzierung einverstanden sind und ihre Entwicklung dort unterstützen. Das gilt im gleichen Maße auch für Kinder, die in Pflegefamilien untergebracht sind.

In den letzten Jahren ist die Wichtigkeit der Arbeit mit den Herkunftseltern mehr in den Blickpunkt der fachlichen Debatten um die Fremdunterbringung von Kindern gerückt (vgl. Moos/Schmutz 2012; Herold 2011; Homfeld/Schulze-Krüdener 2007). Es geht dabei in erster Linie darum, in der Arbeit mit der Herkunftsfamilie vor allem für die untergebrachten Kinder oder Jugendlichen Ressourcen zu erschließen, z.B. um eine Rückführung zu ermöglichen. Hierzu sind unter dem Stichwort „Familienaktivierung" eine Reihe methodischer Ansätze entwickelt worden (vgl. Moos/Schmutz 2012), die das Ziel der Stärkung der Eltern sowie der Klärung der familiären Beziehungen haben.

Methoden der Familienaktivierung mit dem Ziel der Vermeidung einer Fremdplatzierung bzw. einer Rückführung eines Kindes/Jugendlichen (vgl. Moos/Schmutz 2012)

Ziel familienaktivierender Maßnahmen in diesem Kontext ist die Verbesserung der familiären Bedingungen und Beziehungsmuster, um eine Fremdplatzierung zu vermeiden oder eine Rückführung zu ermöglichen.

Methodische Formen sind z.B.:

- Familienaktivierung durch stationäre Aufnahme ganzer Familien. Es wird mit einer Vielfalt von Methoden gearbeitet, wie z.B. Einzel-, Eltern- oder Familiengespräche, Rollenspiele, Familienskulpturarbeit, Video-Begleitung etc.
- Familientherapeutische Arbeit mit der gesamten Familie aus der Heimeinrichtung heraus.
- Familienaktivierende Methoden im ambulanten und teilstationären Setting; diese zeichnen sich durch intensive sozialpädagogische Arbeit mit einer Familie in einer akuten Krise aus, die ggf. zu einer Unterbringung eines Kindes führen könnte.

Wenn eine Rückführung ausgeschlossen ist, kann es bei der Eltern- und Familienarbeit auch darum gehen, gemeinsam mit den Eltern und dem Kind die Verarbeitung kindlicher Problem- und Konfliktlagen zu ermöglichen und hierdurch Wege der Neuorientierung zu öffnen. Die interviewten pädagogischen Fachkräfte unterstrichen im Kontext der Stärkung der sozialen Beziehungen junger Menschen, dass man bei der Suche nach Ressourcen und bedeutsamen Personen in der Familie nicht nur die Eltern, sondern das ganze Herkunftsnetzwerk und Umfeld in den Blick nehmen müsse.[43] Nicht wenige Care Leaver ziehen nach dem Hilfeende wieder in die Nähe der Herkunftsfamilie und können dann von einer Klärung bzw. Weiterentwicklung familiärer Beziehungen profitieren. Die Auseinandersetzung und Offenlegung der familiären Bindungsmodi kann dabei die Ablösephase von Jugendlichen unterstützen (Günder 2007, S. 79).

Die Elternarbeit wird in der Praxis je nach konzeptioneller Ausrichtung des Trägers und inhaltlicher Zielsetzung unterschiedlich ausgestaltet. Direkt im Anschluss an eine Fremdunterbringung des Kindes hat diese z.B. auch den Zweck, den Eltern in Form von Gesprächen Unterstützung bei der Trauerarbeit über den Verlust des Kindes anzubieten. Im Hinblick auf eine Aktivierung von Ressourcen ist es wesentlich, zu Beginn der Zusammenarbeit mit der Herkunftsfamilie gemeinsam eine Eingangsdiagnostik, Belastungs- und Ressourcenanalyse durchzuführen und dann gezielte Aktivitäten zur Stärkung der Familie und der Beziehungen zu entwickeln (vgl. Moos/Schmutz 2012; Wolf 2012). Elternarbeit kann zudem die Funktion haben, Kindern und Jugendlichen zu ermög-

[43] Mit einem vergleichbaren Ansatz arbeiten Familiengruppenkonferenzen bzw. Familienräte (Family Group Conferences) als eine weitere methodische Form, familiäre Netzwerke zu aktivieren (vgl. Früchtel/Straub 2011; Hansbauer u.a. 2009; Früchtel u.a. 2009).

lichen, positive Erfahrungen mit ihren Eltern zu machen und auf sie stolz sein zu können, in dem diese z.B. für die Gruppe kochen, etwas reparieren oder eine gemeinsame Aktivität durchführen.

Methoden der Elternarbeit (vgl. Moos/Schmutz 2012)

- Informationsaustausch, Abstimmung und Reflexion zwischen Eltern und Fachkräften
- Einbindung der Eltern in den Alltag der Heimgruppe, z.B. durch Mitarbeit im Gruppendienst wie gemeinsames Kochen; Kleiderkauf, Arztbesuche, Schulkontakte mit dem Kind; Elterntage, gemeinsame Ausflüge und Feste
- Methoden im häuslichen Kontext der Familie, z.B. Hausbesuche, Video-Home-Training
- Gruppenbezogene Angebote für Eltern, z.B. Elternforen- oder Trainings
- Regelmäßige Familiengespräche, ggf. mit unterschiedlichen Themenschwerpunkten

Unabhängig vom konkreten Kontext und Ziel der Eltern- bzw. Familienarbeit wird es für essenziell gehalten, dass Fachkräfte Herkunftseltern keinesfalls abwerten dürfen, sondern mit einer wertschätzenden Grundhaltung arbeiten und eine konsequente Adressaten- und Lebensweltorientierung umsetzen müssen.

Interview 6

Wir legen eine wertschätzende Haltung dem jungen Menschen und seiner Familie gegenüber an den Tag. Unsere Familienarbeit sieht so aus, dass wir einmal im Monat ein Familiengespräch machen und alle zwei Wochen mit den Familien telefonieren, um auch die Wochenbesuche abzusprechen, weil wir die Erfahrung gemacht haben, dass Kinder immer loyal ihren Familien gegenüber sind, egal, was dort ist. Wir legen Wert darauf, dass die Eltern an unserer Seite stehen und wir an der Seite der Eltern – wohlwollend, unterstützend, und dass wir uns ein bisschen in der Vermittlerrolle sehen. Uns ist wichtig, dass die jungen Menschen in der Verselbstständigungsphase ein angemessenes Verhältnis zu ihren Eltern bekommen. Es ist ja mit 18 auch so, dass man nicht unbedingt jedes zweite Wochenende nach Hause fahren muss, aber dass man ein gesundes Nähe-Distanz-Verhältnis zu seinen Eltern aufbaut. Auch wenn bei Einzug in die Wohngruppe ein angespanntes Verhältnis oder Kontaktabbruch zu den Eltern besteht, halten wir den Kontakt zu den Eltern. Das ist ein Punkt, auf den wir Wert legen, auch bei jungen Volljährigen. Eltern kann man auch unterstützend einbinden, damit haben wir gute Erfahrungen gemacht.

Diese Aussage weist auf eine wichtige Funktion der Elternarbeit in der Ablösephase eines Jugendlichen hin. Es wird für bedeutsam erachtet, dass die

Eltern die wachsende Selbstständigkeit eines Jugendlichen miterleben, um ihn oder sie innerlich auch loslassen zu können (Günder 2007, S. 88). Hierbei handelt es sich jedoch um einen wechselseitigen Prozess; auch den Jugendlichen muss Gelegenheit geben werden, sich in ihrem Streben nach Selbstständigkeit und Ablösung neben den Bezugsbetreuer_innen auch mit den Eltern auseinanderzusetzen. Gerade dann, wenn die Rückführung nicht das Ziel der Hilfe ist, sondern Jugendliche aus stationären Hilfen heraus den Übergang in das Erwachsenenleben vollziehen, wird es als wichtig erachtet, dass Herkunftseltern sich diesem Prozess stellen. In der Praxis wird auf vielfältige Weise versucht, die Beziehungen – z.B. im Hinblick auf Besuchskontakte – zu verbessern.

Interview 15

Wir arbeiten ja systemisch und da beziehen wir das Herkunftssystem immer mit ein. Wir verpflichten die Eltern im Aufnahmegespräch zur Zusammenarbeit. Wir machen ganz enge, strukturierte Elternarbeit (Musterunterbrechung, Konfliktbewältigung), denn es nützt nichts, wenn sich das Kind entwickelt und die Eltern nicht wenigstens Anteil daran nehmen. Wir arbeiten auf eine wenigstens einfache Kontaktfähigkeit hin. Wir fragen: Wie kann ein guter Kontakt aussehen? Was muss passieren, damit sie nicht gleich zu Beginn eines Treffens miteinander in Konflikt geraten? Und damit haben wir sehr gute Erfolge. Die Eltern können konflikthafte Themen (z.B. schulische Leistungen) auch bei uns lassen und damit unbelasteter in den Kontakt mit den Kindern gehen.

Bei lang andauernden Pflegeverhältnissen ziehen sich die Herkunftseltern oft zurück. Nicht selten kommt es jedoch zu Loyalitätskonflikten und es ist für die Kinder und Jugendlichen in Pflegefamilien oft nicht leicht, unbefangene Umgangskontakte zur Herkunftsfamilie zu pflegen. In der Phase der Ablösung setzen sich Pflegekinder im Zuge der Suche nach Identifikationsmöglichkeiten nicht selten auch mit den Lebensentwürfen in ihrer Herkunftsfamilie auseinander. Dies kann auch im Zusammenhang damit stehen, dass manche Pflegekinder aufgrund belastender biografischer Erfahrungen und daraus resultierender schulischer Probleme die Bildungsaspirationen ihrer Pflegeltern nicht erfüllen können (Kindler 2011 u.a., S. 658). Auf der Suche nach Orientierung und Alternativen setzen sie sich dann auch mit den Lebensentwürfen der Herkunftseltern auseinander.

Mögliche Loyalitätskonflikte spielen für den Übergang aus der stationären Erziehungshilfe ins Erwachsenenleben insgesamt eine wichtige Rolle. Eine – bei den Jugendlichen manchmal unbewusste – Loyalität mit den Herkunftsfamilien kann den Prozess des Erwachsenwerdens entscheidend beeinflussen und sollte auch in der Übergangsbegleitung noch einmal explizit in den Blick genommen werden (vgl. Conen 2007, S. 67).

Interview 29

Die Familie spielt im Bewusstsein immer eine Rolle, egal, wie präsent sie ist. Es gibt auch unausgesprochene Aufträge, z.B. „Bei uns in der Familie wird nicht gearbeitet. Du gehörst nicht mehr zur Familie, wenn du eine Ausbildung beginnst." Dann hat der Jugendliche eine nie ausgesprochene Solidarität. Man wundert sich: Der hat doch tolle Voraussetzungen, hat alle Möglichkeiten, warum scheitert er immer in der Ausbildung, obwohl das gar nicht nötig ist. Dann ist immer eine Hypothese oder Frage: Ist er solidarisch mit seiner Familie, wird er ausgeschlossen? Bekommt er Rückmeldungen wie „Was bist denn du für einer, meinst du, du bist was Besseres, weil du arbeitest?" Jugendliche haben immer Aufträge, manche haben auch den Auftrag, etwas Besseres zu werden, werden getriezt und gefördert dadurch. Manchmal spielt auch der Wunsch der Eltern eine Rolle, unterstützt zu werden, dann sollen die Kinder arbeiten und Geld verdienen. Die Palette ist da riesengroß, aber die Eltern spielen immer eine Rolle – im Guten und im Schlechten.

Als schwierig wird bewertet, Elternarbeit durchzuführen, wenn die Eltern sehr weit entfernt, ggf. im Ausland, wohnen oder sich trotz des Bemühens um eine Kontaktaufnahme nicht für ihr Kind interessieren. Hier wird als Aufgabe der Fachkräfte gesehen, auf den „vorhandenen Restwert des Heimat- und Beziehungsgefühls" (Günder 2007, S. 87) eines jungen Menschen pädagogisch aufzubauen und das Kind bei der Auseinandersetzung mit seiner Vergangenheit und der Herausbildung einer eigenen Identität nachhaltig zu unterstützen (vgl. Kapitel III.2). Auch bei unbegleiteten minderjährigen Flüchtlingen ist eine Familienarbeit in der beschriebenen Form nicht durchführbar. Selbst wenn noch Eltern(teile) im Herkunftsland vorhanden sind, können die Jugendlichen den Kontakt zu ihnen nicht offen pflegen, um sich nicht der Gefahr ausländerrechtlicher Rückführungsversuche auszusetzen.

Soziale Beziehungen zu Gleichaltrigen

Soziale Beziehungen zu Gleichaltrigen sind für alle jungen Menschen in der Pubertät und der Phase der Ablösung von Bedeutung. Es findet eine starke Orientierung an den Peers statt. Im Hinblick auf den Prozess des Übergangs aus stationären Hilfen werden die Gleichaltrigen – seien es Jugendliche, die ebenso in stationären Hilfen leben, oder auch andere Peers – von den befragten Praktiker_innen sehr unterschiedlich bewertet. Aufgrund meist brüchiger familiärer Beziehungen entfalten den Erfahrungen in der Praxis zufolge die Peers bei der Suche nach Orientierung nicht selten eine Sogwirkung, die positiv wie negativ wirken kann. Eine zu starke Identifikation der jungen Menschen mit bestimmten Milieus bzw. Lebens- und Jugendkulturen ohne einen Orientierung gebenden Gegenpart erschwert nach Erfahrung der Praktiker_innen dabei einen gelingenden Übergang ins Erwachsenenleben. Nicht wenige Interviewpartner_innen berichten von negativen Einflüssen der Gleichaltrigen und betonen vor allem die Notwendigkeit, sich im Prozess des Übergangs gut abgrenzen zu können.

Interview 14

Wenn einen permanent drei Leute besuchen und sagen: Ich komme ja auch mit dem Geld hin, mach dir doch keinen Stress, dann steht man nach zwei Tagen Feiern am dritten Tag nicht mehr auf. Das müssen wir den Jugendlichen beibringen, sich abzugrenzen, aber wenn der Druck zu groß wird, wird es schwierig. Sie müssen verstanden haben, dass, wenn sie einen Monat lang die Tür zulassen, dann kommt auch keiner mehr. Aber es gibt nur diese Extreme.

Gerade die gesellschaftlich eher ungewöhnliche Situation, früh in eigenem Wohnraum und mit vergleichsweise wenig Kontrolle durch Eltern oder Aufsichtspersonen zu leben, zieht andere Jugendliche und junge Erwachsene an. Dies birgt die Gefahr, dass Care Leaver die Verfügbarkeit ihrer eigenen Wohnung nur noch bedingt selbst kontrollieren können.

Interview 45

Was spannend ist, die Info in der Schule: Ich hab jetzt eine eigene Wohnung – cool! Das wird als besonderer Status gesehen. Wobei die Anforderungen, die damit zusammenhängen, nicht gesehen werden. Teilweise entwickelt sich das dann zu einem Treffpunkt, dann kann es problematisch werden. Andere sind sehr allein nach kurzer Zeit, und man muss anregen, Freunde einzuladen, Netzwerke zu pflegen. Im nächsten Schritt muss man dann oft die Facebook-Party verhindern. Einfach sich da auszuprobieren.

Es besteht die Anforderung an Care Leaver, im Prozess des Übergangs Beziehungen neu aufzubauen und zu pflegen, aber auch auszutarieren, welche Kontakte in welcher Häufigkeit wirklich gewollt sind und dies auch in der Beratung mit den Betreuer_innen zu reflektieren. Unter dem Stichwort „Isolation oder Party" beschreibt eine pädagogische Fachkraft das Wechselspiel von Nähe und Distanz, das eingeübt werden muss und dass zu einem Dilemma werden kann. Verbunden damit ist die Ambivalenz, einerseits alleine zu wohnen, gleichzeitig jedoch unter den bestehenden sozialen Kontakten häufig keine soliden Partner vorzufinden. Hier kann sich die Gefahr der Isolation verfestigen und es stellt sich für die Übergangsbegleitung die Herausforderung, die Etablierung positiver, förderlicher Beziehungen zu unterstützen. Die Perspektive auf die Peer Group als mögliche Ressource für den Prozess des Übergangs erweist sich bisher in der Praxis der Übergangsbegleitung jedoch als weitgehend blinder Fleck. Entsprechend gibt es nur vereinzelte Konzepte, die auf die Stärkung der Vernetzung mit Gleichaltrigen setzen. Dies sind zum einen Wohnformen wie betreute Wohn- oder Hausgemeinschaften (vgl. Kap. III.1), die jungen Menschen aus stationären Hilfen das Angebot machen, gemeinsam mit anderen in der gleichen Lebenssituation zu wohnen. Zum anderen bieten Gruppenangebote eine Möglichkeit, Kontakte und Freundschaften mit Gleichaltrigen zu knüpfen, sei es zu anderen Jugendlichen in stationären Hilfen oder jungen Menschen im sozialen Umfeld. Eine Reihe von Trägern führt Gruppenangebote mit Jugendlichen in stationären Hilfen durch, die unterschiedliche Ziele verfolgen (vgl. Kap. III.2). Bisher ist mit diesen Angeboten nur vereinzelt die Idee verbunden, die soziale Vernetzung der Care Leaver zu unterstützen.

Interview 25

Also, wir haben dann auch Gruppenangebote, offene Angebote, und das Erstaunliche ist, dass die Jugendlichen, die sich selber als gruppendesinteressiert betrachten und auch häufig als gruppenunfähig stigmatisiert sind, da dann Gruppe suchen und leben. Also, ganz viel miteinander auf die Beine stellen, gemeinsame Freizeitaktivitäten entwickeln und einfordern und, und, und. Im Hinblick auf die Verselbstständigung ist das insofern interessant, als dass sie sich gegenseitig was abgucken können. Also, da gibt es Erfolgsgeschichten, die man erlebt, dass jemand, der vor einem halben Jahr noch wirklich gar nicht wusste, wo es nun langgehen soll, auf einmal in Richtung Verselbstständigung Schritte macht und das Gefühl hat, ich kann es auch alleine hinkriegen. Sie erleben sozusagen, dass andere diese Schritte gehen, die so schwer erscheinen. Ansonsten gibt es viel Raum, wo die sich begegnen und sich gegenseitig bekochen oder miteinander Fußballaktivitäten starten, oder, oder. Das ist ganz bunt. Wir unterstützen, also, wir sagen: Was wollt ihr machen? Wer erklärt sich dafür zuständig? Zum Beispiel wenn Ferien sind, wer will schwimmen gehen? Okay, dann nimmst du es in die Hand, lädst du ein und was brauchst du von uns an Unterstützung? Es sind schon sehr aktivierende Geschichten.

Bei den meisten bestehenden Gruppenangeboten ist die Vernetzung der jungen Menschen eher ein mehr oder weniger geplanter Nebeneffekt. Eine Ausnahme stellen die beiden folgenden Praxisbeispiele dar. Ein Träger, der unbegleitete minderjährige Flüchtlinge in Pflegefamilien unterbringt, hat ein Gruppenangebot speziell für diese Zielgruppe entwickelt. Unbegleitete minderjährige Flüchtlinge befinden sich, bedingt durch das Einreisealter von meist etwa 15 bis 16 Jahren, im Grunde mit dem Tag ihrer Aufnahme in der Kinder- und Jugendhilfe im Prozess des Übergangs in das Erwachsenenleben. Eine Vielzahl von Themen, wie die Klärung der ausländerrechtlichen Verbleibensperspektive, Spracherwerb, Schul- und Ausbildungsmöglichkeiten etc. bestimmen die Übergangsbegleitung. Mit dem Fokus, die sozialen Beziehungen der unbegleiteten minderjährigen Flüchtlinge zu stärken und ihnen Kontakte mit anderen Jugendlichen auch außerhalb der eigenen ethnischen Gruppe zu erschließen, hat ein Träger für diese ein Freizeitangebot entwickelt.

Praxisbeispiel
Gruppenangebot für unbegleitete minderjährige Flüchtlinge

Unbegleitete minderjährige Flüchtlinge, die in Pflegefamilien untergebracht sind, treffen sich regelmäßig im Rahmen eines Gruppenangebots. Es finden monatliche Treffen, kombiniert mit Freizeit- oder Kulturangeboten statt, die dem Kennenlernen anderer junger Menschen in der gleichen Lebenssituation dienen, unabhängig vom Herkunftsland.

Als Erfolg des Angebots wird bewertet, dass viele der Jugendlichen sich zwischen den organisierten Terminen auch zu gemeinsamen Treffen verabreden; die Idee der Vernetzung sich also realisiert hat. Für die unbegleiteten minderjährigen Flüchtlinge, die sonst häufig isoliert sind und deren Kontakte zu Gleichaltrigen sich oft nur innerhalb der eigenen ethnischen Gruppe bewegen, bedeutet dies auch eine Erweiterung ihrer sozialen Kontakte.

Ein weiteres Angebot, dass sich mit dem Ziel der Vernetzung speziell an Jugendliche und junge Erwachsene richtet, die für eine gewisse Zeit nicht zur Schule gehen oder in Ausbildung sind, wurde in Form einer tagesstrukturierenden Maßnahme entwickelt. Das Angebot bündelt Betreuungsanteile, die der Träger vormals einzeln angeboten hat. Dieses Angebot ermöglicht die Begegnung junger Menschen, die sich im betreuten Einzelwohnen befinden. Sie können in diesem Gruppenformat Kontakte knüpfen, die oft über die Dauer der Hilfe hinaus bestehen bleiben.

Praxisbeispiel Tagesstrukturierendes Gruppenangebot

Ein Träger hat ein tagesstrukturierendes Angebote für Jugendliche und junge Erwachsene entwickelt, die im Rahmen des betreuten Wohnens betreut werden und die weder einem Schulbesuch noch einer externen Beschäftigung nachgehen. Für sie gibt es in den Räumen des Trägers Angebote zwischen 8.00 und 12.30 Uhr für etwa 8 bis 10 Teilnehmer_innen. Es geht sowohl um die Strukturierung des Alltags als auch um den Erwerb von Kompetenzen und die soziale Vernetzung der jungen Menschen.

Aus anderen Ländern (vgl. Kap. IV) ist bekannt, dass stärker auf die Selbstorganisation der Care Leaver selbst gesetzt wird und dass diese Gruppe nicht, wie manchmal in deutschen Praxiskontexten, als anfällig für soziale Verwahrlosung gesehen wird. Entsprechend wird der Aufbau von Selbsthilfeorganisationen in diesen Ländern finanziell und strukturell unterstützt. In Deutschland hat sich 2013 ein erstes Care Leaver Netzwerk gegründet, das ursprünglich junge Menschen aus stationären Hilfen im Übergang an Universitäten angesprochen hat, inzwischen jedoch für alle Care Leaver offen ist.

Praxisbeispiel Care Leaver Netzwerk[44]

Das Care Leaver Netzwerk ist die erste überregionale deutsche Selbstorganisation von jungen Menschen, die einen Teil ihres Lebens in Heimerziehung oder Pflegefamilien verbracht haben. Die Mitglieder treffen sich regelmäßig in Netzwerktreffen und betreiben ein Internetforum zum Austausch. Zudem wird durch das Netzwerk eine umfangreiche Lobbyarbeit geleistet, z.B. auch auf Fachveranstaltungen zu unterschiedlichen Themen der Erziehungshilfen. Inzwischen hat das Netzwerk auch ein eigenes Positionspapier mit Forderungen zur Verbesserung ihrer Lebenssituation und Perspektiven erarbeitet.

[44] www.careleaver.de

Ein weiterer Ansatz für die Stärkung der Selbstorganisation junger Menschen in stationären Hilfen ist die Förderung von Heimbeiräten, Jugendvertretungen, Sprecherräten oder Heimparlamenten (vgl. Kap. III.2). Mit dem Ziel einer Verstetigung dieser Initiativen müssen jedoch stabile Strukturen für die Selbstorganisation der Care Leaver geschaffen werden, die vor allem finanzielle und ggf. auch organisatorische Unterstützung umfassen.

Stärkung sozialer Beziehungen im Lebensumfeld

Eine Reihe von Trägern hat gezielte Aktivitäten entwickelt, um die Kontakte von jungen Menschen außerhalb der Einrichtung zu fördern. Hierzu zählt z.B. die Möglichkeit, Freunde mit in die Wohngruppe zu bringen, aber auch die Ermöglichung und Stärkung von Kontakten der Kinder und Jugendlichen im Umfeld der Einrichtung. Mit dem Ziel, Gelegenheiten zum Knüpfen von Freundschaften zu schaffen, setzen viele der befragten pädagogischen Fachkräfte auf die Integration der Kinder und Jugendlichen in vor Ort ansässige Vereine, vor allem im Bereich des Sports. Aber auch kulturelle Aktivitäten oder kirchliche Angebote für Kinder und Jugendliche werden hier genutzt.

Interview 6

Wir ermutigen und begleiten die jungen Menschen, je nach Neigungen Hobbies zu pflegen und Netzwerke aufzubauen. Wenn wir jemanden aufnehmen beginnt die Suche nach Lebensorten außerhalb der Gruppe als Ankerpunkte: Freundschaften, Beziehungen, Vereine, die auch etwas auffangen und Sicherheiten geben können. Der Verein fühlt sich meist verantwortlich für den jungen Menschen und die jungen Menschen nehmen zuverlässig die Angebote des Vereins wahr. Neue Kontakte bestehen auch über die Wohngruppenzeit hinaus.

Über die Anbindung an Vereine hinaus machen einige Träger auch Angebote im Freizeitbereich, die sich an den ganzen Ort bzw. Sozialraum richten und in den Räumen oder auf dem Gelände des Trägers stattfinden. Ziel ist hierbei, z.B. durch Kooperationen mit Vereinen, gerade im ländlichen Raum, gemeinsame Freizeitangebote für die Jugendlichen innerhalb und außerhalb der Einrichtung zu schaffen, um Hemmschwellen im Kontakt zu überwinden und Freundschaften zu fördern. Nebeneffekt hiervon ist nach Erfahrung der pädagogischen Fachkräfte, dass sich die Akzeptanz und das Ansehen der Einrichtung bzw. der Wohngruppe(n) im Sozialraum insgesamt verbessern.

Es besteht zudem vereinzelt eine Zusammenarbeit mit den Gremien und Akteuren der Jugendpflege, um die Bedarfslagen der jungen Menschen am Ort mit denen der Jugendlichen in stationären Hilfen zu verknüpfen und Angebote und Kooperationen abzustimmen. Angebote für verschiedene Zielgruppen können dann ineinandergreifen, wenn vorhandene Potenziale im Sozialraum gezielt für die Bedarfe der Jugendlichen im Übergang genutzt werden können. Einer der befragten Träger von Wohngruppen betreibt beispielsweise am gleichen Ort auch ein Familienzentrum. Neben vielen anderen Angeboten befindet sich in dessen Räumen auch eine Vermittlungsstelle für Menschen, die sich ehrenamtlich engagieren möchten. Über diese Stelle konnten bereits Paten für junge Menschen in Wohngruppen gewonnen werden, die eine Lotsenfunktion im Prozess des Übergangs übernommen haben.

Praxisbeispiele für Kooperationen mit anderen Trägern sozialer Angebote und Vereinen im Sozialraum

Mit dem Ziel, Hemmschwellen im Kontakt Außenstehender mit Wohngruppen und ihren Bewohner_innen zu senken, kooperieren einige Träger gezielt mit Vereinen und ortsansässigen Trägern der Jugendarbeit. Konkrete Möglichkeiten der Kooperation sind z.B.

- die Öffnung der Freizeitangebote auf dem Gelände des Trägers auch für Jugendliche oder Vereine der Umgebung,
- Angebote des Trägers im Sozialraum, die sich neben den Jugendlichen in stationärer Unterbringung gezielt auch an Jugendliche der Umgebung wenden,
- eine wechselseitige Sportstättennutzung.

Hierdurch ergeben sich vielfältige Möglichkeiten für Kinder und Jugendliche, sich kennenzulernen und Kontakte zu knüpfen.

Sofern Care Leaver aber nach dem Verlassen der stationären Erziehungshilfen nicht in räumlicher Nähe zu der Hilfeeinrichtung oder Pflegefamilie bleiben, können die bis dahin aufgebauten sozialen Beziehungen allerdings kaum aufrechterhalten werden. So kann diesbezüglich die Fremdplatzierung von Kindern und Jugendlichen weit entfernt vom Herkunftsort ein strukturelles Problem darstellen. Mit dem Ende der Erziehungshilfe stellt sich für diese jungen Menschen die Frage, ob sie am Ort der Wohngruppe wohnen bleiben oder in ihren Herkunftsort zurückziehen wollen. Wenn am Ort der Einrichtung keine tragfähigen sozialen Beziehungen aufgebaut werden konnten und auch keine Anbindung durch einen Ausbildungs- oder Arbeitsplatz besteht, entscheiden sich diese Care Leaver mangels anderer Optionen häufig für die Rückkehr in den Heimatort oder dessen Umkreis, soweit dort noch Angehörige leben. Hier stellt sich die Herausforderung, soziale Kontakte (neu) zu knüpfen bzw. zu prüfen, welche Freundschaften oder Beziehungen aus der Zeit vor der Unterbringung noch vorhanden und tragfähig sind. Die weitere Pflege der zuvor am Ort der Unterbringung aufgebauten Beziehungen und Netzwerke erweist sich nach Erfahrung der pädagogischen Fachkräfte mangels materieller Ressourcen und ggf. weiter Entfernungen oft als schwierig, so dass diese meist nicht über einen längeren Zeitraum weitergeführt werden.

Diese Gruppe der Care Leaver steht auch vor der großen Herausforderung, bei Hilfeende mehrere Übergänge gleichzeitig bewältigen zu müssen. Neben der Arbeitsplatz- und Wohnungssuche müssen sie bedingt durch den Wohnortwechsel auch alle sozialen Kontakte neu aufbauen. Für diese Problematik gibt es bisher in der Praxis keine konzeptionellen Antworten. Einige Träger haben hieraus die Konsequenz gezogen, nur regional aufzunehmen, also nur Kinder und Jugendliche, deren Herkunftsfamilie in der Nähe lebt oder wenn absehbar ist, dass der/die Jugendliche nach Abschluss der Hilfe in der Region bleibt, z.B. bedingt durch einen Ausbildungsplatz. Der/die junge Erwachsene kann dann auf seine/ihre am Ort aufgebauten Netzwerke zurückgreifen.

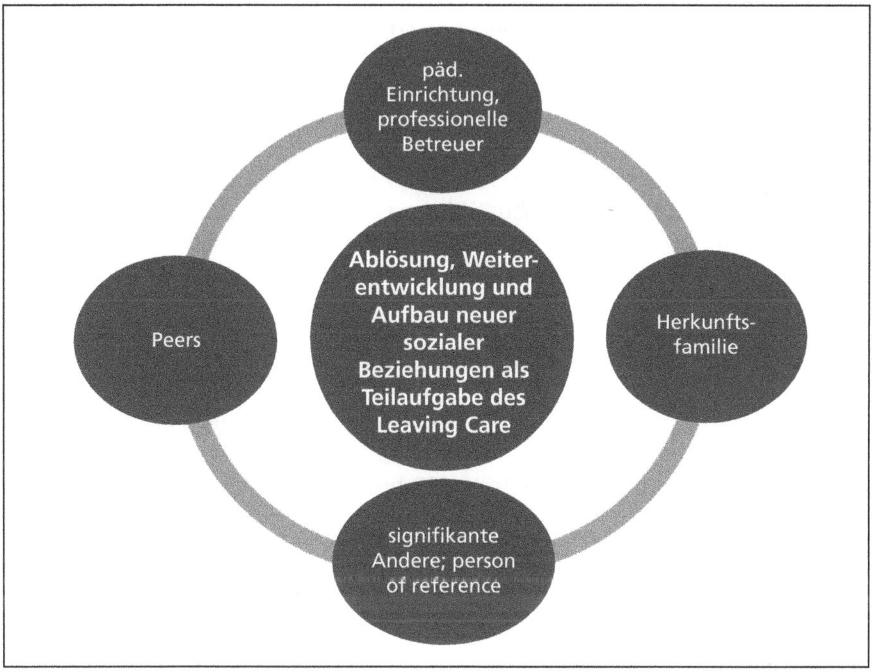

Abb. 5: Soziale Beziehungen im Übergang

Zusammenfassend muss festgestellt werden, dass in der pädagogischen Praxis der stationären Erziehungshilfen generell, wie auch in der Begleitung des Übergangs in das Erwachsenenleben, die Förderung des Aufbaus und der Weiterentwicklung tragfähiger sozialer Beziehungen und Netzwerke der jungen Menschen als ein Schlüsselaspekt für einen gelingenden Übergang bewusster in den Blick genommen werden sollte (vgl. auch Kress 2012, S. 25; Internationale Gesellschaft für Erzieherische Hilfen (IGfH)/ Kompetenz-Zentrum Pflegekinder e.V. 2010). Es geht dabei sowohl um Beziehungen zur Trägerorganisation bzw. den Betreuer_innen/Pflegefamilien wie auch zur Herkunftsfamilie, Peers und anderen Bezugsgruppen.

4. Übergang in Ausbildung und Arbeit

Von großer Bedeutung ist für alle jungen Menschen die Entwicklung einer beruflichen Perspektive und der konkrete Übergang in Ausbildung bzw. in Arbeit. Dieser zentrale Lebensbereich nimmt in der Praxis der erzieherischen Hilfen in Deutschland bisher einen unterschiedlich großen Stellenwert ein. Es geht dabei zunächst um die Förderung der (schulischen) Bildung und das Erreichen von Schulabschlüssen (vgl. Kap. II.2), ebenso jedoch um die Berufsorientierung und den Übergang in Ausbildung, also die erste Schwelle der Integration in den Arbeitsmarkt. Am Ende der Pflichtschulzeit stehen die jungen Menschen in stationären Hilfen wie ihre Peers vor der Frage, welche beruflichen Vorstellungen und Ziele sie verfolgen und ob sie weiterführende Bildungsabschlüsse anstreben wollen. Viele wollen eine Ausbildung beginnen; fraglich sind die Perspektiven derjenigen, die keinen Ausbildungsplatz erhalten oder keine Ausbildung beginnen können. Für die Praxis der erzieherischen Hilfen stellt sich in diesem Kontext die Frage, wie diese Prozesse der Orientierung und Übergänge gut begleitet werden können und welche Unterstützung genau die jungen Menschen brauchen. Hierbei ist auch von Bedeutung, dass, bedingt durch die gegenwärtige Praxis der Hilfebeendigung mit dem Alter von ca. 18 bis 19 Jahren, viele Care Leaver in Deutschland bei Erreichen des Ausbildungsendes bereits nicht mehr im Rahmen der Kinder- und Jugendhilfe betreut werden. Kinder- und Jugendhilfeleistungen werden nicht selten mit dem Schulabschluss oder der Aufnahme einer Ausbildung beendet und eine Nachbetreuung dann in der Regel nur noch über einen kurzen Zeitraum gewährt. Das bedeutet, dass diese jungen Menschen an der 2. Schwelle der Integration in das System der Beschäftigung bereits weitgehend auf sich allein gestellt sind. In anderen nachgehenden Hilfesystemen wie der Arbeitsförderung oder der Eingliederungshilfe für Erwachsene, aber auch im Bereich der schulischen und beruflichen Bildung werden Care Leaver nicht als eigenständige Bedarfsgruppe wahrgenommen und ihre individuelle Lebenssituation und Bedürfnisse finden nur selten besondere Berücksichtigung (vgl. Kap II.4).

Das vorliegende Kapitel geht kurz auf einige strukturelle Aspekte ein, die sich den Interviewparter_innen zufolge nachteilig auf die Bildungsaspirationen junger Menschen in stationären Hilfen auswirken. Im Anschluss werden exemplarisch einige Aktivitäten der Träger der Erziehungshilfen beleuchtet, die das Ziel haben, eine Integration in Ausbildung und Arbeit zu unterstützen. Dabei wird auch die Gruppe der Care Leaver betrachtet, die aus unterschiedlichen Gründen voraussichtlich nicht in den 1. Arbeitsmarkt integriert werden können.

Als generell demotivierend für junge Menschen in stationären Hilfen werden die Anrechnungsregelungen der §§ 91 ff. SGB VIII im Hinblick auf eigenes Einkommen benannt. Jugendlichen, die im Hilfeplan stolz berichten, dass sie ihr Taschengeld mit einem Job aufbessern, muss bei konsequenter Anwendung der gesetzlichen Vorschriften vermittelt werden, dass sie das verdiente Geld überwiegend als Beitrag zu den Kosten ihrer Unterbringung abgeben müssen. Desgleichen verhält es sich mit Ausbildungsvergütungen, die zu 75% als Kostenbeitrag eingesetzt werden müssen. Im Vergleich zu ihren Peers erleben sich diese Jugendlichen als innerhalb der Jugendhilfe schlechter gestellt, was den Wunsch motivieren kann, die Hilfe zu verlassen, um über das verdiente Geld selbst verfügen zu können – auch wenn sie in der Realität dann materiell deutlich schlechter abgesichert sind.

Als eine wesentliche strukturelle Hürde im Hinblick auf das Erreichen von Bildungszielen wurde jedoch der Zeitpunkt der Beendigung der Hilfe benannt, der nur selten am Entwicklungsstand der jungen Menschen orientiert ist. Generell berichten die Interviewpartner_innen davon, dass Jugendliche mit höheren Bildungszielen wie Abitur oder Studium bei den Kostenträgern nicht gern gesehen werden und man nicht selten versucht, sie stattdessen zur Aufnahme einer Ausbildung zu motivieren, um die Hilfe früher einstellen zu können (vgl. auch

Nüsken 2009, S. 86). Aber auch eine Beendigung der Unterstützung aufgrund vorgegebener Zeitfenster, ohne dass die notwendige emotionale Stabilität für ein eigenständiges Leben erreicht werden konnte, kann das Erreichen von Bildungszielen gefährden.

Interview 47

In einem Fall streite ich mich richtig mit dem Jugendamt rum: Das ist eine junge Frau, sie ist 19 und wurde sehr häufig von ihrem Vater sexuell und gewalttätig missbraucht; sie wurde psychiatrisch auffällig, war erheblich suizidgefährdet. Wir haben sie in einer Außenwohngruppe stabilisiert, sie ist jetzt in einer Verselbständigungsgruppe als Setting, weil sie einfach sagt: Ich habe Angst vor dem Alleinwohnen, weil sie Rückfälle befürchtet. Sie ist in der Lage zu studieren, weil sie einfach fit ist. Das Jugendamt zahlt keine Verselbstständigungswohngruppe mehr – sie ist seit vier Jahren bei uns – mit der Begründung: Jetzt ist sie 19, studiert und war so lange in Jugendhilfe, jetzt muss sie das einfach allein hinkriegen. Wenn man sie weiter begleiten könnte – wir wissen noch nicht wie der Streit ausgeht –, dann hätte sie sehr gute Voraussetzungen, um selbstständig zu werden.

Es gibt allerdings auch positive Beispiele einer längeren Hilfegewährung, die in der Praxis bisher aber nicht den Regelfall darstellt:

Interview 38

Die Älteste, die bei mir in der Gruppe war, war tatsächlich fast 21 und da war die stationäre Jugendhilfe gekoppelt an das Ausbildungsende. Da hatten wir und auch das Jugendamt ganz klar die Einschätzung, sie soll auf jeden Fall diese Ausbildung fertig machen dürfen, sonst läuft sie Gefahr, auch im dritten Lehrjahr die Ausbildung hinzuwerfen. Das wäre dann schade.

Neben dem emotionalen Aspekt der Unsicherheit, der mit der Hilfebeendigung einhergeht, entsteht mit dem Ende der Zuständigkeit der Kinder- und Jugendhilfe häufig auch eine sehr schwierige materielle Situation für die Care Leaver. Sie müssen bis zur Aufnahme einer Ausbildung oder Berufstätigkeit ihren Lebensunterhalt sicherstellen. Bis Leistungen wie BAföG oder Berufsausbildungsbeihilfe gezahlt werden, vergehen nicht selten Monate, die zu überbrücken sind (vgl. Kap. II.4). Diese Lücke in der Finanzierung ihres Lebensunterhaltes kann für die jungen Menschen zu existenzbedrohenden Lebenssituationen führen und krisenhafte Entwicklungen begünstigen.

Interview 26

Ganz häufig haben wir hier die Situation, dass die Jugendämter dann sehr schnell die Zahlung einstellen, weil sie sagen, dann haben wir eigentlich als zuständige Behörde alles geleistet. Wir haben hier einen jungen Menschen zur Selbstständigkeit geführt, im Sinne, er kann sich selbst ernähren, er kann arbeiten gehen, wir stellen ein mit dem Abschluss. Und dann heißt es, die haben am 19.03. Abschlussprüfung, also wird die Maßnahme zum 01.04. eingestellt.

Und diese Zeit zu überbrücken, dann zu sagen, okay, bis dahin haben wir eine eigene Wohnung gefunden, bis dahin ist die Wohnung eingerichtet, bis dahin haben sie eine Anschlussanstellung gefunden, die schafft eine normale Familie mit ihren leiblichen Kindern nicht und die schafft erst recht keine professionelle Familie mit Kindern, die Belastungen gehabt haben. Das ist so ein typischer Verlauf, dass Familien dann im Grunde genommen sagen, diese Zeit überbrücken wir gemeinsam.

Da zum Zeitpunkt des Übergangs Ausbildungsabschlüsse i.d.R. noch nicht erreicht oder die Einmündung in den Arbeitsmarkt noch nicht vollzogen, eine materielle Unterstützung durch die Herkunftsfamilie aber unwahrscheinlich ist, ist das Angewiesen-Sein auf Transferleistungen auch nach der Erziehungshilfe strukturell angelegt. Um die Bildungsaspirationen junger Menschen in stationären Hilfen zu stärken, müssten auf struktureller Ebene, z.B. durch eine längere Hilfegewährung und/oder Verbesserung der materiellen Versorgung von Care Leaver, die Bildungsabschlüsse anstreben, Veränderungen erfolgen.

Praxis der Begleitung des Übergangs in Ausbildung und Arbeit

Generell wird von den pädagogischen Fachkräften das Thema des Übergangs in Ausbildung und Arbeit als für viele Jugendliche in stationären Hilfen als schwierig beschrieben. Es wird berichtet, dass viele aufgrund der im Vergleich zu ihren Peers niedrigeren Bildungsabschlüsse und einem generell oft schwachen Selbstbewusstsein im Hinblick auf ihre Integration in den Arbeitsmarkt ein Gefühl von großem Druck und Konkurrenz empfinden. Die tatsächlichen Perspektiven der Vermittelbarkeit in Ausbildung und Arbeit hängen allerdings vor allem mit den Gegebenheiten des örtlichen Arbeitsmarktes, dem Angebot an Ausbildungsstellen und den Quoten der Jugendarbeitslosigkeit zusammen (vgl. Stauber 2009, S. 136). Während in strukturschwachen Regionen viele junge Menschen vor allem auf die Möglichkeiten des 2. Arbeitsmarktes bzw. einer sozialpädagogischen Beschäftigungsförderung (vgl. Oehme 2008) angewiesen sind, können in Regionen, in denen nahezu Vollbeschäftigung herrscht, fast alle eine Ausbildung beginnen. Unabhängig von den Rahmenbedingungen stellt es aus Sicht der pädagogischen Fachkräfte immer eine zentrale Aufgabe der Übergangsbegleitung dar, mit jungen Menschen an beruflichen Vorstellungen zu arbeiten. Hierzu sind profunde Kenntnisse des Arbeits- und Ausbildungsmarktes erforderlich, um die Jugendlichen in ihren Wünschen, Interessen und Neigungen unterstützen zu können und konkrete Wege der beruflichen Integration aufzuzeigen (vgl. auch Düker/Ley 2013, S. 135). Um die Berufsorientierung der jungen Menschen zu unterstützen und ihnen realistische Vorstellungen des Arbeitsalltags zu vermitteln, setzen viele Träger auf eine intensive Vermittlung in Berufspraktika. Angesichts fehlender „Netzwerke" der Eltern oder des familiären Umfeldes sind Care Leaver hier ebenso wie bei der Vermittlung in Ausbildungsstellen ganz besonders auf professionelle Kooperationsbeziehungen angewiesen.

Interview 37

Wir haben Netze, die ich nur schwer in Worten benennen kann. Wir wohnen auf dem Land, der eine Erzieher kennt z.B. mal den oder den. Das ist nicht immer fest und trotzdem gibt es da ganz viel. Wir hatten z.B. eine Jugendliche in Ausbildung und unsere Hausleiterin hatte gute Beziehungen zum Ausbilder und konnte immer wieder – informell – Wogen glätten. Ganz viel läuft auf der persönlichen Ebene.

Zentraler Akteur bei der Begleitung in Ausbildung und Beruf sind in der Regel die Bezugsbetreuer_innen. Obwohl den Berichten aus der Praxis zufolge häufig Aktivitäten der Berufsorientierung in Schulen – z.B. im Rahmen der Jugendberufshilfe und oft in Kooperation mit der Bundesagentur für Arbeit[45] – stattfinden, ist es auch eine Kernaufgabe der Übergangsbegleitung, die Jugendlichen bei der Entwicklung beruflicher Vorstellungen und einer eigenen Perspektive zu unterstützen. Hierzu gehören auch die Begleitung und das Auffangen bei Enttäuschungen, wenn sich Vorstellungen und Wünsche angesichts der Gegebenheiten des Arbeitsmarktes nicht realisieren lassen (vgl. Gaupp u.a. 2008, S. 53).

Vor besonderen Herausforderungen beim Übergang in den Beruf stehen Care Leaver, die bereits selbst Elternverantwortung tragen. Auch aus internationalen Untersuchungen ist bekannt, dass viele weibliche Care Leaver früher als ihre Peers eigene Kinder bekommen (Kindler u.a. 2011, S. 654). Die genauen Hintergründe sind dabei nicht wirklich erforscht; pädagogische Fachkräfte gehen jedoch davon aus, dass sich manche junge Frauen angesichts mangelnder beruflicher Perspektiven und einer Orientierung an traditionellen Familienbildern – bewusst oder unbewusst – für eine frühe Mutterschaft entscheiden (vgl. auch Henninger/Alex 2013, S. 28). Generell wird die Aufnahme einer Ausbildung in der Lebenssituation mit Kleinkind von vielen (jungen) Müttern als schwierig erlebt. Diese Frauen sind im Hinblick auf eine Integration in den Arbeitsmarkt auf besondere Angebote wie z.B. Teilzeit-Ausbildungen etc. angewiesen.[46] Ein Träger einer Mutter-Kind-Einrichtung gem. § 19 SGB VIII führt im Hinblick auf die berufliche Orientierung Workshops mit jungen Müttern durch, die auf ihre spezifische Lebenssituation mit Kind zugeschnitten sind.

Praxisbeispiel Berufsorientierung in Mutter-Kind-Einrichtungen

Ein Träger von Mutter-Kind-Einrichtungen führt Workshops mit jungen Frauen durch, um mit ihnen an beruflichen Wünschen und Vorstellungen zu arbeiten und Perspektiven im Hinblick darauf zu erarbeiten, was in ihrer Lebenssituation mit Kind beruflich konkret realisierbar ist.

Neben der Berufsorientierung leisten die Bezugsbetreuer_innen jedoch auch konkrete praktische Unterstützung, z.B. bei der Suche von Praktikums- und Ausbildungsplätzen und der Erstellung von Bewerbungen. Ein Träger von Wohngruppen hat zur Unterstützung dieser Prozesse eine eigene Integrationsmanagerin, die speziell zur Schnittstelle Jugend/Beruf hinzugezogen wird.

---

45 In den letzten Jahren wurde zahlreiche regionale Vernetzungen initiiert und methodische Ansätze der Begleitung des Übergangs Schule-Beruf entwickelt, z.B. Berufseinstiegsbegleitung in Form eines individuellen Coachings, Jobfux-Programme etc., für einen Überblick siehe: www.arbeitsagentur.de/web/content/DE/dienststellen/rdbw/mannheim/Agentur/Detail/index.htm?dfContentId=L6019022DSTBAI514480, letzter Zugriff 12.12.2014.

46 Vgl. beispielsweise die Angebote der „Assistierten Ausbildung" in Baden-Württemberg (Werkstatt Parität 2013, S. 26).

Praxisbeispiel Integrationsmanagerin

Die Integrationsmanagerin eines Trägers stationärer Hilfen berät die Jugendlichen in allen Fragen rund um die Themen Berufsorientierung, Ausbildung und Beruf und ist mit allen wichtigen Akteuren und Stellen vernetzt. Alle Jugendlichen, die in den Wohngruppen des Trägers leben und bei denen das Thema Ausbildungssuche ansteht, haben mehrere Termine mit ihr. Neben persönlichen Gesprächen werden z.B. auch Testverfahren durchgeführt, um Talente, Neigungen und Förderbedarfe zu ermitteln. Auch eine Vorstellung bei Betrieben, weiterführenden Schulen und Kontakte zur Arbeitsagentur werden vorbereitet und ggf. begleitet. So werden zum einen konkrete Wege der beruflichen Integration aufgezeigt, aber auch nach Bedarf an konkreten Themen gearbeitet, z.B. Bewerbungsmappen erstellt, Vorstellungsgespräche geübt etc.

Mit dem Ziel einer individuellen Förderung, die speziell auf die Bedürfnisse junger Menschen in stationären Hilfen zugeschnitten ist, hat ein Träger von Wohngruppen ein sog. Modul Jugendberufshilfe entwickelt, das von Jugendämtern für Jugendliche zur Unterstützung des Übergangs in Ausbildung und Arbeit zu den Leistungen der stationären Hilfe „hinzugebuchtes" werden kann. Es wird ausgehend vom Entwicklungsstand des einzelnen jungen Menschen, individuell an Schlüsselqualifikationen gearbeitet, die ihn/sie dazu befähigen sollen, eine Ausbildung aufnehmen zu können.

Praxisbeispiel Modul Jugendberufshilfe als Zusatzleistung eines Trägers stationärer Erziehungshilfen

Die Aktivitäten konzentrieren sich auf konkrete Schritte zum Auf- und Ausbau berufsbezogener Kompetenzen im umfassenderen Sinne. Neben den unmittelbar auf die Erwerbsarbeit bezogenen Fachkompetenzen, also den Kenntnissen, Fähigkeiten und Fertigkeiten für ein bestimmtes berufliches Fachgebiet, spielen grundlegende berufsbezogene Kompetenzen, wie z.B. Auffassungsgabe, Konzentration, Ausdauer, Sorgfalt, Belastbarkeit oder Frustrationstoleranz eine große Rolle, da sie oft erst die Aneignung fachlicher Qualifikationen ermöglichen. Als ebenso wichtig für die Aufnahme einer Arbeit werden soziale, persönliche und methodische Kompetenzen des einzelnen jungen Menschen gefördert. Hierhin gehören Kommunikations-, Gruppen- und Teamfähigkeit, Selbstvertrauen, Motivation und Lebensplanung, schließlich die Fähigkeit der Arbeitsorganisation sowie Lern- und Problemlösungsfähigkeiten. Über die Vermittlung solcher Schlüsselqualifikationen und berufsbezogener Fähigkeiten und Fertigkeiten wird mit dieser Form der Jugendberufshilfe auch eine identitätsbildende Funktion angestrebt.

Ist eine Vermittlung in Ausbildung gelungen, so wird der Verlauf häufig durch die Bezugsbetreuer_innen begleitet – vorausgesetzt, die Hilfe wird, ggf. in Form einer ambulanten Nachbetreuung, weiter gewährt. Es wird u.a. Vermittlungshilfe bei Konflikten geleistet, um Ausbildungsabbrüche zu verhindern. Gelingen gute Kooperationsbeziehungen zu Ausbildungsbetrieben, so können diese häufig auch für die besonderen Belange der Jugendlichen in stationären Hilfen sensibilisiert werden.

Interview 14

Wir sind dörflicher hier; manchmal kommen unsere Jugendlichen mit viel Vitamin B in Ausbildung. Das begleiten wir auch eng, um zu schauen, ob alles gut klappt. Auch die Ausbilder haben dann ein gutes Auge auf die Jugendlichen, d.h. die werden nicht sofort kleingemacht, wenn Sachen passieren. Die bekommen schon klare Haltungen mit, aber auch noch einmal eine andere Form von Fürsorge.

Insofern sprechen verschiedene Aspekte für eine Erziehungshilfe während der Ausbildungsphase, sofern diese Begleitung von den jungen Menschen gewünscht wird. Aber auch passgenaue unterstützende Maßnahmen, wie sie z.B. im Rahmen der vorgestellten Modelle erbracht werden, ermöglichen nicht bei allen Care Leaver eine Integration in den Arbeitsmarkt.

Wenn eine Integration in den ersten Arbeitsmarkt (zunächst) nicht gelingt

Eine Reihe von Interviewpartner_innen berichten von jungen Menschen in stationären Hilfen, die trotz intensiver Förderung und Unterstützung (noch) nicht in der Lage sind, eine Ausbildung zu beginnen. Eine starke Fokussierung mancher Kostenträger auf die Aufnahme einer schulischen oder beruflichen Ausbildung wird in diesem Kontext kritisch bewertet. Vielmehr benötigen diese jungen Menschen zunächst eine individuelle Begleitung und einen stützenden Rahmen für ihre weitere emotionale Stabilisierung und Persönlichkeitsentwicklung, der ihnen jedoch nicht immer gewährt wird.

Interview 37

Fragwürdig ist auch dieser Druck über Schule und Arbeit. Wir haben immer mal wieder junge Männer, für die muss man einen ganz beschützten Rahmen suchen. Und wenn sie das ganz lange gemacht haben, dann trauen sie sich wieder mehr zu. Und wenn man sie dann gleich in Arbeits- und Schulverhältnisse gibt, dann sind sie einfach überfordert. Da ist nicht nur Unlust und sie sitzen nicht da und sagen: Cool, ich will Hartz IVler werden, sondern sie können das einfach nicht, sie haben noch so eine Hemmschwelle in sich. Die bräuchten Zeit und geschützte tagesstrukturierende Maßnahmen, um dann zu gucken, was noch Richtung Schule möglich ist oder Arbeit oder Ausbildung im beschützten Rahmen. Viele der Kinder sind noch nicht so belastbar. Sie brauchen sehr viel Energie für ihre eigenen Problematiken mit den chaotischen Familienverhältnissen, die immer noch da sind. Es bleibt nicht so viel Energie für Arbeit übrig. Wenn wir mehr Zeit hätten, sie zu stabilisieren und die Familienbeziehungen zu klären und den Teil Arbeit immer mehr auszuweiten, dann wäre es gut.

Die Bewältigung der eigenen Geschichte, ungeklärte bzw. spannungsreiche Beziehungen zur Herkunftsfamilie oder anderen Menschen, ebenso wie unbearbeitete Traumata können bei den jungen Menschen viel Energie binden, die dann für Bildungsprozesse nicht zur Verfügung steht. Nach Erfahrung der pädagogischen Fachkräfte wird die erforderliche Mitwirkung an der Hilfe von den Kostenträgern jedoch häufig mit dem Besuch der Schule bzw. der Aufnahme einer Ausbildung oder Berufsförderungsmaßnahme gleichgesetzt und hierdurch an manche Jugendlichen Forderungen gestellt, die sie (noch) nicht erfüllen können und die nicht am Stand ihrer Belastbarkeit orientiert sind (vgl. Kap. II.3).

Interview 37

Wir haben viele Fälle, in denen die Hilfe beendet wird mit dem Argument, sie wirken nicht mit. Dabei wird die Mitwirkung sehr auf den Unterpunkt Arbeit fokussiert. Man könnte ja auch sagen: Sie arbeiten mit, weil sie sich auf die Einrichtung einlassen, der Tagesstruktur zustimmen, an ihren Themen arbeiten, weil sie z.B. kochen üben. Das wird aber in den Hintergrund gerückt. Ganz krass: Mit 18 wird die Hilfe beendet, wenn der nichts macht.

Hier wird nochmals deutlich, dass junge Menschen in stationären Hilfen aufgrund biografischer Erfahrungen für ihre Entwicklung oft mehr Zeit als ihre Peers benötigen. Im Vergleich zur altersgleichen Durchschnittsbevölkerung werden ihnen aber deutlich weniger zeitliche Spielräume für das Erreichen von Bildungsabschlüssen gewährt. Vielmehr wird ihnen die Verantwortung für den Verlauf des Übergangs und das (Nicht-)Erreichen von Entwicklungs- oder Bildungszielen häufig selbst zugewiesen. Entwicklungsverzögerungen lassen sich häufig damit erklären, dass viele Kinder und Jugendliche in stationären Hilfen aus multiproblembelasteten Milieus stammen und in einer sozialisatorischen Mangelsituation aufgewachsen sind (vgl. Maykus 2003). Mögliche Lernbeeinträchtigungen können als Erschwernisse des Lernprozesses aufgrund perzeptiver, motorischer, kognitiver, motivationaler und sozialer Einflussfaktoren in Lernschwierigkeiten, Lernstörungen und Lernbehinderungen differenziert werden (Gögercin 1999, S. 14). Letztere müssen aber als solche erst einmal erkannt werden und erfordern eine spezielle Förderung und ggf. Beschulung. Um Kinder und Jugendliche mit Lernbeeinträchtigungen besser zu fördern, als dies in vielen Regelschulen möglich ist, haben einige Träger schulersetzende Angebote und eigene berufsfindende sowie theoriereduzierte Ausbildungsangebote entwickelt. Auch hier wird als Voraussetzung für eine Teilnahme benannt, dass die Persönlichkeitsentwicklung soweit gediehen sein muss, dass die jungen Menschen in der Lage sind, diese Angebote der beruflichen oder schulischen Qualifikation überhaupt umzusetzen. Vor diesem Hintergrund wird die Arbeit an der emotionalen Stabilität und Persönlichkeitsentwicklung als für viele Jugendliche vorrangig angesehen. Träger mit eigenen Ausbildungsangeboten können Jugendliche hier individuell vorbereiten und begleiten, z.B. durch einen regelmäßigen Austausch der Betreuer_innen und Ausbilder_innen, was das Erreichen von Ausbildungsabschlüssen und eine Integration in den Arbeitsmarkt begünstigt. Das folgende Praxisbeispiel einer Großeinrichtung, die sowohl Erziehungshilfen als auch Schul- und Berufsausbildungsangebote vorhält, illustriert zudem, dass es für die Gestaltung des Übergangs vorteilhaft sein kann, wenn die Anforderungen an die (formalen) Bildungsziele mit anderen alltagspraktischen und psychosozialen Entwicklungsaufgaben abgestimmt werden können.

Praxisbeispiel Koordinierte Übergangs- und Bildungsbegleitung

Eine große Komplexeinrichtung der Erziehungshilfe, die auch umfangreiche Angebote der schulischen und beruflichen Bildung vorhält, setzt auf intensive Kooperationen zwischen den unterschiedlichen Arbeitsbereichen:

- Verzahnung der Gruppen, Schule und Werkstätten: mindestens ein wöchentlicher Austausch.
- Enge Kooperation zwischen der Gruppe und den Werkstätten: bei Bedarf täglicher Austausch, z.B. wenn sich abzeichnet, dass Jugendliche in der Werkstatt und/oder in der Gruppe überfordert sind.
- Bei Bedarf Zurückstellung der Vorbereitung des Übergangs in die eigene Wohnung, um zunächst die individuelle psychosoziale Stabilität zu stärken und zudem den Schulbesuch oder die Ausbildung nicht zu gefährden.
- Flexible Anpassung der Ausbildungsanforderungen: der Druck in der Ausbildung kann in Anteilen reduziert werden, z.B. indem die Anfertigung von Werkstücken verschoben wird.
- Gute Kooperationen mit Einrichtungen der Eingliederungshilfe: für junge Menschen ohne Perspektive auf dem 1. Arbeitsmarkt wird nach geeigneten Arbeitsangeboten, z.B. in Werkstätten für Behinderte, gesucht.

Wie in Kap. II.2 verdeutlicht, kann die Beschulung in Heimschulen auch mit eher negativen Aspekten einhergehen, wie z.B. der doppelten Herausforderung, bei Hilfeende gleichzeitig den Auszug und den Übergang in Ausbildung oder Arbeit zu bewältigen. Das Praxisbeispiel macht jedoch exemplarisch deutlich, dass es weniger um die Notwendigkeit geht, Erziehungshilfen und Bildungsbegleitung tatsächlich aus einer Hand anzubieten, sondern insbesondere um eine enge Kooperation zwischen Bildungsinstitutionen, Ausbildungsbetrieben und den Einrichtungen der stationären Erziehungshilfe, um individuelle Lösungen bei der Begleitung von Bildungs- und Entwicklungsprozessen zu ermöglichen. Andernfalls können gute Übergänge und auch erfolgreiche Schul- und Berufsabschlüsse kaum gelingen.

Jugendliche bzw. junge Erwachsene, die an einer diagnostizierten psychischen Erkrankung oder geistigen bzw. seelischen Behinderungen leiden, können nach Erfahrung der Interviewpartner_innen in andere Betreuungssettings der Eingliederungshilfe wie z.B. „beschützte" Werkstätten vermittelt werden, da hier eingespielte Kooperationen bestehen. Schwieriger ist es bei den Jugendlichen, deren Auffälligkeiten sich im Grenzbereich zu einer psychischen Erkrankung oder seelischen Behinderung bewegen und/oder die eine Diagnostik ablehnen.

Nicht selten wird bei ihnen die Hilfe eingestellt, ohne dass berufliche Perspektiven eröffnet werden konnten oder sie an ein nachfolgendes Hilfesystem angebunden sind. Auch in der Arbeitsförderung haben sie ein hohes Risiko, von Sanktionsmaßnahmen betroffen zu sein, so dass ihr Übergangsweg zunehmend prekär wird. Ohne unterstützende private Netzwerke werden nicht wenige dieser Care Leaver zu Klienten der Wohnungslosenhilfe (vgl. Reißig/Tillmann 2013).

Im Kontext der Kinder- und Jugendhilfe können zwar die Rahmenbedingungen für eine Integration in den Ausbildungs- und Arbeitsmarkt nur bedingt beeinflusst werden; auf der Ebene der individuellen Förderung junger Menschen wie auch beim Ausbau von unterstützenden Kooperationsstrukturen lassen sich jedoch eine Reihe von Anhaltspunkten ausmachen, um bessere Voraussetzungen für einen gelingenden Übergang zu schaffen.[47] Erziehungshilfen sollten einen stärkeren Fokus auf die Förderung von Bildung und das Erreichen höchstmöglicher formaler Bildungsabschlüsse legen. Das Hilfeende muss am Entwicklungsstand des jungen Menschen orientiert sein und darf das Erreichen von Bildungszielen nicht gefährden. Hierzu gehört auch, Care Leaver nicht zu überfordern, indem sie verschiedene Übergangsprozesse wie die Aufnahme einer Ausbildung und den Umzug in eine Wohnung gleichzeitig bewältigen müssen. Auch eine langfristige Nachbetreuung, die auch eine Begleitung bei Krisen oder Konflikten während der Zeit der Ausbildung umfasst, würde das Erreichen von Bildungszielen unterstützen. Dabei sollten auch Potenziale der Jugendberufshilfe, wie beispielsweise die Möglichkeit einer weiteren Begleitung in Form des betreuten Jugendwohnens gem. § 13 Abs. 3 SGB VIII genutzt werden (vgl. auch Verband der Kolpinghäuser e.V. 2012, S. 7). Über die konkrete Begleitung im Einzelfall hinaus steht die Kinder- und Jugendhilfe zudem in der Pflicht, auf politischer Ebene an der Verbesserung der Bedingungen für eine Integration in Ausbildung und Arbeit mitzuwirken.

5. Nachbetreuung und Ehemaligenarbeit

Aktuell ist wenig dazu bekannt, wie die jungen Menschen nach dem formellen Ende der Erziehungshilfe ihren Weg weitergestalten und ob bzw. welche weitergehenden Hilfen sie im Einzelfall erhalten. Vonseiten der Interviewpartner_innen existieren hierzu keine systematischen Informationen. Den Berichten aus der Praxis zufolge ist es ein generelles Ziel, dass die Care Leaver bei Beendigung der Hilfe in eigenem Wohnraum wohnen, arbeiten oder in Ausbildung sind bzw. von der Agentur für Arbeit betreut werden – auch wenn vereinzelt Care Leaver angesichts der Einstellung der Hilfe z.B. aufgrund mangelnder Mitwirkung quasi in die Obdachlosigkeit entlassen werden (müssen). Eine Weiterbetreuung im eigenen Wohnraum kann bei einigen wenigen Trägern nach wie vor als eine stationäre Hilfeform erfolgen. Im Regelfall wird die Unterstützung jedoch als ambulante Maßnahme erbracht und über Fachleistungsstunden finanziert. Sowohl der Umfang als auch die Dauer der Nachbetreuung variieren in der Praxis stark. Oft wird diese für einen Zeitraum von drei bis sechs Monaten gewährt; es gibt aber auch Jugendhilfeträger, denen es möglich ist,

[47] Siehe z.B. die Aktivitäten der Koordinierungsstelle Jugendberufshilfe/Jugendsozialarbeit in Nürnberg. www.nuernberg.de/internet/jugendsozialarbeit/jugendberufshilfe.html, letzter Zugriff 12.12.2014.

eine Nachbetreuung über einen längeren Zeitraum anzubieten. Dies variiert je nach Konzeption einzelner Einrichtungen, aber im Wesentlichen je nach Finanzierungspraxis der Kostenträger. Von den beendeten Hilfen gem. § 34 SGB VIII für unter 18-Jährige erhielten im Jahr 2011 46% der Jugendlichen keine weiteren Hilfen innerhalb der Kinder- und Jugendhilfe. Bei den über 18-Jährigen war dies im gleichen Jahr sogar bei 57% der Fall (Nüsken 2014, S. 40). Viele Care Leaver müssen also sehr schnell auf eigenen Beinen stehen, da sie nach dem Ende der stationären Hilfe keine Form der Nachbetreuung mehr erhalten.

Im vorliegenden Kapitel wird die Notwendigkeit der Nachbetreuung nach dem Umzug in eigenen Wohnraum und vor allem nach dem formellen Ende der Hilfe zu Erziehung verdeutlicht. Die Nachbetreuung stellt, auch wenn sie in der Hilfegestaltung nicht sehr präsent ist, eine Schlüsselfunktion für einen gelingenden Übergang dar. Modelle einer flexiblen nachgehenden Betreuung ebenso wie Beispiele einer gezielten Ehemaligenarbeit werden vorgestellt.

Bedarf an Nachbetreuung

In der Gewährungspraxis ist bisher regelhaft angelegt, dass der Betreuungsumfang schnell abnimmt und der junge Mensch nach einer absehbaren Zeit allein zurecht kommen bzw. sich noch benötigte Hilfen außerhalb der Kinder- und Jugendhilfe beschaffen muss. Die Nachbetreuung nach der stationären Hilfe unterliegt also i.d.R. einem starken Befristungsgedanken. Sie wird nicht in erster Linie als Teil der Erziehungshilfe – u.U. mit einer Schlüsselfunktion – interpretiert und konzipiert, sondern vielmehr als auslaufende Hilfe. Als Begründungsfolien für eine Beendigung der Nachbetreuung findet sich den Berichten der pädagogischen Fachkräfte zufolge sowohl das Argument „es läuft doch alles" als Indiz dafür, dass die Hilfe nicht mehr benötigt wird, als auch das der mangelnden Mitwirkung des jungen Menschen. Das heißt, es werden – berechtigt oder nicht – Anhaltspunkte identifiziert, die ein Hilfeende rechtfertigen. Ein Rückzug oder eine weniger aktive Zusammenarbeit vonseiten der jungen Menschen kann bei genauer Betrachtung jedoch auch auf einen akuten Hilfebedarf angesichts einer Krise hindeuten oder ein Hinweis dafür sein, dass der junge Mensch in seinem Entwicklungsprozess einfach noch nicht so weit ist, die Anforderungen des Alleinlebens bewältigen zu können.

Interview 19

Oft brechen die Kinder dann [in der eigenen Wohnung] auch nochmal aus. Und was dann eben schade ist, wenn die Kinder dann nochmal richtig schwierig werden in eigenen Wohnungen und wenn's da Probleme gibt, dann werden die Hilfen oft eingestellt. Gerade dann, wenn's erforderlich wäre, die Stunden nochmal aufzustocken, dann sagen die Jugendämter dann auch noch: Hier muss mitgewirkt werden, und der hat jetzt, was weiß ich, eine Straftat begangen oder der geht nicht zur Schule, der will also nicht. Also stellen wir ein.

Von mehreren Interviewpartner_innen wurde betont, dass die eigentliche Bewährungsprobe für die jungen Menschen dann beginnt, wenn die Hilfe zur Erziehung endet. Dies betrifft vor allem diejenigen, die auf sich allein gestellt sind und wenig Unterstützung durch Freunde und/oder Familie haben. Hier kommt auch zum Tragen, dass die Kinder- und Jugendhilfe im Unterschied zu den nachfolgenden Hilfesystemen ganzheitlich ausgerichtet ist. Das heißt, sie nimmt die jungen Menschen in all ihren Bedürfnissen in den Blick, so dass die Betreuung von sozial-emotionaler Unterstützung, z.B. bei der Aufarbeitung von Krisen bis zum Ausfüllen von Anträgen oder der Begleitung bei Ämtergängen, eine breite Palette an möglichen Unterstützungsformen umfasst. Die komplexe und ausdifferenzierte Struktur der nachgehenden Hilfesysteme, in denen Ansprüche bei einer Vielzahl verschiedener Stellen geltend gemacht und Hilfeoptionen erst ausgelotet werden müssen, machen eine Orientierung schwer und stellen die Care Leaver vor besondere Herausforderungen (vgl. Kap. II.4). Viele Einrichtungen bearbeiten daher als wesentlichen Aspekt der Vorbereitung des Übergangs die Vermittlung von Kenntnissen über Ansprechpartner_innen und Leistungsprofile nachfolgender Hilfeangebote, wie z.B. Wohnungslosenhilfe und weitere Beratungsangebote.

Offene und nachgehende Beratungs- und Betreuungsangebote

Trotzdem wird nach Einschätzung der pädagogischen Fachkräfte das Ende der Hilfe von vielen jungen Menschen als abrupt erlebt (vgl. Bürger 1999). Dies liegt insbesondere an der zeitlich sehr limitierten Nachbetreuung. Im Vergleich zu internationalen Beispielen guter Praxis (vgl. Kap. IV) ist in der deutschen Hilfepraxis eher selten eine pädagogische Grundhaltung vorzufinden, die im Übergang von der Frage ausgeht: „Welche Unterstützung brauchst du noch, um selbstständig leben zu können?" Stattdessen wird die Hilfe für junge Erwachsene auf das mögliche Minimum beschränkt. Das Fehlen verlässlicher und vertrauter Ansprechpartner_innen führt so bei vielen Care Leaver zu großer Verunsicherung und birgt das Risiko von Krisen bis hin zu persönlichen Brüchen. In manchen Kommunen können offene Beratungsangebote für Jugendliche und junge Erwachsene den Hilfebedarf decken und eine Lotsenfunktion durch die komplexen Angebotsstrukturen wahrnehmen. Diese Unterstützungsform bildet für viele junge Menschen, insbesondere wenn sie an die Kinder- und Jugendhilfe mit ihrem erzieherischen Auftrag nicht mehr anknüpfen mögen, eine wichtige niedrigschwellige Anlaufstelle für unterschiedliche Bedürfnisse und Hilfeformen. Die Palette möglicher Unterstützung reicht dabei von der Wohnungssuche über die Klärung behördlicher Angelegenheiten bis hin zu Gelegenheiten zum Gespräch oder den Zugang zu einem PC, um Bewerbungen zu schreiben. Ein Träger betreibt beispielsweise ein offenes Beratungsangebot für Jugendliche und junge Erwachsene der Altersgruppe 15 bis 25, das auch die Schnittstelle zur Obdachlosenhilfe mit abdeckt (vgl. Velmerig 2010). Es wird oft von jungen Erwachsenen genutzt, die aus dem System herauszufallen drohen bzw. bereits wohnungslos und/oder arbeitslos sind und überhaupt keine institutionellen Bezüge mehr haben. Darunter sind viele Klient_innen mit Jugendhilfeerfahrung (vgl. auch Breithecker/Freeseman 2011, S. 22).

Praxisbeispiel Beratungsangebot für Jugendliche/junge Erwachsene

Neben der Möglichkeit sich in der allgemeinen Beratung Orientierung im Hinblick auf bestehende Hilfsangebote zu verschaffen, wurden in einer offenen Beratungsstelle spezifische Angebote für junge Wohnungslose oder von Obdachlosigkeit bedrohte junge Menschen und solche, die keiner Ausbildung oder Arbeit nachgehen, entwickelt:

- Es wurde gemeinsam mit der Arbeitsagentur ein verkürztes ALG II-Antragsverfahren entwickelt. Der Antrag wird direkt in der Beratungsstelle ausgefüllt, zur Arbeitsagentur gefaxt und dort am gleichen Tag bearbeitet. Nur eine Person ist bei der Arbeitsagentur speziell für dieses Antragsverfahren zuständig.
- Angeboten wird auch eine treuhänderische Geldverwaltung mit z.B. wöchentlicher Auszahlung der Mittel, die von den jungen Erwachsenen sehr nachgefragt wird.

Ziel der Beratungsstelle ist, unmittelbar die Existenz in Form von Wohnen und Geldmitteln zu sichern und sie dann in die eigentlich zuständigen Systeme, wie die Kinder- und Jugendhilfe, Arbeitsagentur oder Sozialhilfe, überzuleiten.

Nicht zu unterschätzen ist in diesem Kontext auch die emotionale Seite des Übergangs. Viele Care Leaver haben das Gefühl, insgesamt nur über wenig oder gar keinen emotionalen Rückhalt zu verfügen. Das Thema der Anforderung an die jungen Menschen, nach dem Ende der Hilfe ihr Leben quasi „ohne Netz und doppelten Boden" zu bewältigen, wurde von zahlreichen Interviewpartner_innen angesprochen und mit teils plakativen Bildern beschrieben. Betont wurden hierbei die vielfältigen und teilweise schweren biografischen Belastungen der Care Leaver. Dabei kommen Begriffe wie Geborgenheit oder Vertrauen zum Tragen, die sich zwar nicht ohne Weiteres in Übergangsmodelle umsetzen lassen, aber nichtsdestotrotz Beachtung finden müssen und die Gestaltungsanforderungen für den Übergang noch einmal in ein besonderes Licht rücken. Einige Gesprächspartner_innen benannten z.B. explizit das grundlegende Bedürfnis jedes Menschen, und vor allem auch der Care Leaver, nach einem „sicheren Ort im Rücken" oder einem „Hafen als Anlaufpunkt".

Interview 33

Das Eis ist an vielen Stellen ganz dick, an einigen aber auch ganz dünn. Im Vergleich zu leiblichen Kindern sind die Eisflächen, die dünn sind, deutlich größer. Wir kriegen ja zu 98% Kinder, wo in der Diagnostik steht: „entwicklungsverzögert". Die müssen sich aber viel schneller entwickeln und werden viel schneller auf die große Eisfläche geschickt. Das ist richtig gefährlich. Das kann gut gehen, wenn sie einen geschickten Weg finden, das kann aber auch sein, dass sie schneller einbrechen und tiefer einbrechen und die Löcher größer sind usw. Und da würde ich ihnen häufig mehr Sicherheit wünschen. Und da bin ich erleichtert, dass die Pflegeeltern da sind, dass sie die Möglichkeiten i.d.R. immer haben.

Es zeigt sich ein Bedarf an nachgehenden Unterstützungsformen, die institutionell gerahmt sein müssen, um deren Verbindlichkeit zu gewährleisten (vgl. Kress 2012, S. 29; Internationale Gesellschaft für erzieherische Hilfen (IGfH)/ Kompetenz-Zentrum Pflegekinder e.V. 2010, S. 42). Diese Forderung wurde bereits in den 1980er-Jahren unter dem Stichwort einer notwendigen „Nachsorge" erhoben (Bieback-Diel/Lauer/Schlegel-Brocke 1983, S. 271 ff.); die Datenerhebung innerhalb des Projekts zeigt jedoch, dass dieser Bedarf in der Praxis nach wie vor nur ungenügend oder auf ehrenamtlicher Basis abgedeckt wird. Gerade Care Leaver ohne verlässliche soziale Beziehungen sind nach Erfahrung der Interviewpartner_innen oft diejenigen, die informelle Hilfsangebote, z.B. durch ehemalige Betreuer_innen nach dem Ende der Erziehungshilfe, am meisten nutzen. Diese Lücke spielt im Übergang keine unerhebliche Rolle – in jedem Fall ist dieser Erfahrung im Übergang mehr Aufmerksamkeit zu widmen. Der Bedarf könnte sowohl institutionell mit professionellen nachgehenden Angeboten, aber auch über Mentorensysteme oder Patenschaften (vgl. Kap. III.3) geschlossen werden. Auch eine flexible Anpassung des Stundenkontingents für nachgehende Betreuung an die individuelle Lebenssituation des jungen Menschen, verbunden mit der Möglichkeit, bei Krisen zu einer intensiveren Betreuung zurückzukehren, würde den Bedarfen der Care Leaver besser gerecht werden. In der Praxis finden sich bereits einige Ansätze, die in diese Richtung weisen.

Praxisbeispiele Nachbetreuung

- Betreuungsgutscheine über einen bestimmten Umfang von Nachbetreuungsstunden, die nach dem Ende der Hilfe zur Erziehung vom jungen Erwachsenen bei Bedarf abgerufen und flexibel eingesetzt werden können (z.B. generelle Beratung, zur Klärung von Konflikten, Kontakte mit Behörden etc.). Im letzten Hilfeplangespräch wird der Stundenumfang festgelegt. Die Gutscheine werden vom Jugendamt ausgehändigt und finanziert.
- Sicherung der Betreuungskontinuität durch Verlängerung des Nachbetreuungszeitraums, z.B. von sechs Monaten auf ein Jahr.
- Ein Träger im Bereich des Pflegekinderwesens hat die Möglichkeit der Nachbetreuung ehemaliger Pflegekinder durch ihre Pflegeeltern über einen Zeitraum von sechs Monaten geschaffen. Dies wird als ehrenamtliches Engagement gesehen, das jedoch honoriert werden soll (beim konkreten Träger aktuell mit einer Aufwandsentschädigung von 220,00 EUR im Monat).

In Verbindung bleiben

Die interviewten Fachkräfte gehen bisher grundsätzlich nicht von einer über das Hilfeende hinausgehenden formellen Zuständigkeit der Kinder- und Jugendhilfe für Care Leaver aus. Allerdings vermitteln doch fast alle Einrichtungen den jungen Menschen bei Beendigung der Hilfe, dass sie sich gern wieder melden können, egal, mit welchem Anliegen. Betont werden hier die über den Zeitraum der Betreuung gewachsenen Beziehungen und das Interesse an der Weiterentwicklung der jungen Menschen. Manche Träger geben auch explizit die Botschaft mit, dass sich die Care Leaver im Falle von Problemen wieder an die Einrichtung bzw. ehemaligen Betreuer_innen wenden können. Dieses Angebot wird auch von vielen jungen Erwachsenen genutzt. Hierbei können Anlässe wie der Abschluss einer Ausbildung oder die Geburt eines Kindes der Punkt sein, zu dem die ehemals Betreuten wieder Kontakt aufnehmen. Von vielen Befragten wurde berichtet, dass häufig die Motivation, etwas erreicht zu haben oder vorweisen zu können, der Kontaktaufnahme zugrunde liegt, aber auch Fragen zur eigenen Biografie. Andere melden sich bei Problemen und bitten um Rat, Unterstützung oder das Aufzeigen von Wegen zu anderen zuständigen Behörden und Institutionen.

Neben der Möglichkeit, bei Bedarf Hilfe erhalten zu können, beinhaltet eine verbindliche Ehemaligenarbeit und Kontaktpflege für Care Leaver auch die Chance, biografisch einen Bezug zu dem temporären Lebensort „Wohngruppe" oder „Pflegefamilie" aufrechtzuerhalten und dort gewachsenen Beziehungen weiter zu pflegen.

Interview 38

Eigentlich ist es doch in der Familie auch so, dass Kinder lange auch noch Kind bleiben dürfen. Dass sie mit 25 auch noch die Wäsche nach Hause bringen, dass sie noch ihr Zimmer haben, und dass die Mutter immer noch das Essen kocht und die übernachten usw. Das ist ja in einer Wohngruppe mit dieser Ablösung, das ist da wirklich ein massiver Cut. Das Zimmer gibt es nicht mehr, weil das wird schnellstens belegt. Die Belegung wird wechseln, also auch Freunde sind dann nicht mehr in der Gruppe und auch die professionelle Beziehung, die aber auch immer und hoffentlich doch auch eine Beziehungsebene einschließt. Das ist ja die Frage, wie weit ist diese Beziehung noch da oder ist sie auch noch da, wenn die professionelle Beziehung beendet wird. In diesem emotionalen Spannungsfeld bewegt sich doch der junge Mensch.

Während einige Einrichtungen diesen „Cut" und das Ende des Kontakts zum bisher betreuten jungen Menschen konzeptionell als notwendigen Aspekt des Ablösungsprozesses sehen, haben andere Kinder- und Jugendhilfeträger flexible und pragmatische Möglichkeiten entwickelt, um jungen Menschen den Erhalt von Beziehungskontinuität und in Analogie zur Ablösung aus einem Familiensetting Rückbezüge zur vormals betreuenden Einrichtung und den bisherigen Bezugspersonen zu ermöglichen. Diese sind i.d.R. nicht konzeptionell gerahmt, sondern werden aus einer Haltung von Offenheit, Interesse und Verantwortung den Ehemaligen gegenüber flexibel im Alltag praktiziert.

Praxisbeispiele „Coming Home"/Erhalt der Bezüge zur Einrichtung

- Möglichkeit, die „alte" Einrichtung zu besuchen, um Betreuer_innen oder frühere Mitbewohner_innen der Wohngruppe zu treffen
- Teilnahme an Feiern, z.B. Geburtstagen oder Veranstaltungen in der Einrichtung, mit der Möglichkeit, dort auch zu übernachten
- Regelmäßige Einladungen zum Essen in der ehemaligen Wohngruppe
- Angebot der unentgeltlichen Beratung für Ehemalige

Da diese Aktivitäten aktuell nicht als Teil des Hilfeauftrags in die Hilfeplanung integriert sind, sind daraus entstehende Aufwendungen für Ehemalige nicht über die Kostenträger gedeckt. Es gibt nur vereinzelt Fonds oder Fördervereine in größeren Einrichtungen, die Mittel für die Ehemaligenarbeit bereitstellen. Vor dem Hintergrund dieser Ausgangsbedingungen wurde von mehreren Interviewpartner_innen darauf hingewiesen, dass solche Angebote begrenzt würden. Zudem wirft die Ehemaligenarbeit auch Fragen zum Verhältnis von Beruf und Ehrenamtlichkeit auf. So kann die nachgehende Kontaktpflege zu ehemals Betreuten, für die kein öffentlicher Auftrag mehr besteht, in Fachkreisen durchaus auch als Ausdruck einer fehlenden professionellen Distanz gewertet werden. Dem ließe sich begegnen, wenn die Ehemaligenarbeit nicht mit Ehrenamtlichkeit gleichgesetzt, sondern sich als institutionell verankertes Regelangebot entwickeln würde. Hierzu wäre ein fachlicher Diskurs über den Stellenwert der nachgehenden Begleitung und Beziehungspflege unabdingbar, um die Etablierung von Modellen der Ehemaligenarbeit, wie sie international zu finden sind (vgl. Kap. IV), zu erleichtern.

Nicht nur in Pflegefamilien, sondern auch in Wohngruppen kommt es nicht selten vor, dass die Verbindung zu Care Leaver nach dem Auszug erhalten bleibt, gerade wenn eine gute Beziehung zwischen den jungen Menschen und ihren Bezugsbetreuer_innen bestanden hat. Das Spektrum reicht hier von einer losen Kontaktpflege und einem gelegentlichen Nach-dem-Rechten-Sehen bis zu vielfältigen, kontinuierlichen Unterstützungsleistungen.

Interview 37

Manche wollen nicht so weit von den Erziehern weg. Ein Beispiel: Wir haben einen jungen Mann, der kommt auch öfter mal oder die ehemalige Erzieherin schaut bei ihm vorbei. Er sagt: Ich habe doch außer dir niemanden. Sie fährt dann hin, bringt ihm auch mal Essen, unterhält sich mit ihm, zieht aber auch eine klare Grenze. Das ist eine ältere alleinstehende Erzieherin, für die das nicht so ein Stress ist, da mal vorbeizuschauen. Über den Kontakt haben wir auch noch Dinge gelernt, auf die wir mehr achten müssen. Er wusste z.B. nicht, wie man Kontoauszüge liest. Das war ein wertvoller Hinweis, das üben wir jetzt mehr.

Während einzelne, zeitlich begrenzte Aktivitäten zur Unterstützung eines Care Leaver nach dem Auszug i.d.R. in der Arbeitszeit und mit Rückendeckung der Leitung geleistet werden können, wird eine intensivere Begleitung und Hilfe meistens komplett ehrenamtlich erbracht (vgl. Goldberg/Sallach/Walta 1999). Diese Form der informellen Hilfe ist konzeptionell bei Jugendhilfeträgern bisher nicht vorgesehen. Interviewpartner_innen interpretieren dieses ehrenamtliche Engagement in Einzelfällen auch als Beitrag, um eine zu frühe Beendigung der Erziehungshilfen zu kompensieren und ein Abrutschen des jungen Erwachsenen aufzufangen. Goldberg u.a. (ebd., S. 262) weisen in diesem Kontext darauf hin, dass nicht nur junge Menschen, die besonders intensive und positive Kontakte zu Fachkräften haben, diese fortgesetzte Unterstützung im Übergang erhalten sollten, sondern diese auch gerade „schwierigen Jugendlichen" zugute kommen muss, die häufig noch mehr Hilfe brauchen. Dieser Aspekt weist auf den Bedarf einer genaueren Erfassung solcher nachgehender Unterstützungsleistungen sowie einer konzeptionellen Weiterentwicklung der Begleitung von Care Leaver für die Zeit nach dem Verlassen der stationären Hilfeform hin. Ebenso wäre darüber nachzudenken, wie eine längerfristige Begleitung und Pflege von Beziehungen zu jungen Menschen aus stationären Hilfen finanziell ausgeglichen werden kann.

Das Unterstützungspotenzial besonders tragfähiger sozialer Beziehungen könnte zudem in der Hilfepraxis im Interesse der Nachhaltigkeit schon geleisteter Hilfen systematischer genutzt werden, in dem z.B. auch Patenschafts- und Mentorenmodelle entwickelt und gefördert werden. Von manchen Trägern wird bereits versucht, lange vor dem formellen Ende der Hilfe zur Erziehung für einige Jugendliche Paten zu finden (vgl. Kap. III.3). Aus der Praxis wird zudem von jungen Erwachsenen mit geistigen und/oder körperlichen bzw. seelischen Behinderungen berichtet, in denen vormalige Erziehungsstelleneltern die Anerkennung als Gastfamilie gem. SGB XII erhalten haben und so eine Weiterbetreuung des jungen Menschen im vertrauten Umfeld erfolgen konnte.

Kinderdörfer, Pflegefamilien und andere familienanaloge Settings ermöglichen offensichtlich eher, über das Hilfeende hinaus mit den Bezugspersonen aus dem Hilfekontext in Kontakt zu bleiben (vgl. Kap. III.3). So stellten einzelne Vertreter_innen aus Kinderdörfern in der Datenerhebung dar, dass ein lebenslanger Rückbezug zur Kinderdorffamilie ermöglicht wird und sie generell immer willkommen geheißen werden (vgl. auch Graßl 2011, S. 63). Ausdruck dieser Haltung ist auch ein Härtefallfond, den ein Kinderdorf-Verein aus Spendenmitteln betreibt.

Praxisbeispiel Härtefallfond

Ein Kinderdorf-Verein hat einen Härtefallfond eingerichtet, der genutzt werden kann, um z.B. als notwendig erachtete Maßnahmen zu finanzieren, für die sich kein anderer Kostenträger findet. Er steht aber auch Ehemaligen offen, die sich in einer Notsituation befinden.

Die institutionalisierteren Settings (Wohngruppen) sind aber in diesem Punkt ebenso gefragt, eine Ehemaligenkultur zu etablieren, die über die Einladung zu Sommerfesten hinausreicht.

Von der Nachbetreuung zur Ehemaligen-Arbeit

Neben der Weiterführung der Kontakte oder der Beziehung zu einzelnen ehemals Betreuten führen die meisten Träger von Wohngruppen Ehemaligenarbeit durch. Typisch ist z.B. die Einladung zu Sommerfesten, solange noch eine aktuelle Adresse und/oder Telefonnummer des Care Leaver vorhanden ist. Erwähnt werden auch lose Kontakte zu jungen Erwachsenen, die in der Nähe der Einrichtung wohnen, in der sie vormals betreut wurden, die z.B. einfach noch gelegentlich in der Einrichtung vorbeischauen.

Eine Möglichkeit, in loser Form in Kontakt zu bleiben, bietet das Internet. Manche Mitarbeiter_innen bleiben z.B. über Facebook mit Ehemaligen in Kontakt. Hier findet auch eine Vernetzung der jungen Erwachsenen untereinander statt, die allerdings bisher kaum organisiert ist. Es gibt Ansätze einzelner Träger, über Facebook eine systematische mediale Vernetzung von und mit Ehemaligen aufzubauen und zu strukturieren. Zudem hat sich 2013 in Deutschland ein erstes überregionales Care Leaver Netzwerk gegründet (vgl. Kap. III.3).

Verbindlichere Formen der Ehemaligen-Arbeit werden vorwiegend in dem Bereich der Erziehungsstellen/Pflegekinderhilfe und Kinderdörfer gepflegt. Hier gibt es einzelne Einrichtungen, bei denen das Haus des Trägers einen starken Identifikations- oder Bezugspunkt für die Ehemaligen darstellt, da über den Zeitraum der Betreuung vielfältige Beratungs- und Begegnungsangebote für die vom Träger betreuten Familien hier angesiedelt waren. Einzelne Träger stellen bereits finanzielle Mittel und Fachkräfte für eine systematische Ehemaligenarbeit zur Verfügung.

Praxisbeispiele Ehemaligenarbeit

Angebotsformen für Ehemalige:

- Regelmäßige offene Ehemaligen-Treffen, z.B. ein Ehemaligen-Frühstück
- Einladungen zu Festen und Feiertagen wie Weihnachten
- Wochenend-Freizeiten für Ehemalige
- Niedrigschwellige Beratungsangebote, z.B. eine Ehemaligensprechstunde
- Anrufe zu Geburtstagen

Einige Träger binden die ehemals betreuten jungen Menschen systematisch in die Arbeit mit den Jugendlichen ein, die sich aktuell in Vorbereitung auf ein selbstständiges Leben befinden (vgl. Kap. III.2).

Praxisbeispiele
Einbindung Ehemaliger in die Übergangsvorbereitung

- Einladung ehemaliger Pflege- oder Erziehungsstellenkinder in Jugendseminare für Jugendliche. Inhalte des Seminars sind z.B. Themen rund um das Erwachsenwerden, Identität, Pubertät, Status Pflegekind. Die Ehemaligen werden eingeladen, aus ihrem Leben nach dem Auszug aus der Pflegefamilie oder Erziehungsstelle zu berichten.
- Verknüpfung der regelmäßigen Treffen der „Verselbstständigungs-Gruppe" innerhalb eines Kinderdorfes (Kinderdorffamilien-übergreifende Gruppe von Jugendlichen) mit dem Ziel des Austauschs und des Voneinander-Lernens.
- Ein Kinderdorf nutzt im Hinblick auf die Weiterentwicklung der Organisation die Erfahrung eines Ehemaligenrates und zieht diesen bei konzeptionellen Entwicklungen und Veränderungen als beratendes Organ hinzu.

Es wäre sinnvoll, die Beteiligung der ehemals betreuten jungen Menschen auch in der Ehemaligenarbeit zum Tragen zu bringen und diese gemeinsam mit unterschiedlichen Care Leaver-Generationen (weiter) zu entwickeln. Erfahrungen mit dem Übergang können auf diese Weise für die gegenwärtige Gestaltung der Begleitung in ein eigenständiges Leben genutzt werden. Insofern können auch Formen und Angebote der Kontaktpflege zur Einrichtung besser an dem Bedarf der Ehemaligen orientiert werden.

Was wird aus den jungen Menschen?

Die Träger, die eine umfangreiche Ehemaligenarbeit durchführen, haben verständlicherweise auch mehr Kenntnisse über den weiteren Lebensweg der ehemals betreuten jungen Menschen. Von den interviewten pädagogischen Fachkräften hat jedoch bisher kein öffentlicher oder freier Träger Verfahren oder Methoden entwickelt, um systematisch Informationen über den Verlauf der Entwicklung der Care Leaver und deren Verbleib nach Beendigung der Maßnahme zu erheben.

Interview 25

Wir haben eine unglaublich gute Statistik, was die Übernahme der Wohnung am Betreuungsende angeht, aber wir haben ganz oft auch Rückmeldungen von Vermietern, die sagen: Seit ihr aus der Hilfe seid, läuft es drunter und drüber. Das ist wiederum ein Indikator dafür, dass es noch nicht fertig war, dass die Betreuung eigentlich noch nicht am Ende war. Da sieht unsere Statistik dann auch besser aus als die Realität. Wir haben noch keine Idee dazu entwickeln können, wie man das wirklich mal feststellen könnte, wie es den Leuten ein halbes Jahr, ein Jahr, zwei Jahre danach geht, wie wir es systematisiert kriegen, was die berühmte Nachhaltigkeit angeht.

Diese Aussage weist neben dem Bedarf auf ein nachgehendes und längerfristig angelegtes Betreuungsangebot auch auf die Notwendigkeit eines komplexeren Betrachtungshorizonts auf den Übergang aus der Erziehungshilfe hin. Auch bei vermeintlich guten Beendigungen, bei denen Care Leaver in eine auf den ersten Blick stabile Lebens- und Wohnsituation entlassen werden, können Krisen, Umwege, Brüche und Suchbewegen den Übergangsprozess der jungen Menschen kennzeichnen. Diese werden in den meisten Fällen im System der Kinder- und Jugendhilfe nicht mehr offenkundig. So tauchen die Care Leaver, bei denen der Übergang nicht gelungen ist, nicht selten in anderen Hilfesystemen, wie der Wohnungslosenhilfe, der Arbeitsförderung oder der Justiz, auf. Derartige biografische Verläufe und auch Hilfebedarfe werden aber i.d.R. nicht als strukturelles Problem des Übergangs aus stationären Erziehungshilfen selbst identifiziert.

Die nachgehenden Hilfsangebote stehen somit insbesondere im Übergang und in der ersten Zeit nach dem Ende der Erziehungshilfe recht unverbunden nebeneinander. Vor diesem Hintergrund wäre eine engere Kooperation der Hilfesysteme und eine Analyse biografischer Verläufe von Care Leaver nach dem Auszug und auch die anschließenden Inanspruchnahmen von Hilfen in anderen Hilfesystemen eine aufschlussreiche Information für die Weiterentwicklung der Übergangsbegleitung aus den stationären Erziehungshilfen. Ansätze gezielter Ehemaligenarbeit sind in der Praxis bisher zwar nur vereinzelt zu finden; eine zentrale Erkenntnis des Projekts ist jedoch der Bedarf an Weiterentwicklung in diesem Feld, um zum einen die in den Hilfen zur Erziehung erreichte Entwicklung der jungen Menschen nachhaltig abzusichern und ihnen zum anderen einen Rückbezug zum früheren Lebensort „Wohngruppe“ oder „Pflegefamilie“ zu ermöglichen.

IV PRAXIS DER ÜBERGANGSBEGLEITUNG IN INTERNATIONALER PERSPEKTIVE

1. Schlüsselfaktoren für einen gelingenden Übergang

Die Gruppe der Care Leaver und die Gestaltung des Übergangs aus stationären Erziehungshilfen ins Erwachsenenleben sind in einigen Ländern in der Fachpraxis, in der sozialpolitischen Diskussion und auch in der wissenschaftlichen Forschung präsenter als in Deutschland. Entsprechend liegen dort deutlich mehr Studien als in Deutschland zu dieser Thematik vor. Viele von ihnen verweisen – wie bereits angesprochen – darauf, dass sich die Care Leaver im Vergleich zu ihren gleichaltrigen Peers in einer Situation der sozialen Benachteiligung befinden (vgl. Kap. I). Andere Studien fragen stärker nach den Bedingungen, die vorhanden sein müssen, damit der Übergang von Care Leaver ins Erwachsenenleben (besser) gelingen kann. In diesem Zusammenhang haben Untersuchungen beispielsweise in Großbritannien und Australien zunächst ganz grundsätzlich gezeigt, dass einer entsprechenden Vorbereitung des Übergangs eine hohe Bedeutung zukommt und zwar vor allem in Bezug auf die alltagspraktische Lebensbewältigung sowie das psycho-soziale Wohlbefinden. Gleichzeitig kann davon ausgegangen werden, dass die Ermöglichung eines flexiblen Übergangs sowie eine professionelle nachgehende Begleitung gute Erfolge erzielt (vgl. Stein 2008; Mendes/Johnson/Moslehuddin 2011). Auf einer konkreteren Ebene versuchen etliche Studien, einzelne Schlüsselfaktoren für einen gelingenden Übergang herauszufiltern, von denen die zentralen hier vorgestellt werden.

Soziale Beziehungen und wichtige Wegbegleiter_innen

Der Übergang, so zeigen internationale Untersuchungen, verläuft dann besonders positiv, wenn Care Leaver erstens Stabilität und Kontinuität im Hilfesystem und in ihren sozialen Beziehungen vorfinden (vgl. Welbourne/Leeson 2013) und zweitens die Gelegenheit erhalten, während des Übergangsprozesses auf für sie wichtige Wegbegleiter_innen zurückgreifen zu können (vgl. Stein/Wade 2000). Wichtige Wegbegleiter_innen können dabei ehemalige Pflegeeltern bzw. Fachkräfte der Heimerziehung, Gleichaltrige, aber auch Personen aus der Herkunftsfamilie sein. So wurde in verschiedenen Forschungsarbeiten herausgearbeitet, dass sich insbesondere diejenigen jungen Erwachsenen in der Situation der Eigenständigkeit besser vorbereitet fühlten, die auch nach dem Hilfeende weiterhin auf eine Unterstützung durch ihre (ehemaligen) Pflegeeltern oder durch andere, für sie wichtige Erwachsene vertrauen konnten (vgl. z.B. Mendes/Johnson/Moslehuddin 2011).

Eine israelische Studie von Dinisman/Zeira (2011) konnte zudem zeigen, dass neben den (ehemaligen) Betreuer_innen insbesondere der Freundeskreis von Care Leaver für diese eine große Unterstützung darstellt. Zu einem ähnlichen Ergebnis kommt Mann-Feder (2011) in einer Studie aus Quebec/Kanada, die zugleich ein Bündel an Maßnahmen vorschlägt, wie Betreuer_innen die Adressat_innen während ihrer Zeit in der stationären Hilfe darin unterstützen können, dauerhafte und tragfähige Beziehungen zu Gleichaltrigen aufzubauen, die auch nach dem Hilfeende fortgeführt werden können (z.B. Peers als Mentor_innen und Vorbilder). Eine britische Studie (vgl. Wade 2008) verweist auf die besondere Bedeutung, die Lebenspartner_innen (und ggf. deren Familien) für Care Leaver im Übergangsprozess einnehmen können.

Die gleiche Studie zeigt zudem die hohe Bedeutung der Herkunftsfamilie für Care Leaver auf. Auch wenn die Herkunftsfamilie selten als eine eindeutige

Ressource auszumachen war, suchte die Mehrheit der in dieser Studie befragten jungen Menschen nach dem Hilfeende den (erneuten) Kontakt zu Mitgliedern ihrer Herkunftsfamilie (Mutter/Vater, Geschwister, Onkel/Tante, Großeltern) und versuchte, die Beziehungen zu ihnen neu auszuhandeln. Die australische Studie von Mendes/Moslehuddin (2006) ergänzt dieses Ergebnis, indem sie darauf verweist, dass in diesem Prozess der Neu-Ausrichtung von Beziehungen zwischen Care Leaver und ihren Familien häufig – auch mit Blick auf das Hilfeende – Beratung und Vermittlung benötigt wird, um die Beziehungen für Care Leaver hilfreich gestalten zu können.

Eine ältere Studie von Marsh/Peel (1999) verweist zudem darauf, dass die Intensität des Kontakts zu den leiblichen Eltern während der Hilfe als Indikator für die Unterstützung durch die Herkunftsfamilie nach Hilfeende gewertet werden kann. Dieser Befund deutet wiederum die enorme Bedeutung an, die der Eltern- bzw. Familienarbeit während einer stationären Erziehungshilfe zukommt. Nordamerikanische Studien haben in diesem Zusammenhang gezeigt, dass eine wohnortferne Unterbringung sehr viel häufiger mit Schwierigkeiten bei der Rückführung in die Familie, aber auch für den Kontakt zwischen Care Leaver und Herkunftsfamilie verbunden ist. Deshalb wird z.B. in Ontario/Kanada eine wohnortnahe Unterbringung forciert, so dass für die jungen Menschen kein Schulwechsel erforderlich wird, Freundschaften erhalten bleiben können und auch der Kontakt zu den Familien nicht einfach aufgrund der Distanz abbrechen kann (vgl. Zeller/Gharabaghi 2014).

Zusammenfassend lässt sich sagen, dass das Vorhandensein von sozialen Beziehungen und wichtigen Bezugspersonen – signifikanten Anderen – eine Schlüsselkategorie für den gelingenden Übergang ins Erwachsenenleben von Care Leaver darstellt. Dementsprechend wird in etlichen internationalen Publikationen auf diesen bedeutenden Befund auch häufig mit einem englischen Wortspiel aufmerksam gemacht[48]. Dieses betont, dass man sich für die Gestaltung eines erfolgreichen Übergangs ins Erwachsenenleben von der Idee einer „Entlassung in die Selbstständigkeit" lösen und den „erfolgreichen" Übergang ins Erwachsenenleben vielmehr als einen „Übergang im Kontext von sozialen Beziehungen" denken müsse. Die Ausgestaltung der Beziehungen zu wichtigen Bezugspersonen ist demnach sehr viel konkreter im Übergangsprozess zu berücksichtigen.

Nichtsdestotrotz ist jedoch die Bearbeitung der Entwicklungsaufforderung, erwachsen zu werden, immer auch mit einem emotionalen Ablösungsprozess verbunden. Dies bedeutet, dass das Verlassen – nicht nur des Hilfesystems als solches, sondern auch der formelle Abschied von Vertrauenspersonen wie Pflegeeltern oder Betreuer_innen – thematisiert und emotional verarbeitet werden muss. Der Gestaltung dieses Prozesses des Abschiednehmens kommt, wie eine australische und eine kanadische Studie zeigen, eine wichtige Bedeutung für einen gelingenden Übergang zu (vgl. Mann-Feder 2011; Mendes/Johnson/Moslehuddin 2011).

Wohnsituation

In etlichen Ländern liegen Studien zur Wohnsituation von Care Leaver vor. Diese beziehen sich teilweise auf die Situation unmittelbar nach Beendigung der Hilfe, teilweise liegen aber auch Daten zu späteren Zeitpunkten vor. Eine

---

48 Es gilt nicht die Denkfigur „from dependency to independency", sondern vielmehr die „from dependency to *inter*dependency" (vgl. Mendes/Moslehuddin 2006).

Untersuchung über die Lebenssituation von Care Leaver in Schottland kommt beispielsweise zu dem Ergebnis, dass sechs Monate nach dem ersten Erhebungszeitpunkt zwei Fünftel der Befragten von Wohnungslosigkeit betroffen sind bzw. Erfahrungen damit hatten, nachdem sie die stationäre Erziehungshilfe verlassen hatten (vgl. Stein/Dixon 2006). Eine Studie aus England zur Obdachlosigkeit im Allgemeinen, die „das Pferd gewissermaßen von der anderen Seite aufzäumt", kann zeigen, dass ein Viertel ihres Samples als Kinder und/oder Jugendliche stationär untergebracht waren (vgl. Reeve/Batty 2011).

Zwei Studien aus Australien bzw. den USA zeigen darüber hinaus auf, dass eine stabile und zufriedenstellende Wohnsituation sogar als hauptsächliche Schlüsselkategorie für einen gelingenden Übergang gesehen werden kann (vgl. Johnson/Mendes 2014; Davison/Burris 2014). Diese Befunde unterstreichen, dass auch die Zuständigkeiten für Care Leaver nicht mit dem Umzug in eine eigene Wohnung enden sollten, denn viele Herausforderungen entstehen erst mit diesem Schritt und dem daran gekoppelten Ende der Erziehungshilfe. Fast ebenso zentral wie der Einzug in den eigenen Wohnraum ist für einen gelingenden Übergang das „Halten der Wohnung" über einen längeren Zeitraum, denn Obdachlosigkeit kann auch durch Krisen nach Beendigung der Hilfe entstehen.

Einzelne Forschungsergebnisse lassen darauf schließen, dass eine enge Wechselbeziehung zwischen den Erfahrungen *in* der Hilfe, im Übergang sowie denen im Anschluss an die Erziehungshilfe besteht. So kann beispielsweise ziemlich klar gezeigt werden, dass die Sicherstellung eines stabilisierenden (Wohn-)Umfelds während der Hilfe das Gelingen des Übergangs wahrscheinlicher macht (vgl. Wade/Dixon 2006). Ferner tragen die unmittelbaren Erfahrungen beim Umzug in die eigene Wohnung wesentlich zu den langfristigen Perspektiven im Erwachsenenleben bei. Unsichere Wohnverhältnisse und das Gefühl, nach Verlassen der stationären Hilfe nicht genügend Unterstützung zu erhalten, gefährden einen positiven Verlauf des Übergangs (vgl. Cashmore/Paxmann 2006).

Bildungschancen

Bildungsprozesse – nicht nur formale – spielen eine Schlüsselrolle bei der Bewältigung der biografischen Erfahrung, in einem belasteten familiären Umfeld und schließlich in öffentlicher Erziehung aufgewachsen zu sein. Internationale Studien zeigen, dass positive Erfahrungen im Bildungssystem die Resilienz junger Menschen in Erziehungshilfen begünstigen (vgl. Höjer/Johansson 2013; Stein 2004). Bereits vor 20 Jahren zeigte die britische Studie von Biehal u.a. (1995), dass die Ermutigung und Förderung durch Betreuer_innen, Lehrer_innen und andere Akteure des Bildungssystems die Bildungserfolge der jungen Menschen langfristig begünstigen können. Umgekehrt können eine negative Einstellung von Lehrer_innen und geringe Erwartungen von Betreuer_innen hinsichtlich des Erreichens von Bildungsabschlüssen der jungen Menschen das Erreichen von formalen Abschlüssen, aber auch die persönliche Entwicklung im Rahmen informeller Bildungsgelegenheiten entscheidend behindern (vgl. Stein 1994).

In einer Studie in Ontario/Kanada wurde deutlich, dass die Schule und die stationären Erziehungshilfen zu stark als zwei parallele Systeme nebeneinander agieren, obwohl aus der Perspektive der jungen Menschen beide Sphären gleichermaßen zu ihrer Lebenswelt gehören. Um der Schlüsselrolle, die den stationären

Erziehungshilfen in Bezug auf Bildungsprozesse zukommt, besser gerecht werden zu können, wird die Implementierung einer „Kultur des Lernens" („a culture of education") gefordert (vgl. Gharabaghi 2011). Auch in Großbritannien wurde die fehlende wechselseitige Bezogenheit der Kinder- und Jugendhilfe und des Bildungssystems als *das* strukturelle Hindernis für junge Menschen in Erziehungshilfen bei der Erlangung von Bildungszugängen und Bildungsabschlüssen identifiziert. Diese Erkenntnis hat in den letzten Jahren zu einem Ausbau spezieller Bildungsförderungsprogramme für junge Menschen, die Unterstützung durch die Kinder- und Jugendhilfe erhalten, geführt (vgl. Jackson/McParlin 2006; Jackson/Höjer 2013; Flynn/Tessier 2011).

Physische und psychische Gesundheit

Die psychische und physische Gesundheit von Kindern und Jugendlichen stellt ebenfalls einen Schlüsselfaktor für deren Aufwachsen dar. Internationale Untersuchungen zeigen hier, dass der Gesundheitszustand von jungen Menschen, die in stationären Erziehungshilfen aufwachsen, deutlich schlechter ist als derjenige ihrer gleichaltrigen Peers (vgl. Stein/Dumaret 2011). In einer repräsentativen Studie in Großbritannien konnte in Bezug auf den physischen Gesundheitszustand gezeigt werden, dass v.a. Sprachstörungen und Atemwegserkrankungen deutlich häufiger auftreten, wobei jedoch Pflegekinder seltener betroffen sind als junge Menschen, die in Heimerziehung aufwachsen (vgl. Stein 2012). Mit Blick auf die psychische Gesundheit zeigen die Ergebnisse der gleichen Studie, dass insbesondere in der Altersgruppe der elf- bis 15-Jährigen das Risiko einer psychischen Beeinträchtigung vier- bis fünffach so hoch ist wie das ihrer gleichaltrigen Peers. Zudem leiden junge Menschen mit psychischen Beeinträchtigungen auch sehr viel wahrscheinlicher an körperlichen Erkrankungen und konsumieren verstärkt Suchtmittel (vgl. ebd.).

Eine andere britische Studie zum Gesundheitszustand von Care Leaver arbeitet heraus, dass auch der Übergang aus stationären Erziehungshilfen selbst Einfluss auf deren psychisches und physisches Wohlbefinden haben kann (vgl. Dixon 2008). Dies läge daran, dass im Prozess der Übergangsbegleitung der Hauptfokus vor allem auf der Wohnsituation und der beruflichen Bildung liegt, wohingegen Gesundheit häufig eine nachrangige Rolle spiele (vgl. ebd.). Die gesundheitliche Situation von Care Leaver kann deutlich verbessert werden, wenn es im Übergangsprozess eine fortlaufende Unterstützung durch persönliche Bezugspersonen, wie z.B. persönliche Berater_innen (vgl. Kap. IV.3), gibt. Es erweist sich zudem als sehr wichtig, dass für diesen Personenkreis im Übergang ins Erwachsenenleben Zugänge zu einer geeigneten Gesundheitsversorgung geebnet werden. Das betrifft insbesondere altersgemäße psychiatrische und psychotherapeutische Angebote (vgl. Stein 2012).

Alltagspraktische Kompetenzen

Dem Erwerb von alltagspraktischen Kompetenzen, wie z.B. Kochen, dem Umgang mit dem eigenen Budget etc., wird in der Praxis der stationären Erziehungshilfen sowohl von den Professionellen als auch von den Adressat_innen eine hohe Bedeutung beigemessen (vgl. London 2004). Ein Dilemma besteht hier jedoch darin, dass es für die Adressat_innen in aller Regel keine Möglichkeit gibt, sich mit den erworbenen Kompetenzen in der neuen Lebenssituation der Eigenständigkeit auszuprobieren. Dementsprechend geraten erworbene Fähigkeiten in einem (über)fordernden Alltag in einer eigenen Wohnung leicht ins Wanken, wenn nach dem Übergang keine längerfristig angelegte Begleitung vorgesehen ist. So zeigen internationale Studien, dass sich Care Leaver, auch wenn während der Vorbereitung des Übergangs ein starkes Augenmerk auf der Einübung alltagspraktischer Fähigkeiten lag, oft überfordert fühlten, sobald sie einen Haushalt eigenverantwortlich führen und Entscheidungen treffen müssen (vgl. Johnson u.a. 2010). Diese Ergebnisse verweisen nochmals stark darauf, dass Verantwortlichkeiten im Erwachsenenleben nur bedingt vorwegnehmend eingeübt werden können, und es stattdessen einer interaktiven Bearbeitung in der konkreten Lebenssituation bedarf (vgl. Mann-Feder 2011). Von den hier skizzierten Forschungen aus dem Ausland kann für die Fachpraxis und jugendhilfepolitische Entwicklung in Deutschland gelernt werden, dass Schlüsselfaktoren und Bedingungsgefüge gelingender Übergänge erprobt und evaluiert werden müssen.

2. Institutionelle Rahmung der Statuspassage Leaving Care

Die Statuspassage Leaving Care wird in unterschiedlichen Ländern unterschiedlich institutionell gerahmt. Je nach historischer Entwicklung der Heimerziehung und des Pflegekinderwesens und je nachdem, wie die aktuellen gesellschaftlichen Entwicklungen des jungen Erwachsenenalters aufgegriffen werden, lassen sich unterschiedliche „Antworten" auf die Frage nach der Gestaltung der Phase Leaving Care finden.

Verlängerung der Erziehungshilfe

In vielen Ländern sehen die rechtlichen Rahmenbedingungen ein Ende der stationären Erziehungshilfen mit dem Erreichen des 18. Lebensjahres vor. Eine Möglichkeit, die aktuellen Entwicklungen des jungen Erwachsenenalters aufzunehmen, besteht dementsprechend zunächst in der Erweiterung des rechtlichen Rahmens für die Gewährung von Hilfen über das 18. Lebensjahr hinaus. Wie jedoch am Beispiel der Kinder- und Jugendhilfe in Deutschland zu erkennen ist, kommt es zudem darauf an, die rechtlichen Spielräume bezüglich der Hilfegewährung auch in der Praxis umzusetzen (vgl. Gewährung von Hilfen gem. § 41 SGB VIII). Weiterhin ist bei diesem Modell die entscheidende Frage, ob die Ermöglichung einer Verlängerung der Hilfe nur für diejenigen gilt, die bereits dauerhaft vor dem 18. Lebensjahr im System sind[49] oder aber, ob hier auch eine Durchlässigkeit für reversible Hilfeverläufe entsteht. Als ein interessantes internationales Beispiel kann Norwegen genannt werden, welches im Folgenden umrissen werden soll:

Das Norwegische Kinder- und Jugendhilfegesetz (Child Welfare Act 1998[50]) sieht vor, dass stationäre Erziehungshilfen (residential and foster care) ab dem 18. Lebensjahr bis zur Vollendung des 20. Lebensjahrs verlängert werden können. Darüber hinaus können alle anderen vorgesehenen Unterstützungsleistungen

49 Vgl. Idee der linearen Statuspassage.

50 Englische Fassung abrufbar unter: www.regjeringen.no/en/dokumenter/the-child-welfare-act/id448398/?regj_oss=10, letzter Zugriff 12.12.2014.

bis zur Vollendung des 23. Lebensjahrs in Anspruch genommen werden. Diese sind Angebote der Lebensberatung, finanzielle Hilfen und Unterstützung in Bezug auf Fragen der beruflichen Aus- und Weiterbildung sowie des Erhalts von Wohnraum – wobei einige Kommunen auch günstigen Wohnraum speziell für Care Leaver vorhalten (vgl. Storø 2008).

Praxisbeispiel Gestaltung des Hilfeendes in Norwegen

Für die konkrete Vorbereitung und Begleitung des Übergangs ins Erwachsenenleben sieht der Child Welfare Act folgende für die Jugendämter verpflichtende Leitlinien vor:

- In einem angemessenen Zeitraum, bevor die jungen Menschen 18 Jahre alt werden, soll in einem partizipativen Hilfeplanungsprozess gemeinsam entschieden werden, ob die stationäre Erziehungshilfe fortgeführt oder eine andere Unterstützungsleistung in Anspruch genommen wird (Pathway Planning). Die jungen Menschen können auch mit Vollendung des 18. Lebensjahrs die stationären Hilfen ohne nachfolgende Unterstützung verlassen, jedoch muss das Jugendamt begründet darlegen, warum die Implementierung weiterer Unterstützungsmaßnahmen nicht geglückt ist.
- Das Ergebnis dieses Hilfeplanungsprozesses kann im weiteren Verlauf immer wieder flexibel an neue Lebenssituationen angepasst werden. Dies bedeutet auch, dass junge Menschen, die mit 18 Jahren auf eigenen Wunsch hin keine weiteren Unterstützungsleistungen in Anspruch nehmen, dies zu einem späteren Zeitpunkt wieder ändern können (bis zur Vollendung des 23. Lebensjahres).

Mitarbeiterinnen des Jugendamts Oslo stellten auf einem im Rahmen des Praxisforschungsprojekts „Was kommt nach der stationären Erziehungshilfe?" durchgeführten internationalen Workshop (Februar 2013) zudem folgende jugendamtsinterne Vereinbarung aus ihrem Osloer Bezirk vor:

- In all denjenigen Fällen, in denen junge Menschen nach dem Verlassen einer stationären Erziehungshilfe keine weiteren Unterstützungsleistungen in Anspruch nehmen, müssen diese nach Ablauf eines Jahres von dem/der entsprechenden Jugendamtsmitarbeiter_in kontaktiert werden. Inhalt des Kontaktes ist die Nachfrage zur aktuellen Lebenssituation und ggf. das Angebot weiterer Unterstützungsleistungen.

Dies zeigt, dass in der Logik des norwegischen Kinder- und Jugendhilfegesetzes den Fachkräften des Jugendamtes eine besondere Verantwortung für einen gelingenden Übergang ins Erwachsenenleben dieser jungen Menschen zukommt. Nicht die Fortführung einer Hilfe über das 18. Lebensjahr hinaus ist hier begründungspflichtig (wie in Deutschland), sondern das Nicht-Gewähren von Leistungen. Darüber hinaus wird durch die Möglichkeiten einer Fortführung der stationären Hilfe bis zum 20. Lebensjahr und weiterer Unterstützungsmaßnahmen bis zum 23. Lebensjahr der Tatsache Rechnung getragen, dass der Übergang ins Erwachsenenleben heutzutage einen längeren Zeitraum umfassen kann. Letztlich wird auch das Phänomen der Yoyo-Übergänge (vgl. Walter/Stauber 2007;

vgl. Kap. I.1) ernst genommen, indem Unterstützungsangebote flexibel an die Lebenssituationen angepasst werden und die jungen Menschen auch Unterstützungsleistungen erhalten können, nachdem sie sie zuvor abgelehnt haben.

Nachgehende Betreuung

Statt die Erziehungshilfe an und für sich zu verlängern, besteht eine andere Möglichkeit, die aktuellen Entwicklungen des jungen Erwachsenenalters aufzunehmen, darin, dem Erziehungshilfesystem ein System der nachgehenden Betreuung (Aftercare) anzuschließen. Dieses wird durch einen eigenen gesetzlichen Rahmen gestaltet und sieht i.d.R. unterschiedliche Komponenten wie z.B. Beratung, finanzielle Unterstützung und ambulante Begleitung vor, auf die alle Care Leaver, die einen entsprechenden Bedarf anmelden, einen Rechtsanspruch haben. Als ein klassisches Beispiel für dieses Modell kann die Regelung im Vereinigten Königreich (UK) gelten, welche im Folgenden kurz vorgestellt wird.

Nach dem britischen Kinder- und Jugendhilfegesetz (Children Act) von 1989 besteht ein Anspruch auf stationäre Erziehungshilfen bis zum 18. Lebensjahr. Da jedoch bereits in den 1990er-Jahren aus damaligen Studien bekannt war, dass Care Leaver sich beim Übergang ins Erwachsenenleben im Vergleich zu ihren gleichaltrigen Peers häufiger in sozial benachteiligten Lebenslagen befinden, fand eine längere Fachdebatte in Bezug auf die Möglichkeiten einer nachgehenden Betreuung statt (vgl. Wade/Munro 2008). Im Jahr 2000 wurde hierfür mit der Verabschiedung des Children Leaving Care Act ein entsprechender gesetzlicher Rahmen geschaffen. Alle Care Leaver, die nach ihrem 14. Lebensjahr mindestens 13 Wochen stationär untergebracht waren, können zu Beginn ihres 16. Lebensjahrs – sofern die Hilfe bis dahin andauerte – eine nachgehende Betreuung beantragen. Diese kann bis zum 21. Lebensjahr gewährt und in einzelnen Fällen, in denen noch eine Ausbildungssituation besteht, auch bis zum 25. Lebensjahr verlängert werden.

Die leitende Prämisse für die Gestaltung der nachgehenden Betreuung ist die der „Corporate Parentship". Diese besagt, dass der Staat – egal, ob auf lokaler, Länder- oder Bundesebene – sich so für die Care Leaver einsetzen sollte, wie es auch verantwortliche Eltern für ihre Kinder tun würden. Hiermit soll u.a. den Erklärungsmöglichkeiten einzelner Akteure, dass für sie in Bezug auf bestimmte Anfragen der Zuständigkeitsbereich aufhöre, ein wirksamer Riegel vorgeschoben werden: Denn genauso wie Eltern soll der Staat allzuständig sein und umfassende Unterstützungsangebote bieten. Gegebenenfalls müssen hierzu Akteure unterschiedlicher Zuständigkeitssysteme (z.B. Bildungs- und Jugendhilfesystem) entsprechend kooperieren (HM Government 2013a).

Als das Kernstück des Modells der nachgehenden Betreuung kann die gesetzlich geregelte Übergangsplanung (Pathway Planning) gelten, die beim öffentlichen Träger angesiedelt ist. Damit verbunden ist die Begleitung und Beratung durch eine_n sog. persönliche_n Berater_in (Personal Adviser), der/die entweder beim öffentlichen oder freien Träger angebunden ist.[51] Darüber hinaus werden unterschiedliche Angebote gemacht, wie z.B. direkte allgemeine finanzielle Unterstützung, Bereitstellung von Wohnraum oder Unterstützung in Bezug auf Aus-

---

[51] Sowohl die Übergangsplanung als auch das Modell des/der persönlichen Betreuer_in wird in Kap. IV.3 ausführlicher dargestellt.

und Weiterbildung. Insgesamt sind jedoch intensivere (stationäre) Hilfesettings nicht mehr möglich.

Als besonders interessant kann in diesem Modell die in den letzten Jahren intensiv geführte Diskussion um eine nachgehende Betreuung im Pflegekinderwesen gelten. Diese nahm ihren Ausgangspunkt in der Beobachtung, dass etliche Pflegekinder und Pflegefamilien ihre gemeinsame Wohn- und Lebenssituation gerne auch über den 18. Geburtstag des jungen Menschen hinausgehend aufrechterhalten erhalten würden. Entsprechend der hier vorgestellten Modelllogik wird jedoch in Großbritannien nicht über eine Verlängerung der bisherigen Hilfeform diskutiert, sondern vielmehr über eine Transformation in eine nachgehende Betreuung. Nach einem erfolgreichen Modellversuch (vgl. Munro u.a. 2010) hat die britische Regierung entsprechende Leitlinien zur Ausgestaltung erlassen (vgl. HM Government 2013a).

Demnach können ehemalige „Pflegefamilienplätze" in sog. „Staying-Put-Arrangements" umgewandelt werden. Dafür müssen die ehemaligen Pflegekinder zunächst ihren Wunsch bei dem öffentlichen Jugendhilfeträger in die entsprechende Übergangsplanung einbringen, welcher dann mit den ehemaligen Pflegeeltern abgestimmt wird. Die ehemaligen Pflegeeltern werden in so einem Arrangement formal zu Vermietern für die ehemaligen Pflegekinder, leisten aber in aller Regel nach wie vor emotionale Unterstützung, wofür sie zusätzlich eine Aufwandsentschädigung von dem öffentlichen Jugendhilfeträger erhalten, die jedoch deutlich geringer ausfällt als vorher. Die Care Leaver haben wiederum für die Bezahlung ihrer Miete, sofern sie noch kein eigenes Einkommen haben, einen Anspruch auf den Erhalt entsprechender öffentlicher Gelder. In einigen Regionen wird inzwischen diskutiert, ob solche „Staying-Put-Arrangements" auch von anderen (für die Care Leaver signifikanten) Personen als den ehemaligen Pflegeeltern angeboten werden können. In so einem Fall wären sie dann auch als Wohn- und Lebensort für Care Leaver aus der Heimerziehung denkbar. Zudem gibt es auch die Möglichkeit, „Staying-Put-Arrangements" temporär, also beispielsweise insbesondere für die Ferienzeiten der Colleges und Universitäten einzurichten, so dass Care Leaver einen Ort haben, an den sie während ihrer Ausbildungszeit verlässlich zurückkommen können (vgl. HM Government 2013b).

Nachgehende Betreuung für bestimmte Gruppen von Care Leaver

Eine dritte Möglichkeit der Unterstützung von Care Leaver in der Phase des Übergangs besteht darin, Unterstützungsleistungen für bestimmte Gruppen anzubieten. Dieses Modell kann im Vergleich zu einer gesetzlich geregelten nachgehenden Betreuung für *alle* Care Leaver als restriktiver gelten, da der Erhalt dieser Unterstützungsangebote an bestimmte Eingangsvoraussetzungen gekoppelt ist. In aller Regel sind diese die Aufnahme, Fortführung oder Beendigung einer schulischen oder beruflichen Aus- und Weiterbildung, was einen gewissen Leistungsbezug dieser Art der Unterstützungsangebote deutlich werden lässt. Als ein typisches Beispiel für ein solches Modell der nachgehenden Betreuung für bestimmte Gruppen kann das kombinierte Übergangs- und Bildungsprogramm aus der Provinz Ontario in Kanada gelten, welches im Folgenden kurz vorgestellt wird.

In Kanada liegt die gesetzliche Ausgestaltung der Kinder- und Jugendhilfe in der Verantwortung der 13 einzelnen Länder, was zu unterschiedlichen Regelungen für Care Leaver führt. In Ontario sieht das entsprechende Länderrecht eine Beendigung der stationären Erziehungshilfe bis zum 18. Lebensjahr vor. Danach können all die Care Leaver, die sich in einer schulischen, universitären oder betrieblichen Ausbildung befinden, in das sog. *Extended Care and Maintenance Programm* (ECM)[52] wechseln, das bereits seit 20 Jahren besteht. Im Kontext dieses Programms vereinbart das jeweils zuständige Jugendamt mit dem jungen Erwachsenen, welche weiteren Unterstützungsleistungen für den Zeitraum der Aus- und Weiterbildung gewährleistet und welche Ziele im Gegenzug in dieser Zeit erreicht werden sollen. In der Regel wird vor allem finanzielle Unterstützung gewährleistet, z.B. für Wohnraum, Essen, Kleidung, Studiengebühren, Fahrtkosten, Krankenversicherungsbeiträge sowie Zahnarztkosten. Jedes Jugendamt ist angehalten, zusätzliche Beratungsangebote für die Gruppe der jungen Erwachsenen vorzuhalten, letztendlich ist die diesbezügliche Angebotspalette jedoch regional sehr unterschiedlich (vgl. Knoke 2009). Ein wichtiger Punkt ist die Flexibilität des Programms: Auch die jungen Menschen, die mit Erreichen der Volljährigkeit keine weitere Unterstützung im Rahmen des ECM Programms wünschen, können die Unterstützungsleistungen zu einem späteren Zeitpunkt beantragen, sofern sie die Bedingungen zum Erhalt dieser erfüllen (vgl. Provincial Advocate for Children and Youth 2012a).

Im Januar 2013 beschloss das Parlament in Ontario einige gesetzliche Änderungen in Bezug auf die nachgehende Betreuung von Care Leaver, die explizit mit dem Bericht „25 is the new 21" (vgl. Kap. IV.2) sowie mit den Forderungen von Care Leaver in Verbindung gebracht werden. Damit ändert sich der Name des Programms in "Continued Care and Support for Youth" (CCSY).[53] Der Forderung, das Unterstützungsprogramm bis zum 25. Lebensjahr auszuweiten, wird so leider nicht stattgegeben, aber immerhin ist für Care Leaver, die an einer Hochschule studieren, zukünftig eine solche Verlängerung vorgesehen. Die Summe der finanziellen Unterstützung wird für alle Programmteilnehmer_innen deutlich erhöht (auf mögliche CAD $ 850/Monat). Zudem werden zwei Maßnahmen installiert, die vor allem auf Verbesserung im Bereich der emotionalen Unterstützung setzen. Es wird ein neues Mentor_innenprogramm für Jugendliche in stationären Erziehungshilfen aufgelegt und in fast jedem Jugendamt aus Provinzgeldern die Stelle eines sog. „Transition Workers" geschaffen, der Care Leaver bei ihrem Übergang ins Erwachsenenleben unterstützen soll.[54]

Unterstützung für Care Leaver durch verschiedene Institutionen

Eine vierte Unterstützungsmöglichkeit besteht darin, verschiedene Institutionen, mit denen Care Leaver während ihres Übergangs ins Erwachsenenleben in Berührung kommen (z.B. Ausbildungsstätten, Sozialleistungsträger, Jobcenter, Gesundheitseinrichtungen), für deren Bedürfnisse zu sensibilisieren. Dieser Ansatz verabschiedet sich von der Perspektive der Kinder- und Jugendhilfe in dem Sinne, dass er auf den Ausbau einer institutionengebundenen Dienstleistungsinfrastruktur für Care Leaver jenseits der Kinder- und Jugendhilfe setzt. Als ein Beispiel für dieses Modell kann die Zertifizierung von Hochschulen in

52 Auf Deutsch: verlängerte (finanzielle) Unterstützung.

53 Auf Deutsch: Fortdauernde Unterstützung und Begleitung von jungen Menschen.

54 www.news.ontario.ca/mcys/en/2013/01/help-for-young-people-in-and-leaving-care.html, letzter Zugriff 04.12.2014.

Großbritannien mit dem Buttle UK Quality Mark gelten, welches im Folgenden kurz vorgestellt wird.

Bereits vor über zehn Jahren machte ein größer angelegtes Forschungs- und Praxisentwicklungsprojekt in Großbritannien auf die geringe Übergangsquote von Care Leaver an Universitäten aufmerksam (vgl. Jackson/Ajayi/Quigley 2005) und formulierte in seinem Abschlussbericht zahlreiche Empfehlungen, um dies zu ändern. Zusammen mit einer Stiftung (Buttle UK for children and young people) wurden diese Veränderungsideen vorangetrieben und es entstand das Buttle UK Qualitiy Mark, ein Zertifikat, das all diejenigen Hochschulen erhalten können, die sich in besonderer Weise den Bedürfnissen der Care Leaver annehmen.

Universitäten, die das Zertifikat erhalten wollen, müssen verschiedene Voraussetzungen erfüllen: Die Idee der Unterstützung für Care Leaver muss institutionell verankert werden und dementsprechend von höchster Ebene (Präsidium) mitgetragen werden. Das wissenschaftliche wie administrative Personal soll über Fort- und Weiterbildungen für das Thema sensibilisiert werden. Studieninteressent_innen können bei der Bewerbung an der Hochschule in den Bewerbungsunterlagen ankreuzen, ob sie eine besondere Unterstützung wünschen. Diese besteht dann aus unterschiedlichen Komponenten, wie z.B. Studien(verlaufs)beratung, direkter finanzieller Unterstützung oder Unterstützung bei der Bewerbung für den Erhalt finanzieller Mittel (z.B. Stipendien), Unterstützung bei der Suche nach einem geeigneten Wohnraum und/oder der Bereitstellung einer Wohnmöglichkeit in einem der universitätseigenen Wohnheime zumindest im ersten Jahr des Studiums. Jede Universität muss eine_n Studienberater_in einstellen oder ausbilden, die/der die Care Leaver in allen Fragen des Übergangs ins Erwachsenenleben jederzeit berät. Viele Universitäten entwickeln darüber hinaus Programme des Peer-Mentorings (vgl. Starks 2013).

Die hier skizzierten vier unterschiedlichen Gestaltungsmöglichkeiten der Statuspassage Leaving Care lassen sich nicht ohne Weiteres miteinander vergleichen, da sie nur durch die jeweilige sozialpolitische und strukturelle Rahmung in den einzelnen Ländern verstehbar und existent sind. An den unterschiedlichen Unterstützungsformen lassen sich allerdings verschiedene Zielrichtungen der Hilfen illustrieren: Es kann sowohl die Vorbereitung auf den Übergang noch während der stationären Hilfe im Mittelpunkt stehen, als auch die konkrete Begleitung im Übergang aus der Hilfe in die Eigenständigkeit. Die Bedürfnisse können in diesen unterschiedlichen Übergangsphasen stark variieren. Die internationalen Beispiele von Unterstützungsangeboten für Care Leaver durch verschiedene (Anschluss-)Institutionen verweisen am deutlichsten auf den Bedarf, eine spezielle Dienstleistungsinfrastruktur für junge Erwachsene in allen Lebenslagen zu entwickeln.

3. Internationale Übergangspraxis konkret

Die Beispiele internationaler Übergangspraxis, die im folgenden Abschnitt vorgestellt werden, sind eine Zusammenstellung aus der Datenerhebung und Recherche im Rahmen des Projekts. Es handelt sich dabei um Praxismodelle im Übergang aus stationären Erziehungshilfen, die in der deutschen Fachdiskussion besondere Aufmerksamkeit verdienen. Sie tragen dazu bei, die Perspektive auf den Übergang ins Erwachsenenleben als einen Entwicklungsprozess zu betrachten, der auch in öffentlicher Hilfe langfristiger vorbereitet und begleitet werden kann – und sollte. Nichtsdestotrotz bleibt darauf hinzuweisen, dass es sich bei den vorgestellten internationalen Übergangspraxen teilweise um Einzelbeispiele handelt, die nicht grundsätzlich für die Hilfekultur eines gesamten Landes stehen.

Übergangsplanung

Ein Ansatz, welcher für die Begleitung des Übergangsprozesses ins Erwachsenenleben eine wichtige Orientierungsfunktion übernehmen kann, ist die sog. Übergangsplanung (Pathway Planning). Die Idee der Übergangsplanung – welche vor allem in Großbritannien und Irland gesetzlich verankert ist – geht über die der Hilfeplanung hinaus. So beginnt die Übergangsplanung etwa mit dem 16. Lebensjahr und wird unabhängig von dem realen Zeitpunkt der Hilfebeendigung i.d.R. bis zum 21. Lebensjahr fortgeführt. Sie fokussiert bewusst die Zeit des Übergangs in ein eigenständiges Erwachsenenleben und arbeitet insbesondere für die Zeit nach den stationären Erziehungshilfen Bedürfnisse und mögliche Unterstützungsbedarfe heraus. Die persönlichen Berater_innen (Personal Advisers), die die Übergangsplanung federführend durchführen, wirken auf die Verwirklichung der notwendigen Hilfen und Schritte hin. Die Bereitstellung persönlicher Berater_innen liegt in der Verantwortung der öffentlichen Hand, kann aber an freie Träger delegiert werden. Mit den Leitlinien zur Gestaltung des Übergangs, die in Großbritannien ergänzend zu der Gesetzgebung aus dem Jahr 1989 herausgegeben wurden, werden die Aufgaben der persönlichen Berater_innen und die Inhalte der Übergangsbegleitung konkretisiert (vgl. Department for Education 2010).

Die Übergangsplanung dient erstens dazu, dafür Sorge zu tragen, dass junge Menschen erst aus öffentlichen Hilfestrukturen in die vollständige Eigenständigkeit entlassen werden, wenn sie sich gut genug darauf vorbereitet fühlen. Vor dem Hintergrund dieser Idee kann das öffentliche Hilfesystem keine Veränderung des Hilfe-Arrangements (z.B. den Übergang aus einer Wohngruppe in eine eigene Wohnung) beschließen, ohne dass eine eingehende Prüfung durch alle an der Übergangsplanung Beteiligten erfolgt ist und die Bestätigung der jungen Menschen vorliegt, dass sie die vorgeschlagenen Veränderungen der Hilfe verstanden haben und diesen auch zustimmen. Care Leaver entscheiden also in diesem Prozess federführend, welche Hilfen sie wünschen und in welchem zeitlichen Umfang sie Unterstützung durch die persönlichen Berater_innen erwarten. Die Übergangsplanung soll zweitens sicherstellen, dass die Care Leaver nach der Entlassung aus den stationären Hilfen bei Bedarf weitere niedrigschwellige Hilfen oder aber zumindest Beratung in Anspruch nehmen können.

Die Ausgestaltung der Übergangsplanung ist in Großbritannien auch als eine Aufgabe im Rahmen des Corporate Parentship (vgl. Kap. IV.2) – also der Umsetzung einer verantwortlichen Begleitung über das Erreichen der Volljährigkeit hinaus – zu verstehen. Gelingende Übergangsplanung hat den Vorteil, dass Care Leaver auf jeden Fall bis zum 21. Lebensjahr eine verbindliche Anlaufstelle haben, die sich auch für ihren Verbleib interessieren und in erneuten Krisensituationen mit Unterstützungsangeboten reagieren muss.

Praxisbeispiel Übergangsplanung in Schottland

Nach dem Schottischen Kinder- und Jugendhilfegesetz von 1995 haben alle kommunalen Behörden die Pflicht, sicherzustellen, dass junge Menschen gut für die Zeit vorbereitet werden, in der sie nicht mehr in öffentlichen Erziehungshilfen leben. Vor diesem Hintergrund haben alle jungen Menschen in den Erziehungshilfen Anspruch auf eine individuelle Übergangsplanung und eine_n persönliche_n Berater_in. Mit der Übergangsplanung soll sichergestellt werden, dass junge Menschen im Übergang aus Erziehungshilfen ins Erwachsenenleben die Unterstützung und Begleitung erhalten, die sie benötigen und auf die sie einen entsprechenden Anspruch haben. Sie muss individuell entwickelt werden und dabei die Bedürfnisse, Fähigkeiten und Ziele des einzelnen jungen Menschen würdigen. Die Lebenslaufplanung ist eingebettet in die Phase der Übergangsbegleitung (Throughcare) und die nachgehende Unterstützung nach dem Ende der Erziehungshilfe (Aftercare). Die Übergangsplanung geht somit sowohl inhaltlich als auch in zeitlicher Perspektive deutlich über das, was wir in Deutschland als Hilfeplanung verankert haben, hinaus.

Folgende drei Prinzipien sollen der Übergangsplanung mit jungen Menschen in Erziehungshilfen zugrunde gelegt werden (vgl. Scottish Executive 2004):

- Stelle den jungen Menschen in den Mittelpunkt der Planung!
- Mache die Übergangsplanung zu einem bedeutsamen Prozess!
- Wähle flexible Handlungsansätze!

Persönliche Berater_innen – Personal Adviser

In Großbritannien sind an der Übergangsplanung als wichtigste Akteur_innen die jungen Menschen selbst beteiligt, ferner die Betreuer_innen oder Pflegeeltern im Rahmen der Erziehungshilfe, die Sozialarbeiter_innen des Allgemeinen Sozialdienstes, Vertreter_innen der Schule, sofern von den jungen Menschen gewünscht, auch ihre Herkunftsfamilie und – hauptverantwortlich für die Durchführung der Planung – die persönlichen Berater_innen (Personal Adviser). Die persönlichen Berater_innen übernehmen für Care Leaver bereits während der Erziehungshilfe sukzessive und schließlich mit deren Ende die Aufgabe der Begleitung ins Erwachsenenleben, wie sie im Prinzip auch Eltern für ihre Kinder leisten. Sie sind wichtige Ansprechpartner_innen, begleiten die jungen Menschen, leiten u.U. weitergehende Hilfen ein und koordinieren die Zusammenarbeit der unterschiedlichen Beteiligten. Insbesondere kommt den persönlichen Berater_innen auch die Aufgabe zu, Bildungsprozesse anzuregen und zu begleiten. Neben der öffentlichen Aufgabe, Beratung, Unterstützung und finanzielle Hilfen bereitzustellen, bieten die persönlichen Berater_innen eine Form der persönlichen Unterstützung, die parteilich und auf Kontinuität angelegt ist (vgl. Department for Education 2010; Scottish Executive 2004).

Praxisbeispiel Profil Persönliche Berater_innen

- Die persönlichen Berater_innen sollen Kenntnisse über die entsprechenden gesetzlichen Grundlagen besitzen und diese anwenden können. Grundsätzlich benötigen sie für ihre Aufgaben jedoch keine gesonderte Ausbildung.
- Die persönlichen Berater_innen ergänzen vorhandene Kontakte zu Mentor_innen oder anderen für die jungen Erwachsenen wichtigen Personen. Diesbezüglich ist eine Rollen- und Aufgabentransparenz wichtig.
- Persönliche Berater_innen müssen eine kontinuierliche Begleitung und gute Erreichbarkeit anbieten können sowie für geeignete Vertreter_innen in ihrer Abwesenheit sorgen. Diese Voraussetzungen sprechen sehr dafür, dass persönliche Berater_innen in Teams oder Netzwerken arbeiten sollten.
- Wenn der Kontakt zu einem älteren Jugendlichen (16 bis 17 Jahre), der einen Teil seines Lebens in stationären Erziehungshilfen verbracht hat, verloren geht, müssen die verantwortlichen persönlichen Berater_innen unverzüglich geeignete Schritte unternehmen, um den Kontakt wieder herzustellen. Ebenso sind die persönlichen Berater_innen verpflichtet, auch mit erwachsenen Care Leaver – unabhängig davon, wo sie leben – in Kontakt zu bleiben, bis sie 21 sind[55]. Diese Pflichten entsprechen der Hilfephilosophie des Corporate Parentship, aktives Interesse an Care Leaver zu zeigen und sich für ihr Wohlbefinden einzusetzen, wie es auch verantwortliche Eltern für ihre Kinder tun würden (vgl. Department of Health, Social Services and Public Safety 2005).

Niedrigschwellige Anlauf- und Beratungsstellen

In einigen Ländern wurden auf kommunaler Ebene niedrigschwellige Anlauf- und Beratungsstellen eingerichtet, die den Übergang ins Erwachsenenleben begleiten und verschiedene Unterstützungsmöglichkeiten aus einer Hand anbieten. Diese sollen zum einen dem Phänomen entgegenwirken, dass Care Leaver bei unterschiedlichen Organisationen und Behörden Unterstützung beantragen müssen. Zum anderen soll es dadurch möglich werden, verschiedene, aber aufeinander abgestimmte Unterstützungsleistungen zu erhalten.

Im Folgenden werden zwei Beispiele solcher Einrichtungen aus den Niederlanden und Irland vorgestellt. Grundsätzlich endet in den Niederlanden der Anspruch auf Erziehungshilfe mit Erreichen der Volljährigkeit. In Ausnahmen können Care Leaver für ein Jahr eine nachgehende Unterstützung erhalten, z.B. im Rahmen eines Wohntrainings. Auch in Irland endet die Erziehungshilfe mit dem vollendeten 18. Lebensjahr. Es gibt in einzelnen Kommunen Angebote einer nachgehender Betreuung (Aftercare). Die Sozial- und Gesundheitsdienste in Irland sind allerdings – anders als in Großbritannien (vgl. Kap. IV.2) – nicht gesetzlich verpflichtet, ein solches Angebot vorzuhalten.

[55] Diejenigen, die in Ausbildung oder Trainingsmaßnahmen sind, können bis zum 25. Geburtstag die Unterstützung persönlicher Berater_innen in Anspruch nehmen.

In Derry, Irland, haben sich vier Organisationen zusammengetan und in gut erreichbarer Innenstadtlage eine Anlaufstelle für Care Leaver („One Stop Shop") eingerichtet. Die Hilfen richten sich in der offenen Beratungsstelle an junge Menschen zwischen 16 und 21 Jahren, die sich noch im System der öffentlichen Erziehungshilfen befinden. Es werden Ausbildungsmöglichkeiten und Trainings angeboten und mit Beratungs- und Unterstützungsangeboten sowie Formen der individuellen und politischen Interessenvertretung kombiniert. Diese Angebotsform verbessert den Zugang zu Hilfen und trägt dazu bei, dass junge Menschen in Erziehungshilfen und im Übergang die bestmögliche Unterstützung erhalten können. Der Offene-Tür-Charakter des Angebots ermöglicht zudem, dass junge Menschen erreicht werden können, die andernfalls keine Unterstützung bei Ausbildung, Trainings oder der Arbeitssuche erhalten. Es werden wöchentlich verschiedene Programme zur Verbesserung der Vermittelbarkeit auf dem Arbeitsmarkt angeboten. Gesundheitsorientierte Angebote sind in Planung. Die jungen Menschen werden ermuntert, an den Programmen teilzunehmen, können aber auch einfach auf eine Tasse Tee oder ein Mittagessen vorbeischauen.[56]

In den Niederlanden hat die Stadt Eindhoven ein Angebot „Niemand aus dem Blick verlieren" (Niemand iut Beeld) für junge Erwachsene entwickelt, das ebenfalls die Idee einer Begleitung aus einer Hand verfolgt. Da Studien zeigten, dass die jungen Menschen ohne stabile soziale Beziehungen den Übergang ins Erwachsenenleben selten gut bewältigen können und das niederländische Sozialleistungssystem keinen Rechtsanspruch auf Unterstützung für Care Leaver nach dem Hilfeende vorsieht, hat die Gemeinde Eindhoven freiwillig ein eigenes Angebot entwickelt (vgl. Gemeente Eindhoven 2009).

Praxisbeispiel Niemand uit Beeld, Eindhoven

Das Programm „Niemand uit Beeld" (Niemand aus dem Blick) richtet sich speziell an Care Leaver, die stationär untergebracht waren und in Eindhoven leben oder beabsichtigen, dort zu wohnen. Es ist an einer Abteilung der Stadtverwaltung, dem Zentrum für Jugend und Familie angesiedelt. Das Programm nimmt in Absprache mit allen lokalen Jugendämtern der Stadt sowie Vormündern und den örtlichen Einrichtungen stationärer Erziehungshilfen alle interessierten jungen Menschen auf, die die stationäre Erziehungshilfe verlassen und nachgehende Unterstützung wünschen. Auf diese Weise bemüht sich die Stadt Eindhoven, junge Menschen auf dem Weg in die ökonomische und soziale Unabhängigkeit zu begleiten und vor der sozialen Isolation zu bewahren sowie Wohnungslosigkeit, fehlendes Einkommen und wachsende Verschuldung zu verhindern.

Die präventive Grundidee des Programms ist auch auf das Erreichen von Schul- und Ausbildungsabschlüssen sowie auf die Bearbeitung von Drogenproblematiken gerichtet. Bei der Gemeinde Eindhoven sind zwei Mitarbeiter_innen als Nachsorge-Coaches angestellt. Sie erarbeiten bereits während der stationären Hilfe einen Nachsorgeplan, in dem Zukunftspläne entwickelt und aktuelle Fragen und Probleme zusammengefasst werden. Die Nachsorge-Coaches begleiten die jungen Menschen schließlich nach Ende der Er-

[56] www.westerntrust.hscni.net/about/2610.htm, letzter Zugriff 12.12.2014.

ziehungshilfe bei Antragstellungen und anderen formalen Angelegenheiten und stellen Kontakte zu anderen Institutionen her. Sie unterstützen auch z.B. im Hinblick auf die Erörterung von Bildungsentscheidungen oder die Begleitung in eine gefestigte, eigenständige Wohnsituation. Ziel des Angebots ist die Prävention von Problem- oder Konflikteskalationen, um die spätere Inanspruchnahme weiterer (ggf. spezialisierter) Hilfsangebote zu vermeiden.

Die statistische Auswertung des Programms zeigt positive Effekte dieser nachgehenden Begleitung: 95% der im Rahmen des Programms begleiteten Care Leaver erreichen ökonomische Unabhängigkeit.[57]

Bildung

Trotz der auch international sehr offenkundigen Bildungsbenachteiligung von Care Leaver besteht noch umfangreicher Entwicklungsbedarf bei der Verbesserung von Bildungszugängen für junge Menschen, die in öffentlichen Erziehungshilfen aufwachsen (vgl. Kap. IV.1). Gleichzeitig wurden bereits in einzelnen Ländern oder von einzelnen Trägern etliche Ideen für die Förderung von formalen Bildungsprozessen und Bildungsabschlüssen von Care Leaver entwickelt. Diese kann sich erstens auf die Zeit während der Erziehungshilfe beziehen. Hier scheinen vor allem Länder interessant, die dem öffentlichen Bildungssystem eine stärkere Bildungsverantwortung zuschreiben als der Herkunftsfamilie, also i.d.R. Länder mit einer stark inklusiv ausgerichteten Schulkultur, die von sich das Selbstverständnis hat, alle Kinder gleichermaßen zu fördern und möglichst keines zu exkludieren (z.B. Ontario/Kanada, Californien/USA, Norwegen, in gewisser Hinsicht auch UK). An diesen ist vor allem interessant zu betrachten, wie versucht wird, Bildungsaspiration zu wecken, was sich anschaulich in dem Slogan „Bildung ermöglichen – Bildung erwarten" fassen lässt. Zweitens beziehen sich die entwickelten Förderungsmöglichkeiten auf den Zeitraum nach einer stationären Hilfe, also als nachgehende Betreuung für Care Leaver, die sich in der Ausbildung befinden oder eine solche aufnehmen möchten (vgl. Kap. IV.2). Drittens gibt es einzelne Praxisbeispiele für die Förderung von informellen Bildungsprozessen.

Bildung ermöglichen – Bildung erwarten

Ein Länderbeispiel, welches für den inklusiven Bildungsgedanken stehen kann, ist Norwegen. Hier garantiert die Zusammenarbeit der für Erziehung und Bildung zuständigen Ministerien auf höchster Ebene, dass alle jungen Menschen den gleichen Anspruch auf die Finanzierung ihrer Ausbildung haben. Dies hat für junge Menschen in öffentlichen Hilfen den Vorteil, dass sie nicht in den Sog von systembedingten Benachteiligungen bei der Gewährleistung von Transferleistungen geraten. Diese gute Ressourcenausstattung in Bezug auf eine Ausbildungsfinanzierung, die für Care Leaver gleichermaßen gilt, wird in der sozialpädagogischen Fachpraxis von hohen Bildungserwartungen begleitet. So beschreibt eine Mitarbeiterin der Osloer Jugendbehörde, welche als Expertin im Rahmen des Projekts befragt wurde, ihre Haltung gegenüber jungen Menschen in Erziehungshilfen folgendermaßen:

---

57 Vgl. Reader des internationalen Workshops (Februar 2013) im Projekt „Was kommt nach der stationären Erziehungshilfe?", abrufbar unter www.igfh.de unter Projekte sowie unter www.uni-hildesheim.de/careleaver, letzter Zugriff 12.12.2014.

Mitarbeiterin einer Jugendbehörde in Oslo

Behandele die jungen Menschen in den Erziehungshilfen, so wie du auch deine eigenen Kinder behandeln würdest! Rede mit ihnen wie mit deinen eigenen Kindern! Es ist pädagogisch nicht vertretbar, jungen Care Leaver im Hinblick auf ihre Bildungsperspektiven unangemessene und damit eher nachteilige und folgenreiche Spielräume zu lassen. Das bedeutet gleichzeitig, sie zu einem ehrgeizigen Verfolgen ihres Bildungsweges herauszufordern.

Als eine Komponente, um diese Bildungserwartungen auch ganz praktisch fördern zu können, gibt es in der entsprechenden Jugendbehörde der Stadt Oslo zwei Fachkräfte (Coaches), die junge Menschen ausschließlich hinsichtlich des Themenkomplexes Ausbildung und Beruf beraten und quasi in der Funktion von Mentor_innen begleiten. Bei dieser Bildungsbegleitung spielt auch der Aufbau bzw. die Aktivierung der sozialen Beziehungen der jungen Leute eine große Rolle, da die Stabilität des sozialen Umfelds, so die Auffassung, eine wichtige Voraussetzung für das Erreichen solider Bildungsabschlüsse darstellt.

Gerade in Ländern mit einer stärker inklusiv ausgerichteten Schulkultur lässt sich das Förderinstrument des „persönlichen Bildungsplans" finden. Dieses soll dazu dienen, alle Kinder mit besonderen Bedarfen individuell zu unterstützen (vgl. z.B. Ontario Ministry of Education 2000; Rose u.a. 2012; Michaellis 2010).

Praxisbeispiel
Persönliche Bildungspläne (Individual Education Plans)

Persönliche Bildungspläne sind in unterschiedlichen Ländern unterschiedlich gesetzlich gerahmt und können dementsprechend entweder von den Schulen oder den Eltern bzw. Sorgeberechtigten initiiert werden. Im persönlichen Bildungsplan werden für einen bestimmten Zeitraum Ziele formuliert, die in regelmäßigen Abständen überprüft werden. Darüber hinaus wird festgelegt, ob zur Erreichung dieser Ziele zusätzliche Ressourcen vonseiten der Schule oder der Kommune zur Verfügung gestellt werden (z.B. eine Schulbegleitung, ein_e Tutor_in). In manchen Ländern (z.B. Norwegen) erlauben die persönlichen Bildungspläne auch eine besonders flexible Handhabung von (schulischem) Lernen, indem beispielsweise individuelle Praktika integriert werden können, wenn diese den persönlichen Neigungen und Fähigkeiten des jungen Menschen am ehesten entgegenkommen. Das leitende Prinzip der persönlichen Bildungspläne ist es, Schüler_innen mit besonderen Bedürfnissen – auch vonseiten der Regelschule – spezielle Aufmerksamkeit zu schenken und für sie passende Maßnahmen auszuarbeiten. Somit ist der Fokus auf individuelle Bildungswege strukturell verankert und erleichtert auch für die Erziehungshilfen eine Zusammenführung von Erziehung, Hilfe und Bildung.

Kombinierte Übergangs- und Bildungsprogramme

In einigen Ländern, so z.B. in Kanada, Australien und Großbritannien, stehen Förderprogramme zur Verfügung, die die Übergangsbegleitung aus stationären Erziehungshilfen mit Ausbildungs- und Trainingsangeboten koppeln (vgl. Kap. IV.2). Diese Programme greifen die Herausforderungen für Care Leaver auf, nach dem Verlassen der stationären Erziehungshilfe sowohl das Leben in der eigenen Wohnung als auch ihre Existenzsicherung und die Einmündung in Ausbildung und Arbeit weitgehend parallel bewältigen zu müssen. Die Programme tragen diesen Anforderungen Rechnung, indem sie unterschiedliche Hilfen im Übergang koordiniert durch verantwortliche Fachkräfte oder Trägerorganisationen anbieten und die finanzielle, pädagogische und soziale Unterstützung bis zum Erreichen eines Ausbildungsabschlusses bzw. bis zum 21. Lebensjahr, teilweise sogar darüber hinaus, sicherstellen.[58] Ein Kernelement spezialisierter Programme für Care Leaver ist die enge Kooperation unterschiedlicher Fachkräfte, die in den Übergang aus stationären Erziehungshilfen involviert sind.

Das Programm Springboard

In den Bezirken York, Selby und Ryedale in Großbritannien richtet sich ein relativ neues Programm seit 2012 unter dem Titel „Springboard" (Sprungbrett) speziell an junge Menschen, die sich im Übergang aus stationären Erziehungshilfen befinden und zwischen 16 und 24 Jahren alt sind. Damit werden sowohl junge Menschen unterstützt, die noch in einer stationären Erziehungshilfe sind, als auch Care Leaver. Das Programm legt einen besonderen Schwerpunkt auf die intensive Unterstützung der Ausbildung und der Einmündung in den Arbeitsmarkt – insbesondere für diejenigen, die bisher keiner Ausbildung oder Beschäftigung nachgegangen sind. Die Leistungen werden durch Bildungsorganisationen angeboten. Das Programm wird bis 2016 im Rahmen eines Jugendprogramms einer Lottogesellschaft gefördert (Youth in Focus)[59]. In der Zusammenarbeit mit den jungen Menschen wird eine umfassende Einschätzung des Unterstützungsbedarfs vorgenommen und darauf aufbauend werden eine Übergangsplanung entwickelt und Angebote bereitgestellt, die ganzheitlich, flexibel und individuell den Bedürfnissen, Wünschen und Lebensumständen des jeweiligen jungen Menschen entsprechen. Enge Kooperationen im Rahmen des Programms zwischen der Jugendbehörde, Anbietern stationärer Erziehungshilfen, Beratungsdiensten für nachgehende Hilfen sowie beteiligten Diensten und anderen relevanten Angeboten sind ein wesentliches Element, ebenso kompetente kultursensible Dienste, um auf die Bedürfnisse unterschiedlicher Bevölkerungsgruppen einzugehen.[60]

---

58 Ähnliche Angebotsformen gibt es in Deutschland für benachteiligte Jugendliche und junge Erwachsene in Form des beschäftigungs- und ausbildungsorientierten betreuten Jugendwohnens im Rahmen der Jugendsozialarbeit, allerdings sind die Maßnahmen stark rückläufig (vgl. Kap. II.4).

59 www.biglotteryfund.org.uk

60 www.foundationuk.org/SpringboardProject.html, letzter Zugriff 04.12.2014.

Praxisbeispiel Springboard konkret

Das Springboard-Programm ist als flexible aufsuchende Einzelfallhilfe konzipiert, die die jungen Menschen dabei unterstützt, in Ausbildung, Trainings oder in Arbeit einzumünden bzw. nach Abbrüchen in das Bildungs- oder Erwerbssystem zurückzukehren, um sie langfristig auf eine zukunftsfähige Beschäftigung vorzubereiten. Aktivitäten innerhalb des Programms sind im Einzelnen:

- Mentoring für Care Leaver durch geschulte Peers,
- Aktivitäten, die zur Verbesserung des Selbstwertgefühls sowie zur Teambildung beitragen,
- Maßnahmen und Trainings, die die Vermittelbarkeit der Care Leaver auf dem Arbeitsmarkt erhöhen,
- Einzelgespräche und Kursangebote zur Unterstützung der persönlichen Entwicklung, zum Aufbau positiver Beziehungen, Gruppenarbeit und Aufbau von Kooperationsbeziehungen (Netzwerke),
- begleitete Arbeitsaufnahmen,
- Förderung des emotionalen Wohlbefindens in Einzel- und Gruppenaktivitäten,
- Kunst- und Medien-Workshops, Sport- und Freizeitangebote, Kochangebote und Trainings alltagspraktischer Kompetenzen,
- Vorbereitung des Alleine-Wohnens,
- die Gelegenheit zur Übernahme von Ehrenämtern oder selbst als Peer-Mentoren aktiv zu werden.

Das Programm hat ein besonders Interesse an der Entwicklung der Fähigkeiten, die zu einem unabhängigen Leben und einer Einbindung in den Sozialraum benötigt werden. Insofern wird konkret versucht, an bestehende Netzwerke anzuknüpfen und zur Nutzung dieser Ressourcen auch die kommunikativen Fähigkeiten der Care Leaver einzuüben, damit diese ihre Bedürfnisse auch formulieren können. Es sind somit insbesondere auch soziale Kompetenzen, die in Alltagssituationen eingeübt werden.

Informelle Bildungsprozesse und Networking

Informelle Bildungsprozesse, welche insgesamt weniger im Fokus zu stehen scheinen, tragen dazu bei, dass Care Leaver in ihrem Selbstwertgefühl gestärkt werden und z.B. die Fähigkeit entwickeln, sich sozial gut zu vernetzen. Dieses Wissen greift ein Ansatz eines Jugendhilfeträgers in Rumänien auf, indem er explizit darauf setzt, dass sich junge Menschen im Rahmen von informellen Bildungsprozessen neue soziale Milieus erschließen, die eine Ressource für die eigenständige Lebensführung darstellen können. Der Träger SCUT (Gesellschaft für soziale Dienste) ist eine Institution, die u.a. Angebote zur Übergangsbegleitung und Beratung für Care Leaver bereithält. SCUT Rumänien ist aber nicht nur Anbieter von Jugendhilfe-Diensten, sondern führt auch Projekte im Rahmen des *The Duke of Edinburgh's International Award* durch, die aus Stiftungsmitteln finanziert werden. Dies ist ein weltweit praktiziertes Trainingsprogramm für 14- bis 24-Jährige zur Stärkung ihrer praktischen Fähigkeiten und sozialen Kompetenzen, welche sie sich auch für ihre spätere berufliche Laufbahn zunutze machen sollen. Es gibt drei Stufen – bronze, silber und gold –, welche für unterschiedliche Altersstufen konzipiert sind.[61]

Die Mitarbeiter_innen von SCUT ermuntern Care Leaver, an den Kursen im Rahmen des International Award teilzunehmen. Insbesondere das sog. Kompetenztraining soll die Teilnehmer_innen bestärken, ihre je individuellen Interessen, sozialen Kompetenzen und Fähigkeiten zu entwickeln. Diese können z.B. in den Bereichen Kunst, Kultur oder Sport liegen. Im Rahmen des Programms werden insbesondere Aktivitäten im sozialen Nahraum durchgeführt, so dass die jungen Menschen ihr Umfeld besser kennenlernen und sich für dieses engagieren. Ein Ziel ist es, dass sich die jungen Menschen auf diese Weise als aktive Mitglieder ihres Gemeinwesens erleben. Ein weiteres besteht darin, dass sie Selbstwirksamkeit erfahren, indem sie mit ihrem ehrenamtlichen Engagement lernen, Verantwortung zu übernehmen und ihrem sozialen Umfeld etwas zurückgeben können. Nicht zuletzt bietet dieses Projekt den jungen Menschen die Gelegenheit, sich in diesem Rahmen neu oder besser kennenzulernen. Gerade beim gemeinsamen Lösen von gestellten Aufgaben lassen sich sehr gut Kontakte knüpfen. So hat sich anhand der bisherigen Projekterfahrungen gezeigt, dass nicht nur die Aktivitäten innerhalb des Projektes eine große Bereicherung für Care Leaver darstellen können. Auch die Chance, mit jungen Menschen, die nicht aus dem System der Erziehungshilfen kommen, Freundschaften schließen zu können, eröffnet neue Perspektiven und Möglichkeiten, sich in anderen sozialen Gruppierungen zu vernetzen (vgl. Dima 2012).

Selbstorganisation und Lobbying

Insbesondere in den anglo-amerikanischen Ländern werden Care Leaver engagiert durch Lobbyorganisationen vertreten. In diesen sind Fachkräfte verschiedenster Disziplinen – z.B. Pädagog_innen, Psycholog_innen und Jurist_innen – sowie ehrenamtliche Mitarbeiter_innen und Care Leaver tätig. Diese Organisationen stehen sowohl für eine sozialpolitische Interessenvertretung für die Gruppe der Care Leaver als auch für eine individuelle anwaltliche Vertretung. Diese beiden Ziele werden durch Aktivitäten auf vier verschiedenen Ebenen vorangetrieben: Erstens werden die Anforderungen für Care Leaver, die mit dem Übergang in ein eigenständiges Erwachsenenleben verbunden sind, kontinuierlich im politischen Kontext als strukturelle Herausforderung thematisiert. Zweitens können Care Leaver eine individuelle Beratung und einen entsprechenden Rechtsbeistand erhalten, wenn ihre Rechte nicht angemessen gewahrt werden. Drittens wird im Rahmen von Fortbildungen und fachlichem Austausch zur Praxisentwicklung beigetragen. Viertens werden Forschungsaktivitäten angeregt und/oder finanziert und Care Leaver aufgefordert, sich aktiv in diese einzubringen (Peer Research). Im Folgenden werden die irische Organisation „Empowering People In Care" (EPIC) sowie der britische „National Care Advisory Service" (NCAS) vorgestellt.

---

[61] www.intaward.org

EPIC – Empowering people in Care

Ein Kernstück der Arbeit der irischen Organisation EPIC, welche 1999 gegründet wurde, besteht in der *anwaltlichen* Begleitung (advocacy) von jungen Menschen *in* den Erziehungshilfen. Seit der Veröffentlichung des Berichts der Kommission zur Ermittlung über sexuellen Missbrauch im Jahr 2009 (Ryan Report)[62] müssen junge Menschen in Erziehungshilfen über die Arbeit von EPIC aufgeklärt werden. EPIC gilt als unabhängige Organisation zur Interessenvertretung und fühlt sich in diesem Rahmen an erster Stelle den Kinderrechten der Vereinten Nationen verpflichtet. Sie erhält Fördermittel aus dem öffentlichen Sozial- und Gesundheitssystem sowie private Spendengelder. Die Form der anwaltlichen Unterstützung, wie EPIC sie anbietet, beinhaltet aber nicht nur juristische Hilfe zur Durchsetzung der eigenen Rechte. Auch sieht sich die Organisation verpflichtet, Fürsprache und eine konsequente Interessenvertretung für die Gruppe der Care Leaver auf der Ebene der öffentlichen Sozialverwaltung, der Sozialpolitik und in der Öffentlichkeit wahrzunehmen. Die Erfahrungen der jungen Menschen in Erziehungshilfen und im Übergang ins Erwachsenenleben, welche durch EPIC beraten und vertreten werden, fließen unmittelbar in die Praxisentwicklung und in politische Stellungnahmen ein. In diesem Prozess gilt es, auch einflussreiche Gesellschaftsmitglieder auf die Situation von Care Leaver – auch auf positiv verlaufene Übergänge und dafür begünstigende Voraussetzungen – aufmerksam zu machen. So ist es z.B. nicht ungewöhnlich, dass sich auch Prominente – mit oder ohne Erziehungshilfe-Hintergrund – öffentlich für diesen Personenkreis engagieren. Auf diesem Weg erhalten junge Menschen lokal, national und international eine Stimme. Aktuell verfolgt EPIC das Ziel, die Übergangsbegleitung von Care Leaver auf nationaler Ebene rechtlich zu verankern und somit die starke diesbezügliche regionale Disparität in Irland aufzulösen.

Praxisbeispiel Recht auf Aufklärung und Beratung für junge Menschen in Erziehungshilfen

EPIC hat als Interessenorganisation für Care Leaver einen gesetzlich verbrieften direkten Zugang zu jungen Menschen in den Erziehungshilfen und hält diese über ihre Aktivitäten auf dem Laufenden. Im Rahmen der nationalen Interessensvertretung

- nimmt EPIC politisch Stellung,
- leistet EPIC in Einrichtungen direkte Aufklärungsarbeit über öffentliche Rechtsansprüche und Unterstützungsmöglichkeiten,
- stellt EPIC eine Vielzahl an detaillierten Informationen für Care Leaver bereit. So gibt es eine sehr ausführliche, altersgerechte Handreichung für junge Menschen im Übergang mit dem Titel „Pathways – Guide to Leaving Care"[63].

EPIC bietet zudem als Träger auch konkrete Übergangshilfen für Care Leaver ab ca. 17 Jahren an. Im Rahmen der Übergangsplanung (Pathway Planning) versteht EPIC sich als fallverantwortlicher Akteur und stellt den Kontakt zu

62 Vgl. Report of the Commission to Inquire into Child Abuse (The Ryan Report) (2009); www.dcya.gov.ie/documents/publications/RyanImplementation1stProgressReport.pdf, letzter Zugriff 05.12.2014.

63 www.EPIConline.ie/pathways---guide-to-leaving-care.html, letzter Zugriff 04.12.2014.

relevanten sozialen Diensten bei Gesundheitsfragen, Ausbildung und Arbeit oder der Wohnungssuche her. Wenn junge Menschen mit ähnlichen Bedürfnissen und Erfahrungen bei EPIC Unterstützung suchen, besteht auch die Möglichkeit, entsprechende thematische Gruppenangebote zu initiieren. Nicht zuletzt die umfangreiche Internetseite bietet eine wichtige Voraussetzung für die öffentliche Präsenz von Care Leaver und das für sie bereitgestellte „Empowerment".

Darüber hinaus forscht EPIC über die Situation von jungen Menschen in den Erziehungshilfen und im Übergang ins Erwachsenenleben. Ziel dieser Studien ist es, die Situation der Adressat_innen besser verstehen zu können und das Bewusstsein für die Themen junger Menschen, die in den stationären Erziehungshilfen aufwachsen, zu schärfen.[64]

NCAS – National Care Advisory Service

In Großbritannien gibt es seit 2008 mit dem National Care Advisory Service ebenfalls eine bedeutende Institution, die sich auf nationaler Ebene mit dem Thema Leaving Care befasst. NCAS bietet Unterstützung für junge Menschen zwischen 13 und 25 Jahren, die sich in Erziehungshilfen oder im Übergang befinden. Gleichzeitig können sich aber auch alle Akteur_innen und Einrichtungen, welche sich im Kontext von Leaving Care engagieren, durch Mitarbeiter von NCAS beraten lassen. Schließlich stellt NCAS auf der eigenen Internetseite eine Vielfalt an Materialien zu dem Thema Leaving Care zur Verfügung.

Praxisbeispiel Fachlicher Austausch und Praxisentwicklung – Benchmarking zur Übergangsbegleitung

NCAS bemüht sich aktiv um eine Verbesserung der Übergangspraxis in den Einrichtungen der Erziehungshilfe und nachgehenden sozialen Diensten. Vor diesem Hintergrund wurde ein nationales Leaving Care Benchmarking Forum eingerichtet, an dem etwa 50 öffentliche und freie Träger in England und Nordirland mitwirken. Die Mitgliedschaft ist kostenpflichtig (3000 englische Pfund im Jahr) und unterstreicht somit auch den ideellen und materiellen Wert, der der Weiterentwicklung der Übergangspraxis beigemessen wird. Ziel ist es, in einem regelmäßigen fachlichen Austausch die Expertise über die Anforderungen an die Übergangsbegleitung zu verbessern und die Entwicklung bedarfsgerechter und letztendlich auch effizienter Hilfsangebote voranzubringen. Das Benchmarking beinhaltet:

- Workshops und Fortbildungsveranstaltung für Führungskräfte und Mitarbeiter_innen,
- einen Zugang zu Fachinformationen, die durch NCAS bereitgestellt werden,
- einen regelmäßigen Austausch mit der zentralen Regierung,
- die Möglichkeit der politischen Einflussnahme auf lokaler Ebene.

Im Falle besonders gelungener Modelle der Übergangsbegleitung hat die Zusammenarbeit in dem Forum eine wichtige Multiplikatorenfunktion.

64 www.epiconline.ie

Parallel dazu gibt es auf der Ebene der Care Leaver ein Young Person's Benchmarking Forum, in dem junge Menschen ab 16 Jahren in den Kommunen, die Mitglieder des nationalen Leaving Care Benchmark Forums sind, ihre Perspektiven auf notwendige Entwicklungen und Fragen der Übergangsbegleitung einbringen können. Darüber werden sie einerseits in politische Diskussionen einbezogen und haben andererseits die Möglichkeit, an Konzepten der konkreten Ausgestaltung der Übergangsbegleitung mitzuwirken, z.B. in Form der Mitarbeit bei der Erstellung von Richtlinien und Materialen. Auch NCAS betreibt, ähnlich wie EPIC, Netzwerk- und Lobbyarbeit, führt eigene Forschungen durch und hat in diesem Kontext einen besonderen Schwerpunkt auf Formen des Peer Research. Konkret werden dabei junge Menschen aktiv eingebunden, ihre eigene Lebenssituation forschend zu analysieren.[65]

Selbstorganisation und Partizipation in der Hilfe und im Übergang

In einigen Ländern (wie z.B. Großbritannien und Kanada) vernetzen sich Care Leaver eigenständig, um ihre Interessen öffentlich zu vertreten und somit an politischen Entscheidungsprozessen mitzuwirken. Als Teil einer Gruppe etwas mitzugestalten, das zu einer Verbesserung der Praxis führt, kann neben dem gesellschaftspolitischen Engagement auch Selbstwirksamkeitserfahrungen beinhalten, die den individuellen Übergang aus stationären Erziehungshilfen positiv begleiten (vgl. Mendes/Moslehuddin 2006).

Praxisbeispiel Care Leaver Association

Im Jahr 2000 wurde die landesweit in Großbritannien aktive Care Leavers' Association gegründet, die bereits auf der Arbeit einer Vorgänger-Selbstorganisation von Betroffenen aufbauen konnte. Ziel war, eine Vereinigung aller Altersgruppen von Care Leaver zu gründen und sich für deren Belange und Rechte einzusetzen. Die Vereinigung soll nicht nur ein Ankerpunkt für junge Care Leaver ab etwa 16 Jahren sein, sondern auch die Themen bearbeiten, die für ältere Menschen mit Erziehungshilfeerfahrung relevant sind, etwa die Langzeit-Auswirkungen von Misshandlungen und Übergriffen in stationären Einrichtungen. In allen Aktivitäten stehen die Erfahrungen, Sichtweisen und Bedürfnisse der Care Leaver im Vordergrund und es wird eine engagierte Beteiligungspraxis in der Organisation gepflegt. Die Gesellschaft ist eine eingetragene Wohlfahrtsorganisation und wird überwiegend durch Stiftungen finanziert. Die Care Leaver Association bietet folgende Aktivitäten:

- Initiierung von Care Leaver Netzwerken über die Internetseite in ganz Großbritannien.
- Über die Homepage können Care Leaver miteinander in Kontakt treten, auch gezielt nach Care Leaver aus bestimmten Regionen/Einrichtungen suchen.
- Die gegenseitige Unterstützung von Care Leaver wird angeregt. Hierzu werden auch Face-to-face-Treffen von Care Leaver organisiert.

[65] www.leavingcare.org

- Entwicklung von Projekten, z.B. zur Verbesserung der Übergangsbegleitung von jungen Care Leaver durch Vernetzung, ehrenamtliche Unterstützung und Mentorenprogramme.
- Sensibilisierung der Fachpraxis für die Betroffenenperspektive der Care Leaver durch Fortbildung und Evaluationen.
- Durchführung von Forschungsarbeiten sowie politischen Kampagnen.
- Care Leaver erhalten Informationen über ihre Rechte und verfügbare Hilfsangebote sowie Beratung, z.B. im Rahmen eines Newsletters oder durch Broschüren.[66]

Die Bewegung „Our voice our turn" in Ontario/Kanada

Ein anderes Beispiel, wie Selbstorganisation von Care Leaver gelingen und auch politisch etwas bewirken kann, ist die seit 2011 bestehende Bewegung „Our voice our turn" in Ontario/Kanada. Prinzipiell enden in Ontario alle stationären Erziehungshilfen zum 18. Lebensjahr. Danach können all die Care Leaver, die sich in einer schulischen, universitären oder betrieblichen Ausbildung befinden, in das sog. *Extended Care and Maintenance Programm* wechseln (vgl. Kap. IV.2). Interessant am Beispiel der Provinz Ontario ist die in den letzten Jahren angestoßene öffentliche und fachliche Diskussion in Bezug auf Care Leaver. Das o.g. Programm ist zunehmend durch die jungen Menschen (sowie die Fachkräfte), die es in Anspruch genommen haben, in zweierlei Hinsicht kritisiert worden. Zum einen kämen die emotionalen Unterstützungsangebote zu kurz, zum anderen entspräche der zeitliche Horizont bis zum 21. Lebensjahr nicht mehr der Realität des heutigen Übergangs ins Erwachsenenleben.

Im Jahr 2011 bildete sich aufgrund dieser kritischen Diskussion eine Arbeitsgruppe, in der Kinder und Jugendliche in stationären Erziehungshilfen, Care Leaver und der Ombudsmann für Kinder und Jugendliche in Ontario (Provincial Advocate for Children and Youth in Ontario) kooperieren. Die Treffen werden durch die Ombudschaftsstelle organisatorisch unterstützt. Die Arbeitsgruppe startete einen provinzweiten Aufruf; alle Kinder und Jugendliche in stationären Erziehungshilfen und alle Care Leaver sollten die Missstände in Bezug auf das Thema Übergang ins Erwachsenenleben in Form von kleinen Statements einreichen. Aufgrund der hohen Beteiligung an dieser Kampagne entstand die Idee, dass Care Leaver die gesammelten Missstände im Parlament den Abgeordneten vortragen. Diese sind teilweise als Videoclips online einsehbar[67] und zudem schriftlich dokumentiert.[68] Im Anschluss wurde der Bericht „My Real Life Book. Report from the Youth Leaving Care Hearings" veröffentlicht (vgl. Provincial Advocate for Children and Youth 2012b). Dieser enthält elementare Forderungen, wie z.B. eine höhere Flexibilität und die Verlängerung des Programms bis zum 25. Lebensjahr sowie die Erhöhung der finanziellen Unterstützung für Care

[66] Know your rights. Know your benefits. A guide for young people in and from care. 2012; Leaving care. We've been there. A young person's guide to leaving care written by people who have been there themselves. 2012.

[67] www.youtube.com/watch?v=7-EHMCYv9S0, letzter Zugriff 04.12.2014.

[68] www.provincialadvocate.on.ca/documents/en/ylc/YLC_REPORT_ENG.pdf, letzter Zugriff 04.12.2014.

Leaver, aber auch für Pflegeeltern, sofern sie jungen Erwachsenen weiterhin familiären Anschluss bieten.

Im Januar 2013 beschloss das Parlament in Ontario einige (gesetzliche) Änderungen in Bezug auf Care Leaver, die explizit mit dem Bericht in Verbindung gebracht werden. Der Forderung, das Unterstützungsprogramm bis zum 25. Lebensjahr auszuweiten, wird so leider nicht stattgegeben, aber immerhin ist für Care Leaver, die an einer Hochschule studieren, zukünftig eine solche Verlängerung vorgesehen. Die Summe der finanziellen Unterstützung wird für alle Programmteilnehmer_innen deutlich erhöht (auf mögliche CAD $ 850/Monat). Es werden zwei Maßnahmen vorgesehen, die vor allem auf Verbesserung im Bereich der emotionalen Unterstützung setzen. Es wird ein neues Mentor_innenprogramm für Jugendliche in stationären Erziehungshilfen aufgelegt und in fast jedem Jugendamt aus Provinzgeldern die Stelle eines sog. „Transition Workers" geschaffen, der Care Leaver bei ihrem Übergang ins Erwachsenenleben unterstützen soll.[69]

Die hier präsentierten unterschiedlichen Beispiele zeigen, dass diese Formen der Selbstorganisation eine wertvolle Ergänzung und Kontrolle des öffentlichen Hilfesystems darstellen. Die Akteur_innen in diesen Organisationen thematisieren den Prozess des Leaving Care stärker aus der Perspektive der Adressat_innen und entwickeln vor diesem Hintergrund Unterstützungsstrategien, politische Forderungen und informelle Netzwerke, die an den Bedürfnissen der jungen Menschen ansetzen. Insbesondere der Austausch unter Peers bildet dabei eine wichtige Ressource, um den Übergang aus stationären Erziehungshilfen nicht nur individuell verarbeiten zu müssen, sondern als gemeinschaftlichen Prozess zu erfahren. Die Aktivitäten in den Selbstorganisationen können zudem dazu beitragen, dass Care Leaver sich in der Interessengemeinschaft einbringen können und auf diesem Weg eigene Ressourcen entdecken und weiterentwickeln. Vor diesem Hintergrund entfalten diese Selbstorganisationsformen in manchen Ländern zum einen eine hohe soziale Bedeutung für Care Leaver und zum anderen eine gesellschaftspolitische Wirksamkeit.

Orte und Personen zum Zurückkommen

Internationale Untersuchungen haben gezeigt, dass die Beziehungsstabilität, auch über das Hilfeende hinaus, eine wichtige Voraussetzung für das Gelingen des Übergangs ins Erwachsenenleben bildet (vgl. Kap. IV.1). Vertrauenspersonen, aber auch verlässliche Orte, an die die jungen Menschen zurückkehren können, wenn sie Rat und Hilfe bzw. die Gelegenheit zum persönlichen Gespräch suchen, sind demnach für den Übergangsprozess zentral. Vor diesem Hintergrund ist es für die meisten Care Leaver sehr bedeutend, mit den Menschen in Kontakt bleiben zu können, die während der Zeit in der Wohngruppe oder der Pflegefamilie wichtige Bezugspersonen waren. Ein gut gestalteter Übergangsprozess sollte das formale Hilfeende nicht mit einem abrupten Ende von sozialen Beziehungen verbinden. Schließlich übernehmen in Familien die erwachsenen Bezugspersonen auch nach dem Auszug ihrer Kinder elterliche

[69] www.news.ontario.ca/mcys/en/2013/01/help-for-young-people-in-and-leaving-care.html, letzter Zugriff 04.12.2014.

Fürsorge- und Erziehungsaufgaben und bleiben vor diesem Hintergrund weiterhin in der Lebensgestaltung und Entscheidungsfindung wichtige Akteur_innen. Die folgenden beiden Beispiele zeigen, wie „familienäquivalente" Settings und Gelegenheiten geschaffen werden können, um Beziehungen und einen informellen Austausch zu pflegen.

In einer norwegischen Studie wurden Care Leaver befragt, was sie sich wünschen und es wurde sehr prominent „Einen Platz, an den wir zurückkommen können" genannt. In Norwegen treffen sich Familien traditionell sonntags zum Mittag- oder Abendessen. Care Leaver haben bedauert, dass es für sie diesen Rückbezug an den Lebensort, an dem sie eine Zeit ihrer Kindheit und Jugend verbracht haben, in dieser Selbstverständlichkeit nicht gibt (Bakke-Hansen/Bakketeig 2008, S. 137). Inzwischen haben einzelne Einrichtungen dort aber dieses Bedürfnis aufgegriffen und laden einmal monatlich Ehemalige/Care Leaver in ihre Wohngruppe zu einem gemeinsamen Essen ein.

In Dänemark haben einzelne Einrichtungen Gästezimmer für Ehemalige eingerichtet (vgl. Arthur u.a. 2013). Junge Erwachsene können, wenn auch nur kurzzeitig, dieses Zimmer in Krisensituationen oder bei Einrichtungsbesuchen nutzen. Darüber hinaus besteht die Möglichkeit, weiterhin an Ferienfreizeiten der Einrichtung teilzunehmen. Diese Angebote sind besonders in der ersten Phase nach Verlassen der Einrichtung wichtige praktische und auch emotionale Ankerhilfen.

Verlässliche Orte und Vertrauenspersonen lassen sich jedoch nicht nur aus den ehemaligen Einrichtungen oder Pflegefamilien der jungen Menschen heraus denken, sondern können auch zusätzlich und neben diesen aufgebaut werden, wie die beiden folgenden, während des internationalen Workshops der Projektgruppe (s.o.) genannten Beispiele zeigen.[70]

Praxisbeispiel Person of Reference

In einer schweizerischen Einrichtung der Erziehungshilfen mit etwa 120 Mitarbeiter_innen wurde das Modell der „Person of Reference" entwickelt. Nach einem prozessorientierten Ansatz steht der junge Mensch in seiner gegenwärtigen Lebenssituation im Zentrum der Arbeit. Entsprechend macht auch die konsequente Partizipation der Kinder und Jugendlichen einen wesentlichen Teil der Hilfegestaltung aus. Die positive Gestaltung von Hilfebeziehungen bildet ein Kernelement der Unterstützung. Es werden Verantwortlichkeiten, Chancen und Entwicklungsmöglichkeiten sowie Kompetenzen identifiziert und zur Grundlage des Hilfeprozesses gemacht.

In diesen Prozess wird nach Möglichkeit von Beginn an eine sog. Person of Reference einbezogen. Diese Person sollte entweder bereits zum Hilfebeginn eine vertrauensvolle Beziehung zu dem Kind oder Jugendlichen

[70] Zu dem ersten Beispiel liegen konzeptionelle Darstellungen vor (vgl. Reader des internationalen Workshops im Projekt „Was kommt nach der stationären Erziehungshilfe?", abrufbar unter www.igfh.de unter Projekte sowie unter www.uni-hildesheim.de/careleaver, letzter Zugriff 12.12.2014). Über das israelische Beispiel liegen keine entsprechenden Literaturquellen vor. Beide Beschreibungen beziehen sich im Wesentlichen auf die Präsentationen und den Vortrag während des Workshops.

haben oder bereit sein, eine solche aufzubauen. Persons of Reference können professionelle Akteure im Hilfeprozess sein, die sich einem Kind besonders verbunden fühlen. Es können aber auch Verwandte, Freund_innen, Nachbar_innen oder Lehrer_innen sein. Manchmal sind es auch Menschen aus dem Umfeld der Hilfeeinrichtung, die eine Patenschaft übernehmen. Die Suche nach einer geeigneten Person of Reference macht zu Beginn der Hilfe eine wichtige Aufgabe aus, weil sie im günstigen Fall den Hilfeprozess sehr positiv begleiten kann. Nach Ende der formalen Hilfebeziehung bedeutet die Person of Reference eine wichtige Konstante, eine Orientierungsfigur in der Lebensphase nach Verlassen der Hilfeeinrichtung.

Die Person of Reference sollte bereit sein, jederzeit für den jungen Menschen erreichbar zu sein – im Bedarfsfall rund um die Uhr, sieben Tage in der Woche –, so, wie es unter normalen Umständen auch Eltern für ihre Kinder wären. Somit ist die Idee dieses Konzepts, dass die jungen Menschen mit der Person of Reference unabhängig vom öffentlichen Hilfesystem einen Menschen an ihrer Seite haben, zu dem sie eine enge und vertrauensvolle Beziehung aufbauen können. Trotzdem soll die Person of Reference gut in den Hilfeprozess integriert sein. Im Übergang können Persons of Reference junge Menschen bei Unsicherheiten bestärken und z.B. bei der Arbeitssuche behilflich sein und u.U. eigene soziale Netzwerke zur Unterstützung des jungen Menschen nutzen, so dass dieser ein Zugehörigkeitsgefühl entwickeln und von den sozialen Ressourcen der Person of Reference profitieren kann. Das Modell wurde im Rahmen internationaler Kooperationen auch in anderen Ländern zum Einsatz gebracht, so z.B. in Bulgarien und in Ländern Westafrikas. Dort gelten informelle Unterstützungsnetzwerke als doppelt wichtig, da oft keinerlei oder nur ein rudimentäres soziales Netz die Care Leaver nach dem Ende der Hilfe auffängt.[71]

Praxisbeispiel Makom – ein Ort zum Zurückkehren

In Israel ist aus einem Projekt heraus eine besondere Anlaufstelle für Care Leaver entstanden.[72] Makom – auf Deutsch: ein Ort – ist ein Haus, in das Care Leaver jederzeit mit unterschiedlichsten Bedürfnissen kommen und dort Gemeinschaft erfahren können. Das Haus bietet Schlafplätze, es kann gemeinsam gekocht werden, Computer und Waschgelegenheiten stehen zur Verfügung sowie Menschen, die Hilfe anbieten und für Gespräche da sind. Die Mitarbeiter_innen verstehen sich aber auch als Vertreter_innen bei der Wahrung der Rechte der Care Leaver und übernehmen somit auch die Funktion eines Lobbying für den Personenkreis. Das Haus hat einen sehr informellen Charakter, verfügt nicht über eine institutionelle Förderung, sondern finanziert sich aus Spenden.

71 Vgl. www.tipiti.ch; Swiss Foundation of the International Social Service 2012; www.resao.org

72 Die Anlaufstelle ist aus einer privaten Initiative einer Fachvertreterin entstanden, die bereits viele Jahre mit jungen Menschen in Erziehungshilfen gearbeitet hat.

Die Beispiele zeigen, dass es in der Gestaltung öffentlicher Erziehungshilfen, sei es in Pflegefamilien oder Wohngruppen, und auch im Übergang in ein eigenständiges Leben Räume und Gelegenheiten geben muss, in denen vertrauensvolle Beziehungen entstehen und gepflegt werden können. Diese informellen und persönlichen Elemente der pädagogischen Arbeit gilt es, trotz und auch wegen des Anliegens einer professionellen Hilfe und Begleitung auf dem Weg ins Erwachsenenleben mit zu denken und, wie die genannten Beispiele illustrieren, konzeptionell mit zu entwickeln. Selbst wenn ein weitergehender Kontakt zwischen Betreuer_innen und jungen Erwachsenen, Pflegeeltern und „ehemaligen" Pflegekindern von den Beteiligten nicht möglich – manchmal auch nicht gewollt ist –, brauchen Care Leaver Orte und Menschen, die nach der stationären Erziehungshilfe für sie niedrigschwellig erreichbar sind und eine Form von „Heimat" bieten. Die vorgestellten Modelle und Übergangsprogramme, die überregionalen oder gar nationalen Wirkungskreis haben und sich als positive Entwicklung innerhalb der Übergangsbegleitung von Care Leaver zeigen, werden durchaus nicht an allen Orten zufriedenstellend umgesetzt. Es soll also mit der Darstellung guter internationaler Praxis nicht der Eindruck entstehen, dass die Angebote vollkommen und kritiklos sind. Vielmehr wird mit der Aufnahme einzelner Beispiele guter Praxis in dieses Arbeitsbuch die Idee verfolgt, Anregung und Inspiration für die Reflexion und Weiterentwicklung der deutschen Fachpraxis zu bieten – jenseits der Vorstellung, dass sich das, was in anderen Ländern als gute Praxis gelten kann, eins zu eins in einen neuen Kontext übertragen ließe.

V INFRASTRUKTUREN FÜR CARE LEAVER SCHAFFEN – BILDUNGS- UND TEILHABE-CHANCEN ERMÖGLICHEN!

Infrastrukturen für Care Leaver schaffen – Bildungs- und Teilhabechancen ermöglichen!

In den vergangenen zwei Jahren hat sich in Bezug auf den Personenkreis der Care Leaver viel bewegt. Zwar gab es bis dahin in Deutschland immer wieder Diskussionen, wie junge Menschen nach den stationären Erziehungshilfen unterstützt werden können (vgl. z.B. Bieback-Diel/Elger 1987 und die Diskussion um die Einführung des § 41 SGB VIII), aber systematisch wurde diese Herausforderung in der Kinder- und Jugendhilfe und auch in den anderen sozialen Dienstleistungen, die für junge Erwachsene angeboten werden, wenig beachtet. Noch ist offen, ob es in nächster Zeit zu ganz grundsätzlichen Veränderungen und Verbesserungen kommen wird, sicher ist jedoch, dass Care Leaver auf ganz unterschiedlichen Ebenen inzwischen in den Horizont der Fachöffentlichkeit und -politik gerückt sind: So ist – wie in diesem Buch erwähnt – mit dem Care Leaver Netzwerk Deutschland eine Selbstorganisation engagierter Betroffener in Form eines eingetragenen Vereins entstanden, die die Interessen von Care Leaver vertritt.[73] Fachverbände und einzelne Träger haben Fortbildungen und Tagungen zur Unterstützung von Care Leaver durchgeführt und damit die notwendige Diskussion über die Gestaltung des Übergangs aus stationären Erziehungshilfen in ein eigenständiges Leben aufgegriffen. Zentrale Akteure der Kinder- und Jugendhilfe haben sich in diesem Prozess – zumindest auf der Verlautbarungsebene – für einen notwendigen Veränderungsbedarf ausgesprochen.

Mittlerweile liegen auch konkretere Positionspapiere vor, die auf die Situation von Care Leaver und strukturelle Anforderungen an Unterstützungs- und Übergangsstrukturen hinweisen. Im Anhang dieses Buches befindet sich beispielsweise ein Forderungskatalog, der aus dem Forschungsprojekt „Was kommt nach der stationären Erziehungshilfe?" (IGFH/Universität Hildesheim) hervorgegangen ist. Darin wird auf zentrale Unterstützungsangebote hingewiesen, die Care Leaver nach Ansicht der Projektgruppe für einen gelingenden Übergang ins Erwachsenenleben zur Verfügung stehen müssen. Weitere Stellungnahmen haben z.B. die Arbeitsgemeinschaft für Kinder- und Jugendhilfe mit dem Diskussionspapier zur sozialpolitischen Herausforderung des Leaving Care (vgl. AGJ 2014), der Bundesverband Katholischer Einrichtungen mit dem Positionspapier „Hilfen für junge Volljährige – Erwachsenwerden braucht Zeit" (vgl. BvKE 2011) sowie das Care Leaver Netzwerk Deutschland (2014) vorgelegt.

Auch der 14. Kinder- und Jugendbericht des Bundes unterstreicht die notwendige Anerkennung des jungen Erwachsenenalters als Handlungsfeld für die Kinder- und Jugendhilfe. Damit sind richtungsweisende Forderungen gegenüber Politik, Fachpraxis und anderen Beteiligten im Übergang formuliert. Selten herrschte eine so große Einigkeit, dass zur Unterstützung dieses Personenkreises strukturelle Veränderungen notwendig sind, doch mit den Positionspapieren und Forderungen allein ist dies nicht zu erreichen. Alle beteiligten Akteur_innen, wie z.B. öffentliche und freie Träger der Kinder- und Jugendhilfe, Jobcenter, die Träger der Eingliederungshilfe und andere nachgehende soziale Dienste, aber auch Bildungsinstitutionen und Gesundheitsdienste sind gefragt, daran zu

73 www.careleaver.de

arbeiten, dass sich die Begleitung junger Menschen aus unterschiedlichen Formen stationärer Erziehungshilfen ins Erwachsenenleben verbessert.

Wie in diesem Buch aufgezeigt wurde, gibt es bereits viele Formen, wie der Übergang junger Menschen aus stationären Erziehungshilfen ins Erwachsenenleben positiv gestaltet werden kann. Viele Fachkräfte und Träger der Kinder- und Jugendhilfe sind hier sehr engagiert. Diese Vielfalt in der Angebotsstruktur ist unbedingt zu erhalten und auszubauen sowie strukturell abzusichern, denn Care Leaver sind keine homogene Gruppe. Es gibt nicht die Care Leaver, aber es gibt die strukturelle Herausforderung, junge Menschen, die in stationären Erziehungshilfen aufgewachsen sind, im jungen Erwachsenenalter zu unterstützen, und es existieren vielerlei Belege, dass diese jungen Menschen systematisch von sozialer Benachteiligung betroffen sind. Gleichzeitig sind die Lebenssituationen, die Wünsche und Bedürfnisse der Care Leaver sowie ihr Alltag so vielfältig wie bei allen anderen jungen Menschen auch. Dieser Heterogenität muss die Übergangsbegleitung aus stationären Erziehungshilfen – sei es in die Eigenständigkeit oder in andere Unterstützungsformen – materiell und konzeptionell Rechnung tragen. Übergänge sind als ein charakteristisches Element des jungen Erwachsenenalters identifiziert worden (vgl. BMFSFJ 2013, S. 186 ff.). Sie bedingen sich z.T. wechselseitig und erfordern einen flexiblen Umgang mit der eigenen Lebensplanung und einen flexiblen Zugriff auf materielle Ressourcen und soziale Unterstützung. Dieses Grundmuster komplexer Übergänge im jungen Erwachsenenalter stellt auch besondere Herausforderungen an die Übergangsbegleitung aus stationären Erziehungshilfen.

Anhand der Interviewsequenzen und Praxisbeispiele, die in diesem Buch zusammengetragen wurden, werden die strukturellen Herausforderungen genauer deutlich, die den Prozess des Leaving Care charakterisieren:

Der Übergang in eine eigene Wohnung wird innerhalb der stationären Hilfen in abgestuften Betreuungs- und Selbstverantwortungsgraden vorbereitet. Es erweist sich allerdings als wesentlich, auch nach dem Umzug in die eigene Wohnung noch Unterstützung in der Alltagsbewältigung und psycho-sozialen Rückhalt durch Vertrauenspersonen zu bieten. Dabei sollten bei der Eingewöhnung in die neue Wohnumgebung andere Lebensfelder, wie die Ausbildung und die Pflege sozialer Beziehungen, berücksichtigt werden. Bisher wird in den Erziehungshilfen der Übergang in die Eigenständigkeit entgegen den Erkenntnissen zur entgrenzten Jugendphase nach wie vor als linearer Prozess konstruiert. Aber auch mögliche Ungleichzeitigkeiten (vgl. Kap. I) in unterschiedlichen Lebensbereichen, die mitunter Schritte auf dem Weg in die Eigenständigkeit verzögern, sowie Krisen können *nach* dem Auszug aus der stationären Erziehungshilfe Gegenstand der Übergangsbegleitung sein und fallen somit auch weiterhin in die Verantwortung der Kinder- und Jugendhilfe.

Eine wichtige Aufgabe in der Übergangsbegleitung stellt die Klärung der wirtschaftlichen Situation dar: Aus welchen Mitteln bestreiten Care Leaver nach dem Hilfeende ihren Lebensunterhalt? Häufig erweist sich das Verlassen der stationären Erziehungshilfen als Situation der ökonomischen Unsicherheit, da die anschließende Finanzierung nicht immer eindeutig geklärt ist und auch in vielen Fällen nicht nahtlos gewährt wird. Diese Situation führt dazu, dass sich der Übergang schon aufgrund dieser Unwägbarkeiten als emotional sehr belastend darstellen kann. Im Interesse der Care Leaver ist vor diesem Hintergrund die finanzielle Absicherung nach dem Ende der Erziehungshilfe eine zentrale Aufgabe. Für einen gelingenden Übergang ist es zunächst eine wichtige Voraussetzung, dass die Kinder- und Jugendhilfe die Sicherung des Lebensunterhalts von Care Leaver nicht aus fiskalischen Erwägungen gefährdet. Ferner ist es die Aufgabe der Übergangsbegleitung, an der finanziellen Grundabsicherung – sei es durch eigenes Einkommen oder andere nachgehende Grundsicherungssysteme – mitzuarbeiten.

Die Begleitung ins Erwachsenenleben beschränkt sich nicht nur auf die Phase des Auszugs. Lange vor diesem Zeitpunkt gilt es, diese Situation vorzubereiten und die persönliche Eigenständigkeit in allen Lebensbereichen so gut wie möglich zu fördern. Die Vorbereitung auf ein eigenständiges Leben bildet somit einen Prozess, der in vielfältige soziale Beziehungen eingebunden sein sollte. Diese gilt es vonseiten der Kinder- und Jugendhilfe kontinuierlich zu unterstützen und auch selbst als Akteur_innen in diesem Prozess (Pflegeeltern oder auch Betreuungspersonen) über das formale Hilfeende hinaus aufrechtzuerhalten, um den Weg in ein eigenständiges Leben (Independency) durch verlässliche soziale Bindungen zu untersetzen (Interdependency) (vgl. Kap. IV.2).

Diese Aufgabe der Übergangsbegleitung knüpft an das körperliche und psycho-soziale Wohlbefinden an, das in der Übergangsbegleitung eine zentrale Rolle spielen muss. Es lässt sich nicht zeitlich nach dem Lebensalter terminieren, wann ein Übergang aus der stationären Erziehungshilfe angezeigt ist – ebenso wenig lässt sich die Dauer des Übergangs und des Unterstützungsbedarfs im Vorhinein festlegen. Entscheidend ist es, diese Lebensphase in Anlehnung an die Übergänge aus familialen Konstellationen zu betrachten und als individuellen Prozess, je nach den Lebensumständen und der individuellen Entwicklung, zu gestalten (Corporate Parentship) (vgl. Kap. IV). Letztendlich gilt es, die Fürsorgeverantwortung im Rahmen der Kinder- und Jugendhilfe nicht mit dem Ende der stationären Erziehungshilfe als erledigt anzusehen.

Die Anforderungen des alltäglichen Lebens stehen für Care Leaver mitunter den Bildungsbemühungen im Weg. Unsicherheiten bei der Finanzierung des Lebensunterhaltes im Anschluss an die stationäre Erziehungshilfe (BaföG, Bundesausbildungsbeihilfe etc.) können zu Bildungsabbrüchen führen. Dementsprechend ist die Übergangsbegleitung auf tragfähige Kooperationen mit Bildungsinstitutionen, aber auch mit der Arbeitsförderung und weiteren Beteiligten in der schulischen und beruflichen Bildungslandschaft angewiesen. Vor diesem Hintergrund wären Übergangsprogramme für Care Leaver zu fördern, wie sie auch in der Tradition der Jugendsozialarbeit mit einem hohen sozialpädagogischen Betreuungsanteil bereits vorliegen.

Anhand dieser Kernthemen lassen sich konkrete Leitlinien für die pädagogische Praxis ableiten, deren Berücksichtigung in der Übergangsbegleitung einen wichtigen Beitrag zu einem nachhaltigen Gelingen des Übergangs aus stationären Erziehungshilfen ins Erwachsenenleben leisten kann:

Care Leaver verfügen im Rahmen der Kinder- und Jugendhilfe mit den Hilfen für junge Volljährige über ein starkes Recht auf Unterstützung über das Erreichen des 18. Geburtstages hinaus. Die Durchsetzung dieses Anspruchs auf Unterstützung gilt es, im Interesse eines gut vorbereiteten und begleiteten Übergangs ins Erwachsenenleben zu gewährleisten. Weiterhin gilt es, z.B. im Hinblick auf die Bildungschancen oder die materielle Sicherstellung der Existenz, die Rechte von Care Leaver auszuweiten (vgl. Positionspapier der Projektgruppe im Anhang), um ihnen einen gelungenen Start in die Eigenständigkeit – weitgehend ohne familiäre Unterstützung – zu ebnen. Dies kann z.B. durch eigenständige materielle Förderprogramme für diesen Personenkreis (z.B. Stipendien an Hochschulen für Care Leaver) und soziale Unterstützungsformen (z.B. Patenschaften, Selbstorganisationsformen) erreicht werden.

Auch Care Leaver brauchen den Rückhalt in vertrauten Milieus und die Chance, sich bei Fragen und Unsicherheiten oder dem Wunsch nach einem Rückbezug an wichtige Bezugspersonen wenden zu können. Mit dem Ziel einer langfristigen persönlichen Stabilisierung als junge Erwachsene gilt es, im Rahmen der Kinder- und Jugendhilfe oder nachgehender Unterstützungsangebote niedrigschwellige Orte des Zurückkommens zu schaffen. Das bedeutet auch, dass die Ehemaligenarbeit und das Angebot von Patenschaften über das Hilfeende hinaus stärker in den stationären Erziehungshilfen verankert werden sollten.

Für den Fall, dass Übergänge nicht im ersten Versuch gelingen, sind die Angebote der Kinder- und Jugendhilfe für diejenigen, die sich eine Rückkehr in Settings der stationären Erziehungshilfe oder andere Betreuungsformen wünschen, im Sinne reversibler und flexibler Übergängen offenzuhalten. In dieser Hinsicht muss sich die Kinder- und Jugendhilfe auch über das Erreichen der Volljährigkeit als Auffangnetz im Sinne ihrer öffentlichen Elternschaft verstehen und zuständig bleiben für junge Menschen, die noch Unterstützung bei ihrem Weg in ein eigenständiges Leben benötigen. Das bedeutet, dass auch eine Rückkehr in stationäre Erziehungshilfen bzw. ein flexibler Wechsel zwischen unterschiedlich intensiven Betreuungssettings ohne hohe Antragsbarrieren möglich sein muss. Die Phase der nachgehenden Begleitung ist dem Unterstützungsbedarf anzupassen und nicht nach formalen Kriterien zeitlich zu limitieren.

Das Ausklingen der Hilfe ist vor diesem Hintergrund fließender und bewusster zu gestalten. Abschiede müssen eine hohe Aufmerksamkeit erhalten und müssen gut vorbereitet und begleitet sein, damit es Jugendlichen wie Betreuer_innen möglich wird, diese auch mit positiven Erinnerungen und Botschaften zu füllen. Eine entsprechende wertschätzende Erfahrung im Abschiednehmen muss daran orientiert sein, in Beziehung zu bleiben, erfolgreiche Entwicklungsschritte zu würdigen und weitere Ziele ermutigend in Augenschein zu nehmen, um das „Hilfeende“ nicht als neuerlichen biografischen Bruch zu inszenieren.

Der Übergang ins Erwachsenenleben gelingt besser, wenn er in sozialen Bindungen gedacht wird und auch als Gemeinschaftsaufgabe konzipiert wird. So tragen soziale Beziehungen zu einzelnen, für die jungen Menschen wichtigen Personen dazu bei, dass die Herausforderungen des Übergangs besser bewältigt werden können; ebenso bilden Gruppenangebote in der Übergangsphase die Chance, voneinander zu lernen und sich gegenseitig zu unterstützen.

Häufig wird bei der Vorbereitung auf ein eigenständiges Leben nicht thematisiert, dass dieser Übergang meistens von einem zeitlich vordefinierten Hilfeende ausgeht und somit nicht individuell und sukzessive angelegt ist. Damit werden Übergangssituationen institutionell konstruiert, die biografische und materielle Risiken in sich tragen. Die Eingewöhnung in der neuen Lebenssituation lässt kaum Erprobungsgelegenheiten und Fehlertoleranz zu. Der Übergang von Care Leaver ins Erwachsenenleben wird entgegen den vorliegenden Erkenntnissen zur Jugendphase und zum jungen Erwachsenenalter als geradliniger Prozess definiert und bildet sich entsprechend in zeitlich und personell verdichteten und begrenzten Unterstützungsleistungen der Hilfesysteme ab. Das bedeutet einerseits, dass für junge Menschen, die in stationären Erziehungshilfen aufwachsen, andere gesellschaftliche Normalitätsvorstellungen hinsichtlich der Verantwortungsübernahme für das eigene Leben gelten als für ihre Peers. Das bedeutet andererseits aber auch, dass Care Leaver nicht an Erfahrungen des Erwachsenwerdens anknüpfen können, die in privaten Milieus selbstverständlich sind. Übergangsarrangements aus öffentlicher Erziehung sind entsprechend strikt konstruiert mit hohen Erwartungen an ein beschleunigtes Eigenständig-Werden. Soziale Bindungen stehen zur Disposition und auch (formale) Bildungsprozesse werden durch diese Übergangspraxis fragil, weil sie nicht als zentraler Gegenstand der Erziehungshilfe identifiziert bzw. im Übergang nicht entsprechend abgesichert werden.

Jugendliche in öffentlicher Verantwortung müssen die Chance haben, genauso gefördert zu werden, wie das in familiären bzw. privaten Zusammenhägen vorzufinden ist. Hier gilt es, Formen zu finden, die denjenigen jungen Menschen, die sich das wünschen, die Aufrechterhaltung der in der Hilfe aufgebauten Beziehungen und Netzwerke ermöglichen. Dies muss über das Engagement einzelner pädagogischer Fachkräfte und Pflegeeltern hinaus als Teil des Hilfeauftrags formuliert und verankert werden. Die öffentliche Verantwortung für Care Leaver endet nicht mit der stationären Unterbringung.

Es bleibt zudem festzuhalten, dass die Vielfalt in der Übergangsbegleitung, die im Rahmen der Projektarbeit identifiziert werden konnte, kein flächendeckendes Angebot ist, somit auch nicht gewährleistet werden kann, dass die Bedürfnisse und Rechte von Care Leaver überall in Deutschland gleichermaßen gewürdigt werden.

Hier gilt es, Lücken im deutschen Übergangssystem zu schließen und es zu ermöglichen, den Merkmalen einer verlängerten Jugend- und Übergangsphase ins Erwachsenenleben gerecht zu werden und den Bedürfnissen nach Unterstützung und sozialer Eingebundenheit von Care Leaver über verwaltungstechnische und fiskalische Hilfelogiken hinaus Rechnung zu tragen.

Im Einzelnen lassen sich sowohl aus den Ergebnissen des Projekts als auch aus den vorliegenden Grundsatzpapieren Vorschläge für unterschiedliche Akteur_innen im Übergang ableiten:

- Kinder- und Jugendhilfe: Gewährleistung der bestehenden Rechtsansprüche auf Unterstützung sowie eine Ausweitung der Unterstützung von Care Leaver, insbesondere in Verbindung mit dem Erwerb von Bildungsabschlüssen.
- Lokale Infrastrukturen: Verbesserung der lokalen Kooperationen für den Personenkreis der jungen Erwachsenen (und damit auch der Care Leaver) und eine bessere Koordination von Übergängen zwischen unterschiedlichen Hilfesystemen.

- Niedrigschwellige Beratungsangebote: Schaffung von universellen Anlaufstellen für den Personenkreis der jungen Erwachsenen, die zu unterschiedlichen Lebensbereichen informieren und die Inanspruchnahme anderer sozialer Dienste koordinieren (vgl. Idee des personal adviser).
- Selbstorganisation von Care Leaver: Förderung und Stärkung von Selbsthilfe, Eigeninitiative und Partizipation von Care Leaver, was – wie ausländische Beispiele zeigen – zu einer besseren sozialen Vernetzung von Care Leaver und zu einer positiven Selbstwahrnehmung der jungen Menschen selbst beiträgt.
- Anwaltliche Vertretung der Rechte von Care Leaver, z.B. durch ombudschaftliche Unterstützungsformen, wie sie in einigen Ländern, z.B. in Großbritannien, Irland oder Kanada, verwirklicht werden (Advocacy und Lobbying für Care Leaver, vgl. Kap. IV.3).
- Die Zielgruppe der älteren Jugendlichen und jungen Erwachsenen in den Erziehungshilfen bedarf eigener Unterstützungs- und Förderangebote, die auf die Anforderungen ihrer Lebensphase sowie ihrer Lebenssituation zugeschnitten sind. Dies kann neben konkreten Hilfeangeboten auch über die Bereitstellung von Beratungsmaterialien sowie digitaler Informationsquellen und Foren gewährleistet werden, die sich explizit an Care Leaver richten.

Diese Vorschläge setzen eine Veränderung der Fachkultur voraus, die nicht von einem Hilfeende mit 18 Jahren als Regelfall ausgeht, sondern mit allen Beteiligten im Sinne des SGB VIII eine bedarfsgerechte Ausgestaltung der Erziehungshilfe zum Ziel hat. Schließlich führt ein frühzeitiges Hilfeende nicht selten zu einer Gefährdung von formalen Bildungsprozessen und somit zu fortgesetzten Abhängigkeiten von öffentlichen Transferleistungen. Die restriktive Gewährungspraxis von Hilfen für junge Volljährige als Antwort auf die belasteten kommunalen Haushalte ist also weder ökonomisch noch sozial ein probates Mittel. Stattdessen liegt es nahe, unter Anerkennung der Bedingungen einer verlängerten Jugendphase und der biografischen Erfahrungen der jungen Menschen, eine Unterstützung durch die Kinder- und Jugendhilfe bis in das dritte Lebensjahrzehnt hinein als Regelfall vorzusehen – ohne dass defizitorientierte, pathologisierende Begründungen dafür erforderlich sind und dies in jedem Einzelfall notwendig ist.

Diese Einschätzung deckt sich mit internationalen Entwicklungen, die es stärker aufzunehmen gilt: Hier zeigt sich, dass die Übergangsbegleitung von Care Leaver in einigen Ländern z.B. in expliziten Übergangsprogrammen für Care Leaver bzw. ein längerer Anspruch auf Kinder- und Jugendhilfen bis in das 3. Lebensjahrzehnt gesetzlich verbrieft und entsprechend in dem bestehenden Sozialleistungssystem verankert ist. Daran wird deutlich, dass Care Leaver in diesen Ländern als eigenständige Gruppe mit einem gesonderten Unterstützungsbedarf wahrgenommen werden (vgl. Kap. IV). Internationale Untersuchungen bestätigen, dass sich eine bessere Vorbereitung und Begleitung des Übergangs aus stationären Erziehungshilfen in die Eigenständigkeit nachhaltig auswirkt (vgl. Dixon u.a. 2006) und vor diesem Hintergrund empfiehlt sich in Anlehnung an diese Modelle auch in Deutschland die Erprobung strukturell angelegter Übergangsformen.

In diesem Kontext sind pädagogische Fachkräfte – sowohl öffentlicher als auch freier Träger – und die Fachpolitik gefragt, an der Entwicklung eines fachlichen Selbstverständnisses mitzuwirken, welches die gesellschaftlichen Anforderungen an die Lebensphase des jungen Erwachsenenalters in den individuellen Hilfeprozess integriert. Dies setzt voraus – die oben erwähnten Positionspapiere stellen hierfür einen Anfang dar –, dass die Kommunen, die Dachorganisationen und Träger der Jugendhilfe sowie die Fachverbände die Voraussetzungen einer gelingenden Übergangsbegleitung und die Fachpraxis im Rahmen von Fortbildung, konzeptionellen Weiterentwicklungen und Fachdiskursen die Fortschreibung der Übergangspraxis auf breiter Ebene mittragen. Denn es liegt zu einem großen Teil an den sozialen Infrastrukturen und der sozialen Begleitung, ob der biografische Übergang aus der stationären Erziehungshilfe mit positiven Bildungs- und Teilhabechancen gelingt. An der Weiterentwicklung dieser Infrastrukturen zu arbeiten, stellt eine Herausforderung für die Kinder- und Jugendhilfe sowie andere Hilfesysteme dar.

ANHANG

Zur Situation der Care Leaver:

Care Leaver sind junge Menschen, die einen Teil ihres Lebens in öffentlicher Erziehung – z.B. in Wohngruppen oder Pflegefamilien – verbracht haben und sich am Übergang in ein eigenständiges Leben befinden.

Im Gegensatz zu Kindern, die in ihren Herkunftsfamilien aufwachsen, verfügen viele dieser Jugendlichen und jungen Erwachsenen kaum über stabile private Netzwerke und ausreichende materielle Ressourcen. Von ihnen wird aber deutlich mehr erwartet als von ihren AltersgenossInnen. Sie sollen schneller auf eigenen Beinen stehen, können bei Problemen aber kaum auf Rückhalt und Unterstützung zurückgreifen. Dennoch wird in der gängigen Hilfepraxis von ihnen erwartet mit Eintritt der Volljährigkeit selbständig zu leben.

Hilfen im Rahmen der Kinder- und Jugendhilfe werden nur selten über das 18. Lebensjahr hinaus verlängert; eine Nachbetreuung ist zeitlich und im Umfang stark begrenzt. Diese Erwartung entspricht nicht den erhöhten Herausforderungen, die an junge Erwachsene gegenwärtig gestellt werden, sowie den biographischen Belastungen dieser jungen Menschen.

Dieses Positionspapier stellt daher fünf zentrale Forderungen auf, deren Umsetzung die Lebenssituation der jungen Menschen im Übergang, für die die Gesellschaft eine besondere Verantwortung trägt, nachhaltig verbessern würde.

Ein Positionspapier

der Internationale Gesellschaft
für erzieherische Hilfen e.V. (IGfH)
Galvanistr. 30
60486 Frankfurt a. M.

und

des Institut für Sozial- und
Organisationspädagogik
Universität Hildesheim
Marienburger Platz 22
31141 Hildesheim

V.i.S.d.P. Josef Koch (IGFH e.V.)
Tel.: +49 (0)69 63 39 86-0

Projekthomepage:
http://www.uni-hildesheim.de/careleaver
http://www.igfh.de/cms/igfh/projekte

Gefördert mit freundlicher Unterstützung der Stiftung Deutsche Jugendmarke

STIFTUNG DEUTSCHE
JUGENDMARKE e.V.

IGFH
Internationale Gesellschaft für erzieherische Hilfen

Universität Hildesheim

Jugendhilfe
– und dann?

Care Leaver haben Rechte!

Forderungen an Politik
und Fachpraxis

1. Die Rechte der Care Leaver müssen durchgesetzt werden!

Der Anspruch auf Hilfen für junge Volljährige nach dem SGB VIII wird in der Praxis sehr restriktiv gehandhabt. Das gefährdet die Nachhaltigkeit des Erfolges der geleisteten Hilfen.

- Wir fordern, das Recht auf die Inanspruchnahme von Erziehungshilfen über die Volljährigkeit hinaus ernst zu nehmen.
- Die Rechtsgrundlage für die Gewährung von Hilfe über das 18. Lebensjahr hinaus (§ 41 SGB VIII) muss im Interesse der jungen Menschen ausgelegt werden und darf nicht Spielball fiskalischer Interessen sein.
- Um der restriktiven Auslegung des § 41 SGB VIII entgegen zu wirken, müssen bundesweit Ombudsstellen eingerichtet und gefördert werden, die Care Leaver dabei unterstützen, ihr Recht auf Hilfe durchzusetzen.

2. Care Leaver für Care Leaver! Selbstorganisation stärken

Erfahrungen aus dem Ausland zeigen, dass junge Menschen aus erzieherischen Hilfen ihre Interessen und Rechte besser vertreten und wahrnehmen können, wenn sie als Gruppe aktiv werden.

- Die Vernetzung und Selbstorganisation der Care Leaver muss gefördert werden, z.B. durch logistische Unterstützung.
- Die Interessen der Care Leaver müssen durch Lobbyarbeit für diese Gruppe unterstützt werden.
- Die Lobbyarbeit der Care Leaver muss politisch gefördert werden. Es müssen Strukturen auf allen Ebenen geschaffen werden, in denen sie sich selbst vertreten können.

3. Zuständig bleiben! Dienstleistungsinfrastruktur für Care Leaver schaffen

Care Leaver müssen ihre Ansprüche gegenwärtig bei verschiedenen Stellen geltend machen. Lange Überleitungsprozesse und eine Tendenz der Sozialleistungsträger, sich im Zweifelsfall für unzuständig zu erklären, führen zu Lücken in der Finanzierung ihres Lebensunterhalts. Diese Verwaltungspraxis verschärft existentielle Risiken wie z.B. Ausbildungsabbrüche oder Wohnungslosigkeit.

- Über eine bindende Vorleistungsregelung ist sicherzustellen, dass immer der zuerst kontaktierte Träger Hilfe leisten muss.
- Die Leistungen der Träger müssen koordiniert werden, sowohl bezogen auf den Einzelfall wie auch auf übergeordneter Ebene. Die Jugendhilfeplanung hat hier die Verantwortung der kommunalen Bedarfsklärung sowie der Gestaltung einer lokalen Infrastruktur.
- Auf der Ebene der kommunalen Infrastruktur ist ein niedrigschwelliges allgemeines Beratungsangebot für junge Menschen zwischen 15 und 25 Jahren bereitzuhalten.

4. Bildungschancen sichern!

Care Leaver unterliegen einer besonderen Bildungsbenachteiligung. Den Erziehungshilfen wird bisher kein expliziter Bildungsauftrag zugesprochen.

- Die Bildungsorientierung der jungen Menschen muss stärker gefördert werden. Care Leaver sollten immer bei der Erlangung des höchstmöglichen Abschlusses unterstützt werden.
- Berufliche Ausbildungsmöglichkeiten für Care Leaver, z.B. in Verbindung mit Wohnangeboten, sind zu stärken.
- Care Leaver erlangen oft erst später im jungen Erwachsenenalter einen Abschluss. Die Kinder- und Jugendhilfe muss Care Leaver unterstützen, auch im zweiten oder dritten Anlauf als junge Volljährige Bildungsabschlüsse zu erreichen.

5. Die Jugendhilfe muss die veränderte Jugendphase anerkennen!

Die Jugendhilfe muss den gesamten Prozess des Übergangs in das (Erwerbs-)Leben in den Blick nehmen und begleiten.

- Fast alle jungen Menschen erleben heute vielfältige Unterstützungsformen bis weit in das dritte Lebensjahrzehnt. Care Leaver haben ein Recht auf eine vergleichbare Unterstützung.
- Hilfen können nicht mit 18 abschließend beendet werden, sondern die Jugendhilfe ist weiter zentraler Ansprechpartner für junge Volljährige.
- Care Leaver müssen sich eingeladen fühlen, sich auch nach Beendigung der Hilfe jederzeit wieder an die Jugendhilfe wenden zu können.

Fragenkatalog für die Telefoninterviews mit Praxiseinrichtungen

Erzählimpuls:

Wir interessieren uns im Rahmen des Projekts für die Praxis der Übergangsbegleitung junger Erwachsener aus stationären Erziehungshilfen in die Selbstständigkeit. Können Sie zunächst ganz allgemein davon berichten, was die Gestaltung dieses Übergangs aus einer stationären Erziehungshilfe in Ihrer Einrichtung kennzeichnet? (Schlaglichter/Themen)

Mit welchen Formen der Übergangsbegleitung haben Sie besonders gute Erfahrungen gesammelt?

Themenkomplex	Fragen
Übergang in Selbstständigkeit – Merkmale und Anforderungen	Wann beginnt aus Ihrer Sicht der Prozess des Übergangs in Selbstständigkeit? Wer initiiert diesen Prozess (fordern die Jugendlichen diesen ein, wird dieser dialogisch vorbereitet oder von den professionellen Akteuren eingeleitet oder von Kostenträgerseite forciert)?
Konzepte / Methoden / Praxis	Gibt es in Ihrer Einrichtung einen „typischen Fall" der Begleitung des Übergangs in Selbstständigkeit? Welche verschiedenen Formen/Elemente („Methoden"?) der Übergangsbegleitung werden in Ihrer Einrichtung praktiziert? Welche Erfahrungen machen Sie dabei? Gib es eine gelebte „informelle gute Praxis" (wie verbindlich, wie in Hilfeplanung verankert?) Bildet der Wechsel zwischen unterschiedlichen Hilfeformen bereits ein Element des Übergangs in Selbstständigkeit? Welche Themen umfassen aus der Sicht Ihres Trägers in erster Linie die Begleitung in Selbstständigkeit? ▪ Persönlichkeitsentwicklung ▪ Wohnen ▪ Ausbildung/Arbeit ▪ Soziale Beziehungen/Partnerschaft und Netzwerke ▪ Kontakte zur Herkunftsfamilie ▪ Gesundheit ▪ Existenzsicherung Welche Rolle spielt in Ihrer Einrichtung die Herstellung/ Gewährleistung personeller Kontinuität im Übergangsprozess?

Themenkomplex	Fragen
Selbstständigkeits-konzepte	Was sind aus ihrer Sicht Merkmale für eine erfolgreiche Selbstständigkeit? Unter welchen Voraussetzungen werden Übergangsprozesse in Ihrer Institution veranlasst? Wie alt sind die Jugendlichen und jungen Erwachsenen etwa zum Zeitpunkt des Übergangs aus der stationären Hilfe? Gibt es auch Ideen dazu, wie weiter unterstützt werden kann/soll, wenn eine autonome Lebensführung (zunächst) nicht das Ziel sein kann? Können diese Übergangsprozesse bei Bedarf ausgesetzt werden (Reversibilität)?
Akteure und Netz-werke im Prozess des Übergangs	Welche Rolle spielen die (Herkunfts-)Familien für die Begleitung in Selbstständigkeit? Welche Rolle spielt die Gleichaltrigengruppe für den jungen Erwachsenen bei der Gestaltung des Übergangs? Wer tritt seitens Ihrer Einrichtung als zentraler Akteur/zentrale Akteure im Übergangsprozess auf? Welche anderen Netzwerkpartner (Institutionen und Hilfesysteme, Sozialraum, Einzelpersonen) spielen eine Schlüsselrolle bei der Begleitung des Übergangs in Selbstständigkeit?
Nachgehende Begleitung und Kontaktpflege	Wann endet der Prozess der Übergangsbegleitung? Wie schätzen Sie die Situation der Jugendlichen/jungen Erwachsenen am „Endpunkt" der Begleitung durch Ihren Träger ein? Wie sehen typische vollzogene Übergänge in Selbstständigkeit zu diesem Zeitpunkt aus? Gibt es eine informelle resp. ehrenamtliche Fortsetzung von Übergangsprozessen?
Kritische Aspekte der Übergangsgestaltung	Was sind aus Ihrer Erfahrung typische Probleme in der Übergangsbegleitung aus der stationären Erziehungshilfe? Lassen sich strukturelle (z.B. auch rechtliche) Barrieren des Übergangs ausmachen? Gibt es typische Probleme, die durch die Ressourcen der jungen Erwachsenen selbst bedingt sind? Wie gehen Sie als Träger mit diesen Problemen/Barrieren um? Gibt es typische nicht erfolgreiche Übergangsverläufe? Was kennzeichnet diese Übergangsprozesse? Was sind aus Ihrer Sicht Gelingensbedingungen im Prozess (strukturell, methodisch, intern, extern ...)?

Themenkomplex	Fragen
Perspektiven/Ideen für gelingende Übergangsgestaltung	Worin sehen Sie besondere Herausforderungen/Potenziale zur Verbesserung der Übergangsbegleitung: ▪ für Sie als Träger stationärer Erziehungshilfen ▪ für andere parallel oder nachgehend agierende soziale Systeme ▪ für andere Systeme wie Schule und Ausbildungseinrichtungen ▪ für gesetzliche Voraussetzungen der Übergangsgestaltung ▪ sonstige Was wären für Sie idealtypische Bedingungen für die Übergangsbegleitung? Halten Sie die aktuellen rechtlichen Vorgaben für ausreichend? Wenn Sie etwas zu dem Thema in das SGB VIII schreiben dürften, was würde das sein?
Fragen zur Institution (Nach Möglichkeit als Infomaterial sichten)	Größe der Einrichtung (Zahl der Plätze/Vollzeitstellen) Formen angebotener stationärer Erziehungshilfen Sonstige Angebote (ambulante Hilfen, Sozialberatung, Familienbildung, Jugendberufshilfe, schulische Bildung etc.) Welche insitutionsinternen Übergänge zwischen unterschiedlichen Hilfeformen gibt es? Beinhalten die vorhandenen Qualitätsentwicklungsvereinbarungen die Gestaltung des Überganges?
Fragen zu den Zielgruppen stationärer Hilfen	Wie alt sind die jungen Menschen im Durchschnitt, wenn sie in Ihre Einrichtung kommen? Verweildauer in der Einrichtung? Wie lässt sich die Zusammensetzung der Zielgruppen insgesamt charakterisieren (Alter, Geschlecht, kultureller/sozialer Hintergrund etc.) Gibt es spezifische Hilfeindikationen für die Aufnahme in Ihre Einrichtung? Welche Rolle spielt Ihrer Einschätzung nach das Alter zum Zeitpunkt des Hilfebeginns für die spätere Gestaltung des Übergangs in Selbstständigkeit?

Liste der Interviewpartner_innnen (anonymisiert)

Nummer	Funktion
(1)	Bereichsleiter Betreutes Wohnen und nachgehende Beratung (freier Träger)
(2)	Leiter einer Jugendhilfe-Einrichtung (freier Träger)
(3)	Erziehungsleiter in einer Wohngruppe (freier Träger)
(4)	Leiter eines Kinderheims (freier Träger)
(5)	Erziehungsleiter in einer Wohngruppe (freier Träger)
(6)	Leiterin einer Jugendhilfeeinrichtung (freier Träger)
(7)	Leiterin einer Wohngruppe (freier Träger)
(8)	Bereichsleiterin in einer Jugendhilfe-Einrichtung (freier Träger)
(9)	Leiter eines Jugendhilfezentrums (freier Träger)
(10)	Leiter einer heilpädagogischen Lebensgemeinschaft
(11)	Mitarbeiterin eines Mutter-Kind-Wohnprojekts (freier Träger)
(12)	Leiter einer Wohngruppe (freier Träger)
(13)	Mitarbeiterin einer Wohngruppe (freier Träger)
(14)	Bereichsleiterin Wohngruppen (öffentlicher Träger)
(15)	Leiterin einer Wohngruppe (freier Träger)
(16)	Bereichsleiter eines Kinderheims (freier Träger)
(17)	Leiter eines Kinderheims (freier Träger)
(18)	Teamleiter einer Wohngruppe (freier Träger)
(19)	Teamleiter einer Wohngruppe (freier Träger)
(20)	Leiter einer Jugendhilfe-Einrichtung (freier Träger)
(21)	Leiterin eines Kinderheims (freier Träger)
(22)	Teamleiter Betreutes Wohnen (freier Träger)
(23)	Leiterin einer Jugendhilfe-Einrichtung (freier Träger)
(24)	Pädagogisch-therapeutischer Leiter einer Jugendhilfe-Einrichtung (freier Träger)
(25)	Fachberater Betreutes Wohnen (freier Träger)
(26)	Leiterin des Fachbereichs Beratung (Erziehungsstellen) (freier Träger)
(27)	Teamleiterin Wohngruppen (freier Träger)
(28)	Sachgebietsleiter Vormundschaft eines Jugendamtes
(29)	Bereichsleiter einer Jugendhilfe-Einrichtung (freier Träger)
(30)	Geschäftsführerin eines freien Trägers, Fachberatung Erziehungsstellen
(31)	Fachberaterin für unbegleitete minderjährige Flüchtlinge in Vollzeitpflege (freier Träger)
(32)	Bereichsleiter ambulante Hilfen, stellv. Heimleiter (freier Träger)

Nummer	Funktion
(33)	Fachberater Pflegefamilien (freier Träger)
(34)	Bereichsleiterin für sozialtherapeutische Erziehungsstellen (freier Träger)
(35)	Mitarbeiterin eines Pflegekinderdienstes eines Jugendamtes
(36)	Amtsvormünderin eines Jugendamtes
(37)	Einrichtungsleiterin eines Kinderheimes (freier Träger)
(38)	Bereichsleiter sozialtherapeutischer Wohngruppen (freier Träger)
(39)	Leiterin eines Kinderdorfes (freier Träger)
(40)	Mitarbeiter einer Beratungsstelle (Mobile Betreuung) (freier Träger)
(41)	Fachberater für Kinder und Jugendliche in Vollzeitpflege (freier Träger)
(42)	Fachberater für Pflegefamilien (freier Träger)
(43)	Leiter eines Jugendamtes
(44)	Fachdienstleiter einer Beratungsstelle für junge Erwachsene (freier Träger)
(45)	Mitarbeiter der Flexiblen Betreuung (Betreutes Wohnen) (freier Träger)
(46)	Pädagogischer Leiter der ambulanten Hilfen (freier Träger)
(47)	Bereichsleiter stationäre Erziehungshilfen (freier Träger)

Abbildungsverzeichnis

Tabellenverzeichnis

Literaturverzeichnis

AFET Bundesverband für Erziehungshilfe e.V. (Hg.) (2005): Erziehungshilfe fördert Chancen. Bildung statt Benachteiligung. AFET-Veröffentlichung Nr. 64/2005. Hannover.

Albus, S./Greschke, H./Klingler, B./Messmer, H./Micheel, H.-G./Otto, H.-U./Polutta, A. (2010): Wirkungsorientierte Jugendhilfe. Abschlussbericht der Evaluation des Bundesmodellprogramms „Qualifizierung der Hilfen zur Erziehung durch wirkungsorientierte Ausgestaltung der Leistungs-, Entgelt- und Qualitätsvereinbarungen nach §§ 78a ff. SGB VIII". Münster.

Arbeitsgemeinschaft für Kinder- und Jugendhilfe (2014): Junge Volljährige nach der stationären Hilfe zur Erziehung. Leaving Care als eine dringende fach- und sozialpolitische Herausforderung in Deutschland Diskussionspapier der Arbeitsgemeinschaft für Kinder- und Jugendhilfe – AGJ. www.agj.de/fileadmin/files/publikationen/Care_Leaver.pdf, letzter Zugriff 19.12.2014.

Arbeitsgemeinschaft für Kinder- und Jugendhilfe (2013): Ombudschaften, Beteiligungs- und Beschwerdeverfahren in Einrichtungen und Institutionen der Kinder- und Jugendhilfe. Diskussionspapier der Arbeitsgemeinschaft für Kinder- und Jugendhilfe – AGJ. München.

Arbeitsgemeinschaft für Kinder- und Jugendhilfe (2011): Gesamtzuständigkeit der Kinder- und Jugendhilfe für alle Kinder und Jugendlichen. Positionspapier der Arbeitsgemeinschaft für Kinder- und Jugendhilfe – AGJ. www.agj.de/fileadmin/files/positionen/2011/Gesamtzustaendigkeit.pdf, letzter Zugriff 19.12.2014.

Arbeitskreis der Therapeutischen Jugendwohngruppen Berlin (Hg.) (2009): Abschlussbericht der Katamnesestudie therapeutischer Wohngruppen Berlin. Berlin.

Arnett, J. J. (2000): Emerging Adulthood. A theory of development from the late teens through the twenties. In: American Psychologist, 55. Jg./H. 5, S. 469–480.

Arnold, H./Lempp, T. (2008): Die Gestaltung von Übergängen in Ausbildung und Beschäftigung. In: Arnold, H./Lempp, T. (Hg.): Regionale Gestaltung von Übergängen in Beschäftigung. Praxisansätze zur Kompetenzförderung junger Erwachsener und Perspektiven für die Regionalentwicklung. Weinheim/München, S. 9–23.

Arthur, J./Horne, A./McKinnon, M./Millar, J. (2013): Candles and Care. In: Scottish Journal of Residential Child Care, 12. Jg./H. 2, S. 30–39.

Backe-Hansen, E./Bakketeig, E. (2008): Forskningskunnskap om ettervern. Oslo.

Barnados (2012): Moving On: Aftercare Provision in Ireland. www.barnardos.ie/assets/files/Advocacy/2012AftercareSeminar/Barnardos%20and%20PILA%20Aftercare%20Paper%202012.pdf, letzter Zugriff 19.12.2014.

Baur, D./Finkel, M./Hamberger, M./Kühn, A. D. (1998): Leistungen und Grenzen von Heimerziehung. Ergebnisse einer Evaluationsstudie stationärer und teilstationärer Erziehungshilfen (JULE-Studie). Stuttgart.

Beck, N./Kellerhaus, J. T. (2010): Zwischen den Systemen: Kinder mit psychischen Störungen. In: Neue Caritas, 111. Jg./H. 19, S. 21–24.

Bellermann, M. (2013): Übergangshilfen im deutschen Sozialstaat. Expertise für das Projekt „Was kommt nach der stationären Erziehungshilfe?" Unveröffentlichtes Manuskript.

Bennewitz, H. (2011): Perspektive „One-Stop-Government"? Jugendsozialarbeit an den Schnittstellen zwischen SGB II, III und VIII. In: Dreizehn – Zeitschrift für Jugendsozialarbeit. 4. Jg./H. 4. Berlin, S. 4–7.

Bennewitz, H./Eschelbach (2014): Jugendberufshilfe an der Schnittstelle SGB II/III – SGB VIII. In: Das Jugendamt, 86. Jg./H. 2, S. 62–68.

Berridge, D. (2012): Education of your young people in care. What have we learned? In: Children and Youth Services Review, 34. Jg./H. 6, S. 1171–1175.

Bieback-Diel, L./Elger, W. (1987) (Hg.): Heimerziehung – und was dann? Zur Problematik heimentlassener junger Erwachsener. 2. überarb. und erw. Auflage. Frankfurt am Main.

Bieback-Diel, L./Lauer, H./Schlegel-Brocke, R. (1983): Heimerziehung – und dann? Zur Problematik heimentlassener junger Erwachsener. ISS-Materialien 20. Frankfurt am Main.

Biehal, N./Clayden, J./Stein, M./Wade, J. (1995): Moving on: Young people and leaving care schemes. London.

Biene, M. (2011): Systemische Interaktionsberatung – Einführung. In: Rhein, V. (Hg.): Moderne Heimerziehung heute. Die Systemische Interaktionstherapie und die Psychomotorik in der Intensivpädagogik. Bd. 2 u. 3. Herne, S. 13–137.

Blandow, J. (2004): Pflegekinder und ihre Familien. Geschichte, Situation und Perspektiven des Pflegekinderwesens. Weinheim/München.

Böhnisch, L. (2004): Lebensbewältigung. Ein sozialpolitisch inspiriertes Paradigma für die Soziale Arbeit. In: Thole, W. (Hg.): Grundriss Soziale Arbeit. Ein einführendes Handbuch. Opladen, S. 199–213.

Böhnisch, L./Schröer, W. (2001): Pädagogik und Arbeitsgesellschaft. Weinheim.

Bogner, A./Menz, W. (2009): Experteninterviews im Wandel der Wissensproduktion. In: Bogner, A./Littig, B./Menz, W. (Hg.) (2009): Experteninterviews. Theorien, Methoden, Handlungsfelder. 3. Auflage. Wiesbaden, S. 35–60.

Brandel, R./Gottwald, M./Oehme A. (Hg.) (2010): Bildungsgrenzen überschreiten. Zielgruppenorientiertes Übergangsmanagement in der Region. Wiesbaden.

Braun, G. (2006): Wohnen, arbeiten – und noch mehr. Lebensthemen junger Menschen in alltagsbegleitenden Hilfen. In: Bitzan, M./Bolay, E./Thiersch, H. (Hg.): Die Stimme der Adressaten. Empirische Forschung über Erfahrungen von Mädchen und Jungen mit der Jugendhilfe. Weinheim/München.

Breithecker, R./Freesemann, O. (2011): Die Notübernachtungsstelle. Ein neues Angebot für obdachlose junge Männer in Karlsruhe. In: Sozialmagazin, 36. Jg./H. 12, S. 20–26.

Bronner, K./Behnisch, M. (2007): Mädchen- und Jungenarbeit in den Erziehungshilfen. Einführung in die Praxis einer geschlechterreflektierenden Pädagogik. Weinheim.

Brown, P. (2004): Gibt es eine Globalisierung positionalen Wettbewerbs? In: Mackert, J. (Hg.): Die Theorie sozialer Schließung. Wiesbaden, S. 233–256.

Bürger, M. (1999): „Ich habe die Tür einfach nicht zumachen können." Bericht, 10 Wochen nach dem letzten Tag. Befragt von Hans-Ullrich Krause. In: Forum Erziehungshilfen, 5. Jg./H. 5, S. 266–269.

Bürger, U. (1990): Heimerziehung und soziale Teilnahmechancen. Eine empirische Untersuchung zum Erfolg öffentlicher Erziehung. Pfaffenweiler.

Bundesagentur für Arbeit (2014): Arbeitsbündnis Jugend und Beruf. Sozialleistungsträger kooperieren – Junge Menschen profitieren. Ohne Ort.

Bundesarbeitsgemeinschaft Katholische Jugendsozialarbeit (2010): Schnittstellenprobleme und koordinierte Maßnahmen für wohnungslose Kinder und Jugendliche. Jugendsozialarbeit News 368/28.06.2010. Düsseldorf. www.bagkjs.de/2552, letzter Zugriff 19.12.2014.

Bundesarbeitsgemeinschaft örtlich regionaler Träger der Jugendsozialarbeit e.V. (2012): Übergänge in kommunaler Verantwortung – bedarfsgerecht, anschlussorientiert, individuell und partizipativ! Empfehlungen zur Reform des Übergangs Schule – Beruf aus der Sicht der Jugendsozialarbeit. Berlin. www.bag-oert.de/webfm_send/638, letzter Zugriff 19.12.2014.

Bundesarbeitsgemeinschaft Wohnungslosenhilfe e.V. (2013): Position. Rechtsansprüche junger Erwachsener in Wohnungsnot und sozialen Schwierigkeiten verwirklichen und fortentwickeln! Bielefeld.

Bundesjugendkuratorium (2002): Zukunftsfähigkeit sichern! – Für ein neues Verhältnis von Bildung und Jugendhilfe. In: Münchmeier, R./Rabe-Kleberg, U. (Hg.): Bildung und Lebenskompetenz. Opladen, S. 159–173.

Bundesjugendkuratorium/Sachverständigenkommission Elfter Kinder- und Jugendbericht/Arbeitsgemeinschaft für Jugendhilfe (AGJ) (2002): Bildung ist mehr als Schule. Leipziger Thesen zur aktuellen bildungspolitischen Debatte. Bonn/Berlin/Leipzig.

Bundesministerium für Familie, Senioren, Frauen und Jugend (2013): 14. Kinder- und Jugendbericht. Bericht über die Lebenssituation junger Menschen und die Leistungen der Kinder- und Jugendhilfe in Deutschland. Berlin.

Bundesministerium für Familie, Senioren, Frauen und Jugend (2012): Familienreport. Leistungen, Wirkungen, Trends. Berlin.

Bundesministerium für Familie, Senioren, Frauen und Jugend (2005): 12. Kinder- und Jugendbericht. Bericht über die Lebenssituation junger Menschen und die Leistungen der Kinder- und Jugendhilfe in Deutschland. Berlin.

Bundesverband Katholischer Einrichtungen (2011): Positionspapier Hilfen für junge Volljährige – Erwachsenwerden braucht Zeit. www.bvke.de/70765.html, letzter Zugriff 19.12.2014.

Burchard, F. (2014): (Vor)Pubertät – oft krisenhaft für Pflege- und Adoptivkinder. In: KomJu – Kompetenz in der Jugendhilfe, H. 3, S. 7–8.

Busch, M./Fieseler, G. (2003): Rechtsanspruch volljähriger Pflegekinder nach § 41 SGB VIII. In: Zentralblatt für das Jugendrecht, H. 12, S. 462–467.

Care Leaver Netzwerk Deutschland (2014): Careleaver. Unsere Rechte – Unsere Forderungen. Zukunftsorientierung statt Defizitblick. www.careleaver.de/wp-content/uploads/2013/09/Positionspapier.pdf, letzter Zugriff 19.12.2014.

Cashmore, J./Paxmann, M. (2006): Predicting outcomes for young people after leaving care: The importance for „felt" security. In: Child and Family Social Work, 11. Jg./H. 3, S. 232–241.

Children's Aid Society (2013): Continued Care and Support for Youth: FACT SHEET. ontarioyouthcan.org/latest-post/ccsy-continued-care-and-support-for-youth-fact-sheet/, letzter Zugriff am 19.12.2014.

Conen, M.-L. (2007): Schwer zu erreichende Eltern. Ein systemischer Ansatz der Elternarbeit in der Heimerziehung. In: Homfeldt, H.-G./Schulze-Krüdener (Hg.): Elternarbeit in der Heimerziehung. München/Basel, S. 61–77.

Davison, M. S./Burris, E. W. (2014): Transitioning foster care youth and their risk for homelessness: Policy, programs, and budgeting shortcomings. In: Human Welfare, 3. Jg./H. 1, S. 22–33.

Department for Education (2010): The Children Act 1989. Guidance and Regulations. Volume 3: Planning Transition to Adulthood for Care Leavers. www.princes-trust.org.uk/pdf/PS_The%20Children%20Act_Nov2012a.pdf, letzter Zugriff 19.12.2014.

Department of Health, Social Services and Public Safety (2005): Leaving and After Care. Guidance and Regulations, 8. Jg., Chapter 6: Personal Advisers, S. 55–62. www.dhsspsni.gov.uk/leaving-after-care-ch6.pdf, letzter Zugriff 19.12.2014.

Deutscher Verein für öffentliche und private Fürsorge e.V. (2011): Empfehlungen des Deutschen Vereins zur Weiterentwicklung kommunalen Managements am Übergang Schule-Beruf: benachteiligtensensibel – chancengerecht – inklusiv. Berlin. www.deutscher-verein.de.

Deutscher Verein für öffentliche und private Fürsorge e.V. (2007): Empfehlungen des Deutschen Vereins zu § 22 Abs. 2a SGB II. Leistungen für Unterkunft und Heizung bei Personen unter 25 Jahren. In: NDV Nachrichtendienst des Deutschen Vereins für öffentliche und private Fürsorge e.V., 87. Jg./H. 1, S. 4–6.

Deutsches Institut für Jugendhilfe und Familienrecht e.V. (2011): Zur Umsetzung des Gesetzes zur Änderung des Vormundschafts- und Betreuungsrechts. Erste Hinweise. www.dijuf.de/tl_files/downloads/2011/DIJuF-Hinweise_zur_Umsetzung_des_VormG_vom_14.10.2011.pdf, letzter Zugriff 19.12.2014.

Deutsches Institut für Urbanistik gGmbH (2012): Jugendhilfe an der Nahtstelle zum SGB II – viel Verantwortung, wenig Einfluss? Kommunale Strategien nach der Reform arbeitsmarktpolitischer Instrumente und zur Umsetzung des Bildungs- und Teilhabepakets, Dokumentation der Fachtagung in Kooperation mit dem Deutschen Städtetag am 27. und 28. Oktober 2011 in Berlin. Berlin.

Deutsches Jugendinstitut (2011): Jugendliche mit Migrationshintergrund im Übergang Schule – Berufsausbildung: Arbeitshilfen für das regionale Übergangsmanagement. München.

Dima, G. (2012): International Award for Young People. Romania. Unveröffentlichtes Manuskript.

Dinisman, T./Zeira, A. (2011): The Contribution of Individual, Social Support and Institutional Characteristics to Perceived Readiness to Leave Care in Israel: An Ecological Perspective. In: British Journal of Social Work, 41. Jg./H. 8, S. 1442–1458.

Discher, B./Schimke, H.-J. (2011): Wie junge Menschen in Jugendhilfe und rechtlicher Betreuung verloren gehen. In: Betreuungsrechtliche Praxis (BtPrax), 19. Jg/H.5, S. 195–201.

Dixon, J. (2008): Young people leaving care: health, well-being and outcome. In: Child & family social work, 13. Jg./H. 2, S. 207–217.

Dixon, J./Stein, M. (2005): Leaving Care: Throughcare and Aftercare in Scotland. London.

Dixon, J./Wade, J./Byord, S./Weatherly, H./Lee, J. (2006): Young People Leaving Care: A Study of Costs and Outcomes. Report to the Department for Education and Skills. York. www.york.ac.uk/inst/spru/research/pdf/leaving.pdf, letzter Zugriff 19.12.2014.

Düker, J./Ley, Thomas (2013): Verwirklichungschancen junger Menschen im Übergang von der Schule in den Beruf – eine Frage der Gerechtigkeit? In: Sozialpädagogisches Institut des SOS-Kinderdorf e.V. (Hg.): Wohlergehen junger Menschen. Dokumentation 9 der SPI-Schriftenreihe. München, S. 134–143.

Eurostat Pressestelle (2009): Jugend in Europa. Ein statistisches Porträt des Lebensstils junger Menschen. Pressemitteilung 177/2009 v. 10. Dezember 2009.

Evangelischer Fachverband Wohnung und Existenzsicherung e. V. Fachausschuss U 25 (2012): Unter 25-Jährige in der Wohnungslosenhilfe. Sichtung der Situation und Bedarfe junger Erwachsener im Hilfesystem. Bericht, Diskussionspapier, Empfehlungen. www.efwe-niedersachsen.de/veroeffentlichungen.html?file=tl_files/EFWE/Veroeffentlichungen/Empfehlungen%20Fachausschuss%20U%2025.pdf, letzter Zugriff 19.12.2014.

Fendrich, S./Pothmann, J./Tabel, A. (2014): Monitor Hilfen zur Erziehung 2014. Dortmund.

Fendrich, S./Pothmann, J./Tabel, A. (2012): Monitor Hilfen zur Erziehung 2012. Dortmund.

Fendrich, S./Pothmann, J./Wilk, A. (2009): Welche Probleme führen zu einer Hilfe zur Erziehung. In: KOM Dat – kommentierte Daten der Jugendhilfe, 12. Jg./H. 3, S. 5–6.

Finkel, M. (2004): Selbstständigkeit und etwas Glück: Einflüsse öffentlicher Erziehung auf die biographischen Perspektiven junger Frauen. Weinheim/Basel.

Flynn, R. J./Tessier, N. G. (2011): Promotive and risk factors as concurrent predictors of educational outcomes in supported transitional living: Extended care and maintenance in Ontario, Canada. In: Children and Youth Services Review, 33. Jg./H. 12, S. 2498–2503.

Fröde, N./Urban-Stahl, U. (2010): 8 Jahre Ombudschaft in der Jugendhilfe: Erfahrungen und Entwicklungen. In: Dialog Erziehungshilfe, 6. Jg./H. 3, S. 25–31.

Früchtel, F./Straub, U. (2011): Standards des Familienrates. In: Forum Erziehungshilfen, 17. Jg./H. 1, S. 47–50.

Früchtel, F. u.a. (2009): Familienrat als konsequente Sozialraumorientierung. Ergebnisse aus einem Berliner Modellprojekt. In: Forum Erziehungshilfen, 15 Jg./H. 3, S. 147–152.

Gabriel, T. (2003): Was leistet Heimerziehung? Eine Bilanz deutschsprachiger Forschung. In: Gabriel, T./Winkler, M. (Hg.): Heimerziehung. München/Basel, S. 167–195.

Gahleitner, S. B. (2011): Das Therapeutische Milieu in der Arbeit mit Kindern und Jugendlichen. Trauma- und Beziehungsarbeit in stationären Einrichtungen. Bonn.

Gaupp, N./Lex, T./Reißig, B./Braun, F. (2008): Junge Menschen an der Schnittstelle zwischen Schule, Ausbildung und Beruf: Anforderungen an die Jugendhilfe. In: Kammerer, B./Gref, K. (Hg.): Übergangsmanagement – Wege zur beruflichen und sozialen Integration junger Menschen. Die Aufgaben der Jugendhilfe an der Schnittstelle zwischen Schule, Ausbildung und Beruf. Nürnberg, S. 43–63.

Gemeente Eindhoven (2009): Methodiek Niemand uit Beeld. Handboek. Zorg voor jongeren na jeugdzorg. Eindhoven. www.k2.nl/media/87736/handboek_niemand_uit_beeld.pdf, letzter Zugriff 19.12.2014.

Gharabaghi, K. (2012): Translating evidence into practice: Supporting the school performance of young people living in residential group care in Ontario. In: Children and Youth Services Review, 34. Jg./H. 6, S.1130–1134.

Gharabaghi, K. (2011): A culture of education: Enhancing school performance of youth living in residential group care in Ontario. In: Child Welfare, 90. Jg./H. 1, S. 75–91.

Gharabaghi, K./Zeller, M. (2015): Learning and Education in Residential Care: A Comparative Conceptual Exploration of the Canadian and German contexts. In: International Journal of Child, Youth and Family Studies. (Publikation ist im Druck).

Gögercin, S. (1999): Jugendsozialarbeit. Eine Einführung. Freiburg im Breisgau.

Goldberg, B./Sallach, R./Walta, P. (1999): Die letzten Wochen in der Wohngruppe. In: Forum Erziehungshilfen, 5. Jg./H. 5, S.260–265.

Graßhoff, G. (2014): Bildung oder Agency. In: Zeitschrift für Pädagogik, 60. Jg./H. 3, S. 428–445.

Graßl, W. (2011): Praxissicht eines freien Jugendhilfeträgers. In: Sozialpädagogisches Institut des SOS-Kinderdorf e.V. (Hg.): Fertig sein mit 18? Dokumentation 8 der SPI-Schriftenreihe. München, S. 56–63.

Günder, R. (2007): Praxis und Methoden der Eltern- und Familienarbeit. In: Homfeldt, H.-G./Schulze-Krüdener (Hg.): Elternarbeit in der Heimerziehung. München/Basel, S. 78–98.

Hampel, C. (2011): Kooperation ist möglich und nötig. Zusammenarbeit in der Jugendsozialarbeit mit SGB II, III und VIII. In: Dreizehn – Zeitschrift für Jugendsozialarbeit, 4. Jg./H. 4. Berlin, S. 18–21.

Hansbauer, P./Hensen, G./Müller, K./von Spiegel, H. (2009) Familiengruppenkonferenz. Eine Einführung. Weinheim/München.

Hansen, G. (1994): Die Persönlichkeitsentwicklung von Kindern in Erziehungsheimen. Ein empirischer Beitrag zur Sozialisation durch Institutionen der öffentlichen Erziehungshilfe. Weinheim.

Harder, A. T./Zeller, M./López, M./Köngeter, S./Knorth, E. J. (2013): Different sizes, similar challenges: Out-of-home care for youth in Germany and the Netherlands. In: Psychosocial Intervention, 22. Jg./H. 3, S. 203–213.

Harring, M./Böhm-Kasper, O./Rohlfs, C./Palentien, C. (2010): Peers als Bildungs- und Sozialisationsinstanzen – eine Einführung in die Thematik. In: Harring, M./Böhm-Kasper, O./Rohlfs, C./Palentien, C. (Hg.): Freundschaften, Cliquen und Jugendkulturen – Peers als Bildungs- und Sozialisationsinstanzen. Wiesbaden.

Hast, J./Nüsken, D./Rieken, G./Schlippert, H./Spernau, X./Zipperle, M. (Hg.) (2009): Heimerziehung und Bildung. Gegenwart gestalten – auf Ungewissheit vorbereiten. Frankfurt am Main.

Hekele, K. (2014): Sich am Jugendlichen orientieren. 2. Auflage. Weinheim/Basel.

Henninger, S./Alex, S. (2013): Junge Wohnungslose zwischen den Hilfesystemen – Erfahrungen aus einer Beratungsstelle. In: Forum Erziehungshilfen, 19. Jg./H. 1, S. 26–30.

Herold, V. (2011): Eltern- und Familienarbeit in der Heimerziehung. Grundlagen, Probleme und Lösungen. Marburg.

Hessische Fachkonferenz Wohnungslosenhilfe (Hg.) (2010): Empfehlungen zur Durchsetzung des Anspruchs auf Hilfen für wohnungslose junge Volljährige nach § 41 SGB VIII.

HM Government (2013a): Care leaver strategy. A cross-departmental strategy for young people leaving care. www.gov.uk/government/uploads/system/uploads/attachment_data/file/266484/Care_Leaver_Strategy.pdf, letzter Zugriff 19.12.2014.

HM Government (2013b): "Staying put". Arrangements for Care Leavers aged 18 and above to stay on with their former foster carers. www.gov.uk/government/uploads/system/uploads/attachment_data/file/201015/Staying_Put_Guidance.pdf, letzter Zugriff 19.12.2014.

Höjer, I./Johansson, H. (2013): School as an opportunity and resilience factor of young people placed in care. In: European Journal of Social Work, 16. Jg./H. 1, S. 22–36.

Homfeldt, H.-G./Schulze-Krüdener (Hg.) (2007): Elternarbeit in der Heimerziehung. München/Basel, S. 78–98.

Hopp, H./Landeck, G. (2012): Auf dem Weg in die Volljährigkeit. Jugendliche und junge Erwachsene in Familienpflege, Erziehungsstellen und Wohngruppen. Moses Online Themenheft. Berlin.

Hüning, J./Peters, C. (2013): Rechtliche Betreuung – ein „blinder Fleck" in der Sozialen Arbeit? Eine Betrachtung am Beispiel junger Erwachsener. In: Böllert, K./Alfert, N./Humme, M. (Hg.) (2013): Soziale Arbeit in der Krise. Wiesbaden, S. 217–241.

Hurrelmann, K./Quenzel, G. (2012): Lebensphase Jugend. Eine Einführung in die sozialwissenschaftliche Jugendforschung. 11. Auflage. Weinheim/Basel.

Internationale Gesellschaft für Erzieherische Hilfen (IGfH)/Kompetenz-Zentrum Pflegekinder e.V. (2010): Neues Manifest der Pflegekinderhilfe. Frankfurt am Main/Berlin.

Jackson, S. (2013): Pathways through education for young people in care: ideas from research and practice. BAAF.

Jackson, S./Ajayi, S./Quigley, M. (2005): Going to University from Care. London.

Jackson, S./Höjer, I. (2013): Prioritizing education for children looked after away from home. In: European Journal of Social Work, 16. Jg./H. 1, S. 1–5.

Jackson, S./McParlin, P. (2006): The education or children in care. In: The Psychologist, 9. Jg./H. 2, S. 90–93.

Johnson, G./Mendes, P. (2014): Taking control and 'moving on': How young people turn around problematic transitions from out-of-home care. In: Social Work & Society, 12. Jg./H. 1. www.socwork.net/sws/article/view/390/731, letzter Zugriff 19.12.2014.

Johnson, G./Natalier, K./Mendes, P./Liddiard, M./Thoresen, S./Hollows, A./Bailey, N. (2010): Pathways from out-of-home care. Melbourne. www.ahuri.edu.au/publications/download/ahuri_30540_fr, letzter Zugriff 19.12.2014.

Jugert, G./Rehder, A./Notz, P./Petermann, F. (2001 bzw. 2014): Fit for Life: Module und Arbeitsblätter zum Training sozialer Kompetenz für Jugendliche. Weinheim/Basel.

Kästner, M. (2003): Peer-Education – ein sozialpädagogischer Arbeitsansatz. In: Nörber, M. (Hg.): Peer Education: Bildung und Erziehung von Gleichaltrigen durch Gleichaltrige. Weinheim.

Kastendieck, L. (o. J.): Stadt sucht dringend Wohnraum für Jugendliche. Ohne eigenen Wohnraum haben junge Volljährige kaum Perspektiven. Sozialbehörde startet Projekt nach US-Vorbild. Aus einem Fonds sollen 400.000 Euro pro Jahr fließen. In: Online-Ausgabe des Hamburger Abendblatts. http://www.abendblatt.de/hamburg/harburg/article125016392/Stadt-sucht-dringend-Wohnraum-fuer-Jugendliche.html, letzter Zugriff 21.12.2014.

Kindler, H./Küfner, M./Thrum, K./Gabler, S. (2011): Rückführung und Verselbstständigung. In: Kindler, H./Helmig, E./Meysen, T./Jurcyk (Hg.): Handbuch Pflegekinderhilfe. München, S. 614–667.

Knoke, D. (2009): Programs for youth transitioning from foster care to independence. CECW Information Sheet #70E. Toronto, ON, Canada: University of Toronto Factor-Inwentash Faculty of Social Work. http://cwrp.ca/sites/default/files/publications/en/ProgsforYouths70E.pdf, letzter Zugriff 22.12.2014.

Kommunalverband für Jugend und Soziales Baden-Württemberg. Dezernat Jugend – Landesjugendamt (2013): KVJS Berichterstattung. Bericht zu Entwicklungen und Rahmenbedingungen der Inanspruchnahme erzieherischer Hilfen in Baden-Württemberg 2013. Fortschreibung zum Berichtszeitraum 2006 bis 2011. Stuttgart. www.kvjs.de/jugend/jugendhilfeplanung/kvjs-berichterstattung-hilfen-zur-erziehung.html?eID=dam_frontend_push&docID=5426, letzter Zugriff 19.12.2014.

Köngeter, S./Mangold, K./Strahl,B. (2015): Bildungsbiographien in der Heimerziehung. Publikation ist im Druck.

Köngeter, S./Schröer, W./Zeller, M. (2012): Statuspassage „Leaving Care": Biografische Herausforderungen nach der Heimerziehung. In: Diskurs Kindheits- und Jugendforschung, 7. Jg./H.3, S. 261–276.

Köngeter, S./Schröer, W./Zeller, M. (2008): Regionale Übergangsstrukturen als soziale Ermöglichungsräume. In: Arnold, H./Lempp, T. (Hg.): Regionale Gestaltung von Übergängen in Beschäftigung. Praxisansätze zur Kompetenzförderung junger Erwachsener und Perspektiven für die Regionalentwicklung. Weinheim/München, S. 83–104.

Köttgen, C./Kretzer, D. (1990): „Grenzfälle" zwischen Heimen und Psychiatrie am Beispiel Hamburgs. In: Köttgen, C./Kretzer, D./Richter, S. (Hg.): Aus dem Rahmen fallen. Kinder und Jugendliche zwischen Erziehung und Psychiatrie. Bonn, S. 85–106.

Kraul, M./Marotzki, W. (Hg.) (2002): Biographische Arbeit. Opladen.

Kreher, T./Lempp, T. (2013): Übergänge in die Arbeitswelt. In: Schröer, W./Stauber, B./Walther, A./Böhnisch, L./Lenz, K. (Hg.): Handbuch Übergänge. Weinheim/Basel, S. 688–704.

Kress, L. (2012): Übergänge in die Zeit nach dem Heim. Ergebnisse aus dem Projekt mit ehemaligen Jugendlichen aus den Erziehungshilfen. Hg. v. Diakonie Rheinland-Westfalen-Lippe e. V. Münster.

Krüger, H./Reißig, B. (2011): Von schnellen und langsamen Wegen in den Beruf. In: DJI Impulse – Deutsches Jugendinstitut, Heft 1, S. 19–21.

Kunkel, P.-C. (2011): Diskussionspapiere Nr. 2012-06 Jugendhilferecht in der Rechtsprechung 2011. Kehl. http://www.hs-kehl.de/fileadmin/hsk/Forschung/Dokumente/PDF/2012-06.pdf, letzter Zugriff: 21.12.2014

Kunkel, P.-C. (2006): Schnittstellen zwischen Jugendhilfe (SGB VIII), Grundsicherung (SGB II) und Arbeitsförderung (SGB III). In: ZFSH/SGB – Zeitschrift für die sozialrechtliche Praxis, 45. Jg./H. 2, S. 76–85.

Lattschar, B./Wiemann, I. (2007): Mädchen und Jungen entdecken ihre Geschichte. Grundlagen und Praxis der Biografiearbeit. Weinheim/München.

Lenz, K./Schefold, W./Schröer, W. (2004): Entgrenzte Lebensbewältigung. Weinheim/München.

Lohauß, P./Nauenburg, R./Rehkämper, K./Rockmann, U./ Wachtendorf, T. (2010): Daten der amtlichen Statistik zur Bildungsarmut. In: Quenzel, G./Hurrelmann, K. (Hg.): Bildungsverlierer. Neue Ungleichheiten. Wiesbaden, S. 181–202.

London, Z. (2004): It's a real shock. Transitioning from care to independent living. Melbourne.

Lorenz, A./Mummenthey, K. (2007): Die Kooperation von stationärer Erziehungshilfe und Psychiatrie – ein Werkstattbericht. In: Sozialpädagogisches Institut des SOS-Kinderdorf e.V. (Hg.): Wohin steuert die stationäre Erziehungshilfe? Dokumentation 5 der SPI-Schriftenreihe. München, S. 149–167.

LVR-Landesjugendamt Rheinland/LWL-Landesjugendamt Westfalen (2011): Jugendsozialarbeit. Beratungsstellen, Jugendwerkstätten und Schulmüdenprojekte. Statistik 2010/2011. Köln/Münster.

Mack, W. (2006): „Hatte keinen Nerv zum Lernen. Mein Stiefvater spinnt wieder." Eine sozialpädagogische Perspektive auf Bildung und Bildungsforschung. In: Otto, H.-U./Oelkers, J. (Hg.): Zeitgemäße Bildung. München, S. 223–236.

Macke, K. (2010): Biografiearbeit mit Pflegekindern. Anforderungen, Chancen und Grenzen. In: Braches-Chyrek, R./Macke, K./Wölfel, I. (Hg.): Kindheit in Pflegefamilien. Opladen, S. 11–22.

Mangold, K./Rein, A. (2014): Formale Bildung als Ressource für Care Leaver in Übergängen ins Erwachsensein? In: Forum Erziehungshilfen, 20. Jg./H. 3, S. 141–146.

Mann-Feder, V. (2011): Intervening with youth in the transition to independent living. In: Journal of Child and Youth Care Work, 23. Jg., S. 8–13.

Marotzki, W. (1990): Entwurf einer strukturalen Bildungstheorie. Biographische Auslegung von Bildungsprozessen in hochkomplexen Gesellschaften. Weinheim.

Marsh, P./Peel, M. (1999): Leaving Care in Partnership: Family Involvement with Care Leavers. London.

Maykus, S. (2003): Heimerziehung und Schule. In: Gabriel, T./Winkler, M. (Hg.): Heimerziehung. Kontexte und Perspektiven. München/Basel.

Meier, J./Willems, D./Holthusen, B. (2012): Jugendliche Gewalttäter zwischen Jugendhilfe- und krimineller Karriere. Forschungsnotizen. In: Forum Erziehungshilfen, 18. Jg./H. 4, S. 228–230.

Mendes, P./Johnson, G./Moslehuddin, B. (2011): Effectively preparing young people to transition form out-of-home care. An examination of three recent Australian studies. In: Family Matters, H. 89, S. 61–70.

Mendes, P./Moslehuddin, B. (2006): From dependence to interdependence: towards better outcomes for young people leaving state care. In: Child Abuse Review, 15. Jg./H. 2, S. 110–126.

Messmer, H. (2013): Before Leaving Care. Eine Fallstudie zum fachlichen Handeln beim Übertritt aus der Heimerziehung in die selbstständige Lebensführung. In: neue praxis, 43. Jg./H. 5, S. 423–438.

Messmer, H./Hitzler S. (2008): "Die Hilfe wird beendet werden hier" – Prozesse der Deklientifizierung im Hilfeplangespräch aus gesprächsanalytischer Sicht. In: neue praxis, 38. Jg./H. 2, S. 166–187.

Meuser, M./Nagel, U. (2013): Experteninterviews – wissenssoziologische Voraussetzungen und methodische Durchführung. In: Friebertshäuser, B./Langer, A./Prengel, A. (Hg.): Handbuch Qualitative Forschungsmethoden in der Erziehungswissenschaft. 4. Auflage. Weinheim/Basel, S. 457–471.

Meyer, F.-W./Gabel, H./Glaum, J. (2013): Handreichung. Aufbau von Kompetenzen einer selbstständigen Lebensführung im Rahmen der Hilfen zur Erziehung nach §§ 27 ff. und der Hilfe für junge Volljährige nach § 41 SGB VIII. Hannover.

Michaellis, I. (2010): Individual education plans and multiculturalism. Oslo.

Moos, M./Schmutz, E. (2012): Praxishandbuch Zusammenarbeit mit Eltern in der Heimerziehung. Ergebnisse des Projektes „Heimerziehung als familienunterstützende Hilfe". Mainz.

Müller, B./Schwabe, M. (2009): Pädagogik mit schwierigen Jugendlichen. Ethnografische Erkundungen zur Einführung in die Hilfen zur Erziehung. Weinheim/München.

Müller, H. (2009): Heimerziehung und Bildungsgerechtigkeit: Rahmenbedingungen und Anforderungen für die Kooperation mit Schule. In: Hast, J./Nüsken, D./Rieken, G./Schlippert, H./Spernau, X./Zipperle, M. (Hg.): Heimerziehung und Bildung. Gegenwart gestalten – auf Ungewissheit vorbereiten. Frankfurt am Main, S. 149–167.

Müller-Hasse, R. (2014): Regionale Fachkonferenz beim regionalen Familiendienst Ludwigshafen. Unveröffentlichtes Manuskript.

Müller, H.-U. (1996): Fragile Identitäten und offene Optionen. Lebensentwürfe junger Erwachsener in einer westdeutschen Großstadt. In: Walther, A. (Hg.): Junge Erwachsene in Europa: jenseits der Normalbiographie? Opladen, S. 123–142.

Müller, H.-U. (1990): Junge Erwachsene in der Großstadt: Annäherungen an Lebenslage und Lebensbewältigung einer sich neu ausdifferenzierenden gesellschaftlichen Gruppierung. München.

Mullan, C./McAlister, S./Rollock, F./Fitzsimons, L. (2007): "Care Just Changes Your Life": Factors Impacting upon the Mental Health of Children and Young People with Experiences of Care in Northern Ireland. In: Child Care in Practice, 13. Jg./H. 4, S. 417–434.

Munro, E. R./Maskell-Graham, D./Ward, H./National Care Advisory Service (NCAS) (2010): Evaluation of the Staying Put: 18+. Family Placement Pilot Programme Interim Report. Overview of Emerging Themes and Issues. www.lboro.ac.uk/media/wwwlboroacuk/content/ccfr/publications/staying-put-rb.pdf, letzter Zugriff 19.12.2014.

Nestmann, F./Günther, J./Stiehler, S./Wehner, K./Werner, J. (Hg.) (2008): Kindernetzwerke, Soziale Beziehungen und soziale Unterstützung in Familie, Pflegefamilie und Heim. Tübingen.

Niedersächsisches Ministerium für Soziales, Frauen, Familie, Gesundheit und Integration (2012): Pro-Aktiv-Centren (PACE). Ein Förderprogramm aus Mitteln des Europäischen Sozialfonds und des Landes Niedersachsen. www.nbank.de/Fachthemen/Pro-Aktiv-Center/Downloads_Pro-Aktiv-Center/ProaktivCenterFlyer.pdf, letzter Zugriff 19.12.2014.

Normann, E. (2003): Erziehungshilfen in biografischen Reflexionen. Heimkinder erinnern sich. Weinheim.

Nüsken, D. (2014): Übergang aus der stationären Jugendhilfe ins Erwachsenenleben in Deutschland. Expertise für das Projekt „Was kommt nach der stationären Erziehungshilfe?". Frankfurt am Main.

Nüsken, D. (2011): Helfen Hilfen für junge Volljährige? Bewertungen aus Nutzersicht. In: SOS-Kinderdorf e.V. Sozialpädagogisches Institut: Fertig sein mit 18? Dokumentation 8 der SPI-Schriftenreihe. München, S. 84–109.

Nüsken, D. (2009): Zur Bildungshaltigkeit der Hilfen zur Erziehung. In: Hast, J./Nüsken, D./Rieken, G./Schlippert, H./Spernau, X./Zipperle, M. (Hg.): Heimerziehung und Bildung. Gegenwart gestalten – auf Ungewissheit vorbereiten. Frankfurt am Main, S. 78–99.

Nüsken, D. (2008): Regionale Disparitäten in der Kinder- und Jugendhilfe. Eine empirische Untersuchung zu den Hilfen für junge Volljährige. Münster.

Nüsken, D. (2006): „Alles, was du machst, könnte auch extrem falsch sein." Hilfen für junge Volljährige aus Sicht von ehemaligen Nutzerinnen und Nutzern. In: Zeitschrift für Kindschaftsrecht und Jugendhilfe, 12. Ausgabe, S. 546–550.

Oehme, A. (2008): Verschränkung von Beschäftigungshilfen und Hilfen zur Erziehung. Ein Beispiel aus Ostvorpommern. In: Arnold, H./Lempp, T. (Hg.): Regionale Gestaltung von Übergängen in Beschäftigung. Praxisansätze zur Kompetenzförderung junger Erwachsener und Perspektiven für die Regionalentwicklung. Weinheim/München, S. 197–214.

Ontario Ministry of Education (2000): Individual Education Plans. Standards of development, program planning and implementation. www.edu.gov.on.ca/eng/general/elemsec/speced/iep/iep.pdf, letzter Zugriff 19.12.2014.

Organisation für wirtschaftliche Zusammenarbeit und Entwicklung (OECD) (Hg.) (2008): Bildung auf einen Blick 2008: OECD-Indikatoren. Paris.

PAN Pflege- und Adoptivfamilien in Nordrhein-Westfalen e.V. (2011): Pflegekinderstimme. Arbeitshilfe zur Qualifizierung von Pflegefamilien. Düsseldorf.

Papastefanou, C. (2006): Ablösung im Erleben junger Erwachsener aus verschiedenen Familienstrukturen. In: Zeitschrift für Soziologie der Erziehung und Sozialisation Bd. 26, H. 1. Weinheim, S. 23–35.

Papastefanou, C. (2003): „Nesthocker-Familien" – Zwischen Solidarität und Symbiose. In: Familienhandbuch.de, http://www.familienhandbuch.de/familienforschung/kinder-in-der-familie/nesthocker-familien-zwischen-solidaritat-und-symbiose, letzter Zugriff 21.12.2014

Pǎrosanu, A. (2006): Aufgabenfelder und Schnittstellen von SGB II, III und VIII. Eine Arbeitshilfe. Erstellt im Auftrag der Bundesarbeitsgemeinschaft örtlich regionaler Träger der Jugendsozialarbeit. bag-oert.de/webfm_send/132, letzter Zugriff 19.12.2014.

Pecora, P. J./Williams, J./Kessler, R. C./Hiripi, E./O'Brien, K./Emerson, J./Herrik, M. H./Torres, D. (2006): Assessing the educational achievements of adults who formerly were placed in family foster care. In: Child and Family Social Work 11, S. 220–231.

Peters, F./Koch, J. (Hg.) (2004): Integrierte erzieherische Hilfen. Flexibilität, Integration und Sozialraumbezug in der Jugendhilfe. Weinheim.

PFAD Bundesverband der Pflege- und Adoptivfamilien e.V. (Hg.) (2009): Pubertät – Pflege- und Adoptivkinder im „Umbruch"! Frankfurt am Main.

Pingel, A. (2010): Jugendsozialarbeit § 13 SGB VIII als Aufgabe der Jugendhilfe?! Informationen zur aktuellen Datenlage, bundesweiten Entwicklungen und fachlichem Hintergrund der Diskussion um die Umsetzung der Jugendsozialarbeit durch die (kommunale) Jugendhilfe. Arbeitspapier der Stabsstelle des Kooperationsverbundes Jugendsozialarbeit. Berlin. bag-oert.de/webfm_send/132, letzter Zugriff 19.12.2014.

Pothmann, J. (2012): Regionale Unterschiede bei der „Fremdunterbringung von Kindern und Jugendlichen" in Heimen und Pflegefamilien. In: Arbeitsstelle für Kinder- und Jugendhilfestatistik (Hg.): Datenanalysen der Dortmunder Arbeitsstelle für Kinder- und Jugendhilfestatistik: Bereich Hilfen zur Erziehung. Dortmund. www.akjstat.tu-dortmund.de/fileadmin/analysen/HzE/hze4.pdf, letzter Zugriff 19.12.2014.

Pothmann, J. (2011): Auf dem Abstellgleis? Jugendliche und junge Erwachsene in der Kinder- und Jugendhilfe – Ein Blick in den Zahlenspiegel. In: Sozialpädagogisches Institut des SOS-Kinderdorf e. V. (Hg): Fertig sein mit 18? Dokumentation 8 der SPI-Schriftenreihe. München, S. 22–41.

Pothmann, J. (2007): „Bildungsverlierer" – eine Herausforderung für die Heimerziehung. In: Forum Erziehungshilfen, 13. Jg./H. 3, S. 179–189.

Pothmann, J./Rauschenbach, T. (2011): Lernen aus regionalen Unterschieden: das überörtliche Berichtswesen zur Weiterentwicklung kommunaler Kinder- und Jugendhilfe. In: Rauschenbach, T./Schilling, M. (Hg.): Kinder- und Jugendhilfereport 3, Bilanz einer empirischen Wende. Weinheim/München, S. 178–190.

Prölß, R. (2008): „Übergangsmanagement – Wege zur beruflichen und sozialen Integration junger Menschen" In: Kammerer, B./Gref, K. (Hg.): Übergangsmanagement – Wege zur beruflichen und sozialen Integration junger Menschen. Die Aufgaben der Jugendhilfe an der Schnittstelle zwischen Schule, Ausbildung und Beruf. Nürnberg, S. 21–27.

Provincial Advocate for Children and Youth (2012a): 25 is the new 21. Ontario. www.provincialadvocate.on.ca/documents/en/25istheNew21.pdf, letzter Zugriff 19.12.2014.

Provincial Advocate for Children and Youth (2012b): My Real Life Book. Report from the Youth Leaving Care Hearings. Our Voice, our Turn. Toronto. www.provincialadvocate.on.ca/documents/en/ylc/YLC_REPORT_ENG.pdf, letzter Zugriff 19.12.2014.

Reeve, K./Batty, E. (2011): The hidden truth about homelessness. Experiences of single homelessness in England. www.crisis.org.uk/data/files/publications/HiddenTruthAboutHomelessness_web.pdf, letzter Zugriff 19.12.2014.

Reißig, B./Tillmann, R. (2013): DropOut und prekäre Übergänge – Exklusions- und Ausgrenzungsrisiken im Jugend- und jungen Erwachsenenalter. In: Forum Erziehungshilfen, 19. Jg./H. 1, S. 21–25.

Rhein, V. (Hg.) (2013): Systemische Interaktionstherapie und unterstützende Methoden in der Praxis. Herne.

Rheinland-Pfälzisches Ministerium für Integration, Familie, Kinder, Jugend und Frauen (Hg.) (2013): Hilfen zur Erziehung in Rheinland-Pfalz. Die Inanspruchnahme erzieherischer Hilfen im Kontext sozio- und infrastruktureller Einflussfaktoren, 3. Landesbericht 2010. Mainz.

Rietzke, T./Galuske, M. (2008): Lebensalter und Soziale Arbeit – Junges Erwachsenenalter. Baltmannsweiler.

Rose, R./Shevlin, M./Winter, E./O'Raw, P./Yu Zhao (2012): Individual education plans in the republic of Ireland. An emerging system. In: British Journal of Special Education, 39. Jg./H. 3, S. 110–116.

Rosenbauer, N. (2011): Selbstständigkeit als Ziel?! Jugendliche und junge Volljährige in den Hilfen zur Erziehung. In: Sozialpädagogisches Institut des SOS-Kinderdorf e.V. (Hg.): Fertig sein mit 18? Dokumentation 8 der SPI-Schriftenreihe. München, S. 64–83.

Ryan, T./Walker, R. (2003): Wo gehöre ich hin? Biographiearbeit mit Kindern und Jugendlichen. Weinheim/München.

Schilling, M./Pothmann, J. (2013): Die KJH-Statistik – ein unverzichtbares Beobachtungsinstrument. Entwicklungslinien und zukünftige Herausforderungen. In: Schilling, M. u.a. (Hg.): Soziale Arbeit quo vadis? Programmatische Entwürfe auf empirischer Basis. Weinheim/Basel, S. 143–160.

Schimke, H.-J. (2008): Sozialrechtliche Einschnitte zur Rettung des Sozialstaats und die gesamtgesellschaftliche Bedeutung der rechtlichen Betreuung. In: Brucker, U. (Hg.) (2008): Besser betreuen: Beiträge zu einer qualitätsgesicherten gesetzlichen Betreuung. Frankfurt am Main, S. 38–43.

Schmid, M./Lang, B./Gahleitner, S. B./Weiß, W./Kühn, M. (2010): Trauma – ein psychosoziales Geschehen: Die Bedeutung traumapädagogischer Konzepte für die stationäre Kinder- und Jugendhilfe. In: Gahleitner, S. B./Hahn, G. (Hg.): Klinische Sozialarbeit: Gefährdete Kindheit – Risiko, Resilienz und Hilfe. Bonn, S. 238–249.

Schmidt, E. (2008): Professionelle Patenschaft. Kann Jugendhilfe dauerhaft stützende Beziehungen ermöglichen? In: Forum Erziehungshilfen, 14. Jg./H. 5, S. 305–308.

Schmidt, M./Petermann, F./Macsenaere, M./Knab, E./Schneider, K./Hölzl, H./Hohm, E./Pickartz, A./Flosdorf, P. (2002): Effekte erzieherischer Hilfen und ihre Hintergründe. Stuttgart.

Schröer, W. (2013): Entgrenzung, Übergänge, Bewältigung. In: Schröer, W./Stauber, B./Walther, A./Böhnisch, L./Lenz, K. (Hg.): Handbuch Übergänge. Weinheim/Basel, S. 64–79.

Schruth, P. (2010): Zum (notwendigen) Bestand der Jugendsozialarbeit als Teil der Jugendhilfe. In: Dreizehn – Zeitschrift für Jugendsozialarbeit, 4. Jg./H. 4. Berlin, S. 8–13.

Schruth, P. (2008): Beratung junger Menschen zwischen Fördern und Fordern – Hartz IV bis dato. In: Kammerer, B./Gref, K. (Hg.): Übergangsmanagement – Wege zur beruflichen und sozialen Integration junger Menschen. Die Aufgaben der Jugendhilfe an der Schnittstelle zwischen Schule, Ausbildung und Beruf. Nürnberg, S. 81–90.

Schwabe, M. (2010): Eskalation und De-Eskalation in Einrichtungen der Jugendhilfe. Konstruktiver Umgang mit Aggression und Gewalt in Arbeitsfeldern der Jugendhilfe. Frankfurt am Main.

Scottish Executive (2004): Pathways. Handbook. www.scotland.gov.uk/Resource/Doc/25954/0023747.pdf, letzter Zugriff 19.12.2014.

Seckinger, M. (2013): Jungen Menschen Ermöglichungsräume zur Verfügung stellen – eine Aufgabe der Kinder- und Jugendhilfe. In: Sozialpädagogisches Institut des SOS-Kinderdorf e.V. (Hg.): Wohlergehen junger Menschen. Dokumentation 9 der SPI-Schriftenreihe, S. 57–74.

Sievers, B. (2014): Wie können Pflegekinder gut auf ihrem Weg ins Erwachsenenleben begleitet werden? In: PFAD – Bundesverband der Pflege- und Adoptivfamilien e.V., 28. Jg./H. 3, S. 13–16.

Simon, V. (2013): Volljährig, aber unreif. In der Onlineausgabe der Süddeutschen Zeitung, vom 10.10.2013. www.sueddeutsche.de/leben/erwachsen-werden-volljaehrig-aber-unreif-1.1789616, letzter Zugriff 19.12.2014.

Sonnenberg, B. (2014): Ehrenamtliche Patenschaften als flankierendes Angebot in Abgrenzung zur professionellen Arbeit. Was können sie leisten? In: Dialog Erziehungshilfe, H. 3, S. 48–51.

Sozialpädagogisches Institut des SOS-Kinderdorf e.V. (2011) (Hg.): Fertig sein mit 18? Dokumentation 8 der SPI-Schriftenreihe, München.

Späth, K. (2003): Leistungsvereinbarungen und Kontraktmanagement – Instrumente zur Qualifizierung von Heimerziehung? In: Gabriel, T./Winkler, M.: Heimerziehung. Kontexte und Perspektiven. München/Basel.

Stadtjugendamt Ludwigshafen (Hg.) (2003): Hilfeplanung nach § 36 Kinder- und Jugendhilfegesetz. Eine Arbeitshilfe für die Praxis der Sozialen Dienste. Weinheim.

Starks, L. (2013): Assessing the Impact of the Buttle UK. Quality Mark in Higher Education. Leeds. www.buttleuk.org/data/__resources/595/Buttle-QM-report-PDF-final.pdf, letzter Zugriff 19.12.2014.

Statistisches Bundesamt (2013): Kinder- und Jugendhilfe. Hilfen zur Erziehung außerhalb des Elternhauses. Art der Hilfe nach Jahren. www.destatis.de/DE/ZahlenFakten/GesellschaftStaat/Soziales/Sozialleistungen/KinderJugendhilfe/Tabellen/HilfenErziehungAusElternhaus.html, letzter Zugriff am 19.12.2014.

Stauber, B. (2009): Im Lichte des scheinbaren Paradoxes – Unterstützung im Übergang Schule-Beruf. In: Hast, J./Nüsken, D./Rieken, G./Schlippert, H./Spernau, X./Zipperle, M. (Hg.): Heimerziehung und Bildung. Gegenwart gestalten – auf Ungewissheit vorbereiten. Frankfurt am Main, S. 133–148.

Stauber, B./Walther, A. (2013): Junge Erwachsene – eine Lebenslage des Übergangs. In: Schröer, W. u. a. (Hg.): Handbuch Übergänge. Weinheim/Basel, S. 270–290.

Stauber, B../Pohl, A./Walther, A. (Hg.) (2007): Subjektorientierte Übergangsforschung, Weinheim/München.

Stecklina, G./Stiehler, S. (2006): Partizipation ist nicht alles! Warum Mädchen und Jungen sich nicht aktiv in die Jugendhilfe einbringen. In: Forum Erziehungshilfen, 12. Jg./H. 2, S. 114–119.

Stein, M. (2012): Young people leaving care. Supporting pathways to adulthood. London.

Stein, M. (2008): Transitions from care to adulthood: Messages from research for policy and practice. In: Stein, M./Munro, E. (Hg.): Young People's Transition from Care to Adulthood. International Research and Practice. London, S. 289–306.

Stein, M. (2006): Research Review: Young people leaving care. In: Child and Family Social Work, 11. Jg. /H. 3, S. 273–279.

Stein, M. (2004): What works for young people leaving care? Ilford.

Stein, M. (1994): Leaving care, education and career trajectories. In: Oxford Review of Education, 20. Jg./H. 3, S. 349–360.

Stein, M./Dixon, J. (2006): Young people leaving care in Scotland. In: European Journal of Social Work, 9. Jg./H. 4, S. 407–423.

Stein, M./Dumaret, A.-C. (2011): The mental health of young people aging out of care and entering adulthood: Exploring the evidence from England and France. In: Children and Youth Services Review 33. Jg./H. 12, S. 2504–2511.

Stein, M./Wade J. (2000): Helping Care Leavers: Problems and Strategic Responses. Social Work Research and Development Unit. York.

Stork, R. (2007): Kann Heimerziehung demokratisch sein? Weinheim/München.

Storø, J. (2008): Norway. In: Stein, M./Munro, E. (Hg.): Young People's Transitions from Care to Adulthood. London/Philadelphia, S. 147–157.

Strahl, B./Thomas, S. (2014): (Er)Wachsen ohne Wurzeln? Der Weg aus stationären Erziehungshilfen. Übergangsbegleitung zwischen „Verselbstständigung" und Erlangung von Handlungsmächtigkeit. In: Forum Erziehungshilfen, 20. Jg./H. 3, S. 132–137.

Strahl, B./Thomas, S. (2013): Careleavers. Aus stationären Erziehungshilfen in die „Selbstständigkeit". In: Unsere Jugend, 65. Jg./H. 1, S. 2–11.

Swiss Foundation of the International Social Service (2012): Social and vocational integration of young people leaving residential care. Care Leavers Integration Programme

(CLIP). Ten years later. www.ssiss.ch/de/system/files/598/clip_bulgaria_english_pdf_14100.pdf, letzter Zugriff 19.12.2014.

Tabel, A./Fendrich, S./Pothmann, J. (2013): HzE Bericht 2013 (Datenbasis 2011). Entwicklungen bei der Inanspruchnahme und den Ausgaben erzieherischer Hilfen in Nordrhein-Westfalen. Dortmund.

Ter Horst, K. (2005): Einführung in die Biographiearbeit mit Kindern und Jugendlichen. In: Unsere Jugend, H. 4, S. 165–174.

Thiersch, H. (2002): Bildung – alte und neue Aufgaben der Sozialen Arbeit. In: Münchmeier, R./Rabe-Kleberg, U. (Hg.): Bildung und Lebenskompetenz. Opladen, S. 57–71.

Tornow, H./Ziegler, H./Sewing, J. (2012): Abbrüche in stationären Erziehungshilfen (ABiE). Praxisforschungs- und Praxisentwicklungsprojekt. Analyse und Empfehlungen. EREV-Schriftenreihe, H. 3.

Trede, W. (2011): Praxissicht eines öffentlichen Jugendhilfeträgers. In: Sozialpädagogisches Institut des SOS-Kinderdorf e.V. (Hg.): Fertig sein mit 18? Dokumentation 8 der SPI-Schriftenreihe. München, S. 42–55.

Trede, W./Winkler, M. (2012): Stationäre Erziehungshilfen: Heim, Wohngruppe, Pflegefamilie. In: Krüger, H.-H./Rauschenbach, T. (Hg.): Einführung in die Arbeitsfelder des Bildungs- und Sozialwesens. Opladen/Toronto.

Treptow, R. (2009): Gegenwart gestalten – auf Ungewissheit vorbereiten. Bildung in der Heimerziehung. In: Hast, J./Nüsken, D./Rieken, G./Schlippert, H./Spernau, X./Zipperle, M. (Hg.): Heimerziehung und Bildung. Gegenwart gestalten – auf Ungewissheit vorbereiten. Frankfurt am Main, S. 10–32.

Trout, A. L./Hagaman, J./Casey, K./Reid, R./Epstein, M. H. (2008): The academic status of children and youth in out-of-home care: A review of the literature. In: Children and Youth Services Review, 30. Jg./H. 9, S. 979–994.

Urban-Stahl (2012): Beschwerde- und Ombudsstellen in der Kinder- und Jugendhilfe. In: Forum Jugendhilfe, 61. Jg./H. 1, S. 5–11.

Velmerig, T. (2010): Hilfen aus einer Hand für wohnungslose junge Menschen. In: Landesarbeitsgemeinschaft Katholische Jugendsozialarbeit Nordrhein-Westfalen (Hg.): Jugendsozialarbeit aktuell. Nr. 89, S. 1–4.

Verband der Kolpinghäuser e.V. (Hg.) (2012): Jugendwohnen in Deutschland. Ergebnisse des Forschungs- und Praxisentwicklungsprojektes „leben. lernen. chancen nutzen." Die Ergebnisse im Überblick. Mainz.

Wade, J. (2008): The Ties that Bind: Support from Birth Families and Substitute Families for Young People Leaving Care. In: British Journal of Social Work, 38. Jg./H. 1, S. 39–54.

Wade, J./Dixon, J. (2006): Making a home, finding a job: investigating early housing and employment outcomes for young people leaving care. In: Child and Family Social Work, 11. Jg./H. 3, S. 199–208.

Wade, J./Munro, E. (2008): United Kingdom. In: Stein, M./Munro, E. (Hg.): Young people's transitions from care to adulthood. London/Philadelphia, S. 209–224.

Walther, A. (2014): Bildung und Partizipation. Ein Beitrag zum Bildungsdiskurs in der Jugendhilfe. In: Zeitschrift für Sozialpädagogik, 12. Jg./H. 2, S. 117–134.

Walther, A. (2000): Spielräume im Übergang in die Arbeit. Junge Erwachsene im Wandel der Arbeitsgesellschaft in Deutschland, Italien und Großbritannien. Weinheim.

Walther, A./Stauber, B. (2002): Misleading trajectories. Integration policies for young adults in Europe. Opladen.

Wehner, K. (2002): Kinder- und Jugendhilfe und Psychiatrie. In: Schröer, W./Struck, N./Wolff, M. (Hg.): Handbuch Kinder- und Jugendhilfe. Weinheim, S. 815–830.

Weiß, W. (2013): Philipp sucht sein Ich. Weinheim/Basel/Berlin.

Welbourne, P./Leeson, C. (2013): The education of children in care: a research review. In: Jackson, S. (Hg.): Pathways through education for young people in care. Ideas from research and practice. London, S. 27–42.

Werkstatt Parität (2013): Assistierte Ausbildung in Baden-Württemberg. Das Projekt carpo. Ideen-Erfahrungen-Chancen. Stuttgart.

Werner, C. (2010): Neue Station für junge Menschen im UKE. In: Hamburger Abendblatt. 25.01.2014. www.abendblatt.de/ratgeber/wissen/article124169751/Neue-Station-fuer-junge-Menschen-im-UKE.html, letzter Zugriff 19.12.2014.

Wieland, N./Marquardt, U./Schlotmann, H.-O. (1992): Ein Zuhause – kein Zuhause. Lebenserfahrungen und -entwürfe heimentlassener junger Erwachsener. Freiburg im Breisgau.

Wiesner, R. (2014): Hilfen für junge Volljährige. Rechtliche Ausgangssituation. Expertise für das Projekt „Was kommt nach der stationären Erziehungshilfe – Care Leaver in Deutschland". Frankfurt am Main.

Wiesner, R. (2012): Implementierung von ombudschaftlichen Ansätzen der Jugendhilfe im SGB VIII. Rechtsgutachten für die „Netzwerkstelle Ombudschaft in der Jugendhilfe" des Berliner Rechtshilfefonds Jugendhilfe e.V. Berlin.

Wohlfahrtsverband Baden (2000): Praxisforschungsbericht. Erfolg und Misserfolg in der Heimerziehung – eine katamnestische Befragung ehemaliger Heimbewohner. Karlsruhe.

Wolf, K. (2012): Sozialpädagogische Interventionen in Familien. Weinheim/Basel.

Wolf, K. (2002): Erziehung zur Selbständigkeit in Familie und Heim. Münster.

Wolff/Hartig (2013): Gelingende Beteiligung in der Heimerziehung: Gute Praxis beim Mitreden, Mitwirken und Mitbestimmen von Kindern und Jugendlichen im Heimalltag. Ein Werkbuch für Jugendliche und ihre BetreuerInnen. Weinheim/Basel.

Wolff, R./Stork, R. (2012): Dialogisches ElternCoaching und Konfliktmanagement. Ein Methodenbuch für eine partnerschaftliche Bildungsarbeit (nicht nur) in den Hilfen zur Erziehung. Frankfurt am Main.

Youth Leaving Care Working Group (2013): Blueprint for Fundamental Change to Ontario's Child Welfare System. Final Report of the Youth Leaving Care Working Group. www.children.gov.on.ca/htdocs/English/documents/topics/childrensaid/youthleavingcare.pdf, letzter Zugriff 19.12.2014.

Zeller, M. (2012a): Bildungsprozesse von Mädchen in den Erziehungshilfen. Weinheim/Basel.

Zeller, M. (2012b): Wie lassen sich Bildungsgelegenheiten in den Erziehungshilfen gestalten? In: Forum Erziehungshilfen, 18. Jg./H. 3, S. 136–140.

Zeller, M./Gharabaghi, K. (2014): Anders und doch ähnlich?!? Aktuelle Trends in der Heimerziehung in Kanada/Ontario. In: Forum Erziehungshilfen, 20. Jg./H. 3, S. 179–184.

Zeller, M./Köngeter, S. (2013): Übergänge in der Kinder- und Jugendhilfe. In: Böhnisch, L. u. a. (Hg.): Handbuch Übergänge. Weinheim/München, S. 568–588.

Zeller, M./Köngeter, S. (2012): Education in residential care and in school. A social-pedagogical perspective on the educational attainment of young women leaving care. In: Children and Youth Services Review, 34. Jg./H. 6, S. 1190–1196.

Zwernemann, P. (2007): Praxisbuch Pflegekinderwesen. Wir gehen gemeinsam in die Zukunft. Ratingen.

Autorinnenverzeichnis

Sievers, Britta, Dipl.-Sozialarbeiterin (FH), MA Vergleichende Europäische Sozialforschung, wissenschaftliche Mitarbeiterin der IGfH e.V.

Arbeitsschwerpunkte: Grenzüberschreitende und international vergleichende Aspekte der Kinder- und Jugendhilfe, Kinderschutz, Migration, Care Leaver

Thomas, Severine, Dipl. Soz.päd./Soz.arb., Dipl. Sozialwirtin, Dr., wissenschaftliche Mitarbeiterin an der Universität Hildesheim, Institut für Sozial- und Organisationspädagogik

Arbeitsschwerpunkte: Care Leaver, Organisationsforschung in der Kinder- und Jugendhilfe, institutionalisierte Familienbildung

Zeller, Maren, Dipl.Päd., Dr., Juniorprofessorin am Institut für Erziehungs- und Bildungswissenschaften der Universität Trier

Arbeitsschwerpunkte: Kinder- und Jugendhilfe (insbesondere Erziehungshilfen und Care Leaver), Refugee Studies, Frühe Hilfen, Vertrauens- bzw. Bildungsprozesse